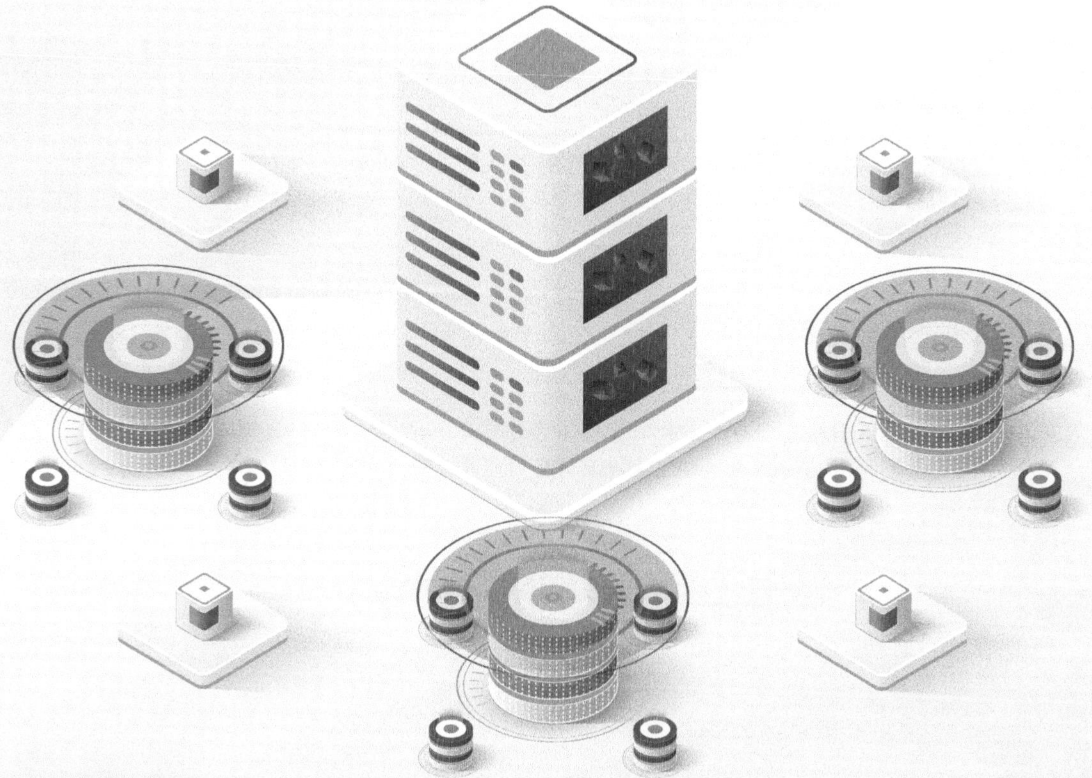

개정판

데이터베이스 시스템 개론과 MySQL 실습

이용주 지음

도서출판 홍릉

저자소개

이용주 경북대학교 IT 대학 컴퓨터학부 교수

한국과학기술원 컴퓨터공학 박사 학위를 취득하고 현재 경북대학교 IT대학 컴퓨터학부 교수로 재직 중인 저자는 다수의 데이터베이스 및 인터넷 관련 책들을 출판했으며, 그동안 100편 이상의 데이터베이스 관련 학술 논문들을 게재하였다.

본 책에서는 그동안의 강의와 집필 노하우를 집대성해 데이터베이스의 핵심적인 이론을 심도 있게 다루면서 실습 과정도 함께 포함하여 데이터베이스 전문가가 되기 위해 꼭 배워야 할 전반적인 학습 내용을 알차고 쉽게 전달하고 있다.

특히, 본 책은 정보처리기사 1급과 기술사 자격증은 물론이고, 국가공무원(군무원) 7급/5급 채용 시험을 대비하기 위한 이론문제와 실무 위주의 다양한 실습문제들을 이 한 권으로 다 다루고 있는 것이 주된 특징이라 할 수 있다.

개정판

데이터베이스 시스템 개론과 MySQL 실습

인 쇄: 2024년 2월 21일 초판 1쇄
발 행: 2024년 2월 28일 초판 1쇄

저 자: 이용주
발행인: 송 준
발행처: 도서출판 홍릉
주 소: 01093 서울시 강북구 인수봉로 50길 10
등 록: 1976년 10월 21일 제5-66호

전 화: 02-999-2274~5, 903-7037
팩 스: 02-905-6729
e-mail: hongpub@hongpub.co.kr
http://www.hongpub.co.kr
ISBN: 979-11-5600-165-2(93000)

정 가: 25,000원

머리말

데이터베이스는 정보 시스템 구축을 위한 필수 기반 요소이다. 1960년대에 데이터베이스라는 용어가 처음 사용된 이래 그동안 데이터베이스 분야는 이론적으로 비약적인 연구가 진행되어 왔다. 그리고 데이터베이스 분야는 정보처리기사나 기술사 등의 시험에서 핵심적인 과목들 중 하나가 되어 있으며, 국가 전산직 채용 시험에서도 중요한 부분을 차지하고 있다. 또한, 공공기관이나 산업체 영역에서는 데이터베이스 개발자, 데이터 엔지니어, 데이터 분석가 등이 전문직으로 각광받고 있고 채용 규모 면에서도 가장 큰 비중을 차지하고 있으며, 기업과 공공기관 전산실에서도 데이터베이스 관리자와 같은 전문가들은 필수적으로 필요한 상황이다.

데이터베이스 전문가가 되기 위해 배워야 할 학습 내용은 크게 세 분야로 요약할 수 있다. 첫째로, 데이터베이스를 구축하고 이를 기관에 활용하는 기술이다. 데이터베이스 모델링, 데이터베이스 정규화, 데이터베이스 설계 및 구축, 그리고 데이터베이스 언어인 SQL 등의 교육으로 구성될 수 있다. 둘째로, 데이터베이스 관리 시스템(DBMS) 제작에 관한 기술이다. 데이터베이스 인덱싱, 트랜잭션 처리, 동시성 제어, 회복, 그리고 질의 최적화 등의 학습이 요구된다. 세째로는, 고급 데이터베이스 응용 기술에 관한 내용이다. 빅데이터, 데이터마이닝, 지식 기반 데이터베이스 등의 신기술 교육이 요구된다. 하지만 이러한 데이터베이스 전체 분야를 대학 학부과정 한 학기에 모두 배우기에는 너무 광범위한 내용이 될 수 있으므로, 저자는 첫 번째와 두 번째 내용에 대해 학습 범위를 설정하고 이를 위한 내용을 심도 있게 다루려고 노력하였다. 참고로 세 번째 내용인 빅데이터나 인공지능(AI) 분야는 현재 모든이의 초미의 관심사가 되고 있으며, 이런 내용이 전산직 채용 시험이나 기술사 문제 등에 매우 큰 비중으로 출제되고 있기 때문에 금번 개정판을 통해 15장에서 가장 시험 출제 빈도가 높은 내용을 중심으로 간략하게 설명을 추가하였다. 이 내용은 계속 혁신적으로 발전되고 있는 분야라서 명확하게 그 범위를 설정하기 어려운 면도 있으나, 가능한 기존 출제 경향 범위 내에서 많이 다루고 있는 내용을 중점적으로 정리해 보았다. 차후에 시간이 허락되는 대로 최신 데이터베이스 신기술 내용을 충분히 다룬 새로운 교재를 출판할 계획이다.

데이터베이스 과목은 이론과 실습 둘 다 필수적으로 다루어야 할 분야이다. 이론 위주로 공부한 학생은 데이터베이스를 실제로 다룰 수 있는 능력이 부족한 경우가 많고, 실습 위주로 배운 학생은 각종 자격시험이나 채용시험을 따로 공부해야 하는 어려움이 있을 수 있다. 그동안 시중에 적당한 교재가 없어 이론수업과 실습수업을 따로 하거나, 이론수업을 진행하면서 과제를 통해 실습 내용을 보완하는 방식으로 진행해 왔다. 따라서 데이터베이스의 핵심적인 이론을 심도 있게 다루면서 실습 과정도 함께 포함하고 있는 교재가 꼭 필요하다고 판단하였고, 이 책에서는 데이터베이스 이론을 설명하고 이에 대한 DBMS 실습 내용을 같이 기술함으로써 둘 다 체계적으로 배울 수 있도록 구성하였다.

데이터베이스 실습을 위해서는 기존의 상용 DBMS인 ORACLE, SQL-Server, ProgreSQL 등을 선택할 수 있으나, 본 책에서는 최근에 많은 관심을 받고 있는 오픈 소스 DBMS인 MySQL을 선택하여 실습을 수행한다. 현재 MySQL은 전 세계적으로 폭발적인 인기를 끌고 있으며, 시간이 지날수록 점점 더 강력하고 안정적인 DBMS가 되어가고 있다. 일반적인 정보 시스템에서 과연 돈을 들여가면서 MySQL이 아닌 다른 상업용 DBMS를 사용해야 하는지 의심이 들 정도이다.

이 책은 대학 컴퓨터 관련 학과 2 ~ 3학년 학생들이 필수적으로 배워야 할 데이터베이스의 핵심 내용들을 다루고 있다. 데이터베이스의 기초 개념부터 데이터베이스 시스템의 구조, 데이터베이스 모델, 관계형 데이터베이스관리시스템(RDBMS)과 SQL 질의어를 다루고 있고, SQL의 이론적인 기반이 되고 있는 관계형 대수 및 관계형 해석에 대해서도 자세히 설명하고 있다. 그리고 데이터베이스 정규화와 설계, 무결성과 보안, 백업과 병행 제어 등에 관한 내용도 설명하고 있다. 또한, 이 책에서는 정보처리기사 1급과 기술사 자격증은 물론이고 국가공무원(군무원) 5급/7급 채용시험을 대비하기 위한 이론문제와 실무 위주의 다양한 실습문제들을 다루고 있는 것이 주된 특징이다. 이 책은 한 학기 강의에 맞추어 15장으로 구성하였으며 다음과 같이 강의를 할 수 있다.

주	강의 내용
1	강의 오리엔테이션, **1장** 정보 시스템 개요
2	**2장** 데이터베이스 정의, **3장** DBMS
3	**4장** 데이터베이스 시스템, **5장** 데이터베이스 모델링
4	**6장** 물리적 데이터 구조
5	**7장** 관계형 데이터베이스
6	**8장** 관계형 대수
7	중간고사
8	**9장** 관계형 해석
9	**10장** SQL
10	**11장** 데이터베이스 정규화
11	**12장** 데이터베이스 설계
12	**13장** 무결성, 보안, 회복
13	**14장** 병행 제어
14	**15장** 최신 데이터베이스
15	기말고사

이 책은 데이터베이스 분야에서 기본서로 잘 알려진 데이타베이스론(이석호), 데이터베이스 배움터(홍의경), 데이터베이스 시스템 제5판(황규영 등), 데이터베이스(이창희 등), 데이터베이스 시스템(박용 등), 이것이 MySQL이다(우재남) 등 훌륭한 책들을 참고하여 집필하였다. 당연히 참고한 내용에 대해 인용 및 재인용된 부분을 하나 하나 표기하여야 하지만 제한된 지면상 일일이 표기하지 못한 점은 매우 송구스럽게 생각하고, 다시 한번 위의 저자분들에게 감사의 말씀을 드린다.

본 책을 접하는 학생들이 데이터베이스 분야를 쉽고 명확하게 이해할 수 있도록 저자 나름대로는 많은 노력을 기울였지만 아직 부족한 점이 많은 것을 느낀다. 미흡한 부분은 앞으로 계속 노력하여 수정·보완해 나갈 것을 약속드리며, 데이터베이스를 배우려는 모든 학생들에게 이 책이 조금이라도 유익한 도움이 되기를 간절히 바란다.

2024년

이 용 주 씀

목 차

1장
정보 시스템 개요

1. 데이터와 정보
2. 정보 시스템
3. 데이터 처리 시스템

1. 데이터와 정보

우리는 간혹 데이터(data)와 정보(information)를 혼돈해서 사용하기도 하는데 엄격하게는 데이터와 정보는 다른 의미이다. 그럼 데이터와 정보의 차이점을 알아보자. **데이터**란 현실 세계로부터 관찰이나 측정을 통해 수집된 사실이나 값이라 정의할 수 있고, 데이터는 숫자는 물론이고 문자(text), 이미지(image), 영상(video) 등을 포함하고 있다. 즉, 데이터란 그 자체만으로는 의미가 없는 단순한 숫자나 문자 등을 의미한다.

예를 들어, 학교에서 체육대회를 위해 학과 티셔츠를 만든다고 생각해 보자. 여기서 각 학생들의 사이즈를 측정한 기록들 즉, 키는 170cm이고 몸무게는 60kg과 같이 이러한 숫자가 데이터가 된다. 이러한 데이터를 표로 정리하여 small 사이즈는 몇 개, 그리고 large 사이즈는 몇 개 필요한가와 같이 집계하여 결정할 수 있도록 정리한 표가 있다면 이를 **정보**라 할 수 있다. 따라서 데이터는 처리되지 않은 값인데 반면에 정보는 데이터를 처리하여 얻은 값이라 할 수 있다.

다른 예를 하나 들어 보자. 요즘 백신 주사를 맞기 위해 사전에 예약을 진행하고 있는데 이때 모든 사람들이 이름, 전화번호, 그리고 어느 병원에서 백신을 맞을지 하나의 병원을 선택하여 입력하고 있다. 여기서 이름, 전화번호, 그리고 병원 이름 등은 단순한 사실에 대한 데이터가 되겠고, 이들을 표로 정리하여 어느 병원에 얼마만큼의 백신을 보내줘야 되는지 집계하고 분석한다면 이러한 사실은 정보가 되겠다. 그런데, 여기서 중요한 사실은 수많은 데이터가 유용한 정보가 되기 위해서는 이 데이터들이 정확하고 최신의 값들을 가지고 있어야 한다는 것이다. 만일 백신 접종을 위해서 정확하지 못한 정보들을 관련 기관들에게 제공한다면 큰 혼란이 일어날 수 있고 심지어는 심각한 사회 문제가 될 수도 있을 것이다.

지금까지 우리는 간단한 예들을 살펴봤는데, 어떤 조직이나 기업에서는 이러한 데이터들이 상당히 많을 것이고, 이들을 정리한 표들 사이에도 여러 가지 복잡한 관계가 있을 수 있을 것이다. 이런 모든 표와 관련 관계들을 정리 통합하여 한 군데 저장해 둔 정보를 **데이터베이스**라 한다.

그런데, 오늘날 이렇게 수집되는 데이터가 단지 사람들에 의해 수집되어 지는 것 외에 소셜 미디어나 센서, 그리고 인터넷으로부터 엄청나게 많고 다양한 자료들이 매일 쏟아지고 있다. 예전에는 이런 데이터들에 대한 관심이 별로 없었겠지만, 오늘날 획기적인 컴퓨터의 발전과 대용량 자료 처리가 가능한 효율적인 저장 장치들의 개발로 인해 이들에 대한 분석으로 큰 혜택을 발견하게 되었다. 이런 데이터의 모음을 **빅데이터**라 하는데, 빅데이터들은 앞의 예와 같이 표로 정리하기에는 어려움이 많고 임의의 방법대로 쌓아 두고 분석하는 방식을 채택하고 있다. 또한, 이들 빅데이터는 모든 자료가 정확하게 정리되고 통합되어지지 않는 특성을 가지고 있다. 따라서, 빅데이터는 현재 운영되고 있는 업무에 직접 적용되기보다는 미래에 어떤 일이 일어날 거라는 예측 및 추천 등에 주로 사용되곤 한다.

하지만 이러한 데이터베이스와 빅데이터가 별개로 활용되고 분석되어 지는게 아니라 균형감을 가지고 같이 발전되어 가고 있으며, 기존의 수많은 데이터베이스가 빅데이터 분석에 초석이 될 수 있으므로 먼저 지금까지 잘 활용되고 있는 데이터베이스에 대한 전문 지식을 습득하는 게 무엇보다 중요하다 할 수 있을 것이다.

[그림 1-1] 데이터, 데이터베이스, 그리고 빅데이터

정리해 보면, 정보란 의사 결정을 할 수 있게 하는 지식으로서 데이터의 유효한 해석(즉, 의미 부여)나 데이터 상호 간의 관계(relationship)를 말하고, 정보는 데이터를 처리해서 얻은 처리 결과라 할 수 있다. 수식으로 표현하면 다음과 같은데,

정보_I = 처리기_P (데이터 D)

이는 데이터 D를 처리기 P가 처리하여 결과가 I인 정보를 산출한다는 의미이다.

이러한 관점에서 볼 때, 데이터 자체가 내포하고 있는 정보를 추출할 수 있는 방법이 중요하다고 할 수 있는데, 이러한 방법을 모색해 놓지 않고 단순히 데이터만 수집해 놓은 상태는 사실상 무용지물이나 다름이 없다. 종종 데이터는 풍부하지만 정작 필요한 정보는 거의 없다는 말을 자주 하는데 이것이 바로 정보 추출 방법이 미흡하다는 의미이다. 이러한 정보 추출 방법을 일반적으로 **데이터 처리(data processing)**라 하고 유사 개념으로 **정보 처리(information processing)**라고도 한다.

데이터 처리란 주어진 데이터로부터 달성해야 할 목적에 도움이 되는 정보를 얻는 과정을 말하며, 이를 위해 데이터는 현재의 당면한 문제와 관련되어 있어야 하고, 필요한 경우 언제라도 이용될 수 있도록 많이 수집되고, 잘 조직되고, 그리고 효율적으로 저장되어야 한다. 정보는 기업 경영에 관한 의사 결정에 중요한 역할을 하므로 오늘날 기업들이 독립 부서로 데이터를 관리하고 최고 경영자급 책임자를 두고 정보를 활용하고 있다.

[그림 1-2] 재고관리 시스템 적용 예

데이터 처리에 관한 한 예로 재고관리 시스템을 한번 살펴보자. 지인 한 명이 빵집 재료를 제공하는 사업을 운영하고 있는데, 조그마한 사업을 운영하고 있더라도 가장 큰 골칫거리가 재고를 관리하는 것이라고 말한다. 특히, 신선도가 중요한 식료품인 경우 수많은 제품들에 대한 적정 재고를 관리하는 것이 큰 골칫거리가 되고 있다. 하물며, 제조업 회사에서의 재고관리 시스템의 중요성은 아무리 강조해도 지나치지 않을 것이다. 수많은 모든 제품들에 대한 적정 재고를 위한 정확한 데이터를 제공해야 되고, 수요와 공급 추세에 따른 적정 생산 계획을 수립해야만 한다. 즉, 공급보다 수요가 더 많을 때는 재고가 바닥이 날 수 있기 때문에, 생산을 더 해야 되는데 얼마만큼 적정하게 더 생산해야 되는가를 제시해 줘야 한다. 또한, 생산을 하기 위해서는 원료가 필요할 수 있으므로 적정량의 원료를 구입할 수 있도록 구매 부서에게 적정량을 제시해 줘야 한다.

다른 예로 수퍼마켓 재고관리 시스템을 설명해 보면, 할인점이나 수퍼마켓에서 상품을 구입하고 계산대에 올려 놓으면 계산하는 직원이 각 상품의 바코드를 스캐너로 읽는다. 이때 스캐너는 바코드를 사용하여 해당 상품의 가격을 찾아낸다. 그리고 이는 이 상품의 재고량에서 현재 판매되고 있는 상품 수 만큼 감소시키고, 만일 재고량이 어떤 수치 이하로 내려가면 구매 부서에 자동적으로 통보되어 구매 부서는 추가로 상품을 주문하여야 한다. 또한, 고객이 어떤 상품이 있는지 전화로 문의하면 데이터베이스에서 재고량을 검색하여 고객에게 답을 알려줄 수 있어야 한다. 이와 같은 예로부터 우리가 알 수 있는 것은 정확하고 최신의 정보는 조직체의 효과적인 운영을 위해 필수적이라는 것이다.

2. 정보 시스템

이제 정보 시스템에 대해 한번 살펴보자. **정보 시스템(information system)**이란 정보 기술을 이용하여 조직 활동에 필요한 데이터를 수집, 조직, 저장, 그리고 처리하여 의사 결정에 필요한 정보를 추출하고 제공하는 수단이라고 할 수 있다. 예를 들어, 회사에서 직원에 대한 정보를 수집한다고 할 때(예를 들면, 직원에 대한 성명, 전화번호, 직책 등을 수집), 이 작업은 굉장히 많은 데이터를 수집한다고 가정하자(예를 들면, 수만 명 정도). 이렇게 수집한 데이터를 가공하고 조직해서 파일에 저장하고 난 후에 필요시에 유용한 정보들(예를 들면, 월급 계산이나 인사발령 등)을 추출하는 시스템을 정보 시스템이라 할 수 있다. [그림 1-3]은 정보 시스템을 개념적으로 묘사한 것이다.

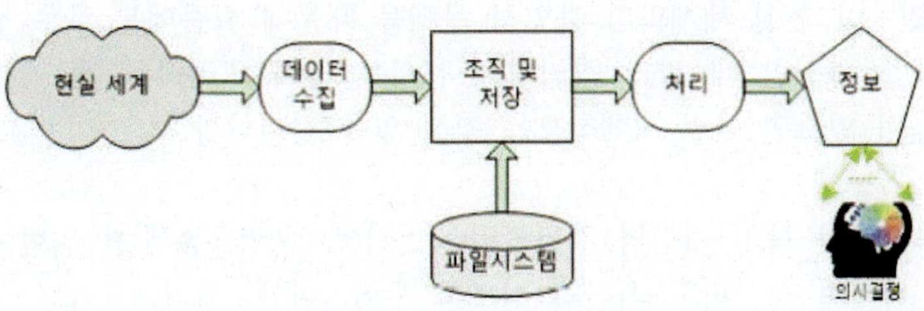

[그림 1-3] 개념적 정보 시스템

정보 시스템은 한 조직체의 내부적 운영과 외부적 상황에 관련된 정보를 체계적으로 제공하는 시스템이다. 따라서 정보 시스템은 의사 결정을 효율적으로 지원하기 위해 적시에 정확한 정보를 제공하고, 그 조직체의 관리, 기획, 운영, 그리고 통제 기능을 수행하는 역할도 지원한다.

[그림 1-3]은 현실 세계에 존재하는 데이터를 수집, 조직하여 정보 시스템을 구축하고 이를 처리하여 얻은 정보가 의사 결정에 사용되는 과정을 설명하고 있다. 그런데, 현실 세계의 데이터를 컴퓨터 세계의 정보 시스템으로 구축하는 작업은 결코 쉬운 일이 아니다. 현실 세계와 컴퓨터 세계는 근본적으로 많은 차이가 있고 현실 세계에 존재하는 엄청나게 많은 실체들 중에서 의미 있는 데이터만 선별하는 작업은 상당히 많은 고려와 노력이 필요하기 때문이다.

지금까지 우리는 비교적 간단한 백신예약 시스템과 재고관리 시스템만 고려해 봤는데, 이것도 좀 복잡한데 은행관리, 생산관리, 그리고 병원관리 시스템들은 얼마나 복잡하겠는가? 하나의 예를 들어 보면, 지금은 병원에 가면 모든 일들이 전산화되어서 예약-치료-수납 등이 자동화되어 조그마한 병원이라도 컴퓨터가 없으면 업무가 수행 안 될 정도로 보편화 되어 있지만, 컴퓨터 도입 초기의 병원에서는 모든 일을 수작업으로 업무를 수행하던 시절이 있었다. 처음 병원관리 시스템을 개발할 때, 그 당시에는 모든 업무를 수작업으로 수행하던 업무를 자동화하는 혁신적인 프로젝트였고, 엄청난 예산과 인력 그리고 조직이 다 동원되어 고생 끝에 시스템을 완성하였다. 시스템 가동 첫날 수작업하던 작업을 다 없애고 이제 자동화 되겠다는 희망으로 시스템을 가동했지만 불행하게도 시작하자마자 모든 시스템을 철수했어야만 했다.

도대체 어떤 일이 일어났던 것일까? 컴퓨터에 개발된 정보 시스템의 모든 처리 과정이 현실 세계의 운영과는 맞지 않았던 것이었다. 그래서 첫날 모든 시스템을 철수하고 다시 수작업으로 돌아가야만 한 것이다. 아주 오래된 이야기지만 이런 사례에서 알 수 있듯이 현실 세계와의 불일치 문제들 때문에 요즘에는 주로 정보 시스템 개발 업체를 선정할 때 과거 경험이 있는지를 많이 고려하는 게 기본이 되었다. 과거 경험이 있으면 이런 시행착오는 겪지 않을 것이니까.

정보 시스템 중에서 특히 기업의 경영관리(즉, 기획, 운영, 통제)를 위한 효율적인 의사 결정을 위하여 정확하고 최신의 정보를 수집, 저장, 처리, 그리고 활용할 수 있도록 지원하는 정보 시스템을 경영정보 시스템(MIS: Management Information System)이라고 한다. 경영정보 시스템은 많이들 들어 봤을 건데, 대학에서도 경영

학과에 경영정보학과가 있을 정도이고 여기서 많은 인력이 배출되고 있는 실정이다.

그럼 정보 시스템을 사용 목적에 따라 분류해 본다면, 기업 생산을 위한 생산관리 시스템(Manufacturing Management System), 은행 업무 자동화를 위한 은행관리 시스템(Bank Management System), 병원업무 자동화를 위한 병원관리 시스템(Hospital Management System) 등이 있을 수 있다. 또한, 어떤 전문적인 목적보다는 여러 가지 다양한 형태의 조직 의사 결정을 지원하는 통합적인 정보 시스템을 의사결정지원 시스템(DSS: Decision Support System)이라 한다.

일반적으로 기업들은 여러 곳에 분산되어 있는 지점으로부터 많은 양의 데이터를 수집/관리하고 있다. 예를 들면, 대형 슈퍼마켓은 수많은 지점들로부터 데이터를 수집하고 있는데, 보통 특정 제품이 어떤 지점에서 특정 기간 얼마만큼 판매되었는지를 분석할 필요가 있다. 사실 이런 데이터는 [그림 1-4]와 같이 다차원으로 볼 수 있는데, 여기서 제품은 종류와 가격 데이터를 가지고 있고, 지점은 국가와 지역 데이터를 가지고 있으며, 기간 데이터는 일/월/분기/년 데이터를 가지고 있다. 즉, 다차원에 대한 다차원 구조를 보여주고 있는데, 이러한 다양한 소스의 데이터로부터 의사 결정 지원을 제공하는 시스템을 **데이터웨어하우스(data warehouse)**라 한다.

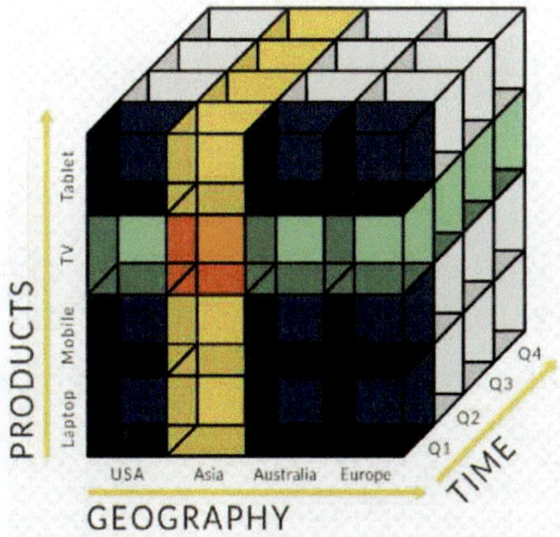

[그림 1-4] 다차원 분석 모델링

이러한 복잡한 다차원 데이터로부터 의미 있는 지식을 발견하는 과정을 **데이터마이닝(data mining)**이라 하는데, 예를 들어, 슈퍼마켓에서 기저귀 옆에 맥주를 진열했더니 두 개 다 잘 팔린다는 연관 관계를 발견할 수 있었다. 남자들이 저녁에 기저귀 심부름 왔다가 기저귀와 맥주를 같이 사 간다는 추측과 비슷한 관련이 있다는 것이다. 이러한 결과를 대략 추측하는 것이 아니라 통계나 인공지능 기법을 사용하여 몇 % 관련 있는지 산출하는 알고리즘을 개발하는 것이다. 그럼 빵과 우유를 같은 진열대에 진열시키면 매출액이 어느 정도 향상되겠는가? 이런 것도 과거 상품 구입 데이터를 분석하여 이에 대한 매출 %가 높으면 같이 진열시키는 게 슈퍼마켓 매출 향상에 바람직해 보일 것이다. 이런 지식 발견 과정을 데이터마이닝이라 한다.

최근에는 기존에 시도되고 있던 데이터 분석으로부터 더 발전되어 이들 데이터를 사람이 학습하듯이 컴퓨터도 학습시켜 더 수준 높은 지식을 도출하고 관리하여 활용하고 있는 **지식관리 시스템(knowledge management system)**이 기업 경쟁력의 중요한 핵심이 되고 있다. 예를 들면, 단순히 0과 1로만 구성된 이미지 파일에서 패턴을 학습시켜 고양이를 구별할 수 있게 되었고, 바둑에서 이세돌 9단을 이겼고, 실시간 기계 통역도 가능하게 되었다. 이렇게 AI(Artificial Intelligent) 기법을 활용한 시스템을 지식관리 시스템이라 한다. 이런 다양한 고급 시스템의 저변에는 정보 시스템의 기법이 중요한 핵심 역할을 하고 있다는 사실을 기억하기 바란다.

3. 데이터 처리 시스템

정보 시스템은 실제로 데이터를 처리하는 데이터 처리 시스템을 기초로 구성된다. 이처럼 정보 시스템의 핵심적인 구성 요소인 데이터 처리 시스템은 데이터 처리 형태에 따라 일괄 처리 시스템, 실시간 처리 시스템, 분산 처리 시스템으로 구분할 수 있다.

3.1 일괄 처리 시스템

일괄 처리 시스템(batch processing system)을 이해하기 위해서는 활용 예인 급여 명세서나 납세 고지서 업무를 연상해 보는 게 중요하다. 또 다른 예로는 연말정산 등이 있겠다. 게임과 같은 실시간(real-time) 처리에서는 입력을 하자마자 결과가 처리된다. 반면에 일괄 처리는 실시간으로 처리되는 것이 아니라 입력 데이터를 한꺼번에 모아 두었다가 한 번에 처리하는 시스템이다. 이 시스템의 유래는 과거에 컴퓨터가 복잡하고 느렸을 때, 실시간으로 프로그램을 개발하는 많은 사람들이 이 시스템을 이용하여 프로그램 컴파일과 실행 작업 등을 할 때 너무 시간이 오래 걸렸다. 따라서 많은 사람들이 몰려 있는 낮에는 이러한 개발 작업에 전념하고, 다른 급하지 않은 프린팅 작업 등은 야간에 밤새워 일괄로 처리하는 데서 이름이 유래 되었고 영어로 batch 작업이라 불렀다.

그럼 일괄 처리는 어떻게 진행되겠는가? 급여 명세서 출력과 같이 처리된다. 즉, 급여 명세서는 한 달에 한 번만 수행하면 되니까, 급여에 관련된 직급이라든지, 근무시간, 수당 등을 한 달간 모아 두었다가 한 달에 한 번만 작업하면 된다. 또 다른 예가 연말 정산 작업인데, 이는 1년에 한 번만 작업하면 되니까 1년 동안 쌓아 둔 데이터를 년 말에 한꺼번에 처리하니까 이런 작업을 처리하는 과정을 일괄 처리 시스템이라 부른다. 급여 명세서나 납세 고지서, 이러한 데이터들은 사원번호 등과 같은 입력 데이터들이 일련 순서로 정렬되어 있다. 양이 굉장히 많다고 가정할 때, 이들에 대한 고지서를 발행할 때 일련번호 순서대로 처리하는 것과 같이 순차 접근 방법을 사용하는 업무에 아주 적합한 방식이라 할 수 있다.

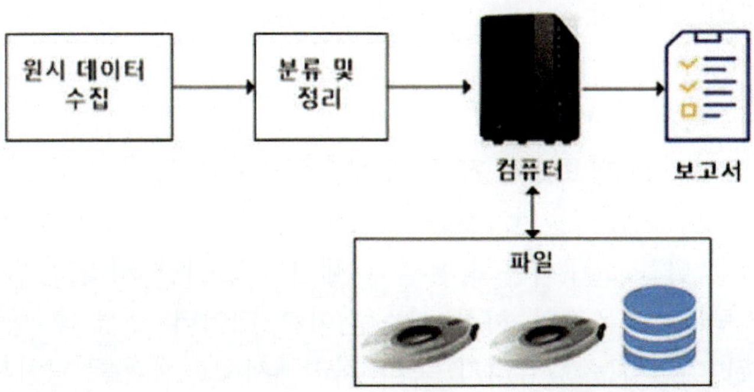

[그림 1-5] 일괄 처리 시스템

이 방식의 장점으로는, 실시간 처리는 계속해서 실시간으로 시스템이 반응해야 되는데, 반면에 일괄 처리 방식은 한 달이면 한 달, 1년이면 1년 한꺼번에 모아 모든 작업을 한 번에 일괄적으로 처리하다 보니 작업을 처리하는데 드는 처리 비용이 적게 들게 된다. 또한, 실시간은 1년 365일 동안 계속해서 데이터를 주고/받고 하는 일을 계속해야 되는데, 일괄 처리는 모아 놓은 데이터에 대해 1시간 정도 짧은 시간에 쉴 새 없이 한꺼번에 작업을 처리할 수 있다 보니 시스템 측면에서는 단위 시간당 작업 수가 많게 되어 시스템 성능을 높일 수 있게 된다.

그러나 실시간에서는 즉시 답이 나오기 때문에 사전에 데이터 축적 같은 작업은 필요 없지만, 일괄 처리 작업은 한꺼번에 작업을 처리하기 위해 사전에 데이터를 한 곳으로 계속해서 수집해야 할 일이 필요하다. 또 이들을 분류하고, 분류된 데이터를 다시 컴퓨터가 처리할 수 있도록 파일에 수록해야 하는 일이 필요하다. 이와 같이 일괄 작업은 사전에 여러 가지 사전 준비 작업을 거쳐야 하는 단점이 있다. 다시 한번 강조하지만 일괄 처리 방식에서 중요한 사항은 사용 예를 잘 살펴보는 것이다.

[그림 1-5]는 일괄 처리 시스템에서의 작업 처리 과정을 보여주고 있다. 그렇지만 불행하게도 한 조직체에는 일괄 처리 방식만으로는 데이터 처리 요구들을 다 만족시킬 수 없는 성질의 응용들이 많이 있다. 예를 들면, 고객들이 상품을 주문했을 때 재고 상태를 바탕으로 즉시 응답해야 하는 쇼핑몰에서나 항공권 예약 시스템 등은 일괄 처리 방식으로는 처리할 수 없는 일들이다. 그래서 이러한 요구를 만족시켜 주기 위해서는 실시간 처리 시스템이 필요하다.

3.2 실시간 처리 시스템

실시간 처리 시스템(real-time processing system)은 지금까지 설명했던 것과 같이 일괄 처리 방식에서 필요했던 사전 준비 작업 필요 없이 곧바로 데이터를 처리하는 방식을 말한다. 예를 들면, 항공권 좌석 예약이나 은행 입출금 업무, 쇼핑몰 등과 같이 즉석 응답을 요구하는 응용을 위해서는 실시간 처리가 필요하다. 즉, 실시간 처리 시스템(또는 온라인 처리 시스템)이란 데이터 생성 후 곧바로 컴퓨터에 전송되고 전송된 데이터는 컴퓨터가 즉시 처리해서 그 결과를 원하는 장소로 보내주는 시스템으로 정의할 수 있다.

실시간 처리 시스템을 그림으로 묘사하면 [그림 1-6]과 같이 된다. 실시간 처리 방식은 사용자에게 대기 시간 없이 즉시 응답을 해 주기 때문에 사용자 입장에서는 매우 편리할 수 있다. 이런 의미에서 이전의 일괄 처리 방식은 시스템 중심적인 처리 방식이라 할 수 있는데 반해 실시간 처리 방식은 사용자 중심 처리 방식이라고 할 수 있다.

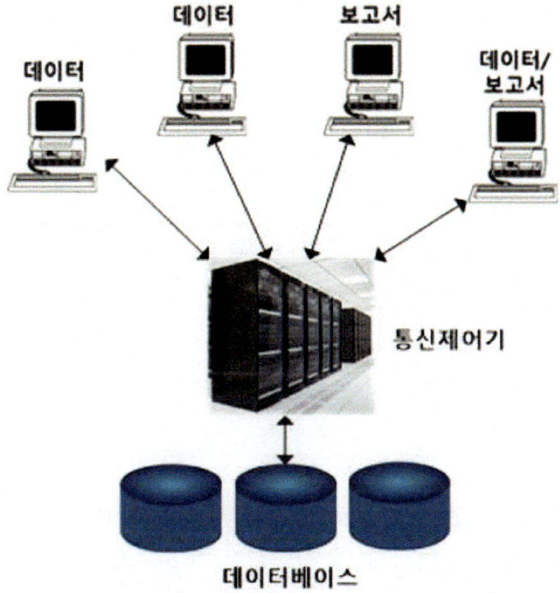

[그림 1-6] 실시간 처리 시스템

실시간 처리 시스템의 장점으로는 일괄 처리에서 필요했던 데이터 입력에 대하여 분류나 정리 작업 등이 거의 필요 없게 된다는 것이다. 일괄 처리에서는 모아 둔 데이터에 대해 한꺼번에 작업을 수행하기 때문에 오류가 발생하면 모든 데이터를 찾아야 하는 어려움이 있을 수 있으나, 실시간 처리 시스템에서는 즉시 반응을 주기 때문에 어떤 순간에 오류가 발생하면 바로 찾을 수 있다. 그리고 오류 발견 즉시 바로 수정도 가능하다. 또한, 질의/검색은 물론이고 갱신도 수행할 수 있기 때문에 데이터의 최신성을 편리하게 유지할 수 있다.

그렇지만 단점으로는 많은 원격 터미널들과 계속적인 통신을 유지해야 되고 이를 위한 통신 제어기가 필요하기 때문에 그 구조가 자연히 복잡하게 된다. 실시간 처리 시스템은 응답 시간을 최소화해야 한다. 응답 시간이란 어떤 요구를 질의했을 때 그 결과가 나오기까지 걸리는 시간을 말한다. 예를 들면, 네이버에 접속하여 어떤 탐색을 했을 때 그 결과가 나오는데 걸리는 시간을 의미한다. 이는 인터넷 상태라든가 접속자 수 등에 따라 어떤 때는 늦을 수도 있다. 이러한 응답 시간 최소하를 위해 시스템은 계속적으로 정상 가동 상태를 유지해야 하고 잠시의 정지도 허용되지 않는다. 결과적으로 작업당 처리 비용이 높게 되는 원인이 될 수 있다. 또한, 실시간 환경하에서는 시스템이 항상 작동되어야 하므로 프로그램 테스트나 시스템 유지보수가 더 어렵게 되고, 회복(즉, 원래 상태로 되돌리는 작업)이 매우 복잡하게 된다.

한편, 실시간 처리 시스템과 같이 데이터가 저장된 곳을 중심으로 그 기능들이 집중되는 중앙 집중 시스템에서는 다음과 같은 장점이 있을 수 있다. 작업 처리 결과에 대한 범 조직적 통합이 가능하고, 데이터 처리 업무 통제가 용이하고, 전문적인 인력의 효율적 이용이 가능하다. 그리고 통신 비용이 절약되는 등 많은 이점이 있을 수 있다. 그러나 이러한 중앙 집중식 운영 방식의 문제점으로는 데이터가 지리적으로 분산되어 있는 환경에서는 효과적인 처리 방법이 되지 못한다.

3.3 분산 처리 시스템

분산 처리 시스템(distributed processing system)은 [그림 1-7]과 같이 각각의 지역에 컴퓨터가 배치되어 있고, 모든 지역들을 통신 네트워크로 연결하여 각 지역에서 수행한 작업들을 통합하여 원하는 결과를 얻는 시스템이라 할 수 있다. 따라서 분산 처리 시스템이란 컴퓨터, 데이터베이스, 그리고 주변 장치들이 지역적으로 널리 분산되어 있을 때 그것들이 네트워크를 통해 상호 연결되어 있지만, 사용자는 전체 시스템을 마치 하나의 시스템을 사용하는 것처럼 처리해 주는 시스템이라 정의할 수 있다. 여기서 컴퓨터란 지리적으로 분산 설치되어 있는 다수의 분산처리기(distributed processor)를 말한다. 이 컴퓨터는 그 지역에서 생성/저장된 데이터를 처리하는 하나의 독립된 데이터 처리 시스템으로서 지역에서 수행되는 작업을 위한 중추적인 역할을 수행한다.

분산 처리 시스템에서 특히 중요한 사항은 지역적으로 분산되어 독립적으로 운영되고 있는 컴퓨터들을 통신 네트워크로 잘 연결시켜 자원을 효율적으로 공유하게 함으로써, 비록 물리적으로는 분산 배치되어 있지만 논리적으로는 마치 하나의 시스템과 같이 운영되도록 네트워크를 구성해야 한다는 것이다. 즉, 실제로는 각 지역에서 분산 처리되는 결과들이 마치 하나의 컴퓨터에서 하나의 컴퓨터 화면을 통해 처리되는 것처럼 구현되어야 한다는 것인데 이를 투명성이라고 한다. 예를 들면, 여러분들이 주식 화면을 자주 보게 되는데, 이 화면은 마치 하나의 컴퓨터 처리 결과처럼 보이지만, 실제로는 여러 지역에 설치되어 있는 지역 컴퓨터들의 처리 결과들을 종합적으로 통합하여 한 화면에 보여주는 것이다.

분산 데이터베이스에서 데이터는 보통 그들이 가장 많이 이용되는 장소에 저장된다. 이것은 자기 지역에서 수행되는 작업은 가능한 통신 작업 필요 없이 자체에 저장되어 있는 자료를 활용하여 빠른 시간 내에 작업을 처리하기 위한 당연한 구성이라 할 수 있다. 그러나 사용자 입장에서는 네트워크 내의 모든 데이터는 논리적으로 마치 하나의 데이터베이스에서 처리되는 것처럼 투명성을 제공해 주어야 한다.

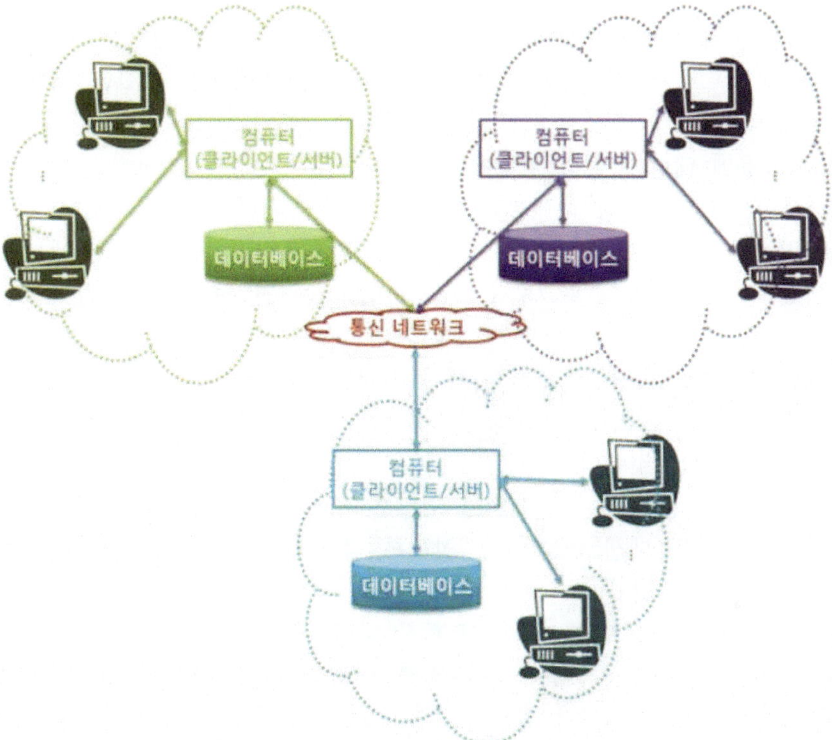

[그림 1-7] 분산 처리 시스템

요약하면, 앞에서도 설명한 바와 같이, 분산 처리 시스템이라고 해서 각 지역 컴퓨터와 데이터베이스가 완전히 별개로 독립되고 분리되어 작동되는 것이 아니라, 분산 처리 시스템은 하나의 구성원으로서 범 시스템적인 규정과 통제에 따라 통합적으로 움직이는 시스템이라고 할 수 있다.

이러한 특성을 가지고 있는 분산 처리 시스템의 이점으로는 다음과 같이 정리될 수 있다.

- **지역 문제 발생에 대한 신속한 조치가 가능하다**
  예기치 못한 문제가 발생되었을 때 문제가 발생한 그 지역에서 처리한다면 신속한 조치가 가능하게 될 것이다.
- **지역 업무에 대한 명확한 책임 구분이 가능하다**
  지역 업무는 그 지역에서 처리하게 함으로써 업무에 대한 명확한 책임 구분이 가능하게 된다.
- **새로운 응용에 대한 모듈식 구축이 용이하다**
  예를 들면, 새로운 지점이 개설되었을 때 지점을 하나 더 개설하여 통신 네트워크로 연결하면 시스템을 쉽게 구현할 수 있다. 또한, 어떤 지점에 새로운 업무가 생겼다면 그 지역 프로그램을 업그레이드 시키면 된다. 이와 같이 모듈별로 프로그램을 개발함으로써 새로운 업무 개발이 쉬워진다.
- **장애에 대한 자원 재편성으로 신뢰성이 증대된다**
  이게 무슨 의미냐 하면, 지역 컴퓨터 하나가 고장나면 다른 컴퓨터로 대체하여 처리할 수 있다는 것이다. 예를 들어, 은행 업무에서는 하나의 컴퓨터로 처리하기보다는 여러 대의 분산 컴퓨터로 업무를 처리하는데, 한 기계가 고장이 나더라도 다른 기계가 대신 처리할 수 있도록 컴퓨터를 구성하기 때문에 자연히 신뢰도가 높아질 수 있다.
- **상이한 하드웨어 허용으로 지속적인 확장 발전이 가능하다**
  예를 들면, 각 지역 컴퓨터는 같은 종류의 하드웨어로 구성될 필요가 없다. 지점에 따라 고가의 컴퓨터가 설치될 수도 있고, 또 어떤 지점에는 규모가 그다지 크지 않기 때문에, 저가의 컴퓨터로도 충분히 업무를 수행할 수도 있을 것이다.

결론적으로, 오늘날 컴퓨터와 데이터 통신의 가격이 저렴해지고 네트워크의 신뢰성과 융통성이 증진됨에 따라 분산 처리 시스템은 더욱 보편화되어 가고 있다. 특히, 지리적으로 분산되어 업무를 처리해야만 하는 은행이나 물류 처리 기업에 있어서는 이러한 분산 처리 시스템은 핵심적이고 필수적인 처리 방식이라 할 수 있다.

연습문제

1. 데이터와 정보에 대한 설명으로 가장 적절한 것은?
   ① 정보란 데이터를 처리해서 얻을 수 있는 결과이다.
   ② 데이터는 적절한 의사 결정의 수단으로 사용할 수 있다.
   ③ 정보란 현실 세계에 존재하는 가공되지 않은 그대로의 모습을 의미한다.
   ④ 데이터와 정보는 같은 의미이다.

2. 조직체에 필요한 데이터를 수집, 조직, 저장한 후 필요시 유용한 정보를 생성하고 분배하는 수단을 무엇이라 하는가?
   ① 지식관리 시스템　　② 의사결정 시스템
   ③ 정보 시스템　　④ 경영정보 시스템

3. 정보 시스템은 그 사용 목적에 따라 다음과 같이 구분할 수 있다. 설명으로 옳지 않은 것은?
   ① 생산관리 시스템　　② 은행관리 시스템
   ③ 병원관리 시스템　　④ 경영정보 시스템

4. 다음 중 일괄 처리 시스템에 대한 설명으로 옳지 않은 것은?
   ① 일괄 처리 시스템은 시스템 중심의 데이터 처리 방식이다.
   ② 일련번호와 같은 순차 접근 방법을 사용하는 업무에 적합하다.
   ③ 각 작업(트랜잭션)당 처리 비용이 많이 든다.
   ④ 단위 시간당 처리하는 작업 수가 많으므로 시스템 성능은 높다.

5. 분산 처리 시스템에 대한 설명으로 옳지 않은 것은?
   ① 지리적으로 분산되어 있는 지역 컴퓨터와 데이터베이스를 네트워크로 연결시킨다.
   ② 통신 네트워크는 마치 하나의 시스템을 사용하는 것처럼 데이터를 처리해 주는 시스템이다.
   ③ 시스템 장애에 대하여 자원의 다원적 재편성을 통해 신뢰성이 증대된다.
   ④ 분산 환경하에서는 시스템 유지보수 및 회복을 쉽게 수행할 수 있다.

2장
데이터베이스 정의

1. 데이터베이스
2. 데이터베이스의 특성
3. 데이터베이스의 개념적 구성

1. 데이터베이스

2장에서는 데이터베이스의 정의 및 특성과 데이터베이스의 개념적 구성 요소에 대해 살펴본다. 데이터베이스 용어가 처음 사용된 것은 1963년 6월 SDC(System Development Corporation)라는 회사가 산타모니카에서 개최된 "컴퓨터 중심의 데이터베이스 개발과 관리"라는 심포지엄 제목에서 데이터베이스란 용어가 공식적으로 처음 사용되었다. 그러나 현대적인 의미의 데이터베이스 개념을 확립한 사람은 그 당시 GE(General Electric)라는 회사의 바크만(Bachman)으로 그는 1963년 IDS(Integrated Data Store)라는 데이터베이스 관리시스템을 만들었다.

데이터베이스(database)란 어느 한 조직의 여러 응용 시스템들이 공용할 수 있도록 통합 및 저장된 운영 데이터의 집합이라 할 수 있다. 이 함축된 정의를 좀 더 자세히 풀어서 설명하면 다음과 같다.

■ **데이터베이스는 통합 데이터(integrated data)이다**

데이터베이스는 데이터를 여러 곳에 관리하는 것이 아니라 한 곳에서 관리하여 데이터의 중복(redundancy)을 방지한다. 그러나 실제로는 중복을 완전히 배제하는 것이 아니라 필요한 경우 효율성을 증진 시키기 위해 불가피하게 통제된 중복은 허용하는 경우가 있을 수 있다. 즉, 원칙적으로 중복을 배제한 통제된 중복(controlled redundancy)이 되어야 한다.

■ **데이터베이스는 저장 데이터(stored data)이다**

데이터베이스는 컴퓨터가 바로 접근할 수 있는 매체(media)에 저장되어 있는 데이터를 말한다. 책장이나 서랍 등에 보관되어 있는 데이터가 아니라 하드디스크나 메모리와 같이 컴퓨터가 접근할 수 있는 저장 매체에 저장된 데이터를 말한다.

■ **데이터베이스에 저장되어 있는 데이터는 운영 데이터(operational data)이다**

조직의 기능을 수행하기 위해 반드시 유지해야 될 데이터를 말한다. 데이터베이스는 일반적인 주소록이나 일기장과 같은 개인적인 용도로 사용되는 데이터가 아니라 조직의 존재 목적이나 기능을 수행하는데 꼭 필요한 데이터의 집합을 말한다.

■ **데이터베이스는 공용 데이터 (shared data)이다**
여러 응용 시스템들이 공동으로 이용하는 데이터이다. 여러 사용자들이 서로 다른 목적으로 데이터를 공동으로 사용하는 상당히 복잡한 구조를 가진 데이터를 말한다.

2. 데이터베이스의 특성

어느 한 조직의 여러 응용 시스템들이 공용할 수 있도록 통합 및 저장된 운영 데이터로서의 데이터베이스는 최소한 다음과 같은 특성들을 가지고 있다.

■ **실시간 접근성(real-time accessibility)**
비정형 질의어에 대하여 실시간 처리로 응답 가능해야 한다. 여기서 실시간이란 입력한 질의어에 대해 컴퓨터 키보드에서 엔디기를 친 후 결과 반응시간(response time)을 말한다. 예전에는 3초 이내에 결과가 디스플레이 되는 것이 목표였지만 지금은 눈 깜작할 사이에 응답이 나타나고 있다.

■ **계속적인 변화(continuous evolution)**
데이터베이스는 동적이다. 데이터베이스의 데이터는 한번 구축된 이후에도 계속해서 삽입(insertion), 삭제(deletion), 그리고 갱신(update)을 통해 항상 그 내용이 변화한다.

■ **동시 공용(concurrent sharing)**
여러 사용자가 동시에 접근한다. 데이터베이스는 서로 다른 목적을 가진 여러 응용 시스템들이 동시에 데이터베이스에 접근하여 이용할 수 있어야 하기 때문에 이를 처리해 주기 위해서는 상당히 복잡한 구조를 가지고 있다.

■ **내용에 의한 참조(content reference)**
내용에 의한 검색을 지원해 줘야 한다. 예를 들면, 저장되어 있는 데이터의 주소나 위치에 의해서 데이터가 참조되는 것이 아니라 "중간 성적이 85점 이상인 학생을 검색하라"와 같은 내용 검색을 지원해 줘야 한다.

3. 데이터베이스의 개념적 구성

데이터베이스는 개념적으로 개체(entities)와 관계(relationships)로 구성되어 있다.

■ 개체(entity)

개체(entity)는 현실 세계에 대해 사람이 생각하는 개념이나 정보의 단위로서 의미를 가지며, 이는 컴퓨터가 취급하는 화일의 레코드 한 개에 대응한다. 하나의 개체는 하나 이상의 **속성(즉, 애트리뷰트(attribute))**로 구성되어 있고 각 속성은 그 개체의 성질이나 상태를 기술해 주는 역할을 한다.

[그림 2-1]에서 학생이라는 개체는 학번, 성명, 전화번호라는 3개의 애트리뷰트(또는 속성)로 구성되어 있다. 여기서 애트리뷰트는 개체가 가지고 있는 성질이나 상태를 나타내고 있다. 그림에서 각 애트리뷰트 학번, 성명, 전화번호는 그 자체로는 어떤 큰 의미 있는 정보를 제공해 주지 못한다. 하지만 이러한 속성들이 모여 '학생'이라는 개체를 구성하여 표현될 때는 상당한 의미를 제공해 줄 수 있다.

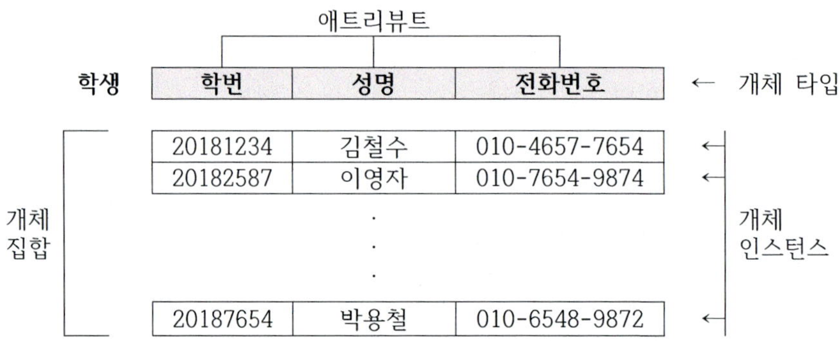

[그림 2-1] 애트리뷰트, 개체 타입, 개체 집합, 개체 인스턴스

여기서, "20181234, 김철수, 010-4657-7654"는 학생 개체의 하나의 값(value)으로 볼 수 있는데 이것을 달리 표현하면 '개체 인스턴스(entity instance)' 또는 '개체 어커런스(entity occurrence)'라 하기도 한다. 일반적으로 개체 값보다는 개체 인스턴스나 개체 어커런스를 더 자주 사용하니 이 용어들에 익숙해지도록 하자. 한편, 개체 인스턴스들의 모임을 '개체 집합(entity set)'이라 하고, 학번, 성명, 전화번호와 같은 애트리뷰트 이름들로만 기술된 타이틀 레코드를 '개체 타입(entity type)'이라 한다. 따라서 개체 타입은 개체 구성의 논리적인 형태를 말하고 개체 인스턴스들은 데이터베이스에 실제로 저장되는 구체적인 값들이 된다.

■ 관계(relationship)

데이터베이스에서 **관계(relationship)**란 개체와 개체 사이의 연관성(association)을 의미한다. 데이터베이스에서는 개체뿐만 아니라 관계도 데이터베이스에 저장되어야 하고 이 관계는 정보를 추출하는데 중요한 역할을 수행한다. 일반적으로 관계는 다음과 같이 속성 관계(attribute relationship)와 개체 관계(entity relationship)로 나누어 볼 수 있다.

- **속성 관계(attribute relationship)**: 속성들 간의 관계
- **개체 관계(entity relationship)**: 개체 집합 간 관계

데이터베이스에서는 일반적으로 개체 관계는 레이블을 붙여 그 관계를 명확하게 기술하지만, 속성 관계는 레이블 없이 개체에 묶어서 묵시적으로 표현한다. [그림 2-2]에서 '학생' 개체를 기술하고 있는 학번, 성명, 전화번호는 학생 개체에 대한 속성 관계이며, '교수' 개체를 기술하고 있는 교수번호, 성명, 학과는 교수 개체에 대한 속성 관계이다. 여기서 학생이라는 개체와 교수라는 개체 사이에 '지도'라는 개체 관계를 레이블과 함께 명확하게 명시하였는데, 이 관계는 정보를 추출하는데 중요한 역할을 한다. 예를 들면, "학번이 20181234인 학생의 전화번호를 검색하라"와 같은 질의문은 학생 개체에서 학번과 전화번호 사이에 존재하는 속성 관계를 이용해서 간단하게 정보를 검색할 수 있다. 그러나 "학번이 20181234인 학생의 지도교수 성명을 검색하라"는 질의문은 학생과 교수 사이에 존재하는 '지도'라는 개체 관계를 통해서 두 객체 사이의 연관성을 고려하여 관련 정보를 좀 복잡하게 검색해야만 된다.

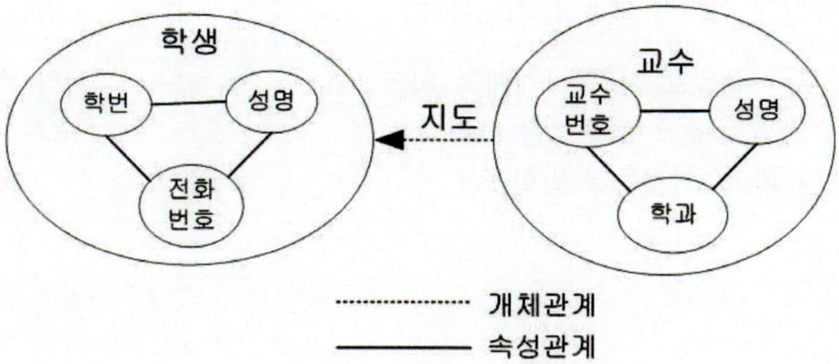

[그림 2-2] 개체 및 속성 관계

연습문제

1. 데이터베이스에 대한 설명으로 다음 중 잘못된 것은?
   ① 데이터베이스는 통합된 데이터이다.
   ② 데이터베이스는 저장된 데이터이다.
   ③ 데이터베이스에 저장되어 있는 데이터는 운영 데이터이다.
   ④ 데이터베이스는 중복된 데이터이다.

2. 데이터베이스 특성에 대한 내용으로 가장 거리가 먼 것은?
   ① 내용에 의한 참조　　② 저장된 운영 데이터
   ③ 계속적인 변화　　④ 실시간 접근성

3. 개체(entity)에 대한 설명으로 적당하지 않은 것은?
   ① 사람이 생각하는 개념이나 정보의 단위이다.
   ② 화일 구성 측면에서 보면 레코드(record)에 대응된다.
   ③ 이름을 가진 데이터의 가장 작은 논리적 단위이다.
   ④ 하나 이상의 속성, 즉 애트리뷰트로 구성된다.

4. Which of the following is NOT related with Database characteristics?
   ① entity relationship　　② contents reference
   ③ real-time accessibility　　④ concurrent sharing

5. 다음 빈 공간에 적절한 내용을 기입하라.

애트리뷰트 이름들로 기술된 개체의 정의를 ( )이라 하며, 실제 애트리뷰트 값으로 구성된 엔티티를 ( ) 또는 개체 인스턴스라 하고, 이것들의 집합을 ( )이라 한다.

실습문제

[그림 2-2]를 확장하여 4개의 개체들(즉, 학생, 교수, 과목, 학과) 간의 개체 및 속성 다이어그램을 그려라. 단, 각 개체 당 속성들은 4개씩 나타내고 개체 간에 개체 관계도 표시하라.

3장
DBMS
(Database Management System)

1. 기존 화일 시스템의 문제점
2. 데이터 중복성이 나쁜 이유
3. DBMS란
4. DBMS의 필수 기능
5. DBMS의 장단점
6. 데이터 독립성
7. DBMS의 발전 과정
8. MySQL 설치

1. 기존 화일 시스템의 문제점

지금은 거의 사용되고 있지 않지만, 과거에는 응용 시스템을 개발하기 위해 **화일 시스템(file system)**을 사용하곤 했다. 화일 시스템에서는 [그림 3-1]과 같이 각각의 응용 프로그램은 개별적으로 자기 자신의 화일을 사용하였다. 이러한 전통적인 화일 시스템의 문제점으로는 크게 데이터 종속성(data dependency)과 데이터 중복성(data redundancy)으로 명시될 수 있다.

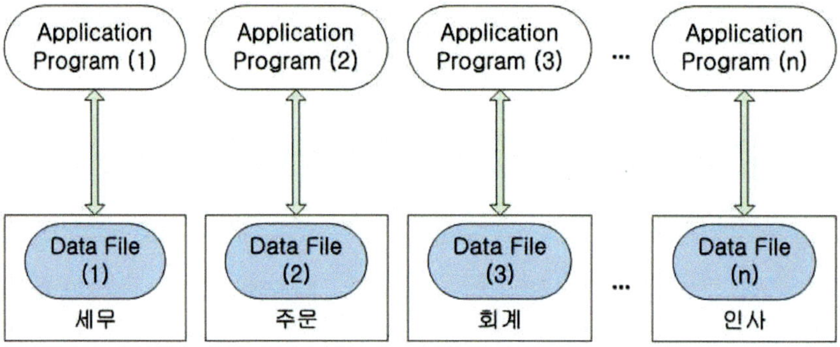

[그림 3-1] 전통적인 화일 시스템의 구조

■ **데이터 종속성(Data Dependency)**

데이터 종속성이란 응용 프로그램(1)에서 사용되는 화일은 응용 프로그램(1)에서만 사용할 수 있고 다른 응용 프로그램에서는 사용할 수 없는 것을 의미한다. 이러한 상황에서 응용 프로그램은 사용하려는 데이터의 구성이나 접근 방법에 맞게 작성되어야 하고, 데이터의 구성이나 접근 방법을 변경할 때는 해당되는 응용 프로그램도 같이 변경되어야 한다.

■ **데이터 중복성(Data Redundancy)**

전통적인 화일 시스템에서는 같은 내용의 데이터 일지라도 각 응용 프로그램마다 별도의 화일로 만들어 중복되는 경우가 많이 생긴다. 이와 같이 한 시스템 내에 데이터가 중복되게 저장 관리되는 것을 데이터 중복성이라 한다.

2. 데이터 중복성이 나쁜 이유

데이터의 중복성이 바람직하지 못한 것은 다음과 같은 문제점을 야기시키기 때문이다.

■ **일관성(consistency)**

"일관성이 없다"라는 말은 데이터 간의 불일치가 발생될 수 있다는 의미와 같다. 예를 들어, 김철수라는 학생의 학년이 2학년이라고 하자. 그런데 여러 개의 레코드가 중복되어 있을 때 모든 데이터가 학년이 2학년으로 정확하게 표기되어 있으면 큰 문제가 없으나 만일 하나라도 2학년이 아닌 3학년으로 표기되어 있다면 이 정보는 일관성이 없어진다.

■ **보안성(security)**

데이터가 중복되어 저장되어 있으면 같은 데이터에 대해 같은 수준의 보안 유지가 어렵다. 이는 당연한 얘기인데 만일 같은 데이터가 여러 군데 중복되어 저장되어 있다면 똑같은 보안을 장담할 수가 없다. 전산실에 보관된 자료와 개인 책상 위 데스크탑 PC에 보관된 데이터에 대해 같은 수준의 보안을 유지하기란 상당히 어려운 일이다.

■ **경제성(economics)**

데이터가 중복 저장됨으로 인해 추가적인 저장 공간이 필요하다. 비록 근래에는 저장 장치가 비교적 저렴해짐에 따라 추가적인 저장 공간을 위해 저장 장치의 비용이 그렇게 문제가 되지 않는다고 하더라도 만일 데이터에 대한 변경이 발생될 때는 중복 저장되어 있는 모든 데이터에 대해 수정해야만 한다. 이는 사람이 직접 수행해야 하는 작업이므로 인건비에 의한 비싼 갱신 비용이 더 큰 문제가 된다.

■ **무결성(integrity)**

무결성은 조금 생소한 단어일 수 있을 텐데, 무결성이란 데이터의 정확성을 의미한다. 예를 들면, 휴대폰 전화번호인 경우 일반적으로 010-1234-5678과 같은 형태를 가지고 있다. 그런데 만일 전화번호에 010-1234-QY78과 같은 형태가 입력되어 있다면 이 데이터는 무결성이 위배 되었다고 말한다. 즉, 데이터가 중복되어 있다면 모든 데이터에 대해 데이터의 정확성(즉, 무결성)을 유지하기는 상당히 어렵게 된다.

3. DBMS란

DBMS(Database management system)란 기존의 화일 시스템에서 야기되는 데이터 종속성과 데이터 중복성 문제를 해결하기 위해 제안된 시스템이라 할 수 있다. DBMS는 다양한 응용들에서 필요로 하는 데이터베이스를 정의, 생성, 조작, 공유할 수 있도록 편리한 기능을 제공하는 소프트웨어 시스템이다. 이러한 환경하에서 응용 프로그램들이 데이터베이스를 이용하기 위해서는 DBMS를 통해서만 가능하며, 데이터베이스의 구성, 접근 방법, 그리고 관리유지에 대한 모든 책임을 DBMS가 지고 있다. 이러한 DBMS의 기본적인 아이디어는 [그림 3-2]와 같이 묘사될 수 있다.

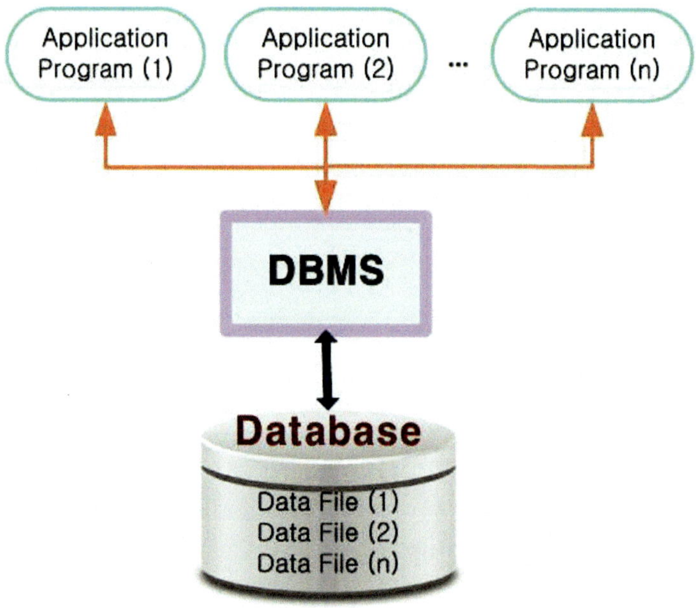

[그림 3-2] DBMS의 기본적인 아이디어

4. DBMS의 필수 기능

DBMS에서 기본적으로 제공되어야 하는 기능으로는 다음과 같이 정의 기능, 조작 기능, 그리고 제어 기능이 있다.

■ 정의(definition) 기능

데이터베이스 구조를 정의할 수 있는 기능으로서 데이터 정의 언어(DDL: Data Definition Language)를 사용한다. DDL을 사용하여 데이터베이스와 테이블들을 만들고 정의한다.

■ 조작(manipulation) 기능

데이터베이스를 접근하고 조작할 수 있는 기능으로서 데이터 조작 언어(DML: Data Manipulation Language)를 사용한다. DML을 사용하여 데이터의 검색, 삽입, 삭제 등 데이터베이스 연산 작업을 수행하도록 지원한다.

■ 제어(control) 기능

데이터베이스의 정확성과 안전성을 유지할 수 있는 기능으로서 데이터 제어 언어(DCL: Data Control Language)를 사용한다. DCL을 사용하여 데이터의 갱신을 정확하게 수행하거나, 허가된 사용자만 데이터에 접근할 수 있도록 보안을 유지하고, 여러 사용자가 동시에 데이터베이스에 접근할 때 항상 처리 결과가 정확하게 유지되도록 병행 제어를 할 수 있도록 한다. 제어 기능은 데이터베이스 분야에서 고급 기술에 속하는 기능이므로 본 강좌에서는 기본적인 이론만 다룰 예정이다.

5. DBMS의 장단점

DBMS의 장점과 단점을 간단히 요약하면 다음과 같이 정리될 수 있다.

■ DBMS의 장점

- **데이터 중복을 최소화할 수 있다**
  DBMS를 사용함으로서 데이터 중복을 최소화할 수 있다. 여기서 데이터 중복을 최소화한다는 의미는 통제된 중복만 허용하고 불필요한 중복은 제거함으로 데이터 중복성의 문제를 해결하는 것이다.
- **데이터를 공유할 수 있다**
  DBMS를 사용함으로서 데이터를 효율적으로 공동 활용할 수 있다. 즉 다수의 사용자들이 서로 다른 목적으로 데이터를 공유하는 것이 가능하다.
- **데이터의 일관성을 유지할 수 있다**
  데이터의 중복을 줄임으로써 중복 데이터에 대한 변경이 일어날 때 발생될 수 있는 데이터의 불일치를 최소화 시킬 수 있다.
- **데이터의 무결성을 유지할 수 있다**
  DBMS에서는 데이터의 무결성, 즉 정확성을 유지할 수 있다. 예를 들면, 전화번호 입력 시 DBMS에서는 숫자 대신 문자가 입력되는 경우를 미리 방지하여 에러가 발생되지 않도록 사전에 체크하는 기능을 제공하고 있다.
- **데이터의 보안을 보장할 수 있다**
  DBMS에서는 다양한 데이터 보안 기능을 제공함으로써 데이터의 안전한 보안을 보장한다. DBMS는 정당한 사용자에게 허용된 데이터 연산만 지원함으로써 모든 데이터에 대한 적절한 보안을 제공한다.
- **표준화를 달성할 수 있다**
  DBMS를 사용하는 중앙 관리부서에서는 모든 요구 사항들을 전체적으로 수집, 분석하여 통합적인 데이터 관리가 가능하다. 따라서 중앙 통제에 의한 표준화로 효율적인 자료 관리를 수행할 수 있다.
- **데이터의 독립성을 제공할 수 있다**
  데이터베이스 구현상의 세부 사항을 사용자에게 숨김으로써 사용자는 세부 사항보다는 일반적인 구조에만 집중하게 되므로 편리성과 효율성을 극대화할 수 있다.

■ DBMS의 단점

- **운영비가 증대될 수 있다**
  DBMS는 고가의 소프트웨어 제품으로서 운영비가 증대될 수 있다. 특히, 하드웨어가 커짐에 따라 이에 비례하여 상당히 값비싼 DBMS를 구매해야만 하고 유지보수 비용도 만만치가 않다.
- **자료 처리 방법이 복잡하다**
  데이터베이스에서는 상이한 데이터 타입들이 존재할 수 있고, 이러한 복잡한 구조를 이해하고 응용 프로그램을 작성하기 위해서는 고급 프로그래머가 필요하다.
- **백업과 회복 기법이 어렵다**
  장애가 발생될 때 이를 처리하기 위한 백업(backup)과 회복(recovery) 기법이 복잡하여 신속한 복구가 어려울 수 있다.
- **시스템이 취약할 수 있다**
  중앙관리에 의한 데이터의 효율성은 있으나 만일 장애가 발생하면 일부 장애라도 전체 시스템이 마비될 수 있는 상황이 일어날 수 있다.

6. 데이터 독립성

데이터베이스에서 **데이터 독립성(Data Independency)**이란 데이터의 논리적인 구조나 물리적인 구조가 변경되더라도 응용 프로그램에는 영향을 주지 않는 것을 말한다. 이러한 데이터 독립성은 논리적 데이터 독립성과 물리적 데이터 독립성으로 구분된다.

■ **논리적 데이터 독립성(logical data independency)**
데이터베이스는 보통 조직 전체에 대한 하나의 복잡한 논리적 구조를 가지고 있다. 그런데 이러한 논리적 구조를 변경할 필요가 있을 경우, 모든 응용 프로그램의 구조도 변경시켜야 한다면 이는 중대한 문제가 아닐 수 없다. 따라서 조직 전체의 논리적 구조를 변경시키더라도 기존 응용 프로그램들에는 영향을 주지 않는 능력을 논리적 데이터 독립성이라 한다.

■ 물리적 데이터 독립성(physical data independency)

논리적 데이터 독립성과 비슷하게, 저장 장치나 새로운 접근 기법의 개발로 성능 개선을 위해 물리적 구조를 변경하더라도 이를 이용하는 응용 프로그램들에는 영향을 주지 않는 능력이 또한 필요하다. 이는 논리적 구조에도 영향을 주어서는 안 될 것이다. 물리적 데이터 독립성이 지원됨으로써 시스템에 지장 없이 저장 장치의 효율적 개발이 가능할 것이다. 이는 하나의 논리적 구조로부터 여러 가지 다양한 물리적 구조를 지원할 수 있는 사상(mapping) 능력이 있어야 가능하다는 것을 의미한다. 논리적/물리적 데이터 사상과 데이터 독립성에 관한 기본적인 개념은 [그림 3-3]과 같다.

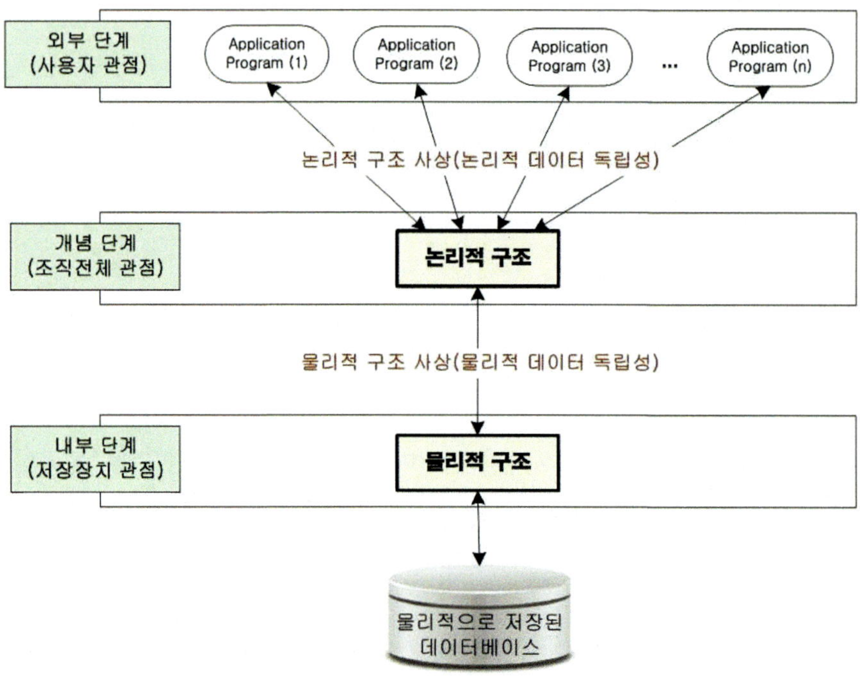

[그림 3-3] 논리적/물리적 데이터 사상 개념

7. DBMS의 발전 과정

1960년대 초 최초의 DBMS인 IDS(Integrated Data Store)가 설계된 이후 DBMS의 발전 과정은 크게 1세대로부터 3세대로 발전되고 있다고 말할 수 있다.

■ **제1세대 DBMS(first-generation DBMS)**

1960년대와 1970년대 사이에 최초의 범용 DBMS인 IDS가 개발되었으며 IDS는 네트워크 데이터 모델(network data model)의 기초가 되었다. 이후 IBM에서 IMS(Information Management System) DBMS를 개발했으며 이는 계층 데이터 모델(hierarchical data model)의 기초가 되었다.

■ **제2세대 DBMS(second-generation DBMS)**

IBM의 Codd 박사에 의해 관계형 데이터 모델(relational data model)이 제안되었으며 이는 향후 DBMS의 주류가 되었고 현재에도 가장 많이 사용되는 데이터 모델이다. 또한, 관계형 데이터 모델을 기반으로 개발된 SQL(Structured Query Language)은 세계 표준 언어가 되었으며 SQL을 채택한 많은 DBMS들이 개발되기 시작하였다. 이 시기에 개발된 대표적인 상용 관계형 DBMS로는 Oracle, SQL-Server, MySQL, DB2, Informix, Sybase 등이 있다.

■ **제3세대 DBMS(third-generation DBMS)**

1980년대 후반부터 많은 새로운 응용 분야들(예, CAD/CAM, 멀티미디어, GIS, Expert System)에 DBMS가 광범위하게 적용되기 시작하였고 기존의 기본 데이터 타입과 데이터 언어로는 지원의 한계가 많았다. 따라서 이러한 요구 사항을 만족시켜 줄 수 있는 새로운 DBMS가 연구되기 시작하였으며 대표적인 시스템들이 객체지향 DBMS(OODBMS: Object-Oriented DBMS)와 객체 관계형 DBMS(O-RDBMS: Object-Relational DBMS)를 기반으로 개발되기 시작하였다. 그러나 현재로서 OODBMS는 그다지 크게 호응을 얻지는 못하고 있는 실정이고, 오히려 RDBMS에 OODB의 개념을 적용한 O-RDBMS가 시장을 주도해 나갈 전망이다.

8. MySQL 설치

본 강좌에서는 오픈 소스인 MySQL DBMS를 선정하여 실습을 진행하고자 한다. MySQL은 Windows, UNIX, Linux 등 다양한 플랫폼에서 사용할 수 있으며 무료라고 하기엔 가히 놀라울 정도로 매우 안정적이고 다른 상용 DBMS에 비해 속도나 성능면에서 앞선 성적을 보여주고 있다. 여기서는 Windows MySQL 버전을 다운로드 받아 설치해 보기로 하자. MySQL은 대부분의 윈도우 응용프로그램과 마찬가지로 마우스만 클릭하면 쉽게 설치된다. 설치 과정에서 잘 모르는 부분이 있더라도 [다음]만 클릭하면 무난히 설치될 수 있다.

8.1 MySQL 설치 전 준비사항

MySQL은 상용 에디션과 무료 에디션으로 나뉘는데, Standard, Enterprise, Cluster CGE 세 개의 상용 에디션과 Community 무료 에디션이 제공된다. 현재 MySQL 다운로드 사이트에서 사용 가능한 최신 버전은 MySQL Community 8.0이다. 본 강좌에서는 이를 중심으로 설명할 것이다. MySQL Community 8.0 (이하 이를 MySQL이라 말함)을 설치하기 위한 하드웨어는 Windows가 설치된 컴퓨터라면 큰 문제가 없다. 하지만 Windows 운영체제는 Windows 7 이상, Windows Server 2008 R2 이상의 버전에서만 설치가 가능하다.

MySQL을 설치할 때 Server 기능과 Client만 설치하기 위해서는 별도의 추가 소프트웨어가 필요 없다. 하지만 부가적인 기능을 사용하기 위해서는 추가 소프트웨어 몇 가지를 추가로 설치해야 한다. MySQL 주요 컴포넌트는 다음 표와 같다.

이 강좌에서는 기본적으로 MySQL Server와 MySQL Client를 포함하여 추가로 MySQL Workbench, MySQL Notifier, MySQL Fabric & Utilities 등이 필요하지만 설치의 편의성을 위해 모두 설치할 것이다.

MySQL 컴포넌트	요구 사항	자동	비고
MySQL Server			서버 프로그램
MySQL Client			클라이언트 프로그램
MySQL Workbench	Visual C++ Runtime	자동	GUI 지원 통합 관리 툴
MySQL Notifier			서비스 알림 기능
MySQL Fabric & Utilities	Visual C++ Runtime	자동	관련 유틸리티
Sample Database			샘플 데이터베이스
Connector/ODBC			ODBC 연결
MySQL for Visual Studio	Visual Studio 2010 이후	수동	Visual Studio 개발 지원
Connector/C++			C++ 연동
Connector/J			Java 연동
Connector/NET			.NET 연동
Connector/Python	Python 3.4	수동	Python 연동
MySQL Connector/C			C 연동
MySQL for Excel	MS Excel 2007 이후		
MySQL Documentation			도움말 문서

8.2 MySQL 설치

이제 본격적으로 MySQL을 설치해 보자. 본 장에서는 Windows 10에 설치할 예정이며 이 강좌를 작성하는 시점의 가장 상위 버전인 MySQL Community 8.0.34를 설치하겠다. 먼저 MySQL을 다운로드 하자. "http://dev.mysql.com/downloads/installer"에 접속하면 'Select Operating System: Microsoft Windows'가 선택되어 있을 것이다. 바로 밑에 Window (x86, 32-bit), MSI Installer가 보인다. MySQL Community 8.0은 64bit 용이 별도 없으며 32bit 용을 설치하면 필요에 따라서 64bit 용을 제공한다.

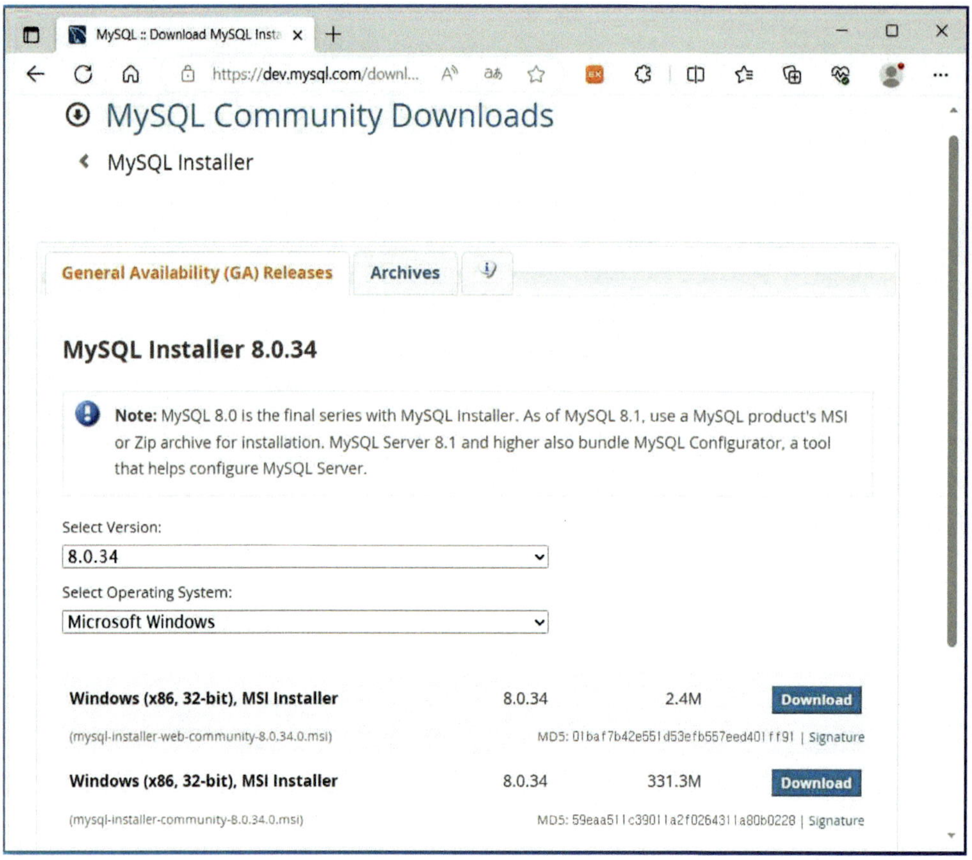

이 강좌를 집필하는 시점에는 8.0.34가 가장 최신 버전이다. 설치 화일에 모든 내용이 들어 있는 아래쪽의 화일(즉, 331.3M)을 클릭한다. 위쪽의 파일(2.4M)로 설치를 진행하면 웹에서 다운로드 되면서 설치된다. 인터넷이 느린 환경에서는 설치가 오래 걸리거나 MySQL 회사의 서버에 문제가 있으면 설치가 잘 안될 수 있다.

로그인 화면이 나오면 아래 [No thanks, just start my download.]를 클릭하면 로그인 없이 다운로드 할 수 있다.

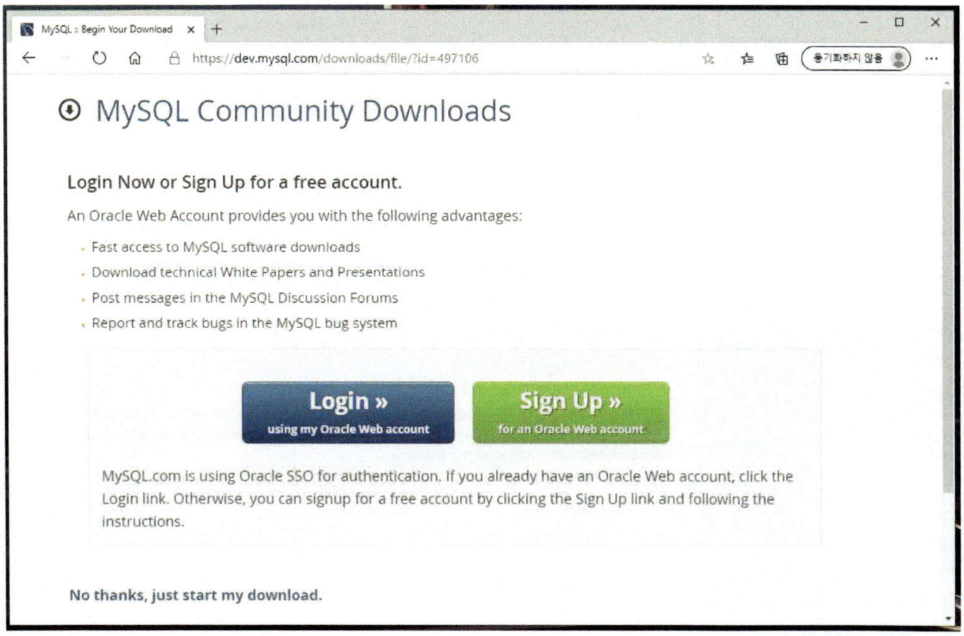

이젠 mysql-installer-community-8.0.34.0.msi를 내 컴퓨터에 다운로드 받고 설치를 진행한다. 이때 MySQL 설치를 준비하는 창이 뜨게 되는데, 시간이 조금 소요될 수 있기 때문에 잠시 기다리면 다음 화면이 나타난다.

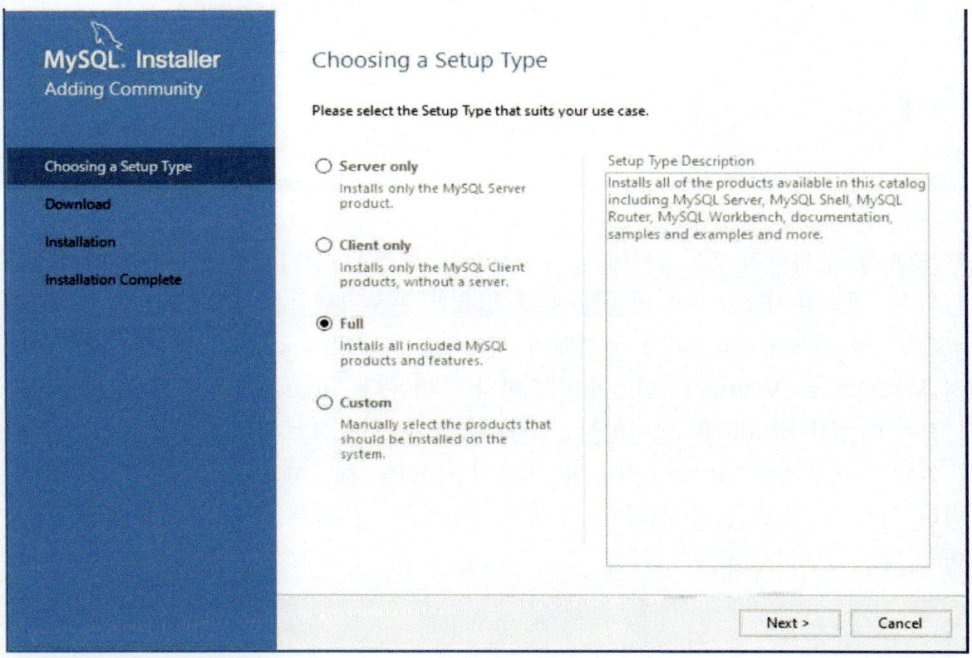

Choosing a Setup Type 화면은 설치할 유형을 선택할 수 있는데 설치를 간단하게 하기 위해 위에서 세 번째인 [Full]을 선택하고 [Next]를 클릭한다. 필요시 다른 선택을 해도 무관하다. 참고로, Server only는 서버만 설치되고, Client only는 클라이언트 및 관련 툴이 설치되며 Full은 전체가 설치된다. 마지막 Custom에서는 사용자가 설치할 항목들을 선택할 수 있다.

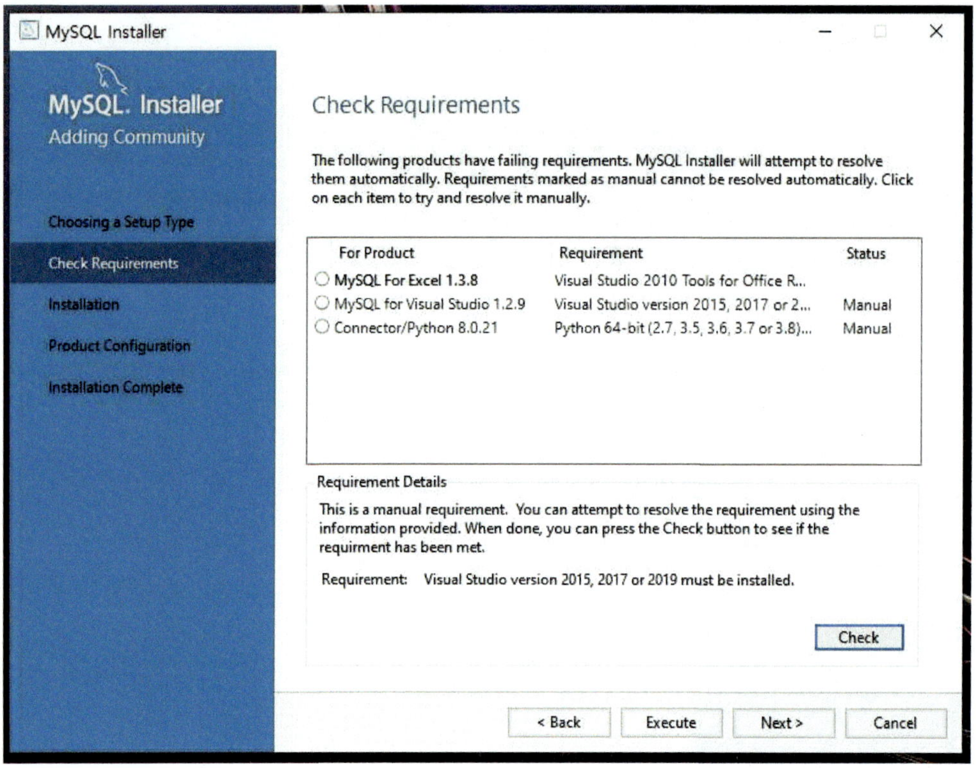

MySQL을 설치하기 전 설치에 필요한 프로그램들을 설치하라는 단계가 나올 수 있는데, 하단의 [Execute] 버튼을 눌러 필요한 프로그램들을 설치해 주면 된다. MySQL for Visual Studio가 설치되어 있지 않다면 Check Requirements 화면에서 MySQL for Visual Studio이 필요하다고 나온다. [Execute]를 클릭해서 MySQL for Visual Studio을 설치하자. 이때 Microsoft 소프트웨어 사용조건이 나오면 [I have read and accept the license terms]를 체크하고 [Install]을 클릭한다. 여러 가지 프로그램들이 설치가 다 되었다면 [Next] 버튼을 눌러 다음 단계로 넘어 간다.

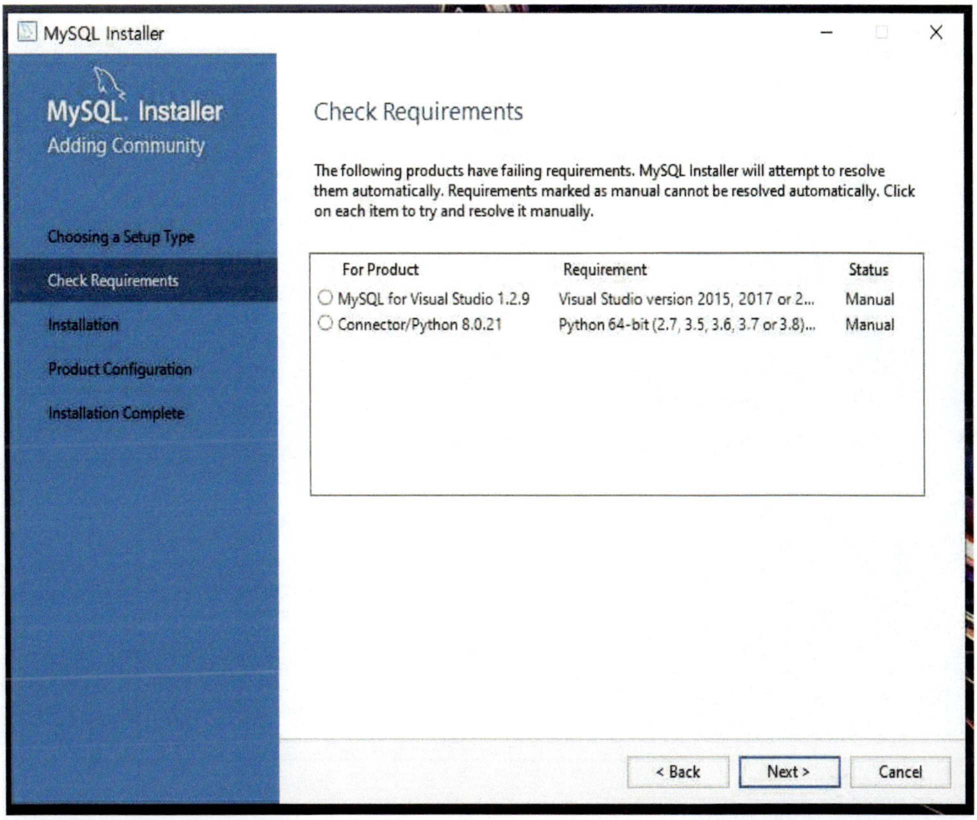

자! 이제부터 MySQL을 설치해 보자. 다음 그림에 Installation 화면이 보이는데 하단의 [Execute] 버튼을 눌러 주면 MySQL 설치가 진행된다. 각 항목 오른쪽에 설치 진행 퍼센트가 보이면서 설치가 진행된다. 성공적으로 설치가 되면 앞에 초록색 아이콘이 표시되고 Status는 Complete로 표시된다. 설치가 마무리 될 때까지 기다려 주기 바란다. 모든 설치가 완료될 때까지 상당한 시간이 걸릴 수도 있다.

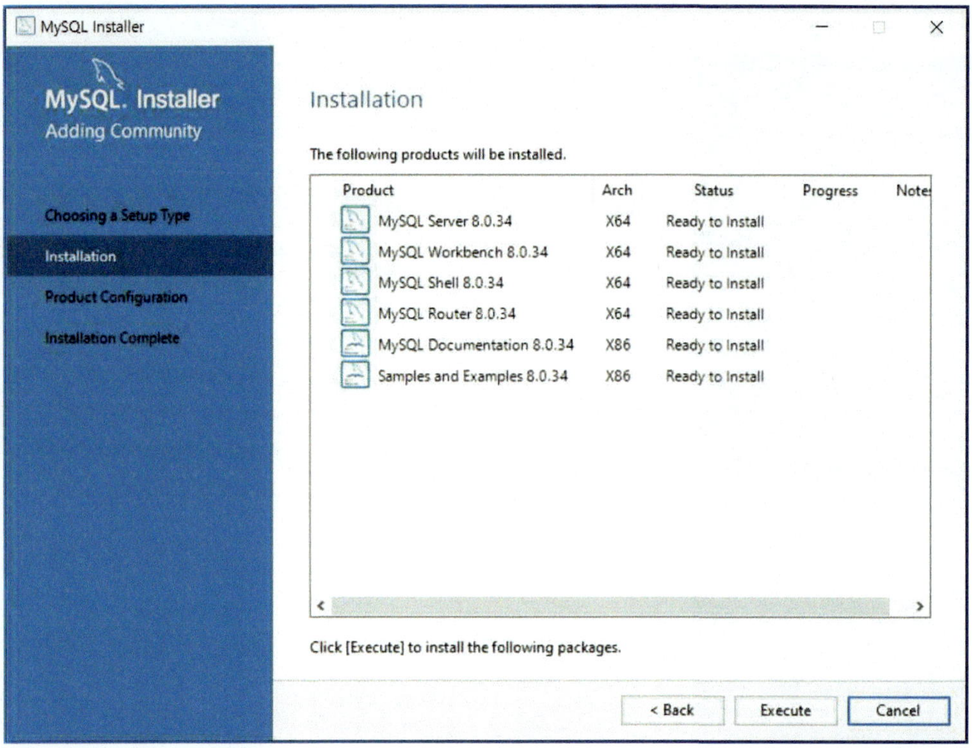
MySQL Installer
MySQL. Installer
Adding Community
Choosing a Setup Type
Installation
Product Configuration
Installation Complete
Installation
The following products will be installed.
Product
Arch
Status
Progress
Notes
MySQL Server 8.0.34 X64 Ready to Install
MySQL Workbench 8.0.34 X64 Ready to Install
MySQL Shell 8.0.34 X64 Ready to Install
MySQL Router 8.0.34 X64 Ready to Install
MySQL Documentation 8.0.34 X86 Ready to Install
Samples and Examples 8.0.34 X86 Ready to Install
Click [Execute] to install the following packages.
< Back
Execute
Cancel

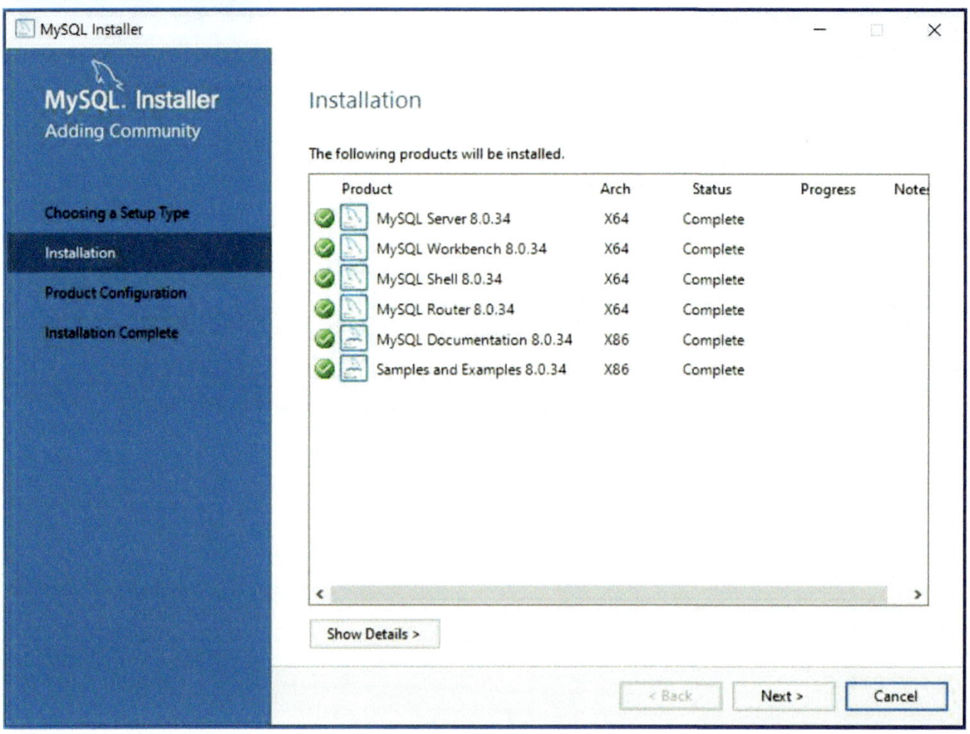
MySQL Installer
MySQL. Installer
Adding Community
Choosing a Setup Type
Installation
Product Configuration
Installation Complete
Installation
The following products will be installed.
Product
Arch
Status
Progress
Notes
MySQL Server 8.0.34 X64 Complete
MySQL Workbench 8.0.34 X64 Complete
MySQL Shell 8.0.34 X64 Complete
MySQL Router 8.0.34 X64 Complete
MySQL Documentation 8.0.34 X86 Complete
Samples and Examples 8.0.34 X86 Complete
Show Details >
< Back
Next >
Cancel

기본적인 설치는 완료된 것이다. 이제는 추가로 환경 설정을 해야 한다. [Next]를 클릭한다. MySQL 설치 이후에 몇 가지 MySQL의 환경을 설정해줘야 한다. Product Configuration 화면에서 3개 항목의 환경 설정이 필요하다고 나온다. [Next]를 클릭한다.

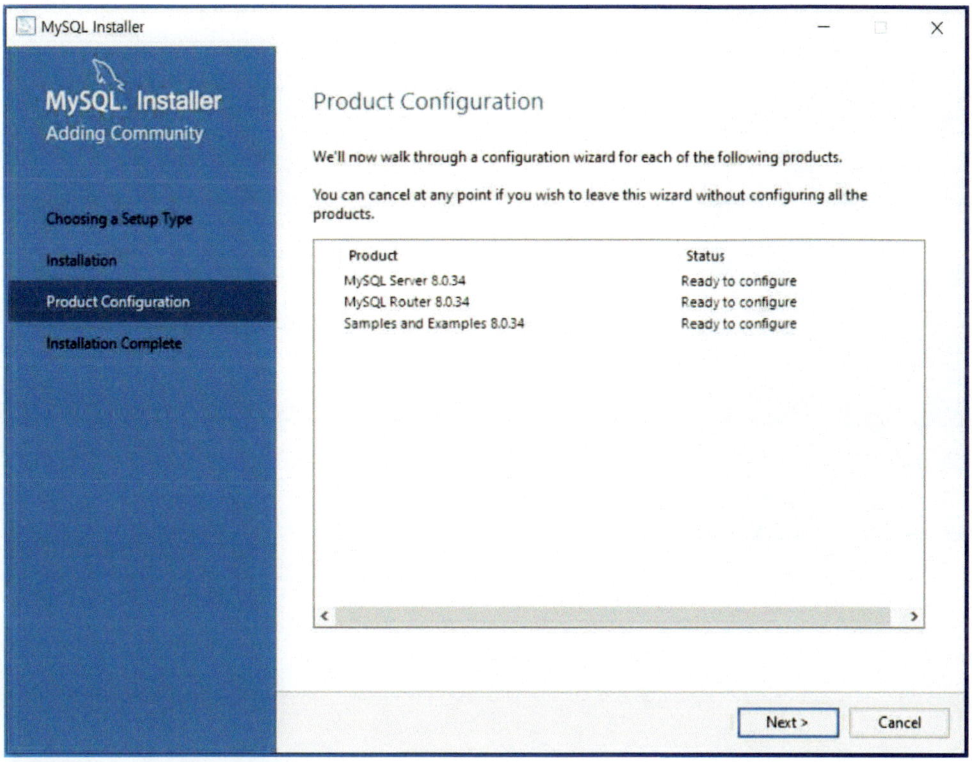

Type and Networking 화면에서 Config Type: Development Computer, TCP/IP가 체크된 상태에서 Port Number: 3306인 것을 확인하자. 그 아래 Open Windows Firewall ports for network access도 체크되어 있는지 확인한다. [Next]를 클릭해서 계속 진행한다.

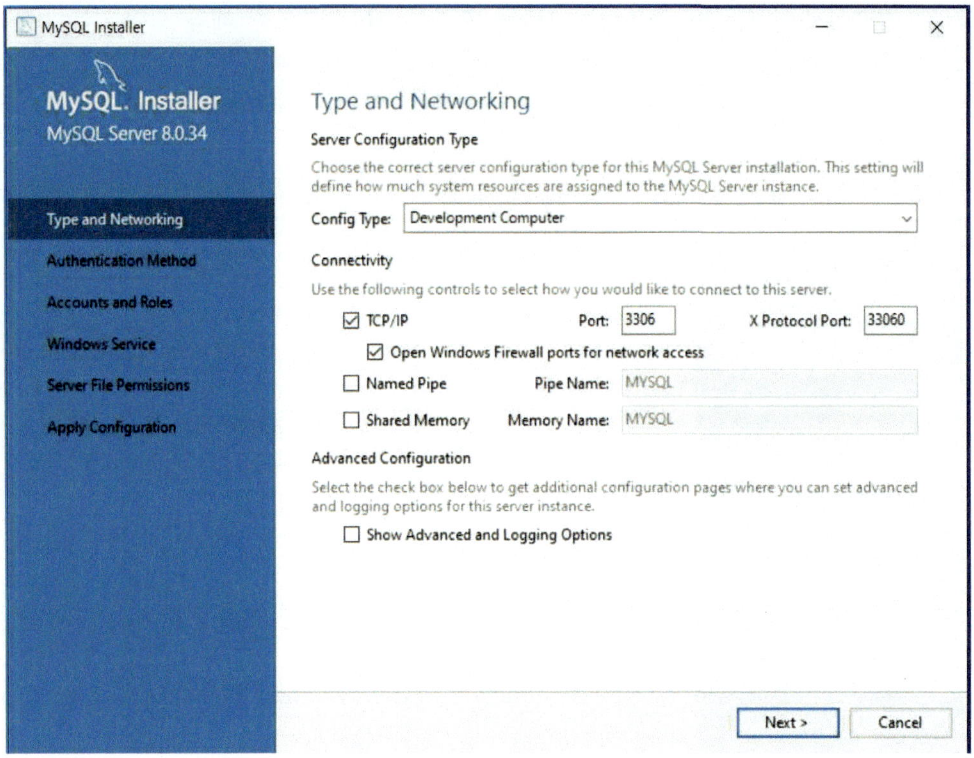
MySQL Installer
MySQL. Installer
MySQL Server 8.0.34
Type and Networking
Authentication Method
Accounts and Roles
Windows Service
Server File Permissions
Apply Configuration
Type and Networking
Server Configuration Type
Choose the correct server configuration type for this MySQL Server installation. This setting will define how much system resources are assigned to the MySQL Server instance.
Config Type: Development Computer
Connectivity
Use the following controls to select how you would like to connect to this server.
TCP/IP
Port: 3306
X Protocol Port: 33060
Open Windows Firewall ports for network access
Named Pipe
Pipe Name: MYSQL
Shared Memory
Memory Name: MYSQL
Advanced Configuration
Select the check box below to get additional configuration pages where you can set advanced and logging options for this server instance.
Show Advanced and Logging Options
Next >
Cancel

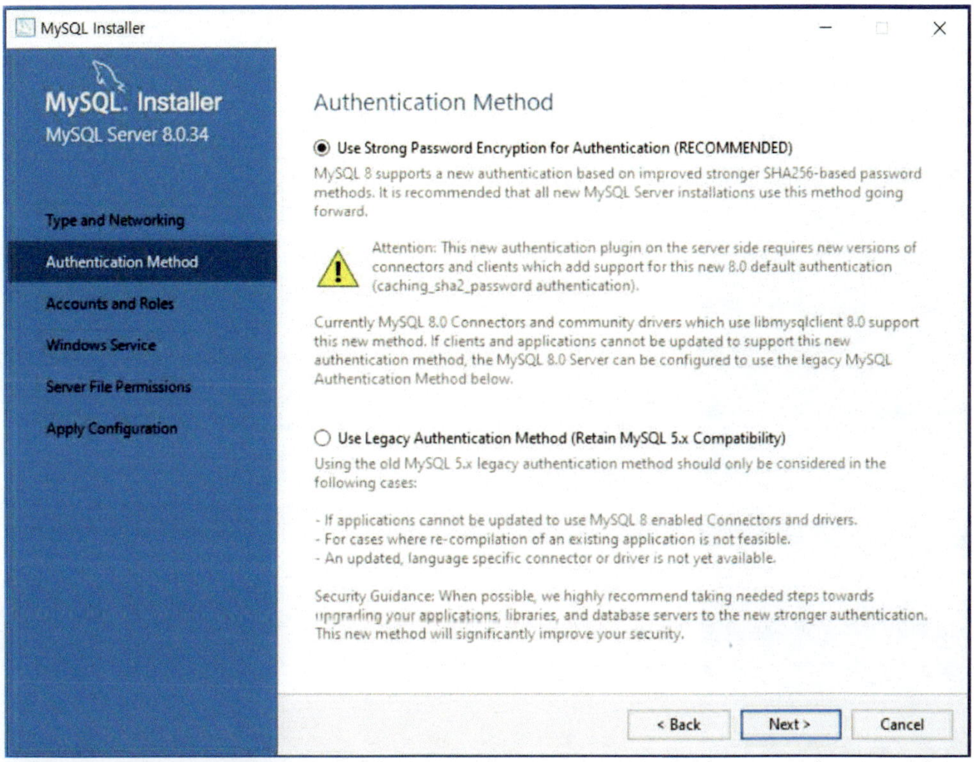

Authentication Method 화면에서 그대로 [Next]를 클릭한다. Accounts and Roles 화면에서 MySQL의 관리자의 비밀번호를 지정해줘야 한다. 쉽게 'root'를 입력해서 지정하자. 아래쪽의 MySQL User Accounts는 root 이외의 사용자들을 추가할 수 있다. 사용자 추가는 다음에 해 보기로 하고 지금은 그냥 비워둔다. [Next]를 클릭한다.

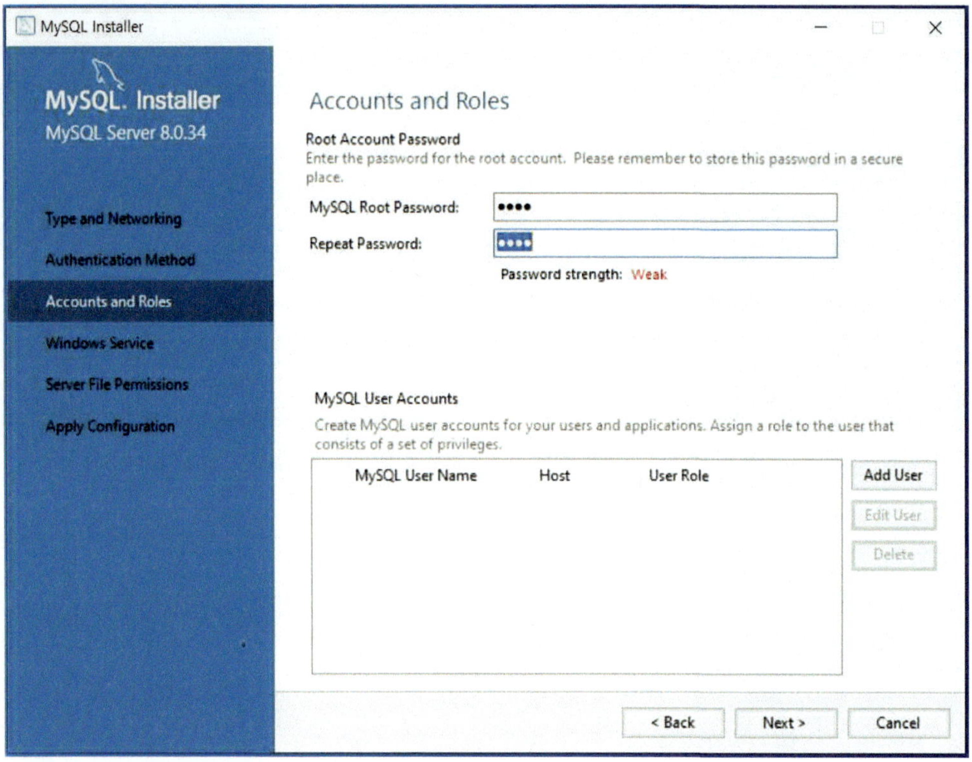
MySQL Installer
MySQL. Installer
MySQL Server 8.0.34
Type and Networking
Authentication Method
Accounts and Roles
Windows Service
Server File Permissions
Apply Configuration
Accounts and Roles
Root Account Password
Enter the password for the root account. Please remember to store this password in a secure place.
MySQL Root Password:
Repeat Password:
Password strength: Weak
MySQL User Accounts
Create MySQL user accounts for your users and applications. Assign a role to the user that consists of a set of privileges.
MySQL User Name
Host
User Role
Add User
Edit User
Delete
< Back
Next >
Cancel

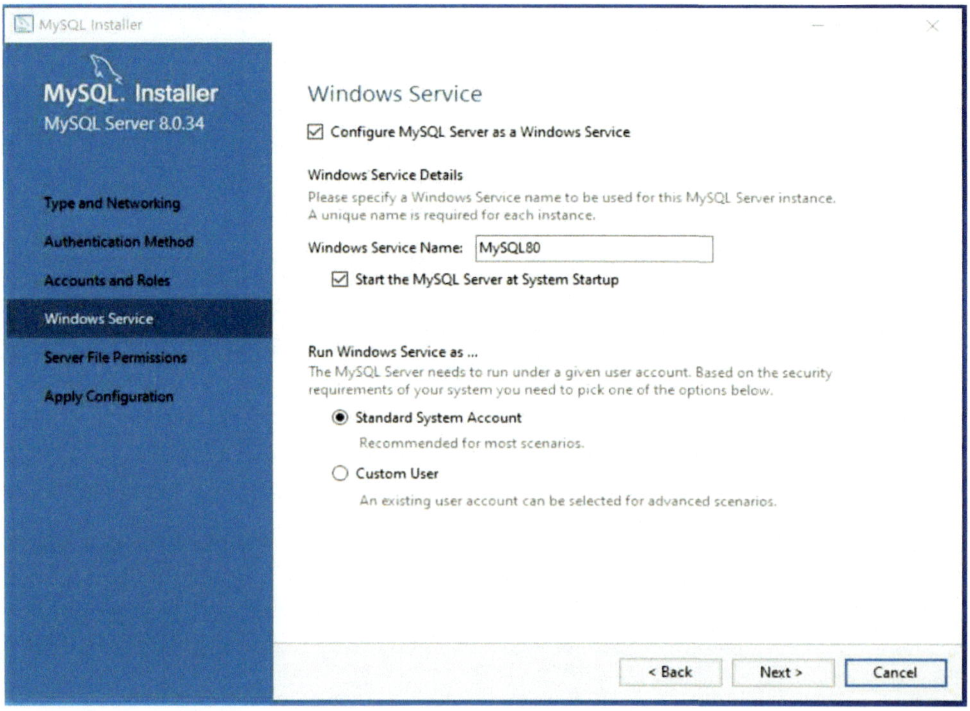
MySQL Installer
MySQL. Installer
MySQL Server 8.0.34
Type and Networking
Authentication Method
Accounts and Roles
Windows Service
Server File Permissions
Apply Configuration
Windows Service
Configure MySQL Server as a Windows Service
Windows Service Details
Please specify a Windows Service name to be used for this MySQL Server instance.
A unique name is required for each instance.
Windows Service Name:
MySQL80
Start the MySQL Server at System Startup
Run Windows Service as ...
The MySQL Server needs to run under a given user account. Based on the security requirements of your system you need to pick one of the options below.
Standard System Account
Recommended for most scenarios.
Custom User
An existing user account can be selected for advanced scenarios.
< Back
Next >
Cancel

Windows Service 화면은 MySQL 서버를 Windows의 서비스로 등록하기 위한 설정을 한다. Windows Service Name: MySQL80을 그대로 두고 [Next]를 클릭한다.

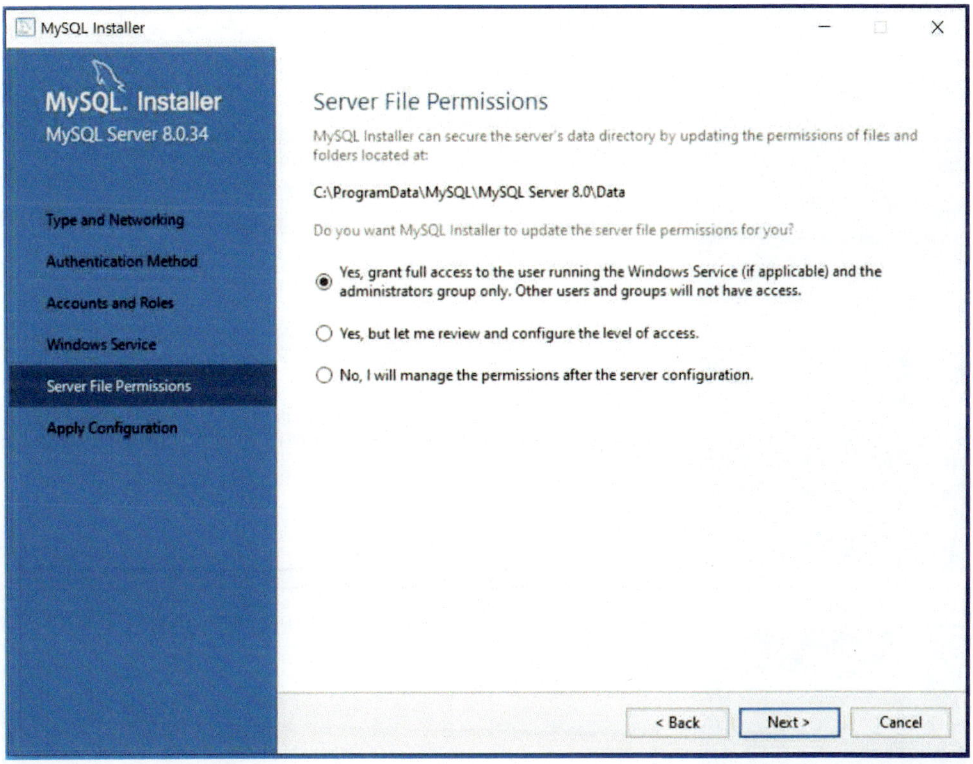

Server File Permissions를 Yes하고 [Next]를 클릭한다. Apply Configuration 화면에서 [Execute]를 클릭하면 설정된 내용이 적용된다. 앞쪽이 모두 초록색 체크박스로 보이면 된다. MySQL Server에 대한 설정이 완료되면 [Finish]를 클릭해서 설정을 종료한다.

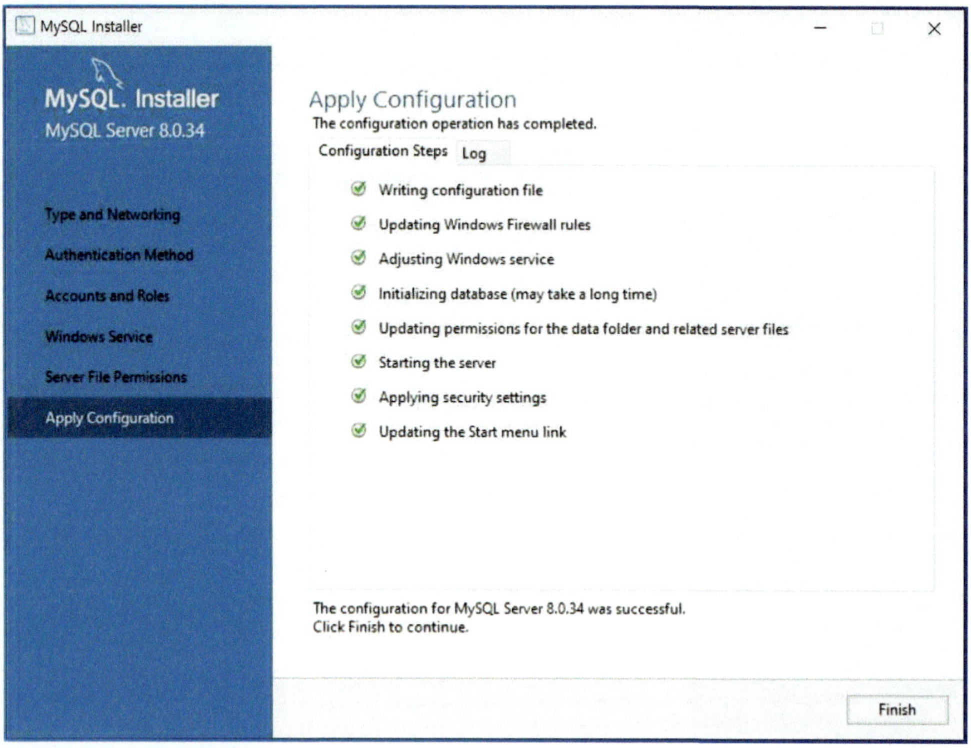
MySQL Installer
MySQL. Installer
MySQL Server 8.0.34
Type and Networking
Authentication Method
Accounts and Roles
Windows Service
Server File Permissions
Apply Configuration
Apply Configuration
The configuration operation has completed.
Configuration Steps
Log
Writing configuration file
Updating Windows Firewall rules
Adjusting Windows service
Initializing database (may take a long time)
Updating permissions for the data folder and related server files
Starting the server
Applying security settings
Updating the Start menu link
The configuration for MySQL Server 8.0.34 was successful.
Click Finish to continue.
Finish

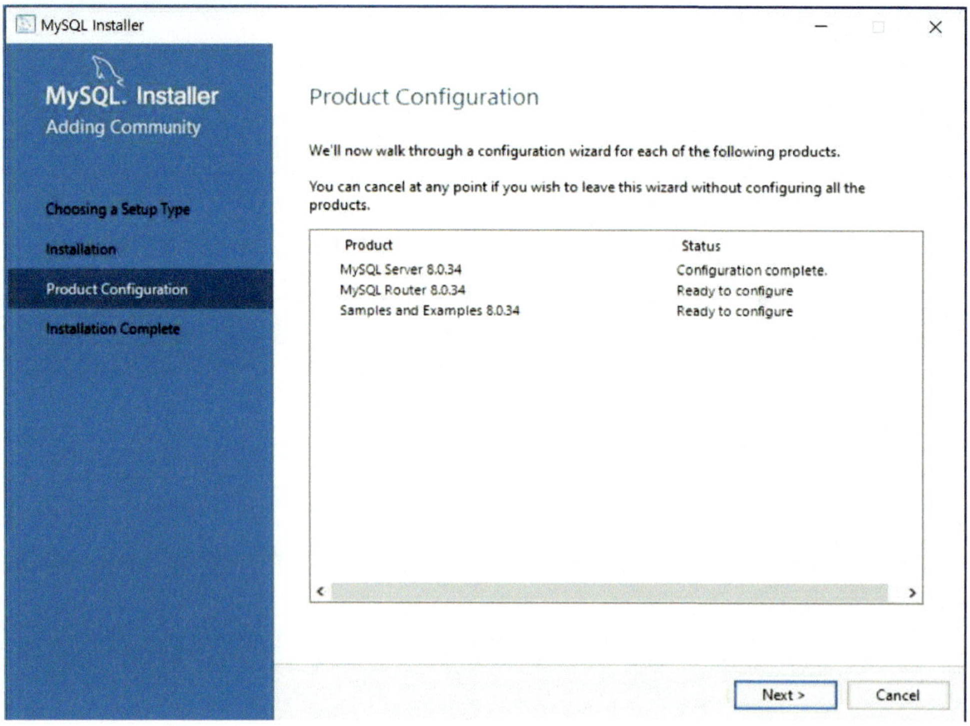
MySQL Installer
MySQL. Installer
Adding Community
Choosing a Setup Type
Installation
Product Configuration
Installation Complete
Product Configuration
We'll now walk through a configuration wizard for each of the following products.
You can cancel at any point if you wish to leave this wizard without configuring all the products.
Product
Status
MySQL Server 8.0.34
Configuration complete.
MySQL Router 8.0.34
Ready to configure
Samples and Examples 8.0.34
Ready to configure
Next >
Cancel

다시 Product Configuration 화면이 나온다. MySQL Server 8.0.34의 설정이 완료되었으며, 두 번째로 MySQL Router 8.0.34를 설정할 차례다. [Next]를 클릭한다. 다음 화면이 나오면 그냥 [Finish]를 클릭하고 넘어 간다.

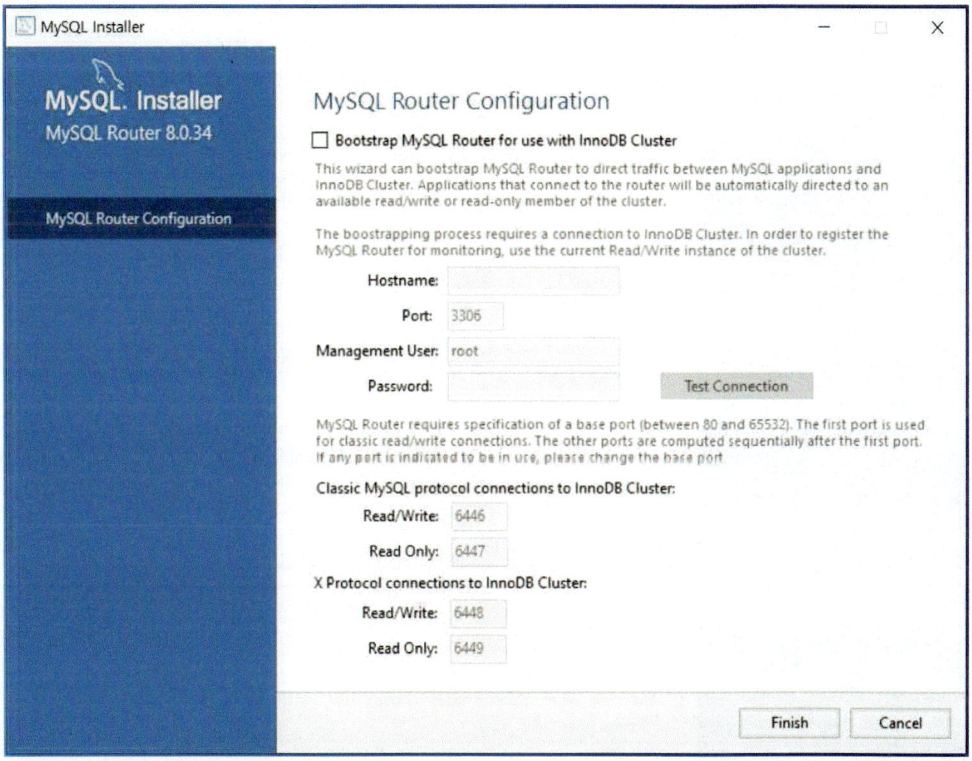

다시 Product Configuration 화면이 나오면 [Next]를 클릭한다. Connect To Server 화면에 연결할 서버가 보이고 User에 "root"가 설정되어 있다. Password에 우리가 설정한 "root"를 입력한 후, [Check]를 클릭하면 연결이 성공되었다고 나온다. [Next]를 클릭한다.

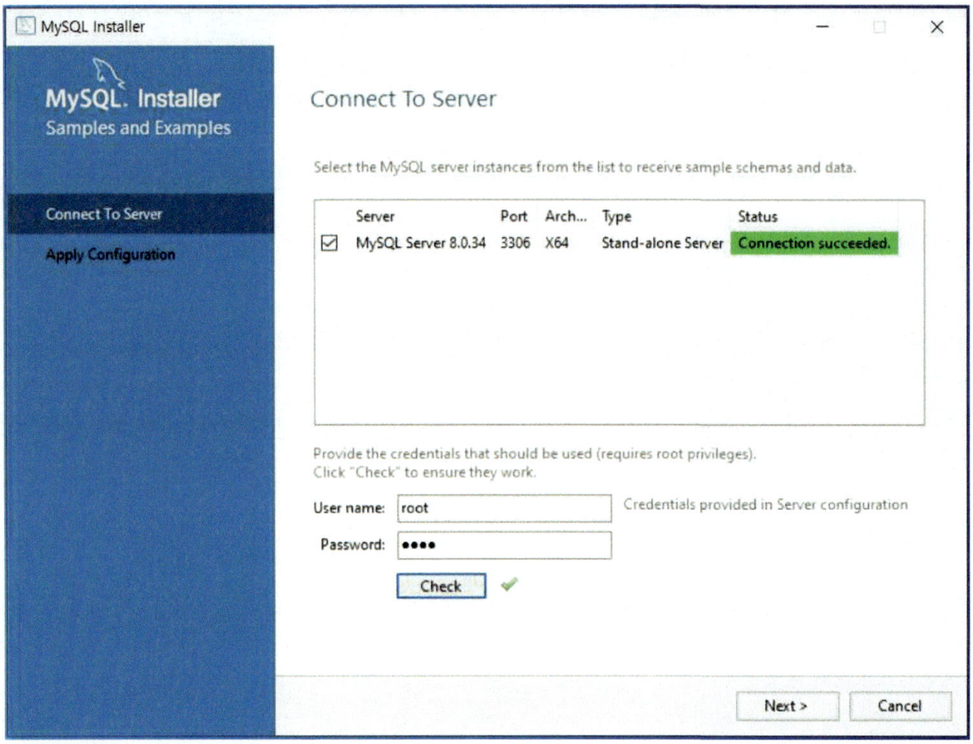
MySQL Installer
MySQL. Installer
Samples and Examples
Connect To Server
Apply Configuration
Connect To Server
Select the MySQL server instances from the list to receive sample schemas and data.
Server Port Arch... Type Status
MySQL Server 8.0.34 3306 X64 Stand-alone Server Connection succeeded.
Provide the credentials that should be used (requires root privileges).
Click "Check" to ensure they work.
User name: root
Credentials provided in Server configuration
Password: ••••
Check
Next >
Cancel

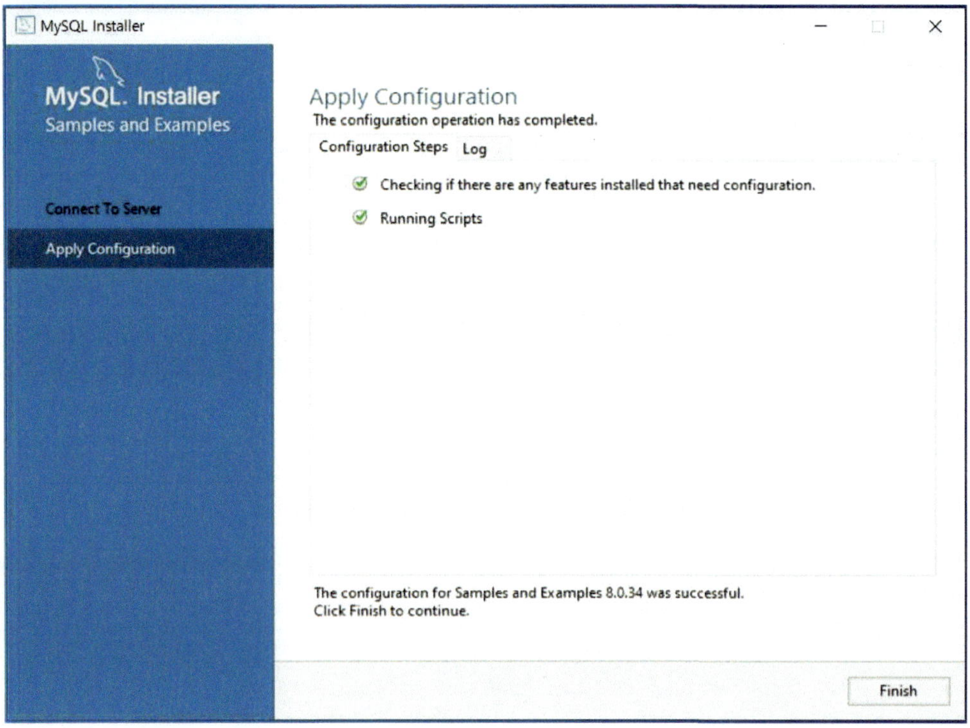
MySQL Installer
MySQL. Installer
Samples and Examples
Connect To Server
Apply Configuration
Apply Configuration
The configuration operation has completed.
Configuration Steps Log
Checking if there are any features installed that need configuration.
Running Scripts
The configuration for Samples and Examples 8.0.34 was successful.
Click Finish to continue.
Finish

Apply Configuration 화면에서 [Execute]를 클릭하면 설정된 내용이 적용된다. 앞쪽이 모두 초록색 체크박스로 보이면 된다. 설정이 완료되었으면 [Finish]를 클릭해서 설정을 종료한다. 다시 Product Configuration 화면이 나온다. [Next]를 클릭한다. 마지막으로 Installation Complete 화면에서 Start MySQL Workbench after Setup과 Start MySQL Shell after Setup의 체크를 끈다. 이들은 나중에 사용하기 때문이다. [Finish]를 클릭하면 MySQL의 설치를 완료된다. Windows의 시작 메뉴를 살펴보면 MySQL이 새로 등록되어 있는 것을 확인할 수 있다.

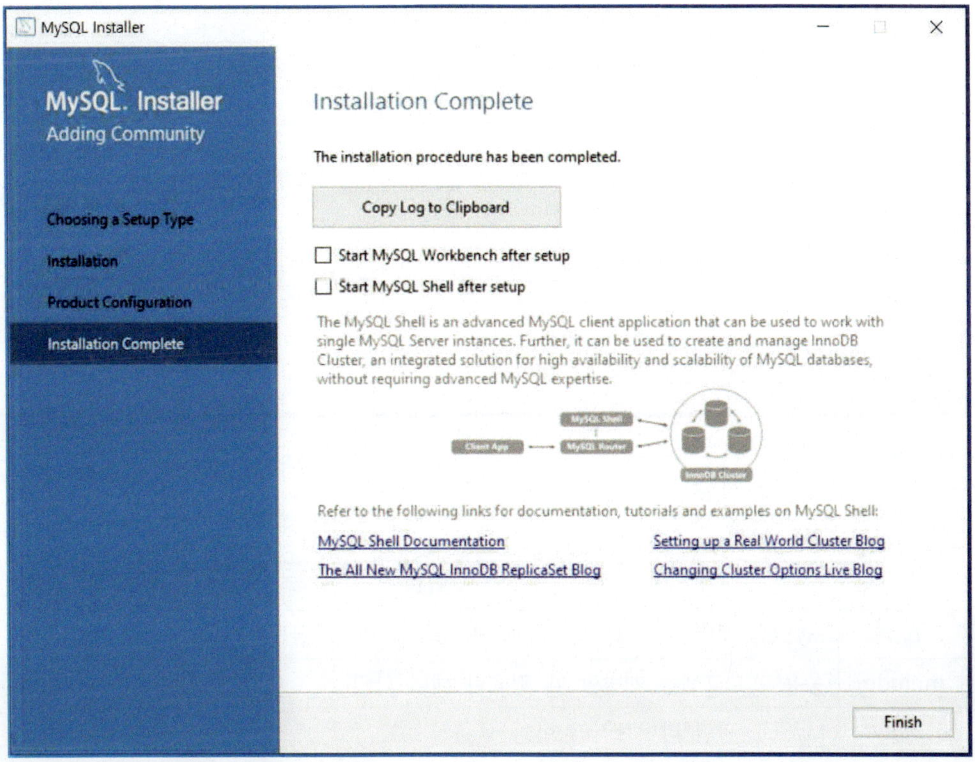

8.3 설치 후 확인할 사항

MySQL을 설치한 다음에 확인해 봐야 할 사항이 몇 가지 있다. 우선 설치된 폴더를 확인하자. 화일 탐색기를 열어서 'C:\Program Files\MySQL\MySQL Server 8.0' 폴더를 보면 아래 그림과 같이 되어 있을 것이다.

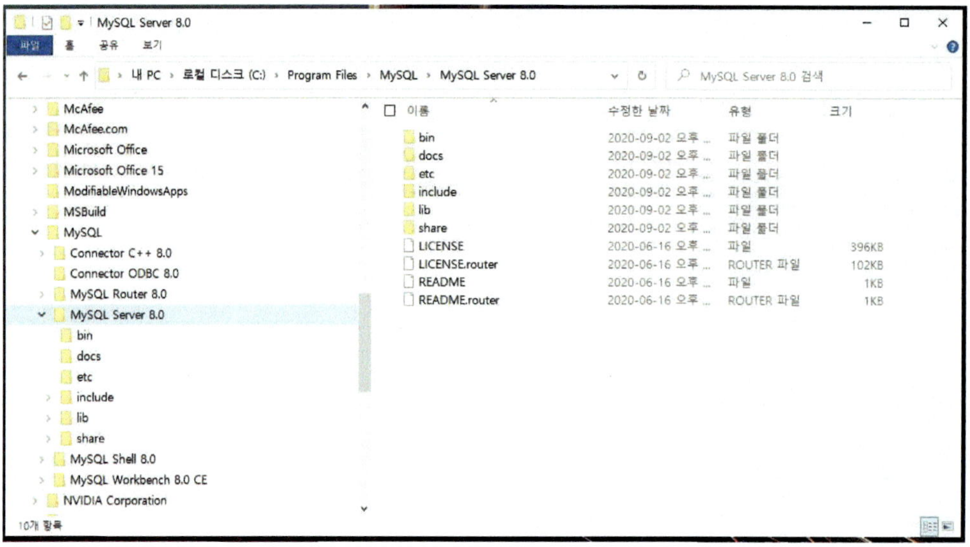

각 폴더의 역할 및 저장된 화일은 다음과 같다.

폴더	역할
bin	MySQL 서버 프로그램, 클라이언트 프로그램 및 유틸리티 프로그램 화일
include	응용 프로그램을 개발할 때 필요한 헤더 화일
lib	MySQL 관련 라이브러리 화일
share	기타 지원 화일, 각 언어별 오류 메시지 화일 등

MySQL의 실행 화일에 있는 경로를 Path에 추가하자. 시작 메뉴>Windows 시스템>명령 프롬프트에서 마우스 오른쪽 버튼을 클릭한 후 "관리자 권한으로 실행"으로 명령 프롬프트를 실행하자. 다음과 같은 명령으로 Path를 추가한다. 띄어쓰기 및 글자가 틀리지 않도록 주의한다.

```
set path=%path%;C:\Program Files\MySQL\MySQL Server 8.0\bin
```

명령 프롬프트 화면에서 "mysql -u root -p"를 입력한다. Enter password: root를 입력하면 MySQL이 시동된다.

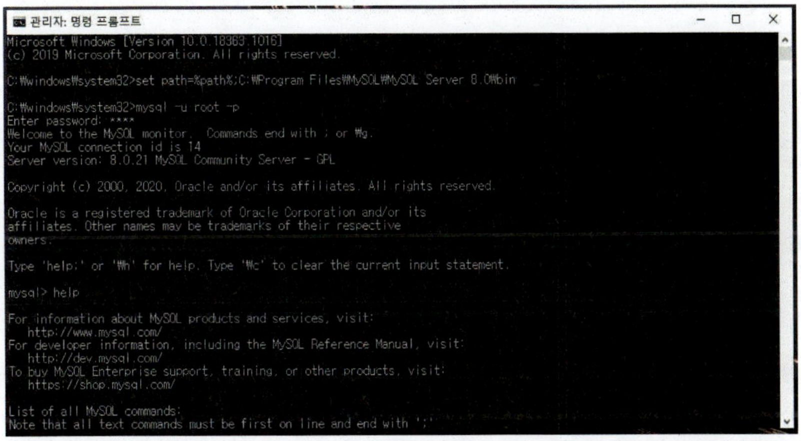

MySQL 접속 도중 연결을 끊고 싶으면 "quit" 명령어를 입력한다.

연습문제

1. 데이터 중복성이 야기하는 문제점이 아닌 것은?
   ① 데이터의 일관성 유지가 어렵다.
   ② 동일 수준의 보안 유지가 어렵다.
   ③ 데이터의 가용성(availability)이 증가한다.
   ④ 제어가 분산되어 데이터 정확성 유지가 어렵다.

2. DBMS의 필수 기능에 해당되지 않는 것은?
   ① 정의 기능 ② 관계 기능
   ③ 제어 기능 ④ 조작 기능

3. 데이터베이스 관리시스템(DBMS)에서 제어 기능이 갖추어야 할 요건과 거리가 먼 것은?
   ① 데이터의 무결성 유지 ② 갱신, 삽입, 삭제 등의 연산
   ③ 보안 유지와 권한 검사 ④ 정확성 유지를 위한 병행 제어

4. DBMS의 장점이 아닌 것은?
   ① 데이터 중복의 최소화 ② 데이터의 일관성 유지
   ③ 데이터의 무결성 유지 ④ 데이터의 보안 보장
   ⑤ 간단한 예비와 회복

5. 데이터베이스 관리시스템의 단점이 아닌 것은?
   ① 데이터의 다중 이용 ② 전산화 비용 증가
   ③ 시스템 복잡화 ④ 화일 회복의 곤란

6. 데이터 무결성이란 무엇이라 하는가?
   ① 데이터의 안전성 ② 데이터의 중복성
   ③ 데이터의 공유성 ④ 데이터의 정확성

7. 다음 중 데이터베이스 기술을 시대적 변천에 따라 바르게 나열한 것은?

Ⓐ 관계형 DBMS	Ⓑ 네트워크 DBMS
Ⓒ 화일 시스템	Ⓓ 객체 관계형 DBMS

① Ⓐ, Ⓑ, Ⓒ, Ⓓ ② Ⓒ, Ⓑ, Ⓐ, Ⓓ
③ Ⓑ, Ⓒ, Ⓐ, Ⓓ ④ Ⓒ, Ⓐ, Ⓑ, Ⓓ

8. DBMS에서 데이터 독립성에 대한 설명으로 옳은 것은?
① 논리적 데이터 독립성은 외부 스키마에 영향을 주지 않고 데이터베이스의 논리적 구조를 변경시킬 수 있는 능력을 말한다.
② 물리적 데이터 독립성은 내부 스키마를 변경하지 않으면서 개념 스키마를 변경할 수 있는 능력을 말한다.
③ 논리적 데이터 독립성은 개념 스키마와 내부 스키마 사이의 사상(mapping) 관계에 의해서 제공된다.
④ 물리적 데이터 독립성이 제공될 때 외부 스키마는 내부 스키마의 변경에 영향을 받는다.

실습문제

오픈 소스인 MySQL DBMS를 다운로드 받아 설치해 보기로 한다. 3장 8절을 참조하거나 네이버 검색창에서 "MySQL 설치"를 검색하여 최근 내용을 참조해서 MySQL을 설치해도 된다.

4장
데이터베이스 시스템

1. 시스템 구성 요소
2. 데이터베이스
3. 데이터베이스 언어
4. 사용자
5. 데이터베이스 관리자
6. DBMS 및 컴퓨터

1. 시스템 구성 요소

데이터베이스 시스템(DBS: Database System)이란 데이터베이스를 유지 및 관리하고 필요한 시점에 데이터를 입력, 조작, 그리고 변경하여 어떤 목적 달성을 위해 이용하는 시스템을 말한다. 데이터베이스 시스템을 구성하는 요소로는 데이터베이스, DBMS, 데이터베이스 언어, 사용자, 데이터베이스 관리자, 그리고 하드웨어(컴퓨터)를 포함하고 있는데, 저번 시간에 살펴본 DBMS는 데이터베이스 시스템의 한 구성 요소인데도 불구하고 워낙 DBMS가 보편적으로 사용되는 용어라서 데이터베이스 시스템과 혼돈되어 사용되어 온 것이다.

2. 데이터베이스

데이터베이스 시스템에서는 가장 기본적인 요소로써 **데이터베이스(Database)**가 있다. 데이터베이스에서 스키마(schema)란 데이터베이스 구조(structure)와 데이터 제약조건(constraints)에 대한 데이터베이스의 논리적인 정의를 기술하는 것으로서, 스키마에는 개체(entity), 속성(attribute), 그리고 관계(relationship)에 대한 명세와 유지 조건 등을 포함하고 있다. 스키마는 보는 관점에 따라 외부 스키마, 개념 스키마, 그리고 내부 스키마로 구분될 수 있다.

■ 외부 스키마(external schema)

외부 스키마는 각각의 사용자나 응용 프로그래머가 어떤 특정 목적에 한정되어 접근하는 데이터베이스의 논리적인 서브스키마(sub-schema)를 정의한 것이다.

■ 개념 스키마(conceptual schema)

개념 스키마는 조직 전체의 총괄적인 입장에서 본 데이터베이스의 전체적인 논리적인 구조를 기술한 것이다.

■ 내부 스키마(internal schema)

내부 스키마는 개념 스키마에 대한 내부 물리적인 저장구조를 기술한 것이다.

3. 데이터베이스 언어

데이터베이스 언어(Database Language)는 데이터베이스를 정의하고, 조작하고, 통제하는 기능에 따라 데이터 정의어, 데이터 조작어, 그리고 데이터 제어어로 나눌 수 있다.

■ **데이터 정의어(DDL: Data Definition Language)**
데이터베이스 스키마를 컴퓨터가 이해할 수 있게끔 기술하는데 사용되는 언어로서 테이블과 같은 데이터베이스 구조를 생성하거나 수정/삭제하는 목적으로 사용되는 언어이다.

■ **데이터 조작어(DML: Data Manipulation Language)**
데이터의 검색, 삽입, 삭제, 그리고 변경과 같이 데이터를 처리할 수 있도록 지원하는 언어로서, 데이터 조작어에는 다음과 같이 절차적 데이터 조작어와 비절차적 데이터 조작어로 분류할 수 있다.

- **절차적 데이터 조작어(Procedural DML)**
  절차적 데이터 조작어는 Java나 Basic과 같은 범용 프로그램 언어 속에 삽입(embedded)된 형태로 사용되는 조작 언어이다.
- **비절차적 데이터 조작어(Non-procedural DML)**
  비절차적 데이터 조작어는 일반 사용자가 대화식(예, query language)으로 사용하고, 단독적 자료 처리 기능을 갖춘 고급 명령어 형태의 조작 언어이다.

■ **데이터 제어어(DCL: Data Control Language)**
데이터 제어어는 데이터 제어(예, 보안, 무결성, 회복, 병행 수행)를 정의하고 기술하는 언어이다. 데이터 제어 언어의 사용은 데이터 정의 및 조작에 비해 조금 고급 기능으로서 본 강좌에서는 기본적인 개념만 파악할 예정이다.

위와 같이 데이터베이스 언어는 형식적으로는 그 기능에 따라 데이터 정의어, 데이터 조작어, 그리고 데이터 제어어로 구분할 수는 있지만 실제로는 이들이 각자 별도의 언어로써 존재하는 것이 아니라 하나의 표준화된 언어, 예를 들면, SQL(Structured Query Language) 안에서 통합되어 사용되고 있다는 것을 유의하기 바란다.

4. 사용자

데이터베이스를 접근하는 모든 사람을 사용자(User)라고 하며, 일반 사용자, 응용 프로그래머, 그리고 데이터베이스 관리자 등이 있다.

■ 일반 사용자(End User)
비절차적 DML 언어(즉, query language)를 통해서 데이터베이스를 접근하는 사람이다.

■ 응용 프로그래머(Application Programmer)
Java나 Basic과 같은 범용 프로그래밍 언어와 DBMS의 절차적 DML 언어를 사용하여 데이터베이스를 접근하고 개발하는 사람이다.

■ 데이터베이스 관리자(DBA: Database Administrator)
DDL과 DCL을 통해 데이터베이스를 정의하고 제어하는 사람이다. 데이터베이스 시스템에서 DBA의 역할은 매우 중요하기 때문에 별도로 데이터베이스 시스템의 한 구성 요소로서 다룬다.

5. 데이터베이스 관리자

데이터베이스 관리자(DBA: Database Administrator)는 데이터베이스에 대한 논리적/물리적 설계, 보안 및 권한 부여 정책 수립, 그리고 데이터베이스 시스템의 관리와 운영에 대한 모든 책임을 지고 있는 사람이다. DBA의 업무로는 일반적으로 다음과 같은 일을 수행한다.

- 데이터베이스(특히, 개념 스키마)를 설계하고, 시스템 전반적인 운영에 대한 책임을 수행한다.
- 데이터베이스에 대한 행정적인 업무를 수행한다. 예를 들어, 문서의 표준화를 설정하고 사용자의 불평을 해결한다.
- 시스템의 성능을 감시(monitoring)하고 각종 통계 정보들을 분석한다.

6. DBMS 및 컴퓨터

DBMS에 대해서는 2장에서 자세히 살펴보았기 때문에 여기서는 설명을 생략한다. **컴퓨터**는 데이터베이스 시스템의 성능을 향상시키기 위해서는 중요한 요소로서 작용한다. 특히, 신속한 실시간 처리, 여러 사용자들의 동시 공용, 계속적인 동적 변경 등의 특성을 가지고 있는 데이터베이스 시스템을 운영, 관리하기 위해서는 성능이 우수한 컴퓨터의 사용이 종종 요구되고 있다.

연습문제

1. 데이터베이스 시스템의 구성 요소로서 가장 거리가 먼 것은?
   ① 사용자　　② 데이터베이스 관리 시스템
   ③ 하드웨어　　④ 응용 프로그램

2. 데이터베이스의 구조를 3단계로 구분할 때 해당되지 않는 것은?
   ① 내부 스키마　　② 외부 스키마
   ③ 개념 스키마　　④ 논리 스키마

3. DBA의 수행 역할에 관한 설명으로 거리가 먼 것은?
   ① 데이터베이스 구축
   ② 응용 프로그램 개발
   ③ 사용자 요구 정보 결정 및 효율적 관리
   ④ DBMS 관리

4. 다음 중 데이터베이스 언어 분류에 포함될 수 없는 것은?
   ① 데이터 처리어　　② 데이터 조작어
   ③ 데이터 정의어　　④ 데이터 제어어

5. 다음 영문의 괄호에 넣을 수 있는 가장 적합한 단어는?

One of the main reasons for using DBMS is to have central control of both the data and the programs that access those data. The person who has such central control over the system is called the (　　　　　　).

5장
데이터베이스 모델링

1. 데이터 모델링의 개념
2. 데이터 모델
3. 관계
4. E-R 모델
5. 논리적 데이터 모델

1. 데이터 모델링의 개념

데이터 모델링(data modeling)이란 현실 세계에 존재하는 데이터를 컴퓨터 세계의 데이터베이스로 옮기는 변환 과정이라 할 수 있다. 그런데 현실 세계의 데이터를 컴퓨터 세계의 데이터베이스로 옮기는 작업은 결코 쉽지 않다. 현실 세계와 컴퓨터 세계는 근본적으로 많은 차이가 있고, 현실 세계에 존재하는 엄청나게 많은 실체들 중 의미 있는 데이터만 선발하는 작업은 상당히 많은 고려와 결정이 필요하기 때문이다. 따라서 사람의 논리적 사고를 통해 먼저 머릿속에 실체의 개념을 연상시킬 수 있는 중요한 데이터를 찾는 개념적 세계를 표현하고, 이를 컴퓨터 세계에 저장할 수 있는 구조로 변환하는 과정으로 나누어 진행할 수 있다. 즉 데이터 모델링은 현실 세계, 개념 세계, 그리고 컴퓨터 세계의 세 단계로 구분하여 진행될 수 있다.

■ **현실 세계(real world)**
현실 세계는 사람이 감각 기능을 통해 감지할 수 있는 실체(reality)로 되어 있는 세계를 말한다.

■ **개념 세계(conceptual world)**
개념 세계란 현실 세계의 실체를 논리적 사고를 통해 개념(concept)으로 표현한 단계를 말한다.

■ **컴퓨터 세계(computer world)**
컴퓨터 세계란 개념 세계를 컴퓨터가 처리할 수 있는 데이터(data)로 변환한 단계를 말한다.

여기서 현실 세계의 실체를 추상적 개념(abstract concept)을 통해 중요 개체들을 추출하여 개념 세계로 표현하는 과정을 **개념적 데이터 모델링(conceptual data modeling)**이라 하고, 우리는 이미 [그림 2-2] 개체 및 속성 관계 다이어그램을 통해 개념적 데이터 모델링을 간단히 수행해본 바 있다.

개념적 데이터 구조(conceptual data structure)는 개념적 데이터 모델링으로부터 얻은 결과를 말하는데, 그 결과는 다음과 같이 개체 타입, 속성, 그리고 인스턴스로 표현된다.

- **개체 타입(entity type)**: 현실 세계의 실체들을 추상화 시킨 것으로서, 예를 들면, 우리는 학교 수업에서 학생, 교수, 과목과 같은 개체들을 추상화 시켜 현실 세계를 표현하였다.
- **속성(attribute)**: 개체 타입에 속하는 개체들의 공통적인 속성으로서, 예를 들면, 학생 개체에서는 학번, 성명, 전화번호와 같은 속성들을 도출하였다.
- **인스턴스(instance)**: 각 개체의 값들을 말한다. 예를 들면, 학생 개체의 "20181234, 김철수, 010-4657-7654"는 학생 개체의 하나의 값, 즉 인스턴스가 된다.

그러나 개념 세계의 개념적 데이터 구조는 컴퓨터, 즉 DBMS가 직접 이해할 수 없기 때문에 컴퓨터 세계의 환경에 맞도록 변환시켜야 한다.

논리적 데이터 모델링(logical data modeling)은 개념적 데이터 구조로부터 사람의 논리적 개념(logical concept)을 이용하여 논리적 데이터 구조(logical data structure), 즉 데이터 모델(data model)로 표현하는 것이다. 한 예로서 [그림 2-2]의 개체 및 속성 관계 다이어그램을 테이블로 변환해 본다면 개념적 데이터 구조를 논리적 개념을 이용하여 논리적 데이터 구조로 변환하였다고 말할 수 있을 것이다.

물리적 데이터 모델링(physical data modeling)이란 논리적 데이터 구조를 컴퓨터가 접근할 수 있는 물리적 데이터 구조(physical data structure)로 변환시키는 것이다. 즉 컴퓨터가 인식할 수 있도록 데이터베이스 내에 물리적으로 저장시키는 과정이다.

지금까지 설명한 개념적 데이터 모델링, 논리적 데이터 모델링, 그리고 물리적 데이터 모델링 과정을 그림으로 표현하면 [그림 5-1]과 같이 된다. 이 그림에서 물리적 데이터 구조, 즉 저장된 데이터베이스가 현실 세계의 실체들과 얼마나 일치되는가에 따라 모델링의 품질(quality)이 좌우된다. 많은 부분이 일치하지 않는다면 데이터 모델링 과정이 잘못 되었다고 할 수 있고, 거의 일치된다면 모델링이 잘 수행된 것이다.

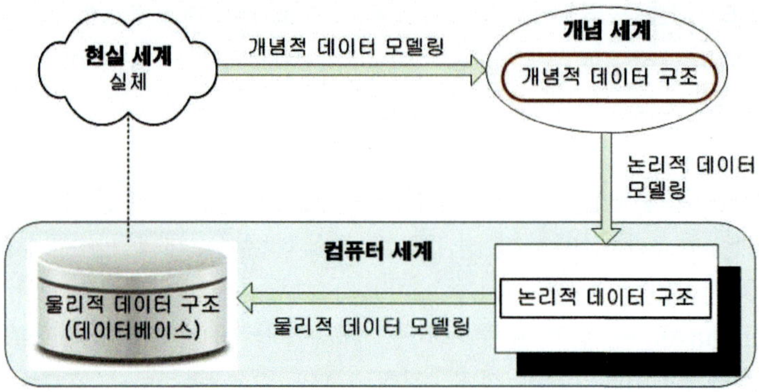

[그림 5-1] 데이터 모델링

2. 데이터 모델

데이터베이스 설계(database design)란 현실 세계 → 개념적 데이터 구조 → 논리적 데이터 구조 → 물리적 데이터 구조로 변환시키는 모든 과정을 말하며, 이 과정에서 개념적 데이터 모델과 논리적 데이터 모델이 중간 과정으로서 산출된다.

개념적 데이터 모델(conceptual data model)은 속성(attribute)들로 기술된 개체 타입(entity type)과 이 개체들 간의 관계(relationship)를 이용하여 현실 세계를 표현하는 방법이다. 예를 들면, [그림 2-2]의 개체 및 속성 관계에서 학생, 교수, 과목 개체와 각 개체들의 속성들을 타원 다이어그램으로 표현하였는데 이러한 표현 방법을 개념적 데이터 모델이라 할 수 있다.

논리적 데이터 모델(logical data model)은 데이터 필드(field)로 기술된 레코드 타입(record type)과 이 레코드 타입들 간의 관계를 이용하여 개념 세계를 표현하는 방법이다. [그림 2-2] 개체 및 속성 관계 다이어그램은 컴퓨터, 즉 DBMS 안에 정보를 입력하기가 쉽지 않다. 따라서 만일 우리가 이 다이어그램을 테이블로 변환한다면 DBMS에 표 형태로 입력 가능할 것이다. 물론 표 형태가 아닌 트리나 그래프 형태로 표현해도 DBMS에 입력 가능할 수 있다. 이러한 테이블(또는 트리나 그래프) 형태로 변환한 방법을 논리적 데이터 모델이라 한다. 지금까지 제안된 논리적 데이터 모델로는 다음과 같은 것들이 있다.

- 계층 데이터 모델(hierarchical data model)
- 네트워크 데이터 모델(network data model)
- 관계형 데이터 모델(relational data model)
- 객체-지향 데이터 모델(object-oriented data model)
- 객체-관계형 데이터 모델(object-relational data model)

이들 중에서 관계형 데이터 모델이 현재까지 가장 보편적으로 사용되고 있는 모델이며, 최근에는 이 관계형 모델에 객체 개념을 접목시킨 객체-관계형 데이터 모델이 널리 제안되고 있는 추세이다.

3. 관계

데이터베이스에서는 개체 및 속성뿐만 아니라 관계도 중요한 개념으로서 취급된다. 개체와 속성은 어느 정도 직관적으로 추출될 수 있지만 관계는 좀 더 논리적으로 복잡한 의미를 포함할 수 있으므로 이번 기회를 통해 확실한 개념을 정립해 놓기를 바란다.

먼저, **관계(relationship)**란 개체들 사이에 존재하는 연관성이나 연결로서 두 개 이상의 개체 타입들 간의 사상(mapping)으로 생각할 수 있다. 예를 들면, [그림 2-2]와 같이 학생 개체는 교수 개체와 지도라는 관계를 가지고 있다. 단순히 학생과 교수 개체 집합만으로는 별 의미를 나타내지 못하지만 "교수가 학생을 지도 한다"라는 관계를 정의한다면 학생의 지도교수를 검색하는 등 유용한 의미를 표현할 수 있다.

관계에서 중요한 개념의 하나가 사상 원소 수(mapping cardinality)이다. 관계 유형은 사상 원소 수에 따라 일대일(1:1), 일대다(1:n), 다대일(n:1), 그리고 다대다(n:m)로 구분할 수 있다. 각 유형에 대한 예를 들면, 일대일의 예로는 신랑과 신부, 일대다는 어머니와 자식, 다대일은 학생과 교수, 그리고 다대다는 학생과 과목 등이 될 수 있다. 이들을 그림으로 표현하면 [그림 5-2]와 같다.

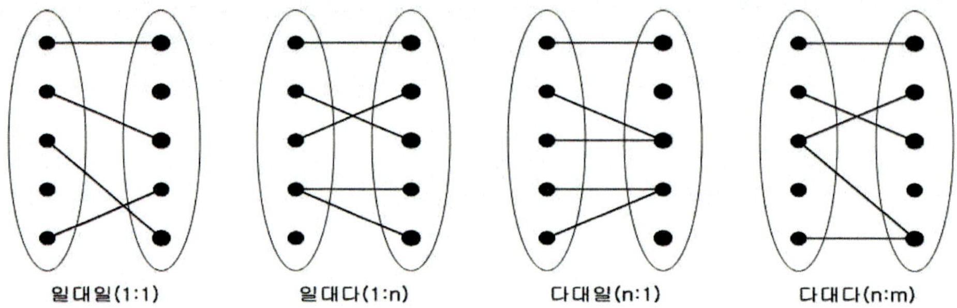

[그림 5-2] 사상 원소 수(mapping cardinality)

4. E-R 모델

우리는 지금까지 편의상 [그림 2-2]와 같이 개체와 속성을 타원으로 표현하였다. 그러나 이러한 간단한 표현 방법보다 좀 더 체계적이고 보편적인 표현 방법은 없을까? 물론 있다. 여기에서 언급하기 위해 지금까지 미뤄온 것이다. 조금 오래된 개념이지만 1976년 P. Chen이 개념적 데이터 모델을 위해 **개체-관계 모델(Entity-Relationship model)** (간단히 **E-R 모델**이라고 함)을 제안하였는데 현재까지 개념적 데이터 모델을 위해 가장 많이 사용되고 있는 표현 방법이다. 앞으로는 개념적 데이터 모델을 표현할 때는 여기서 배운 E-R 모델을 사용하도록 하자.

E-R 모델을 그래프 방식으로 표현한 것이 **E-R 다이어그램**이다. E-R 다이어그램은 기본적으로 개체 타입을 표현하는 사각형, 개체 타입 간의 관계를 나타내는 다이아몬드, 개체나 관계의 속성을 나타내는 타원, 그리고 이들을 연결하는 링크로 구성되어 있다.

관계를 표현하는 다이아몬드는 그 관계의 이름과 함께 연관된 개체 타입들을 링크로 연결한다. 또한, 그 관계의 사상 원소 수, 즉 일대일(1:1), 일대다(1:n), 다대다(n:m) 관계에 따라 레이블을 붙인다. [그림 5-3]은 학생, 교수, 과목 관계를 표현한 E-R 다이어그램을 보여주고 있다.

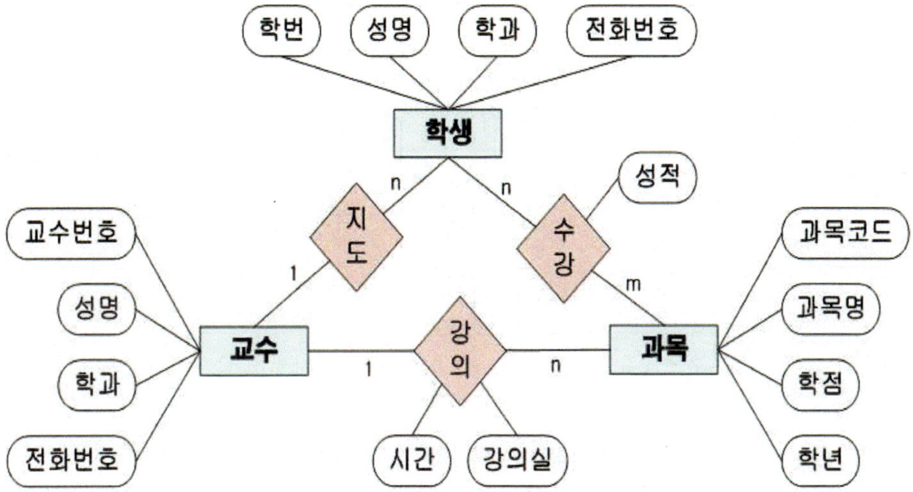

[그림 5-3] 학생, 교수, 과목 관계를 표현한 E-R 다이어그램

4.1 강한 개체 타입

개체 타입에는 두 가지 종류 즉, 강한 개체 타입과 약한 개체 타입이 있다. **강한 개체 타입**은 독자적으로 존재하며 개체 타입 내에서 자신의 속성들을 사용하여 고유하게 개체들을 식별할 수 있는 타입을 의미한다. 한편, **약한 개체 타입**은 키를 형성하기에 충분한 속성들을 갖지 못한 개체 타입이다. E-R 모델에서 대부분 개체 타입은 강한 개체 타입이고, 약한 개체 타입에 관해서는 4.2절에서 좀 더 자세히 설명한다.

속성(attribute)도 다음과 같이 여러 가지 유형으로 구분될 수 있다.

■ 단순 속성(simple attribute)

단순 속성은 더 이상 다른 속성으로 나눌 수 없는 속성이다. [그림 5-4]의 고객 개체 타입에는 ID, 이름, 주소 세 개의 속성이 있는데 이 속성들은 단순 속성이다.

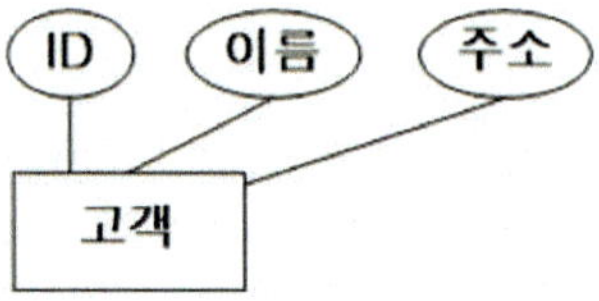

[그림 5-4] 단순 속성

■ 복합 속성(composite attribute)

복합 속성은 두 개 이상의 속성들로 이루어진 속성이다. [그림 5-5]에서 주소 속성은 시, 구, 동, 우편번호로 나눌 수 있으므로 복합 속성이다. 만일 주소의 각 구성요소를 구분하여 활용하지 않고 단순히 편지 발송 용도로만 사용한다면 구지 주소를 여러 개의 속성들로 나눌 필요는 없을 것이다.

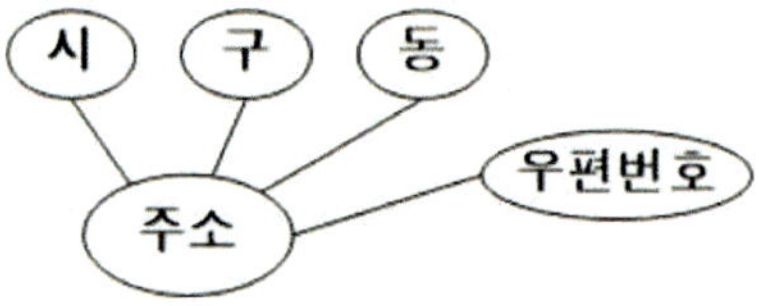

[그림 5-5] 복합 속성

■ 다치 속성(multi-valued attribute)

다치 속성은 각 개체마다 여러 개의 값을 가질 수 있는 속성이다. 예를 들면, 사원은 여러 개의 취미를 가질 수 있으므로 사원 개체 타입에 취미 속성이 있다면 다치 속성으로 지정해야 한다. 다치 속성은 [그림 5-6]과 같이 E-R 다이어그램에서 이중선 타원으로 표기된다.

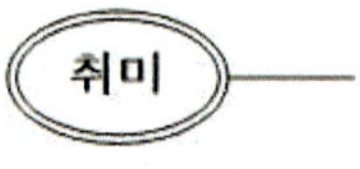

[그림 5-6] 다치 속성

■ **유도된 속성(derived attribute)**

유도된 속성은 다른 속성의 값으로부터 얻어진 속성이다. 예를 들면, 나이 속성은 주민등록번호 속성으로부터 유도될 수 있는 속성이다. 나이 이외에도 합, 평균, 개수 등이 유도된 속성에 해당된다. 유도된 속성은 [그림 5-7]과 같이 E-R 다이어그램에서 점선 타원으로 표기된다.

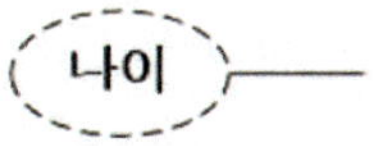

[그림 5-7] 유도된 속성

4.2 약한 개체 타입

어떤 경우에 개체들이 자체적으로 갖고 있는 속성들의 값에 의해서 고유하게 식별이 안 될 때가 있다. 예를 들면, 회사에서 어떤 사원의 부양가족 이름은 다른 사원의 부양가족 이름과 같을 수 있다. 한 가지 해결 방안은 부양가족이 속한 사원번호를 부양가족의 이름과 결합하여 부양가족의 키로 설정하는 것이다. 이렇게 사원번호와 부양가족 이름을 결합하면 모든 사원들의 부양가족들을 고유하게 식별할 수 있을 것이다. 즉, 부양가족 이름처럼 자체적으로 키를 보유하지 못한 개체를 **약한 개체 타입(weak entity type)**이라 한다. 이때 약한 개체 타입에게 키 속성을 제공하는 개체 타입을 소유 개체 타입(owner entity type) 또는 식별 개체 타입(identifying entity type)이라 한다. E-R 다이어그램에서 약한 개체 타입은 이중선 직사각형으로 표기한다. 마찬가지로 관계에도 약한 관계와 강한 관계가 있다. 강한 관계는 강한 개체들 사이의 관계이고, 강한 개체 타입과 약한 개체 타입을 연결하는 관계는 약한 관계이다.

[그림 5-8]은 강한 개체 타입인 사원과 약한 개체 타입인 부양가족에 관한 E-R 다이어그램을 보여준다. 회사에서 사원들의 부양가족들에게 의료보험 혜택을 제공하기 위해 사원과 부양가족 개체를 보험 관계 타입으로 연결하였다. 사원 개체 타입은 부양가족 개체 타입의 소유 개체 타입이다. 강한 개체 타입과 약한 개체 타입을 연결하는 보험 관계 타입은 약한 관계 타입으로써 이중선 다이아몬드로 표시하였다.

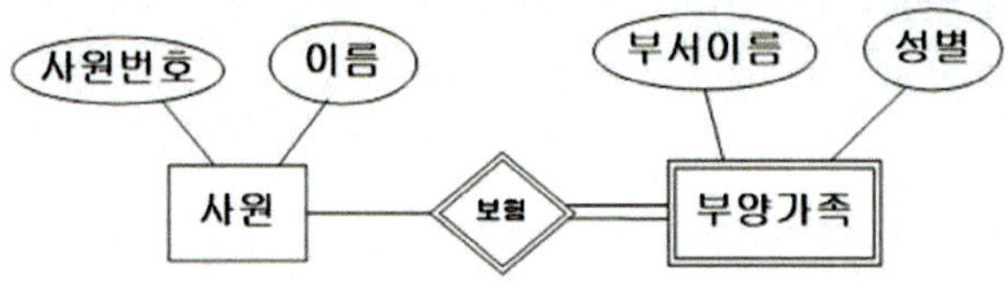

[그림 5-8] 강한 개체 타입과 약한 개체 타입을 위한 관계 타입

참여 제약 조건은 전체 참여와 부분 참여가 있다. 어떤 관계에 객체 타입의 모든 객체들이 참여하면 전체 참여라 하고 일부 객체만 참여하면 부분 참여라고 말한다. [그림 5-9]는 부서 개체 타입이 관리 관계에 전체 참여하고, 사원 개체 타입은 관리 관계에 부분 참여함을 보여준다. 예를 들어 설명하면, 모든 부서 개체에 대해서 각 부서마다 1명의 관리자가 있어야 하므로 모든 부서 개체들은 관리 관계를 통해 어떤 사원 개체와 반드시 연결되어야 한다. 이에 반해, 일부 사원들만 부서의 관리자가 될 수 있으므로 사원 개체 타입에 속하는 하나 이상의 개체가 관리 관계에 참여하지 않을 수 있다(즉, 부분 참여한다). E-R 다이어그램에서 전체 참여는 이중 실선으로 표시하고, 특히, 약한 개체 타입은 항상 관계에 전체 참여한다.

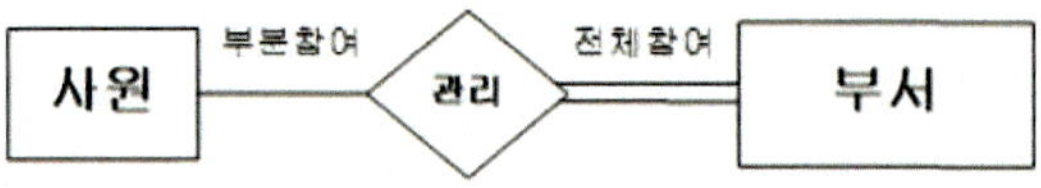

[그림 5-9] 전체 참여와 부분 참여

5. 논리적 데이터 모델

5장 2절에서 논리적 데이터 모델들 중 가장 많이 사용되는 모델이 관계형 데이터 모델이라고 설명하였다. 따라서 현재 거의 사용되고 있지 않은 계층과 네트워크 데이터 모델에 대한 설명은 생략하고 여기서는 관계형 데이터 모델만 설명한다.

관계형 데이터 모델(relational data model)은 개체와 관계가 모두 테이블(릴레이션)로 표현된다는 특성을 가지고 있다. 예를 들어, [그림 5-3]에 표현된 E-R 다이어그램을 관계형 데이터 모델로 표현한다면 [그림 5-10]과 같이 6개의 테이블로 표현될 수 있다. 여기서 학생, 교수, 과목 테이블은 개체 릴레이션이라 하고 지도, 강의, 수강과 같이 개체 간의 관계를 나타내는 테이블은 관계 릴레이션이라 한다. 한편, [그림 5-10]과 같이 개체와 관계에 대한 정의만 명세한 것을 릴레이션 스키마(relation schema)라 한다.

학생	학번	성명	학과	전화번호
교수	교수번호	성명	학과	전화번호
과목	과목코드	과목명	학점	학년
지도	교수번호	학번		
강의	교수번호	과목코드	시간	강의실
수강	학번	과목코드	성적	

[그림 5-10] 릴레이션 스키마

연습문제

1. 데이터 모델(data model)의 개념으로 가장 적절한 것은?
   ① 현실 세계의 데이터 구조를 컴퓨터 세계의 데이터 구조로 기술하는 개념적인 도구이다.
   ② 컴퓨터 세계의 데이터 구조를 현실 세계의 데이터 구조로 기술하는 개념적인 도구이다.
   ③ 현실 세계의 특정한 한 부분의 표현이다.
   ④ 가상 세계의 데이터 구조를 현실 세계의 데이터 구조로 기술하는 개념적인 도구이다.

2. 다음 중 개체-관계(E-R) 모델에 대한 설명이 잘못된 것은?
   ① 정보 구조를 E-R 다이어그램으로 표현하며 P. Chen이 제안했다.
   ② E-R 다이어그램은 사각형, 다이아몬드, 타원, 선 등으로 구성된다.
   ③ E-R 모델은 기본적으로 논리적 모델 개념에 기반을 두고 있다.
   ④ 사상 원소 수(1:1, n:1, n:m)에 따라 레이블을 붙일 수 있다.

3. 다음은 어느 신용카드 회사에서 고객과 고객이 발급받은 신용카드 간의 관계를 나타내는 E-R 다이어그램이다. 이에 대한 설명 중 부적합한 것은?

   ① 신용카드를 발급받지 않은 고객은 존재할 수 없다.
   ② 고객이 없는 신용카드는 발급될 수 없다.
   ③ 개체 고객과 신용카드 간의 카드발급 관계는 일대일 관계이다.
   ④ 한 사람의 고객에는 반드시 하나의 신용카드만 발급된다.

4. (　) 안에 적당한 단어를 쓰시오.
지금까지 제안된 논리적 데이터 모델 중에서 가장 많이 사용되고 있는 모델은 (　　　　) 데이터 모델이다. 그 이전에는 (　　　　　) 데이터 모델과 (　　　　　) 데이터 모델이 많이 사용되었으나, 최근에는 객체 지향 데이터 모델이 제안되고 있다.

5. 다음 그림은 현실 세계와 데이터베이스와의 관계를 표현한 것이다. ( ) 안에 알맞은 단어를 쓰시오.

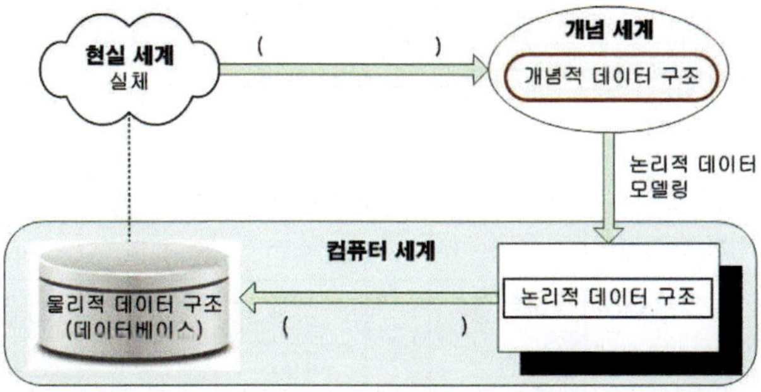

6. 다음 ER(Entity-Relationship) 다이어그램에 대한 설명 중 가장 적절하지 않은 것은? (난이도: 중)

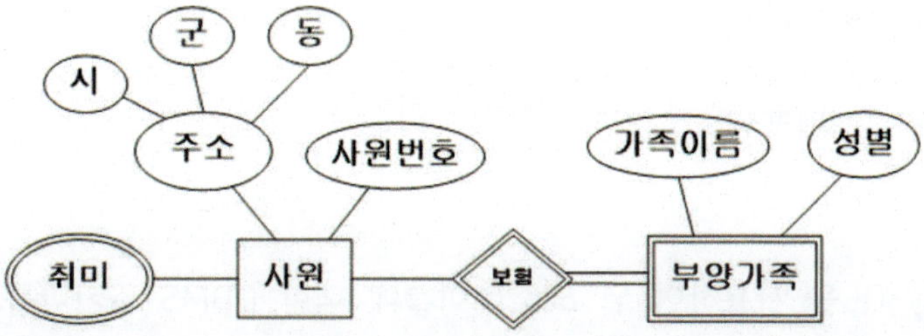

① 주소 애트리뷰트를 단순 우편 배달 목적으로만 사용한다면 여러 개의 애트리뷰트로 나눌 필요는 없다.
② 사원은 여러 개의 취미를 가질 수 있으므로 다치 애트리뷰트로 지정해야 한다.
③ 강한 엔티티 타입과 약한 엔티티 타입을 연결하는 관계는 약한 관계이다.
④ 부양가족은 사원에 부분 참여하고 부양가족 이름은 자체 값에 의해 고유하게 식별이 안된다.

실습문제

실습 1: [그림 5-10]의 릴레이션 스키마를 참조하여 6개 테이블에 대해 각각 3개의 인스턴스를 입력하라. 아래 그림은 참고로 학생(student), 교수(professor), 과목(course)에 대한 인스턴스들을 보여 주고 있다. 이를 참조하여 관계의 사상 원소수를 고려한 지도, 수강, 강의 테이블을 작성하라.

학생

학번	성명	전화번호	주소
12331	홍길동	123-3456	복현동
12332	김철수	354-5682	신천동
12333	김영희	564-8761	범어동

교수

교수번호	성명	학과	전화번호
200	김용주	컴퓨터	987-8765
201	이우정	컴퓨터	345-7654
202	한성준	컴퓨터	872-0964

과목

과목코드	과목명	학점	학년
A01	데이터베이스	3	3
A02	운영체제	2	2
A03	그래픽스	3	4

실습 2: MySQL을 사용하여 위 6개 테이블에 대한 DBMS 스키마를 만들고 각 테이블 안에 개체 값을 직접 입력하라. 아래 예는 'test'라는 데이터베이스를 만들고 student 테이블 스키마를 정의하는 예이다. student 테이블 안에 3개의 개체 값을 넣고 전체를 디스플레이하는 SQL 문장을 보여 주고 있다. 이를 참고하여 전체 테이블을 만들어라.

```
create database test;
use test;
show tables;
create table student (
        sid      int,
        sname    char(5),
        stel     char(20),
        juso     char(30)

);
insert into student values (12331, '홍길동', '123-3456', '복현동');
insert into student values (12332, '김철수', '354-5682', '신천동');
insert into student values (12333, '김영희', '564-8761', '범어동');
select * from student;
```

MySQL에서 지원하는 데이터 형식(Data Types)

여기서는 실습에 꼭 필요한 부분만 정리해 두었다. 다른 형식은 MySQL 전문책을 참조하기 바란다.

- **int(integer), smallint**: 정수를 표현한다. 작은 정수는 samllint를(2 byte), 큰 정수는 int 또는 integer를(4 byte) 사용한다.
- **decimal, float, double(real)**: decimal은 정확한 수치를 저장하게 되고 float, double은 근사치를 저장한다. 소숫점이 있는 실수를 저장하려면 decimal을 사용하는 것이 바람직하다(예, decimal(7,2)).
- **char(n), varchar(n)**: char은 고정된 길이의 문자형을 표현하고, varchar은 가변길이 문자형을 표현한다. MySQL의 문자형은 기본적으로 utf-8 형태를 가지므로 영문/한글 구분없이 n글자를 입력한다(예, char(20)).
- **date, datetime**: date는 'YYYY-MM-DD' 형식으로 사용되고, datetime은 'YYYY-MM-DD HH:MM:SS' 형식으로 사용된다.
- **longtext, longblob**: 대량의 데이터를 저장하기 위해서 사용된다. 약 4GB 크기의 파일을 하나의 데이터로 저장할 수 있다.

실습 3: 실습 2의 결과로부터 과목(course) 테이블을 다음과 같이 수정하고 싶다. 적당한 SQL 문장을 작성하여 실행하라(이태릭체 글자가 새로 고쳐지는 부분임).

과목코드(cid)	과목명(cname)	학점(credit)	학년(year)	**강의실(classroom)**
A01	데이터베이스	3	3	*E407*
A02	운영체제	*3*	2	*E504*
A03	그래픽스	3	4	*F107*

힌트: 다음과 같이 실행하라.

```
use test;
select * from course;
update course set credit=3 where cid='A02';
alter table course add column classroom char(10);
update course set classroom='E407' where cid='A01';

-- A02, A03에서도 E504, F107을 넣을 것
```

실습 4: 다음을 참조하여 테이블을 생성/삭제하는 실습과 테이블 스키마 보기를 실행하라.

```
use test;

-- 테이블 생성/삭제 실습
create table testTBL (id int);
drop table testTBL;

-- 테이블 스키마 보기 실습
desc student;
```

MySQL에서 데이터베이스 생성 및 변경

여기서는 실습에 꼭 필요한 SQL 명령문 일부분만 정리해 두었다. 다른 자세한 명령문들은 MySQL 전문책을 참조하기 바란다.

- **create database DB이름**; 빈 데이터베이스를 생성한다.
- **drop database DB이름**; 데이터베이스를 삭제한다.
- **use DB이름**; 지정된 데이터베이스를 사용한다.
- **show databases(tables)**; 만든 데이터베이스나 테이블들을 보여준다.
- **desc Table이름**; 테이블 스키마를 보여준다.
- **create table Table이름** (
  속성이름 data_type,
  ....
  속성이름 data_type); 빈 테이블을 생성한다.
- **drop table Table이름**; 테이블을 삭제한다.
- **select * from Table이름**; 테이블 내의 모든 내용을 검색한다.
- **insert into Table이름 values(……)**; 테이블 안에 값들을 삽입한다.
- **update Table이름 set 수정내용 where ..**; 테이블 안의 값들을 수정한다.
- **alter table Table이름 add column 속성이름 data_type**; 하나의 컬럼을 추가한다.
- **alter table Table이름 drop column 속성이름**; 하나의 컬럼을 삭제한다.
- **alter table Table이름 change 속성이름(old) 속성이름(new) data_type**; 컬럼 이름을 변경한다.

6장
물리적 데이터 구조

1. 직접 저장장치
2. 플래시 메모리
3. 운영체제의 역할
4. 화일 조직 방법
5. B-트리
6. B^+-트리
7. 해싱 방법

1. 직접 저장장치

데이터베이스는 일반적으로 하드디스크, 광디스크, 플래시 메모리, 근래에는 메인 메모리 등에 저장될 수 있다. 그러나 본 절에서는 단순히 데이터베이스의 자료가 하드디스크에 저장된다고 가정한다. [그림 6-1]은 독자들의 이해를 돕기 위해 컴퓨터 내에 있는 하드디스크를 개념적으로 그린 그림이다.

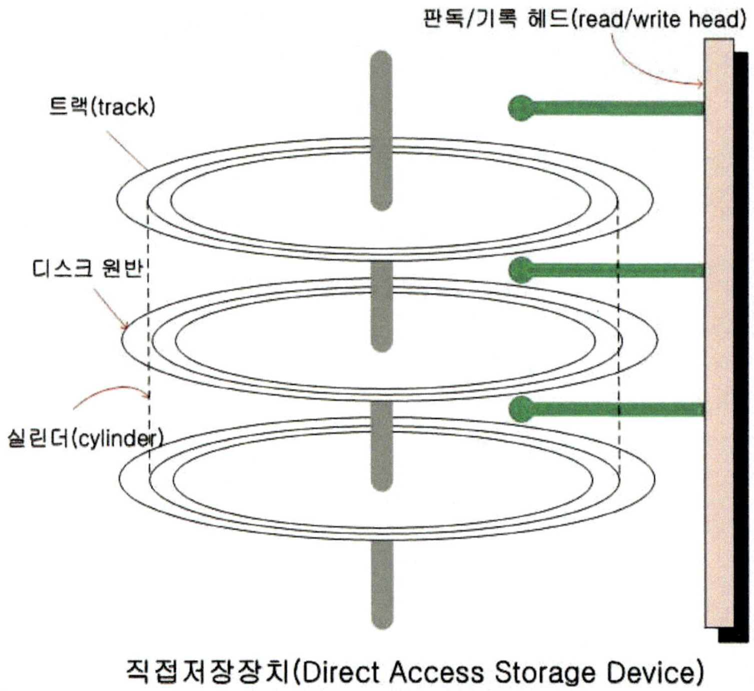

[그림 6-1] 직접 저장장치

직접 저장장치(DASA: Direct Access Storage Device)는 자기 물질로 만들어진 여러 개의 디스크 원반으로 이루어져 있고 각 면마다 판독/기록 헤드가 있다. 정보는 디스크 원반상의 트랙을 따라 저장되고 여러 개의 디스크 면 중에서 같은 지름을 갖는 트랙들을 실린더하고 부른다. 일반적으로 한 트랙의 용량은 매우 크기 때문에 여러 개의 섹터들로 구분되고 블록은 한 개 이상의 섹터들로 이루어진다.

데이터베이스에서 데이터가 어떻게 저장되느냐에 따라 데이터베이스의 성능에 큰 영향을 주게 되므로 사전에 자료검색의 기본 원리를 알고 그에 적합한 구조로 데이터를 효율적으로 저장할 필요가 있다. 먼저 데이터를 검색하는데 걸리는 탐색시간을 이론적으로 알아보자. 데이터베이스에서 **탐구시간(seek time)**은 헤드가 원하는 트랙(실린더)까지 이동하는데 걸리는 시간으로 헤드가 움직여야 하므로 다른 어떤 추정 시간보다 많이 걸리는 시간이다. **회전 지연시간(rotational delay)**은 일단 헤드가 원하는 트랙까지 움직였다면 그 트랙에서 원하는 섹터(또는 블록)가 헤드 밑에 회전하여 올 때까지 기다리는 시간을 말한다. 일반적으로 탐구시간이 회전 지연시간보다는 훨씬 길다.

전체 **데이터 접근시간(data access time)**은 헤드가 원하는 트랙까지 움직인 시간인 탐구시간과 원하는 레코드가 헤드 밑에 회전하여 올 때까지 기다리는 회전 지연시간에 실제로 원하는 데이터를 디스크 장치로부터 컴퓨터 메모리로 데이터를 전송하는 합으로 계산될 수 있다. 즉 데이터 접근시간은 수식으로 다음과 같이 표현될 수 있다.

데이터 접근시간 = 탐구시간 + 회전 지연시간 + 데이터 전송시간

따라서 데이터베이스에서 성능을 개선하기 위한 중요한 초점은 시간이 많이 소요되는 탐구시간을 줄이는 것이다. 탐구시간을 줄이기 위해서는 헤더의 움직임, 즉 디스크 접근 횟수(I/O)를 최소화할 필요가 있다. 보통 디스크 접근시간은 주기억장치의 처리 속도보다 훨씬 느리기 때문에 디스크 헤더의 움직임을 최소화함으로써 전체 데이터 접근시간을 획기적으로 줄일 수 있다. 결론적으로 디스크 헤더는 각 디스크 원반마다 하나씩 배치되어 있으므로 헤더의 움직임을 최소화하기 위해서는 인근에 있는 트랙에 데이터를 저장하기보다는 마치 원통 모양의 하나의 실린더에 데이터를 저장하는 것이 더 빠르게 데이터에 접근할 수 있다. 한편, 데이터베이스의 물리적 설계(physical design)란 데이터베이스에 적절한 저장 방식을 선정하는 과정으로서 데이터가 어떻게 사용될 것인가를 사전에 알 수가 없기 때문에 효율적으로 저장한다는 것은 상당히 어려운 문제가 될 수 있다.

2. 플래시 메모리

지난 수십 년간 DBMS 저장장치는 하드디스크(HDD)를 기반으로 발전되어 왔다. HDD는 비휘발성(영구 저장) 데이터 저장소로 기계적인 회전 디스크를 통해 입출력이 수행되므로 순차적인(sequential) 탐색에서는 매우 뛰어난 장점이 있었으나 임의적인(random) 탐색에서는 치명적인 단점을 보여 왔다. 따라서 지금까지의 DBMS 물리적 구조는 순차적인 탐색을 효율적으로 처리하는 방식으로 구현되어 왔다. 그러나 최근엔 전기적인 신호 사용으로 임의 탐색이 뛰어난 **플래시 메모리**가 많이 사용됨에 따라 순차 탐색 위주의 전통적인 설계 방식에 새로운 변화가 요구되고 있다. 특히, 근래 각종 소형 정보기기들이 대중화되면서 데이터 저장장치로 플래시 메모리 기반의 **SSD(Solid State Disk)** 사용이 일반화되고 있다. 그동안 SSD의 지속적인 가격 하락으로 인해 일반 사용자용 데스크톱은 물론이고 전산 센터 내의 데이터 서버까지도 이러한 SSD가 널리 활용되고 있는 실정이다.

SSD는 비휘발성이 가능하다는 측면에서 HDD와 유사하지만, 탐색 속도, 전력 소모, 내구성 등의 측면에서 비교할 수 없을 정도로 HDD보다 성능이 우수하다. 그러나 SSD는 HDD와는 달리 덮어쓰기 연산을 수행할 수 없으므로 사전에 미리 블록 단위로 포맷 개념의 지우기(erase) 연산을 수행한 후 쓰기 연산을 수행해야만 한다. 따라서 읽기 연산의 경우에는 SSD가 HDD에 비해 엄청나게 빠르지만 쓰기 연산의 경우에는 매우 느리다. 즉, HDD처럼 Update-In-Place(제자리 덮어쓰기)가 아닌 Update-Out-Place 구조이다. SSD의 읽기와 쓰기는 페이지 단위로 수행되고 지우기는 블록 단위로 수행되며, SSD는 덮어쓰기가 불가능하기 때문에 쓰기를 수행하기 위해서는 지우고 쓰는 2단계로 수행해야만 하는 단점이 있다. 또한, HDD나 메인 메모리(main-memory)는 쓰기 횟수가 거의 제한이 없는 반영구적인 수명을 가지고 있지만, SSD는 쓰기 횟수가 제한되는 단점도 있다. 따라서 간혹 하나의 블록에 쓰기가 집중되는 경우 블록 수명이 소진되는 문제가 발생될 수 있다.

이러한 단점들로 인해 SSD를 효율적으로 사용하기 위해서는 기존의 DBMS에서 개발되었던 각종 데이터 검색 및 제어 기법들이 바로 적용되기는 어렵다. 따라서 SSD의 단점들을 효과적으로 극복할 뿐만 아니라, 그 고유의 장점들을 효율적으로 활용할 수 있는 새로운 DBMS 관리 기법들에 대한 연구가 필요하다.

3. 운영체제의 역할

데이터베이스는 컴퓨터 운영체제(operating system)와 깊은 관계를 가지고 운용되고 있다. 특히 DBMS는 컴퓨터 운영체제상에서 운영체제의 화일 관리자(file manager)와 디스크 관리자(disk manager)(또는 입출력 서비스)를 이용한다. 화일 관리자 및 디스크 관리자는 컴퓨터 과목 중 운영체제에서 자세히 다루고 있기 때문에 여기서는 설명을 생략하고 다만 데이터베이스에서 사용되고 있는 페이지 개념만 간단하게 다루고자 한다.

운영체제에서 페이지(page)란 입출력의 단위로서 디스크와 주기억 장치 사이에 한 번의 디스크 접근으로 데이터가 전송되는 양을 말한다. 디스크 입출력은 시스템에서 가장 속도가 느린 작업이므로 입출력을 줄이는 것이 DBMS의 성능을 향상시키는데 매우 중요하다. 가능하면 많은 블록들을 주기억 장치에 유지하거나, 자주 참조되는 블록들을 주기억 장치에 유지하면 블록 전송 횟수를 줄일 수 있다.

데이터베이스 전체를 주기억 장치에 유지할 수 없으므로 한정된 버퍼 공간에 어느 블록들을 주기억 장치에 유지할 것인가? 운영체제에서 버퍼 관리를 위해 흔히 사용되는 알고리즘은 버퍼가 꽉 찼을 때 새로운 블록을 디스크로부터 읽어오려면, 버퍼 내에서 가장 오래전에 참조된 블록(LRU: Least Recently Used)을 먼저 디스크로 내보내고 그 자리에 지금 필요한 블록을 읽어온다. 즉 LRU 알고리즘에서는 블록 전송 횟수를 줄이기 위해 주기억 장치 내의 버퍼에 최근에 접근된 블록들을 존재하게 한다.

4. 화일 조직 방법

데이터베이스에서 데이터가 어떻게 저장되는지 데이터베이스의 물리적 저장 방법을 화일 조직(file organization)이라 하고, 화일 조직 방법에는 [그림 6-2]와 같이 순차 방법(sequential method), 인덱스 방법(index method), 그리고 해싱 방법(hashing method) 등으로 구분한다.

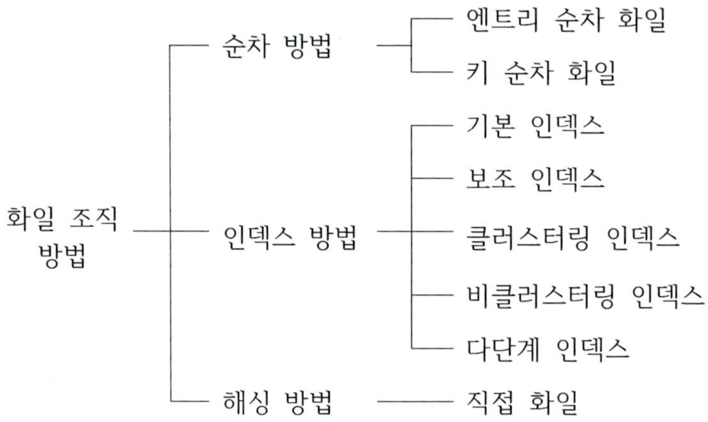

[그림 6-2] 화일 조직 방법

■ 순차 방법(sequential method)

순차 방법에는 엔트리 순차 화일과 키 순차 화일이 있다.

- **엔트리 순차 화일(entry-sequence file)**: [그림 6-3(a)]와 같이 레코드가 시스템에 들어오는 순서대로 만들어 진다.
- **키 순차 화일(key-sequence file)**: [그림 6-3(b)]와 같이 레코드들의 키값 순서대로 만들어 진다.

이러한 순차 방법들은 보통 화일을 복사하거나 레코드들을 순차적으로 일괄 처리(batch processing)하는 응용에서 많이 사용된다. 그러나 순차 화일에서는 레코드의 삽입이나 삭제 시 각 레코드들을 순차적으로 유지하기 위해서 기존의 레코드들을 전후로 계속 이동시켜야 하므로 그만큼 성능이 떨어지는 단점을 가진다.

R4(400)	R3(300)	R2(200)
R5(500)	R1(100)	

(a) 엔트리 순차 화일

R1(100)	R2(200)	R3(300)
R4(500)	R5(600)	

(b) 키 순차 화일

[그림 6-3] 순차 화일

■ 인덱스 방법(index method)

데이터베이스에서 인덱스는 책 뒤에 있는 찾아보기와 유사하다. 책에서 어떤 용어를 찾고자 할 때 책을 처음부터 검색해 나갈 수도 있지만, 색인을 통해 그 용어를 쉽고 빠르게 찾을 수 있다. 이렇게 인덱스 방법이란 어떤 데이터를 신속하고 효율적으로 검색하기 위해 먼저 인덱스를 찾은 후 원하는 레코드를 접근하는 방식이다. 그러나 이런 인덱스를 구축하거나 유지하기 위해서는 관련 비용이 필요하므로 데이터를 빠르게 검색할 수 있다고 해서 인덱스를 많이 만들게 되면 구축비용과 관리비용의 증가로 인해 오히려 성능이 떨어질 수 있으므로 적절한 개수를 만드는 것이 중요하다. 인덱스 방법은 [그림 6-4]와 같이 **인덱스 화일(indexed file)**과 **데이터 화일(data file)**로 구성되어 있으며 인덱스 화일은 탐색키와 주소의 쌍으로 구성된다.

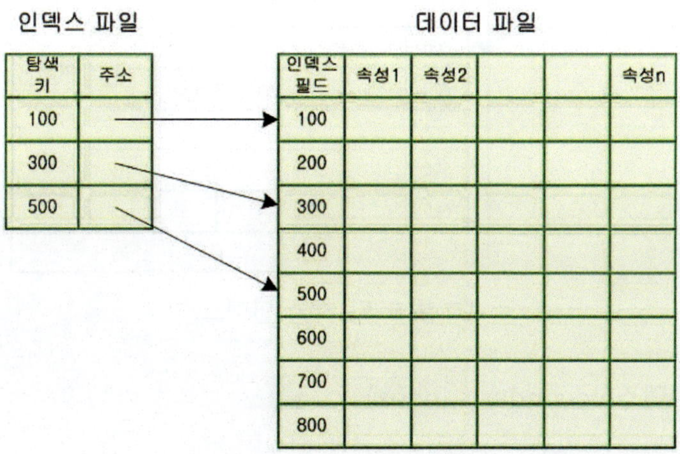

[그림 6-4] 인덱스 방법

인덱스 방법은 세부적으로 기본 인덱스, 보조 인덱스, 클러스터링 인덱스, 비클러스터링 인덱스, 그리고 다단계 인덱스가 있다.

4.1 기본 인덱스(primary index)

기본 인덱스는 기본키를 가지고 만드는 인덱스로서 DBMS에 의해서 자동으로 만들어 진다. 인덱스된 순차 화일(indexed sequential file)이라고도 한다. 기본 인덱스는 [그림 6-5]와 같이 키가 순서로 된 인덱스를 가지고 직접 접근한 후, 키값에 따라 정렬된 순차 데이터 화일을 순차적으로 접근하는 방식이다. 즉 직접 접근(direct access) 후 순차 접근(sequential access)을 지원하는 방법이다. 이를 위해 인덱스 화일과 순차 데이터 화일로 구성되어 있다. 인덱스 화일에는 직접 접근 방법을 사용하는 레코드들에 대한 주소를 가지고 있으며 각 블록마다 하나의 탐색 키 값이 인덱스 엔트리에 포함된다. 일반적으로 각 인덱스 엔트리는 블록 내의 첫 번째 레코드의 키값을 갖는다.

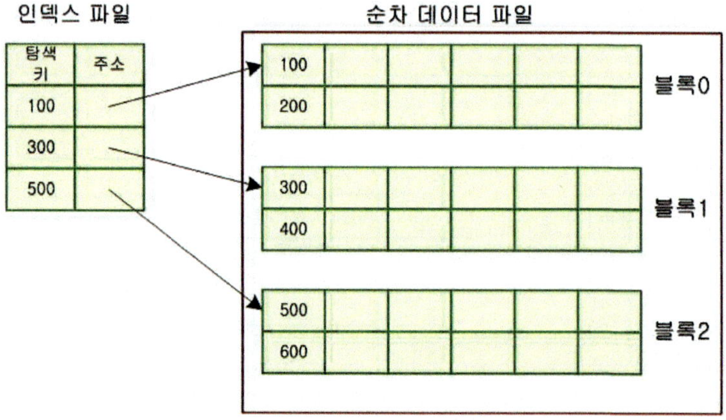

[그림 6-5] 기본 인덱스

4.2 보조 인덱스(secondary index)

기본 인덱스 이외의 인덱스를 보조 인덱스라 한다. 흔히 한 릴레이션에 여러 개의 인덱스를 정의해야 할 필요성이 있다. 예를 들어, [그림 6-6]과 같이 학번이 기본키로 사용되는데 학과도 빈번히 탐색이 일어난다면 학과에 대해서도 보조 인덱스를 정의하는 것이 바람직하다. 즉 데이터 화일 내의 레코드들에 대해 기본키가 아닌 필드에 대해서 인덱스를 생성했을 때 이 인덱스를 **보조 인덱스**라 한다.

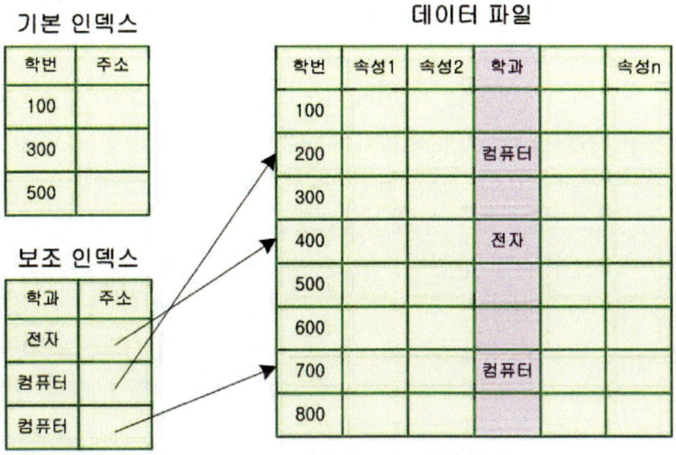

[그림 6-6] 보조 인덱스

4.3 클러스터링 인덱스(clustering index)

클러스터링 인덱스는 탐색키 값에 따라 정렬된 데이터 화일을 갖는다. [그림 6-7]과 같이 데이터 화일의 레코드들은 탐색되는 애트리뷰트의 값이 증가하는 순서대로 정렬되어 있다. 물론 인덱스의 엔트리들도 증가하는 순서대로 정렬되어 있다. 따라서 인덱스들의 정렬 순서와 데이터 화일의 정렬 순서가 일치하므로 어떤 범위를 만족하는 범위 질의에 유용하다. 기본 인덱스는 클러스터링 인덱스의 한 종류이다.

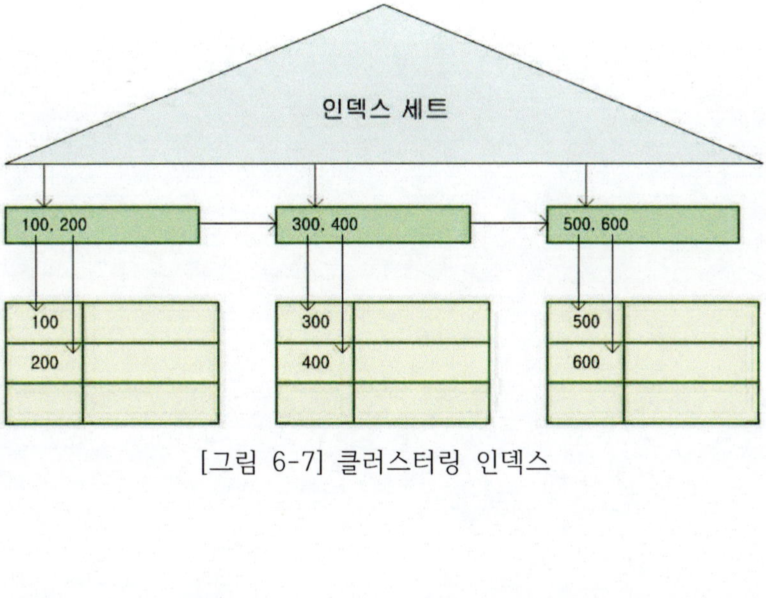

[그림 6-7] 클러스터링 인덱스

4.4 비클러스터링 인덱스(non-clustering index)

비클러스터링 인덱스에서는 [그림 6-8]과 같이 데이터 화일의 레코드들이 탐색키 값과 무관하게 저장되어 있으므로 인덱스 엔트리들이 인접해 있어도 레코드들은 대부분의 경우 멀리 떨어져 있다. 따라서 어떤 범위에 있는 레코드들을 검색하기 위해서는 첫 번째 레코드를 찾은 후에, 레코드를 검색할 때마다 매번 다른 디스크 블록을 접근해야 하는 경우가 생긴다. 보조 인덱스는 비클러스트링 인덱스 형태로 구성되어 있다고 할 수 있다.

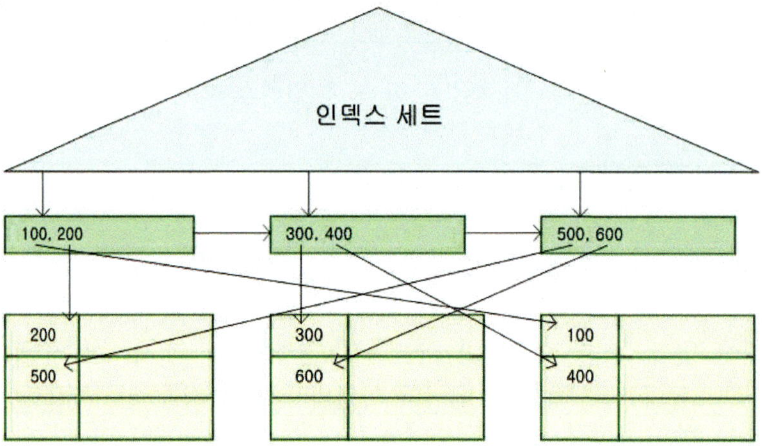

[그림 6-8] 비클러스터링 인덱스

4.5 다단계 인덱스(multi-level index)

인덱스 자체가 큰 경우 인덱스 엔트리 탐색시간을 줄이기 위하여 단일 단계 인덱스에 대해서 다시 인덱스를 정의할 수 있다. 원래의 인덱스를 1단계 인덱스라 하고 이 인덱스에 대해 정의한 추가 인덱스를 2단계 인덱스라 한다. 다단계 인덱스는 가장 상위 단계의 모든 인덱스 엔트리들이 한 블록에 들어갈 수 있을 때까지 이런 과정을 반복한다. 가장 상위 단계 인덱스를 마스터(master) 인덱스라 부르고, 마스터 인덱스는 한 블록으로 이루어지기 때문에 주기억 장치에 상주할 수 있다. [그림 6-9]는 3단계로 이루어진 **다단계 인덱스**를 보여주고 있다. 대부분의 다단계 인덱스는 B-트리나 B^+-트리를 사용한다.

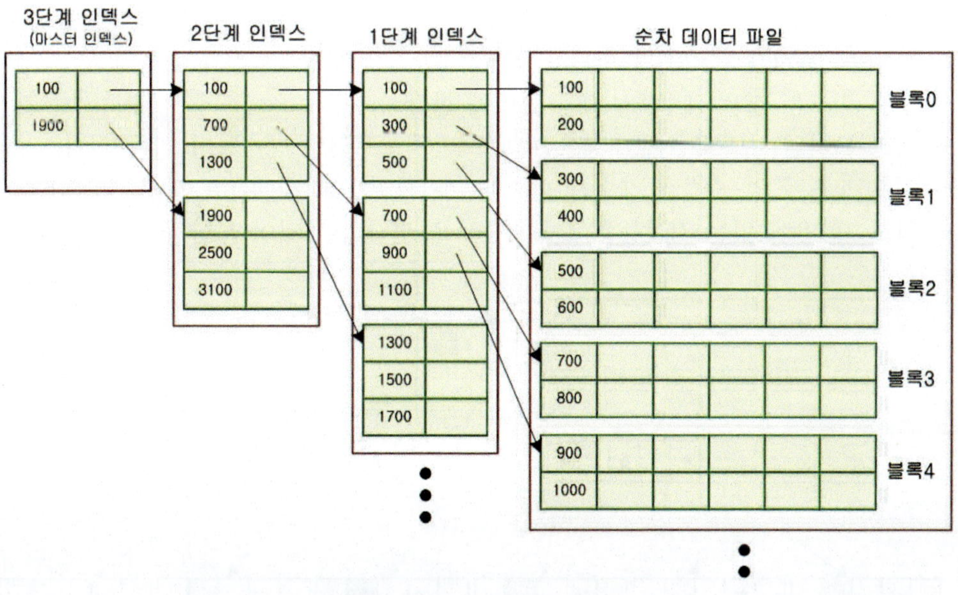

[그림 6-9] 다단계 인덱스

5. B-트리

지금부터 인덱스를 어떻게 조직하는가를 설명하고자 한다. 인덱스를 구현하는데 가장 많이 사용되는 구조가 B-트리이다. 먼저 B-트리의 특성에 대해 알아보자.

■ 차수가 m인 B-트리의 특성

[그림 6-10]과 같은 차수가 m인 B-트리의 특성은 다음과 같이 정의될 수 있다.

- 비어 있거나 높이가 1 이상인 m-way(자식 노드가 최대 m인) 탐색 트리이다.
- 루트(root)와 리프(leaf)를 제외한 모든 노드는 최소 $\lceil m/2 \rceil$, 최대 m개의 서브트리를 갖는다.
- 루트는 그 자체가 리프가 아닌 이상 적어도 2개의 서브트리를 갖는다.
- 모든 리프는 같은 레벨(level)에 있어야 한다.
- 리프가 아닌 노드의 키값 수는 그 노드의 서브트리의 개수보다 하나 적다.
- 리프 노드에 있는 키값 개수는 최소 $\lceil m/2 \rceil$- 1개, 최대 m-1개를 갖는다.
- 한 노드 안에 있는 키값들은 오름차순으로 정렬되어 있어야 한다.

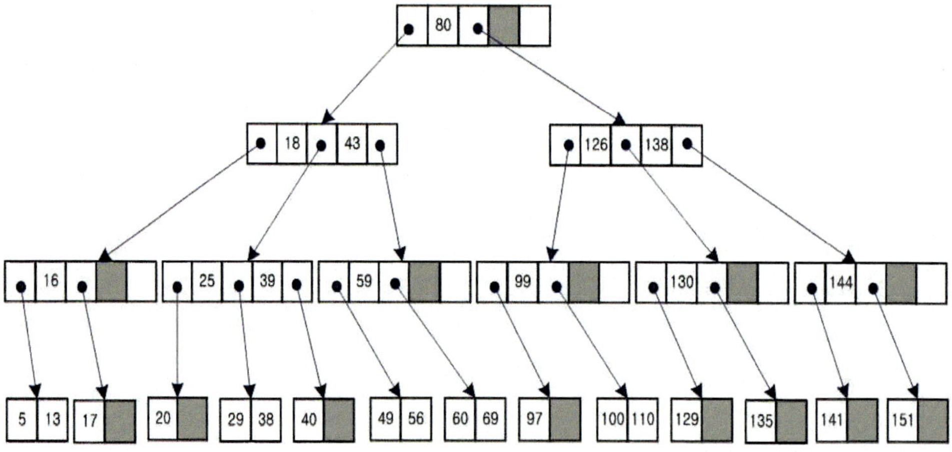

[그림 6-10] 차수가 3인 B-트리 구조

5.1 B-트리의 연산

■ **B-트리에서의 검색**: B-트리에서는 다음과 같은 방식으로 자료가 검색된다.

- 키값(예, 80)의 왼쪽 포인터로 지시된 서브트리의 모든 키값들은 이 키값(80)보다 적고, 오른쪽 포인터로 지시된 서브트리의 모든 키값들은 이 키값보다 크다.
- 리프 노드에는 하부 서브트리에 대한 포인터가 없다.
- [그림 6-10]에서 40 찾기를 한번 수행해 보자. 사람이 눈으로 찾는 방식과는 달리 컴퓨터에서는 루트 노드로부터 선을 따라 찾아가야 한다. 40은 80보다 적은 수이기 때문에 왼쪽 포인터로 따라가고 18과 43의 사이, 이와 같은 방식으로 포인터를 추적하여 40을 찾는다.

■ **B-트리에서의 삽입**

B-트리에서 삽입은 항상 리프 노드에서 수행하게 되며, 빈 공간이 있는 경우 단순히 빈 공간에 값을 삽입하면 된다. [그림 6-10]에서 21, 95, 58을 차례로 삽입해 보자. 먼저 21은 루트로부터 포인터를 따라 내려가면 20 옆에 빈 공간이 나타난다. 이런 경우 간단히 20 옆에 21 값을 삽입하면 된다. 95인 경우에는 쭉 내려가 보면 97을 만나게 되고 97 옆에 빈칸이 있다. 그러나 리프 노드는 오름차순을 유지해야 하는 B-트리의 특성을 만족시켜 주기 위해 97을 옆으로 이동하고 이동 후 빈 공간에 95를 삽입해 주면 된다. 마지막으로 58을 삽입해 보자. 마찬가지로 루트로부터 쭉 내려가 보면 49, 56을 만나게 되지만 이전과는 달리 이 노드에는 빈 공간이 없다. 이런 경우에는 이전과는 달리 조금 복잡한 처리 과정을 거치게 된다. 결론적으로는 [그림 6-11]과 같은 형태가 되는데, 이러한 과정을 조금 자세히 살펴보면 [그림 6-12]와 같다. 먼저 49, 56이 있는 노드에 무조건 58을 삽입해 보자, 이는 리프 노드가 최대 2개까지 가질 수 있는 B-트리의 특성에 위배 되므로 분리한다. 즉 중간에 있는 56을 부모 노드로 올리고 갈라지는 자식 노드 49와 58을 만든다. 이제 이를 59가 있는 노드에 넣기 위해서는 59가 옆으로 이동되고 이동된 빈 자리에 조금 전 만들었던 서브트리를 넣어 보자. 이러한 과정을 거치면 [그림 6-11]과 같은 형태가 될 수 있을 것이다. 지금까지 간단한 형태부터 좀 복잡한 형태까지 여러 경우의 B-트리 삽입에 대해 살펴봤다.

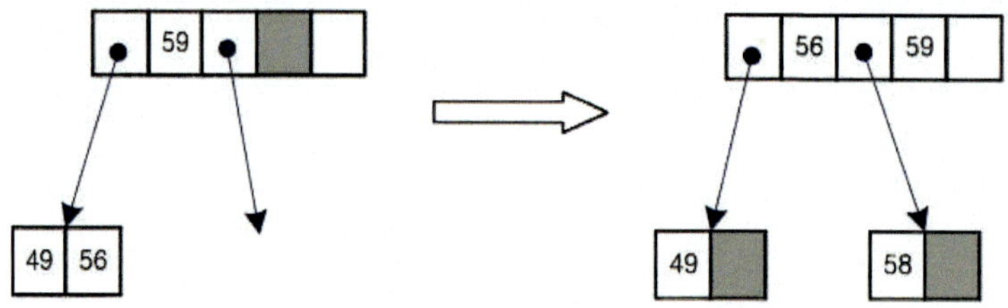

[그림 6-11] 58을 삽입한 후의 B-트리

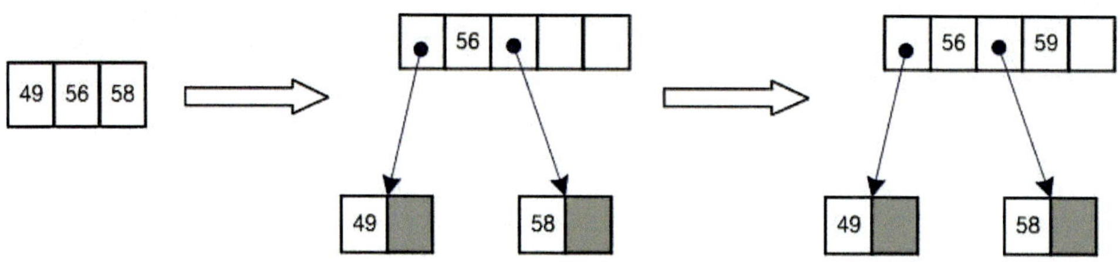

이 때 59가 옆으로 밀림

[그림 6-12] 58 값을 삽입하기 위한 처리 과정

■ B-트리에서의 삭제

이제 110, 25를 차례로 삭제하는 경우를 살펴보자. 110을 삭제하는 경우에는 간단하다. 루트 노드로부터 쭉 110을 찾은 후 리프 노드에 있는 110을 그대로 지우면 된다. 그러나 25를 삭제할 때는 조금 다른 상황을 맞게 된다. 110과는 달리 25는 리프 노드가 아닌 중간 노드에 있다. 이런 경우에는 후행 키값(항상 리프에 있음)과 일단 자리를 바꾸어 리프 노드로 옮긴 후, 즉 25와 29를 교환한 후 리프 노드에 있는 25를 삭제하면 된다. 그러나 만일 삭제 뒤에 남아 있는 키값의 수가 ⌈m/2⌉ - 1에 미달하게 되면 상당히 복잡해지는데 이때 적용되는 기법이 재분배 방법이나 합병 방법을 사용하여 최소 키값 수를 유지하도록 하는 알고리즘을 사용하게 된다.

■ 재분배(redistribution) 방법

⌈m/2⌉개 이상의 키를 가지고 있는 형제 노드가 있는 경우에 그 형제 노드로부터 키를 이동한다. 즉, 먼저 삭제 뒤에 최소 키값 수보다 작게 되면 이는 언더플로우가 발생되므로 이를 해결하기 위해 양쪽의 형제 노드를 살펴본다. ⌈m/2⌉개 이상의 키를 가지고 있는 형제 노드가 발견되면 첫째, 부모 노드의 키값을 언더플로우가 발생되는 자리로 이동시키고, 둘째, 이동시킨 빈 부모 노드 자리에 형제 노

드의 키값을 이동시키고 모두 B-트리의 성질이 만족되도록 재분배한다. 예를 들어, 97을 삭제하고 난 후 [그림 6-10]을 재분배한 구조는 [그림 6-13]과 같다.

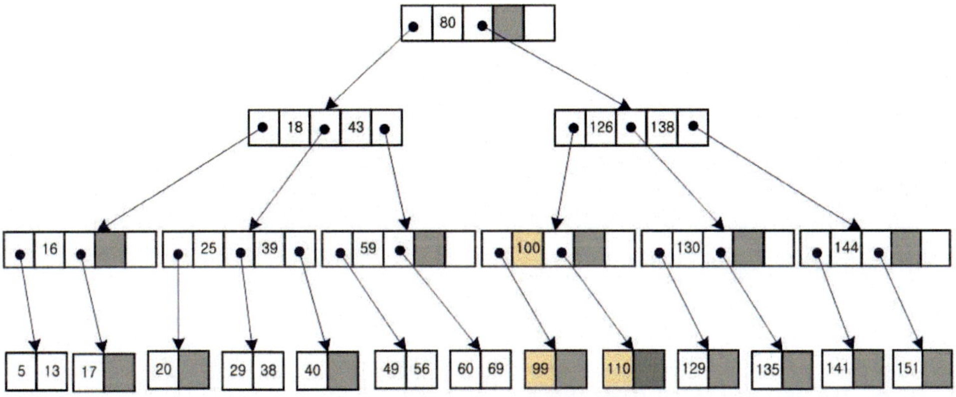

[그림 6-13] 재분배 방법

■ 합병(merge) 방법

위의 재분배 방법이 불가능할 때는 형제 노드들의 키값과 부모 노드의 키값, 그리고 언더플로우가 발생되는 노드의 키값들을 모두 모아서 합병한 후 합병 결과로 공백이 된 노드는 제거하는 작업이다. 예를 들어, [그림 6-13]에서 141을 삭제하고 난 후 합병한 구조는 [그림 6-14]와 같다.

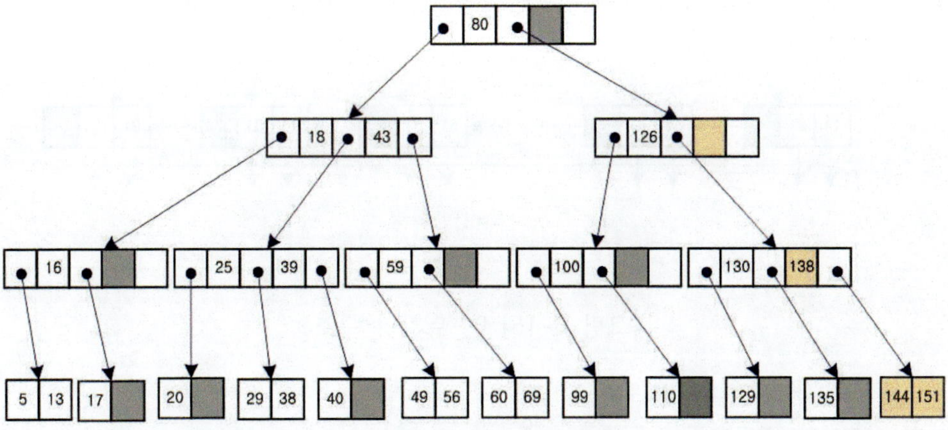

[그림 6-14] 합병 방법

6. B$^+$-트리

B$^+$-트리는 B-트리 순차 접근의 취약점을 보완한 트리로서 실제 DBMS에서 가장 많이 사용되는 트리이다. B$^+$-트리는 [그림 6-15]와 같이 인덱스 세트와 순차 세트로 구성되어 있다.

- **인덱스 세트(index set)**: 리프(leaf) 노드에 있는 키들을 신속하게 접근할 수 있는 경로(path)로 사용된다. 경로를 찾기 위해 인덱스를 이용한 직접 접근(direct access)을 지원하고 있다.

- **순차 세트(sequence set)**: 순차 세트는 리프 노드로 구성되고 인덱스 부분에 있는 키값들이 다시 여기에 표현된다. 순차 세트의 리프 노드는 링크드 리스트(linked list) 구조로 연결되어 있어 직접 접근뿐만 아니라 순차 접근도 가능하다.

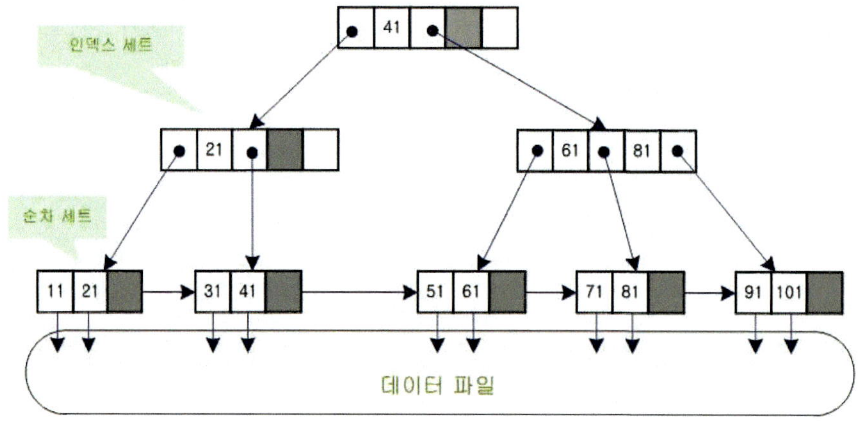

[그림 6-15] B$^+$-트리의 구조

■ 차수가 m인 B^+-트리의 특성

차수가 m인 B^+-트리의 특성은 다음과 같다.

- 루트는 0이거나, 2에서 m개 사이의 서브트리를 가진다.
- 루트와 리프를 제외한 모든 노드는 최소 $\lceil m/2 \rceil$개, 최대 m개의 서브트리를 가진다.
- 모든 리프 노드는 같은 레벨에 있다.
- 리프가 아닌 노드에 있는 키값 수는 그 노드의 서브트리 수보다 하나 적다.
- 한 노드 안에 있는 키값들은 오름차순으로 정렬되어 있어야 한다.

B^+-트리의 노드 구조는 (P_0, K_1, P_1, K_2, P_2, ... , P_{n-1}, K_n, P_n)과 같다. 여기서 P_0, P_1, ... P_n은 서브트리에 대한 포인터이고 K_1, K_2, ... K_n은 키값들이다. P_i ($0 \le i \le n-1$)가 지시하는 서브트리에 있는 노드들의 모든 키값들은 키값 K_{i+1}보다 작거나 같고, P_n이 지시하는 서브트리에 있는 노드들의 모든 키값들은 K_n보다 크다. 리프 노드의 구조는 ((K_1, A_1), (K_2, A_2), ... , (K_q, A_q), P_{next})와 같다. 여기서 A_i는 키값 K_i를 가지고 있는 레코드에 대한 주소이고 P_{next}는 다음 리프 노드에 대한 링크이다. 또한, 키값 개수 q는 $\lceil m/2 \rceil \le q$이다. 순차 세트를 구성하는 리프 노드는 모두 링크로 연결된 링크드 리스트를 구성하고 있다.

■ B-트리와의 차이점

B^+-트리가 B-트리와의 차이점은 인덱스 세트에 있는 키값은 리프 노드에 있는 키값을 찾아가는 경로로만 사용된다. 따라서 인덱스 세트에 있는 모든 키값들은 순차 세트에 다시 나타난다. 인덱스 세트에 있는 노드와 순차 세트에 있는 노드는 서로 다른 구조를 갖는다. 리프 노드는 (K_i, A_i) 즉, 키값(K_i)과 이 키값을 가진 레코드에 대한 주소(A_i)가 함께 저장되어 있으나 인덱스 세트 노드는 키값만 저장되어 있으며 노드에 저장할 수 있는 원소의 수도 다르다. B-트리와의 또 다른 차이점은 순차 세트의 모든 노드는 순차적으로 연결된 링크드 리스트로 되어 있어 순차 접근을 효율적으로 지원하는 것이다.

5.1 B^+-트리의 연산

■ 탐색

B^+-트리의 인덱스 세트에서 탐색은 B-트리의 m-way 탐색 트리와 같으며 레코드는 리프에서 검색된다.

■ 삽입

B-트리와 거의 유사하지만 리프 노드가 오버플로우 되면 두 개의 노드로 분할되고 이때 중간 키값이 부모 노드로 올라가 저장될 뿐만 아니라 분할된 리프 노드에도 저장하게 된다. 또한, 새로 분할된 리프 노드는 순차 세트의 링크드 리스트 특성을 그대로 유지하고 있어야 한다.

■ 삭제

B^+-트리에서 삭제는 재분배나 합병이 필요 없는 경우에는 리프에서만 삭제하면 되므로 간단하다. 만일 인덱스 세트에 키값이 남아 있다 하더라도 그 키값은 분리자(separator)로 유지하고 삭제하지 않는다, 왜냐하면 이 값은 키값을 탐색하는데 분리 키값으로만 사용되기 때문이다. [그림 6-16]은 삭제를 설명하기 위해 차수가 3인 간단한 B^+-트리 예를 보여주고 있다. [그림 6-17]은 [그림 6-16]에서 키값 43을 삭제한 후의 B^+-트리 모습을 보여 주고 있다. 리프에 있는 키값 43은 삭제되었지만 인덱스 세트에 있는 키값 43은 분리자로 그대로 남아 있는 것을 볼 수 있다.

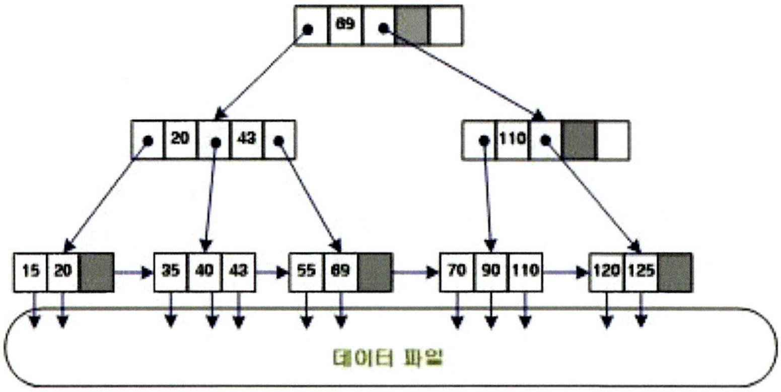

[그림 6-16] 차수 3인 B^+-트리의 예

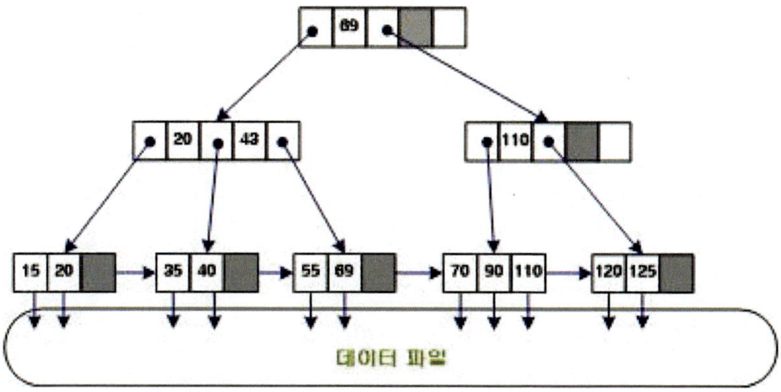

[그림 6-17] 키값 43이 삭제된 B^{+}-트리

재분배를 해야 하는 삭제는 B-트리의 재분배 방법과 비슷하게 수행하면 된다. 이때 인덱스 노드의 키값은 변경시키지만 트리 구조는 유지시킨다. [그림 6-18]은 키값 125를 삭제한 결과를 보여주고 있다. 125를 삭제하면 그 노드에 언더플로우가 발생하므로 인접 형제 노드의 키값 110을 오른쪽 노드로 이동시켜 재분배하게 된다. 이때 부모 인덱스 노드인 분리자 110은 90으로 변경된다.

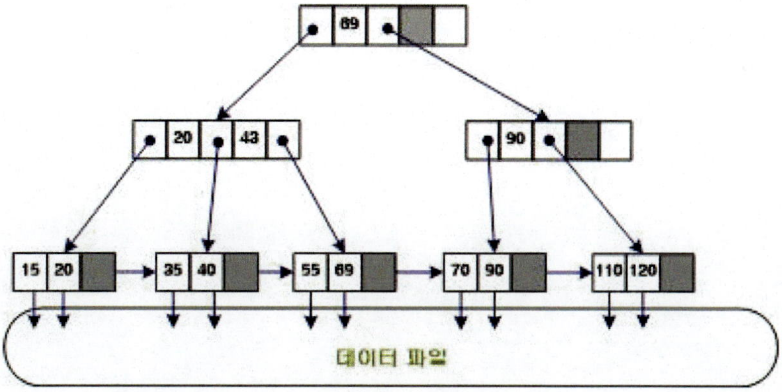

[그림 6-18] 키값 125가 삭제된 B^{+}-트리

합병을 해야 하는 경우에는 인덱스의 키값도 삭제된다. [그림 6-19]는 키값 55를 삭제한 결과를 보여주고 있다. 55의 삭제로 인해 언더플로우가 일어나고 왼쪽에 있는 인접 형제 노드에 합병된다. 그 결과로 필요없게 된 분리자 43도 삭제된다.

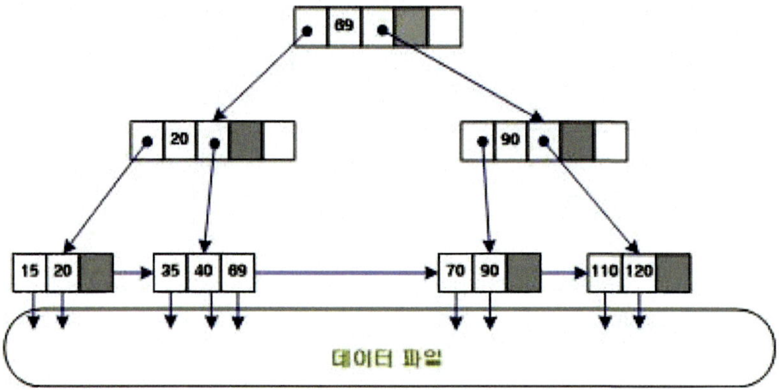

[그림 6-19] 키값 55가 삭제된 B^+-트리

7. 해싱 방법

해싱 방법(hashing method)은 다른 레코드를 참조하지 않고 원하는 목표 레코드를 직접 접근하는 직접 화일 방법이다. 해싱 방법을 이해하기 위해서는 해싱 함수, 해시 키, 그리고 해시 주소의 용어를 알아야 한다. 여기서는 쉬운 이해를 위해 [그림 6-20]과 같은 간단한 한 예로서 이들을 설명하고자 한다. [그림 6-20]은 우리가 잘 알고 있는 MOD 함수이다. 예를 들면, 28, 4, 64는 (0 MOD 4)로 바로 계산되어 연결선을 따라 직접 찾을 수 있다.

■ 해싱 함수(hashing function)

어떤 키값이 주어졌을 때 그 키값으로부터 그 키값을 가진 레코드가 저장되어 있는 주소를 계산해 낼 수 있는 기법을 말한다. 예를 들면, [그림 6-20]에서 (0 MOD 4)와 같은 기법을 말할 수 있다.

■ 해시 키(hash key)

레코드 주소를 계산하기 위해 사용하는 레코드 키값이다. [그림 6-20]에서 28, 4, 64들을 말한다.

■ 해시 주소(hash address)

계산 결과로 나온 주소이다. [그림 6-20]에서는 (0 MOD 4)에서 해시 키를 찾아가는 실선과 같다.

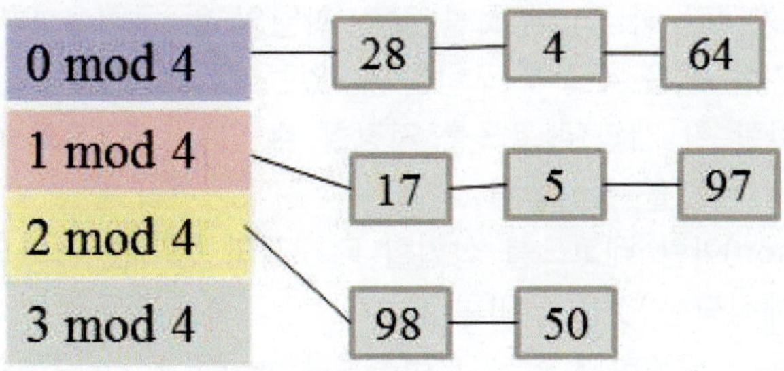

[그림 6-20] 해싱 방법의 한 예

연습문제

1. 차수(degree)가 m인 B-tree의 특징이 아닌 것은?
   ① root는 leaf가 아닌 이상 적어도 두 개의 child node를 가진다.
   ② 모든 leaf 노드의 높이는 같다.
   ③ 모든 node는 적어도 「m/2ㄱ개의 child node를 갖는다.
   ④ 노드 안에 있는 값들은 오름차순으로 정렬된다.

2. 다음 중 Hashing의 장점이 아닌 것은?
   ① insertion이 쉽다. ② deletion이 쉽다.
   ③ search time이 빠르다. ④ collision 현상이 일어날 수 있다.

3. 차수(degree)가 m인 B^+-tree의 특징이 아닌 것은?
   ① root는 leaf가 아닌 경우 2에서 m개의 subtree를 가진다.
   ② 모든 leaf 노드의 높이는 같다.
   ③ root와 leaf를 제외한 모든 node는 적어도 「m/2ㄱ개, 최대 m개의 subtree를 갖는다.
   ④ 각 leaf node는 최소 「m/2ㄱ-1개, 최대 m-1개의 키값을 갖는다.

4. 다음 중 해싱(hashing)에 대한 설명으로 옳지 못한 것은?
   ① 버킷(bucket)이란 하나의 주소를 갖는 화일의 한 구역을 의미하며, 버킷의 크기는 같은 주소에 포함될 수 있는 레코드 수를 의미한다.
   ② 슬롯(slot)이란 한 개의 레코드를 저장할 수 있는 공간으로 n개의 슬롯이 모여 하나의 버킷을 형성한다.
   ③ 충돌(collision)이란 레코드를 삽입할 때 2개의 상이한 레코드가 똑같은 버킷으로 해싱되는 것을 의미한다.
   ④ 해싱은 충돌이 발생하면 항상 오버플로우(overflow)가 발생한다.

5. 역 화일(inverted file)에 대한 설명으로 옳지 않은 것은?
   ① 데이터 화일에 접근하지 않아 질의응답 시간이 줄어들고, 처리가 비교적 쉽다.
   ② 검색 속도가 빠르다.
   ③ 색인의 각 항의 길이가 고정적이므로 기억 공간이 절약된다.
   ④ 질의를 만족하는 레코드 검색 시 한 번씩만 접근하면 된다.

6. 다음은 차수가 3인 B-트리 구조를 묘사한 것이다. 이 그림에서 5, 97, 25, 141을 삭제하는 경우 가장 적절하지 않는 내용은? (난이도: 상)

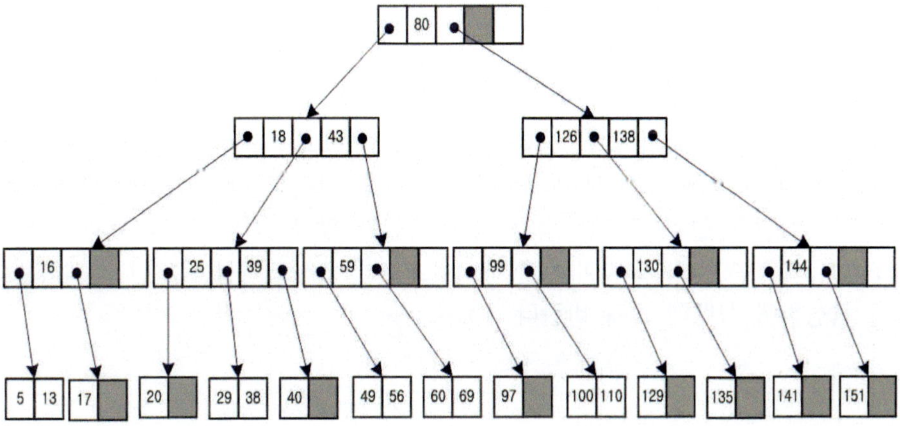

   ① 5를 삭제하는 경우에는 루트 노드로부터 5를 찾은 후 리프 노드에 있는 5를 지우고 옆에 있는 13을 왼쪽으로 이동한다.
   ② 97인 경우에는 부모 노드에 있는 키 값을 해당 노드로 이동시키고 빈 부모 노드 자리에 최소 키 값 수보다 많은 형제 노드의 키 값을 이동시키고 모두 B-트리의 성질이 만족되도록 재분배 한다.
   ③ 25의 경우에는 이 키 값의 후행 키 값과 일단 자리를 바꾸어 리프 노드로 옮긴 후 리프 노드에 있는 25를 삭제한다.
   ④ 141인 경우에는 141을 삭제한 후 최소 키 값 수보다 많은 부모의 부모(조상) 노드을 찾아(즉, 138) 이를 삭제한 해당 노드로 이동시킨다.

실습문제

실습 1: (128, 100, 19, 69, 16, 145)를 차례로 B-tree에 삽입했을 때 차수가 3인 B-tree의 최종 형태를 그리시오.

실습 2: (128, 125, 85, 70, 45, 16, 8)을 차례로 B-tree에 삽입했을 때 차수가 3인 B-tree의 최종 형태를 그리시오.

실습 3: **Index 실습(1)**

처음엔 인덱스를 만들지 않은 상태에서 검색해 보고, 두 번째는 인덱스를 만든 후 검색을 해 본다. 데이터가 몇 개 없을 때는 속도 차이가 나지 않지만 데이터베이스 크기가 수십만 건인 경우에는 검색 속도 차이가 많이 날 수 있다. 아래 SQL 문을 참조하여 여러분 각자 교수이름 칸에 index를 정의하고 "김용주"만 검색하는 SQL 문을 작성하여 실행해 보기 바란다.

```
-- 이름이 "김철수"만 검색
select * from student where sname='김철수';

-- 이름 칸에 index 정의
create index idx_student_sname on student(sname);

-- 다시 "김철수" 검색
select * from student where sname='김철수';
```

실습 4: Index 실습(2)

MySQL Workbench를 실행하자. 시작메뉴>MySQL>MySQL Workbench 8.0 CE를 클릭해서 Workbench를 실행한다. MySQL Connection 창이 나온다. 'Local instance MySQL80' 아래를 보면 사용자는 root로 되어 있고 컴퓨터의 localhost 포트는 3306으로 되어 있는 것을 확인할 수 있다. 클릭해서 MySQL에 연결한다. root의 비밀번호를 입력하는 창이 나오면 비밀번호를 입력하고 OK를 클릭하면 Workbench 초기 창이 나타날 것이다.

왼쪽 창 하단에 Administration이 선택되어져 있다면 Schemas를 클릭하여 데이터베이스 스키마를 살펴본다. 여기서 test>Tables>student>indexes를 클릭하면 idx_student_sname이 있음을 알 수 있다. 상단 메뉴의 File>New Query Tab을 클릭한다. 쿼리창에 다음과 같이 인덱스를 삭제하고 다시 검색하는 SQL문을 입력하고 실행 아이콘을 클릭한다.

```
use test;

-- index를 삭제하는 SQL문
alter table student drop index idx_student_sname;

-- 다시 "김철수" 검색
select * from student where sname='김철수';
```

결과가 나온 창의 오른쪽에서 아래로 내려가는 아이콘(∨)을 클릭한다. 제일 아래로 내리면 [Execution Plan](실행 계획)을 확인할 수 있다. 이를 클릭하면 실행 계획을 볼 수 있다(이 계획이 나타나지 않으면 아래 그림과 같이 select 문만 마우스로 선택한 후 다시 실행하면 보일 것이다). 실행 계획에 대한 상세한 내용은 지금은 생략하고 지금은 "Full Table Scan"이라는 것에만 주목한다. 이 뜻은 인덱스를 사용하지 않고 테이블 전체를 검색했다는 뜻이다.

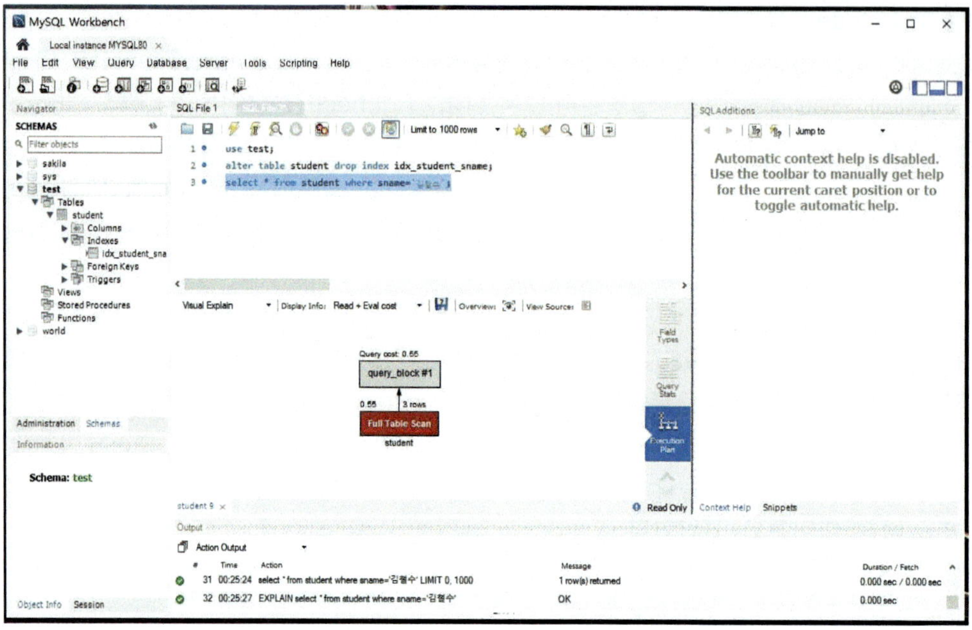

위의 그림에서 몇 개의 레코드가 스캔 되었는지(여기서는 3 rows, 전체를 스캔한 것으로 상당히 클 수 있음) 그리고 Query cost(여기서는 0.55)도 알 수 있다. 다음으로 idx_student_sname2라는 인덱스를 만들고 다음과 같이 다시 검색해 보자.

```
create index idx_student_sname2 on student(sname);
select * from student where sname='김철수';
```

Workbench에서 위 문장을 쿼리창에서 이전 것에 계속해서 타이핑했다면 이 부분만 마우스로 끌어 반전시킨 후 쿼리를 실행하면 이 부분만 수행된다. 결과는 둘 다 동일하게 수행되었지만 내부적인 작동은 인덱스를 만들기 전과 인덱스를 만든 후에는 큰 차이가 있다. 결과가 나온 창의 오른쪽에서 아래로 내려가는 아이콘(∨)을 계속 클릭하여 제일 아래에 있는 [Execution Plan]을 클릭한다. 이제는 "Full Table Scan"이 아닌 "**Non-Unique Key Lookup**"이 보일 것이다. 이는 인덱스를 사용해서 결과를 찾아냈다는 의미이다. 그 아래 작은 글씨로 인덱스 이름인 idx_student_sname2가 나타나 있다. 여기서는 1 rows, Query cost: 0.35로 성능이 향상되었다.

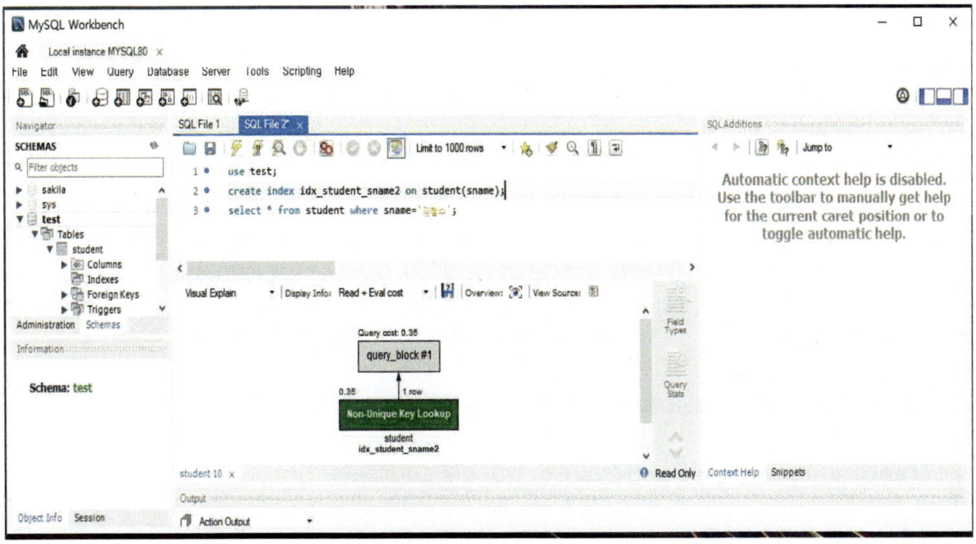

결론직으로, 인덱스를 생성하기 전인 쿼리는 예를 들면, 책 뒤에 있는 찾아보기가 없는 상태에서 이름을 찾는 것이고(책의 전체 페이지를 찾는 것과 같음), 인덱스를 생성한 후 쿼리는 책 뒤에 있는 찾아보기가 있는 상태에서 이름을 찾고 그곳에 써 있는 페이지를 바로 펴서 검색하는 것과 같은 의미이다. 그러므로 인덱스를 생성한 후에 조회하는 것이 데이터의 양에 따라서 심하게는 몇십 배 이상 빠를 수 있다. 비록 지금은 데이터의 양이 작아 별로 체감을 느끼지 못하겠지만 ....

실습 5: Index 실습(3)

먼저 과목(course) 테이블을 검색하는 SQL 문을 작성하여 실행해 본다.

```
select * from course;
```

결과는 입력한 차례로 디스플레이 된다(즉, **엔트리 순차 파일**로 저장됨).

과목명(cname) 열을 Primary Key로 지정한다.

```
alter table course add constraint pk_name primary key(cname);
select * from course;
show index from course;
```

결과를 보면 내용은 변경이 없으나 cname 열로 다시 정렬되어 있다(즉, **기본 인덱스** 또는 **클러스터링 인덱스**로 저장됨). 인덱스 상태를 살펴보면 cname의 Key_name이 Primary로 되어 있고, index_type은 BTREE로 구성되어 있음을 알 수 있다.

학년(year)에 단순 보조 인덱스를 생성해 본다.

```
create index idx_course_year on course(year);
```

보조 인덱스를 생성하여 실행해 본다. '단순'은 중복을 허용하고, 고유(unique)와 반대 개념이다. 인덱스 상태를 살펴보면 보조 인덱스가 하나 더 생긴 것을 알 수 있으며, Non_unique는 1로 되어 있어 중복을 허용하는 것을 알 수 있다.

과목코드(cid)에 고유 보조 인덱스를 생성해 본다.

```
create unique index idx_course_cid on course(cid);
```

인덱스 상태를 살펴보면 보조 인덱스가 하나 더 생긴 것을 알 수 있는데, Non_unique는 0으로 되어 있으므로 중복을 허용하지 않는 고유 보조 인덱스인 것을 알 수 있다.

이번에는 학년(year)과 과목코드(cid)를 조합해서 인덱스를 생성해 본다.

```
create index idx_course_year_cid on course(year, cid);
```

인덱스 상태를 살펴보면 Seq_in_index 열이 1과 2로 설정되어 있는 것을 확인할 수 있다. 즉, 두 열이 하나의 인덱스로 설정되어 있는 상태이다.

인덱스 삭제하기: 인덱스를 삭제할 때는 보조 인덱스를 먼저 삭제하는 것이 좋다.

```
drop index idx_course_year on course;
drop index idx_course_cid on course;
drop index idx_course_year_cid on course;
alter table course drop primary key;
```

보조 인덱스는 alter table로 삭제해도 된다. 그러나 Primary Key는 drop index로는 삭제되지 않고, alter table로만 삭제할 수 있다.

7장
관계형 데이터베이스

1. 관계형 데이터 모델

관계형 데이터 모델(relational data model)은 1970년에 IBM 연구소에 근무하던 E. F. Codd에 의해 처음 제안된 것으로, 이것은 외형적으로는 단순한 테이블(table) 구조를 가지고 있지만, 내부적으로는 릴레이션과 수학적인 이론을 기초로 하고 있다. 관계형 데이터 모델에서 릴레이션은 2차원의 테이블을 의미하고 테이블은 행(row)과 열(column)로 이루어져 있다. 예를 들어, [그림 7-1]과 같은 학생(STUDENT) 테이블을 생각해 보자.

학생 (student)

학번 (sno)	성명 (sname)	학과 (sdept)	전화번호 (stel)
20181234	김철수	컴퓨터	010-4657-7654
20182587	이영자	컴퓨터	010-7654-9874
20183654	고영준	경영	010-8732-0953
20184652	김영옥	전자	010-7623-8753
20185753	유진호	기계	010-5431-0964
20187654	박용철	컴퓨터	010-6548-9872

[그림 7-1] 학생(STUDENT) 테이블

관계형 데이터 모델에서는 이 테이블을 릴레이션(relation)이라 하고, 테이블의 열(또는 필드)은 애트리뷰트(attribute)라 하며 테이블의 행(또는 레코드)은 투플(tuple)이라 한다. 관계형 데이터 모델에서 데이터의 가장 작은 논리적 단위인 "20181234", "김철수" 등은 애트리뷰트의 값(value)이라 한다. 이러한 데이터 값들은 더 이상 분해할 수 없는 원자값(atomic value)만을 허용한다.

[그림 7-2]는 관계형 데이터 모델의 개념을 설명한 것이다. 여기서 도메인(domain)이란 하나의 애트리뷰트가 취할 수 있는 같은 타입의 모든 원자들의 집합을 말한다. 예를 들면, 학번의 도메인은 8자리 정수의 집합이고 성명의 도메인은 5자리 문자열의 집합으로 표시할 수 있다. 5자리나 20자리 등은 데이터베이스를 설계하는 관리자가 결정하는 것으로서 발생될 수 있는 최대 자리 수를 고려하되 너무 긴 경우는 저장 공간의 효율성을 생각해서 적당히 절단하는 등 적절한 자리 수를 정하게 된다.

애트리뷰트

학생 (student)

학번 (sno)	성명 (sname)	학과 (sdept)	전화번호 (stel)
20181234	김철수	컴퓨터	010-4657-7654
20182587	이영자	컴퓨터	010-7654-9874
20183654	고영준	경영	010-8732-0953
20184652	김영옥	전자	010-7623-8753
20185753	유진호	기계	010-5431-0964
20187654	박용철	컴퓨터	010-6548-9872

← 투플 인스턴스

도메인: INTEGER CHAR(5) CHAR(20) CHAR(20)

[그림 7-2] 관계형 데이터 모델의 개념

[그림 7-2]에서 릴레이션 이름은 학생(student)이고 애트리뷰트 이름은 학번(sno), 성명(sname), 학과(sdept), 전화번호(stel)이다. 여기서 이름과 더불어 영어를 같이 쓴 이유는 실제로 DBMS에서 정의할 때 한글보다는 DB Programming할 때 편리성 등을 고려하여 영어를 더 선호하기 때문이다. 따라서 비록 교제에서는 한글로 설명하더라도 실제 DBMS를 사용할 때는 영어로 표현하는 것이 더 일반적이다. 도메인은 INTEGER, CHAR(5), CHAR(20)으로 정의된다. 하나의 도메인에 대하여 둘 이상의 애트리뷰트가 정의될 수 있다. 예를 들면, 학과와 전화번호는 같은 도메인 CHAR(20)으로 정의된다. 그런데 관계형 데이터 모델에서 주의할 점은 한 릴레이션에서는 모든 애트리뷰트의 이름은 반드시 달라야 한다는 점이다. 그래서 학번과 성명을 보편적인 no와 name 대신에 STUDENT의 첫 자 S를 포함하여 sno, sname으로 표기함으로써 유일성을 보장할 수 있다. 학생(student) 테이블을 실제로 어떤 DBMS에 DDL로 정의한다고 하면 다음과 같이 표현될 수 있을 것이다.

```
CREATE  TABLE   student
        (sno    INTEGER,
        sname   CHAR(5),
        sdept   CHAR(20),
        stel    CHAR(20));
```

2. 릴레이션의 개념

지금까지 일반적인 테이블에 비유하여 설명한 릴레이션을 관계형 데이터 모델의 관점에서 이론적으로 정의해 보자. 릴레이션 R의 스키마(schema)는 릴레이션 이름 R과 일정 수의 애트리뷰트 A_1, A_2, … , A_n 의 집합으로 구성되며 R(A_1, A_2, … , A_n)으로 표기된다. 각 애트리뷰트 A_i(i=1, … , n)는 도메인 D_1, D_2, … , D_n의 한 도메인 D_i와 대응되고, 하나의 투플은 각 애트리뷰트에 대응하는 값, (v_1, v_2, … , v_n)으로 구성된다. 여기서 v_i는 애트리뷰트 A_i의 값으로서 A_i를 정의하고 있는 도메인 D_i의 한 원소값이다.

[그림 7-2]에서 도메인은 다음과 같이 정의되고,
- 학번(sno)의 도메인: INTEGER
- 성명(sname)의 도메인: CHAR(5)
- 학과(sdept)의 도메인: CHAR(20)
- 전화번호(stel)의 도메인: CHAR(20)

학생 릴레이션은 학생(학번, 성명, 학과, 전화번호)로 표기되며, 여기서
- 릴레이션 이름: 학생(student)
- 4개의 애트리뷰트 이름: 학번(sno), 성명(sname), 학과(sdept), 전화번호(stel)
- 인스턴스: 6개의 투플로 구성
- 각 투플: 4개의 애트리뷰트 값(학번, 성명, 학과, 전화번호)으로 구성된다.

릴레이션 R의 **차수(degree)**는 애트리뷰트(또는 도메인)의 개수이고, 릴레이션 R의 **카디널리티(cardinality)**는 투플의 수로 정의된다. 따라서 [그림 7-2]의 학생 릴레이션은 차수가 4이고 카디널리티는 6이 된다.

3. 릴레이션의 특성

릴레이션의 특성은 다음과 같이 투플의 유일성, 투플의 무순서성, 애트리뷰트의 무순서성, 그리고 애트리뷰트의 원자성으로 요약될 수 있다.

1) 투플의 유일성(uniqueness)

- 한 릴레이션에 포함된 투플들은 모두 유일하다.
- 수학적인 의미에서 집합은 분간할 수 있는 원소의 모음이기 때문에 두 개의 똑같은 투플은 한 릴레이션에 포함될 수 없다.

2) 투플의 무순서성(no ordering)

- 한 릴레이션에 포함되어 있는 투플 사이에는 순서가 없다.
- 수학적 집합으로 나타내면 {a, b, c} = {b, c, a}이다. 즉, 투플 사이에 순서의 개념은 존재하지 않는다. 따라서 [그림 7-2]에서 두 학생의 투플 순서가 바뀌어도 동일한 릴레이션으로 인식된다.

3) 애트리뷰트의 무순서성

- 한 릴레이션을 구성하는 애트리뷰트 사이에는 순서가 없다.
- 릴레이션은 애트리뷰트들의 집합으로 정의된다. 따라서 애트리뷰트는 순서가 없고, 애트리뷰트는 순서가 아니라 애트리뷰트 이름에 의해 참조된다.

4) 애트리뷰트의 원자성(atomicity)

- 모든 애트리뷰트 값은 더 이상 분리할 수 없는 원자값(atomic value)이다.
- 애트리뷰트의 값으로 반복 그룹, 즉 집합은 될 수 없다.

이와 같이 릴레이션에서 반복 그룹(집합)은 DBMS에서는 허용되지 않는다. 즉, 반복 그룹(집합)을 애트리뷰트 값으로 허용하지 않는 릴레이션을 정규화 릴레이션이라 하고 비정규 릴레이션을 정규 릴레이션으로 변환하는 과정을 **정규화(normalization)**라 한다. 정규화하는 과정은 [그림 7-3]에서 보는 것과 같이 단순히 반복 그룹들에 대해 값을 반복해서 입력함으로써 쉽게 만들 수 있다. 또한, 릴레이션에는 애트리뷰트의 값이 없는 경우도 허용되는데 이때 사용하는 특별한 값을 널(null) 값이라 하고 빈칸으로 둔다. 널 값과 스페이스 입력값은 보이는 모습은 같으나 엄밀히 다른 값이므로 주의하기 바란다.

<table>
<tr><th rowspan="2">교수번호</th><th colspan="2">과목학점</th></tr>
<tr><th>과목코드</th><th>학점</th></tr>
<tr><td rowspan="2">P200</td><td>CO123</td><td>3</td></tr>
<tr><td>CO423</td><td>3</td></tr>
<tr><td rowspan="3">P202</td><td>CO234</td><td>2</td></tr>
<tr><td>CO342</td><td>3</td></tr>
<tr><td>EE123</td><td>3</td></tr>
<tr><td>P203</td><td>ME102</td><td>3</td></tr>
<tr><td rowspan="4">P204</td><td>ME103</td><td>2</td></tr>
<tr><td>ME234</td><td>3</td></tr>
<tr><td>ME345</td><td>4</td></tr>
<tr><td>PT236</td><td>3</td></tr>
<tr><td>P206</td><td>CO345</td><td>4</td></tr>
</table>

교수번호	과목코드	학점
P200	CO123	3
P200	CO423	3
P202	CO234	2
P202	CO342	3
P202	EE123	3
P203	ME102	3
P204	ME103	2
P204	ME234	3
P204	ME345	4
P204	PT236	3
P206	CO345	4

[그림 7-3] 정규화 과정

4. 학사 관계형 데이터베이스

지금까지는 하나의 릴레이션에 대해 살펴보았다. 그러나 일반적으로 관계형 데이터베이스는 여러 개의 릴레이션을 포함하고 있다. [그림 5-3]은 학사 관계형 데이터베이스를 위한 개체와 관계를 다이어그램으로 표시하였다. 여기서 학생은 학번, 성명, 학과, 전화번호 속성들로 구성되어 있고, 교수는 교수번호, 성명, 학과, 전화번호 속성들로 구성되어 있다. 그리고 과목은 과목코드, 과목명, 학점, 학년 속성들로 구성되어 있다. 데이터베이스에서는 개체뿐만 아니라 관계도 데이터베이스에 저장된다고 했는데, 관계로는 지도, 강의, 그리고 수강을 도출하였다.

먼저, **개체 릴레이션** 스키마에 대한 인스턴스(즉, 속성값)들을 한 번 작성해 보자. [그림 5-10]에서 제일 왼쪽에 푸른색으로 표시되어 있는 학번, 교수번호, 그리고 과목코드는 각 투플의 유일성을 보장해 주는 키값이 될 수 있다. 예를 들어, [그림 7-4]와 같이 학생의 학번은 20181234, 20182587, 20183654와 같이 3개의 유일한 번호로 작성될 수 있다. 그리고 나머지 성명, 학과, 전화번호도 현실과 비슷하게 작성되어 있다. 교수의 교수번호도 P200, P202, P203과 같이 3개의 유일한 번호로 작성된다. 그리고 나머지 성명, 학과, 전화번호도 현실과 비슷하게 작성되었다. 마지막으로 과목의 과목코드도 CO123, CO234, CO342와 같이 3개의 유일한 코드로 작성되고, 나머지 과목명, 학점, 학년도 현실과 비슷하게 작성되었다. 예를 들면, 과목 테이블에서 CO123의 과목명은 데이터베이스이고 학점은 3학점이며, 대학 3학년을 대상으로 강의하는 과목이라 할 수 있다.

작성된 개체 릴레이션들에 대해 정리해 보면, 각 릴레이션은 투플의 유일성을 보장하기 위해, 학번, 교수번호, 과목코드와 같은 유일하게 구분할 수 있는 애트리뷰트들로 구성한다. 그리고 개체 및 속성 관계 다이어그램으로부터 각각 4개의 속성(즉, 애트리뷰트)으로 구성된 테이블을 작성한다. 그리고 릴레이션과 애트리뷰트 이름은 나중에 DDL 작성을 위해 한글과 영어를 같이 작성해 두었다.

학생(student)

학번 (sno)	성명 (sname)	학과 (sdept)	전화번호 (stel)
20181234	김철수	컴퓨터	010-4657-7654
20182587	이영자	컴퓨터	010-7654-9874
20183654	고영준	경영	010-8732-0953

교수(professor)

교수번호 (pno)	성명 (pname)	학과 (pdept)	전화번호 (ptel)
P200	홍길동	컴퓨터	010-0865-7632
P202	박영순	전자	010-8641-0541
P203	김기준	기계	010-7812-0432

과목(course)

과목코드 (code)	과목명 (cname)	학점 (credit)	학년 (year)
CO123	데이터베이스	3	3
CO234	네트워크	3	2
CO342	그래픽응용	2	3

[그림 7-4] 객체 릴레이션에 대한 인스턴스

다음으로, **관계 릴레이션** 스키마에 대한 인스턴스(즉, 속성값)들을 한 번 작성해 보자. 지도 릴레이션은 교수와 학생 간의 관계로서 교수는 여러 명의 학생들을 지도할 수 있다. 예를 들면, [그림 7-5]의 지도 테이블에서 교수 P200은 학생들 20181234와 20182587이라는 학생들을 지도한다고 할 수 있다. 여기서 P200과 20181234, 20182587 등은 교수와 학생들을 바로 찾아갈 수 있는 키 역할을 하므로, 이 릴레이션에서는 간단히 대표키만 작성하고 나머지는 지도 릴레이션에 표시하지 않았다. 한편, 지도 테이블에서 P202 교수는 20183654라는 한 학생만 지도한다고 할 수 있다.

비슷하게 강의 릴레이션은 교수와 과목 간의 관계로서 교수는 여러 개의 과목들을 강의할 수 있다. 예를 들면, 강의 테이블에서 교수 P202는 과목 CO234와 CO342를 강의한다고 할 수 있다. 여기서 교수와 과목에 대해서는 이들 릴레이션을 대표하는 교수번호와 과목코드만 표시하였고 나머지는 여기에 구지 중복되게 표시하지는 않았다. 그러나 강의 릴레이션에는 추가적으로 이 릴레이션에 관련된 속성들(예, 시간과 강의실)을 추가로 제공할 수 있다는 점을 유의 깊게 살펴보기 바란다. 예를 들면, 교수 P202는 과목 CO234를 강의하는데, '이 강좌의 시간은 3시간이고 강의실은 K458이다'라고 표현할 수 있겠다. 한편, 이 테이블에서 P200 교수는 CO123이라는 한 과목만 강의한다고 할 수 있고, 참고로 CO123 과목을 과목 릴레이션에서 찾아보면, 과목명이 데이터베이스이고 학점은 3학점이며 대상 학년은 3학년이라는 것을 알 수 있다.

마지막으로 수강 릴레이션에 대해 알아보자. 수강 릴레이션은 지도와 강의 릴레이션보다는 약간 복잡한데, 테이블에서 보면 20181234 학생은 CO123 과목에 수강했다고 할 수 있다. 과목에는 여러 학생들이 수강을 할 수 있으므로 20182587 학생도 CO123 과목에 수강했다고 할 수 있다. 테이블에서는 20183654 학생은 CO234 한 과목만 수강 신청한 것을 알 수 있다. 물론, 3개 인스턴스 외에 추가로 얼마든지 더 많은 인스턴스들이 삽입될 수 있을 것이므로, 현실적으로 20181234 학생이 CO234 과목도 수강 신청할 수가 있을 것이다. 이러한 관계는 한 학생은 여러 과목을 신청할 수 있고, 한 과목은 여러 학생들이 수강할 수 있기 때문에 "다대다" 관계가 된다. 정리해 보면, 지도와 강의는 일대다 관계가 되는 반면에, 수강은 다대다 관계가 된다고 할 수 있겠다.

지도(teach)

교수번호 (pno)	학번 (sno)
P200	20181234
P200	20182587
P202	20183654

수강(enroll)

학번 (sno)	과목코드 (code)	점수 (score)	성적 (grade)
20181234	CO123	94	A0
20182587	CO123	91	A
20183654	CO234	97	A+

강의(lecture)

교수번호 (pno)	과목코드 (code)	시간 (hour)	강의실 (room)
P200	CO123	3	E453
P202	CO234	3	K458
P202	CO342	4	E234

[그림 7-5] 관계 릴레이션에 대한 인스턴스

관계 릴레이션을 다시 한번 하나씩 설명해 보면, 지도 릴레이션은 교수번호와 학번으로 교수와 학생 릴레이션 간 "일대다" 관계를 구성하고 있다. 강의 릴레이션은 교수번호와 과목코드로 교수와 과목 릴레이션 간 "일대다" 관계를 구성하고 있다. 수강 릴레이션은 학번과 과목코드로 학생과 과목 릴레이션 간 "다대다" 관계를 구성하고 있다. 강의 릴레이션은 시간과 강의실 애트리뷰트가 추가로 삽입되었다고 가정할 수 있고, 수강 릴레이션은 점수와 성적 애트리뷰트가 추가로 삽입되었다고 가정할 수 있다. 작성된 릴레이션을 살펴보면, 지도 릴레이션에서 P200 교수는 두 학생 20181234와 20182587 학생을 지도한다고 할 수 있고, 강의 릴레이션에서 P202 교수는 두 과목 CO234와 CO342 과목을 강의한다고 할 수 있다. 수강 릴레이션에서 20181234 학생은 CO123 과목을 수강한다. 이 릴레이션에서 CO123 과목은 20181234와 20182587 학생이 수강 신청을 했고, "다대다" 관계에 의해 20181234 학생은 CO123과 CO234 과목도 동시에 수강할 수가 있다.

[그림 7-6]은 학생(student), 교수(professor), 과목(course), 강의(lecture), 지도(teach), 수강(enroll) 6개의 릴레이션으로 정의된 학사 관계형 데이터베이스 스키마에 대한 **학사 관계형 데이터베이스(academic relational database)**의 인스턴스들을 보여주고 있다. 그림에서 학생, 교수, 과목은 개체 릴레이션이지만 강의(일대다), 지도(일대다), 수강(다대다)은 관계 릴레이션이다. 여기에서는 각 튜플들의 인스턴스들은 3개보다 더 많이 여러 개를 작성해 보았다. 이들 모두의 인스턴스들은 개체와 개체 사이, 개체와 관계 사이가 서로 연관성을 가지고 작성된 것을 볼 수 있다. 예를 들면, 학생, 교수, 그리고 과목은 첫 애트리뷰트로 학번, 교수번호, 과목코드와 같은 키를 두어 릴레이션 투플들을 유일하게 표현하였다. 지도 릴레이션에서 P200 교수는 3명의 학생, P202는 2명의 학생, 그리고 P203은 1명의 학생을 지도하고 있다는 것을 알 수 있다. 강의 릴레이션에서 P200 교수는 2과목, P202 교수는 3과목, 그리고 P203 교수는 1과목을 강의한다는 사실도 알 수 있다. 수강 릴레이션은 조금 길게 작성되어 있는데, 20181234 학생은 2과목을 수강 신청한 것이고, 각 수강 신청한 과목에 대한 점수와 성적을 알 수 있다. 과목코드를 자세히 살펴보면, CO123 과목은 20181234, 20182587, 그리고 20184652 학생들이 수강 신청한 것을 알 수 있다. 즉, 수강 릴레이션은 "다대다" 관계를 나타내는 관계 릴레이션이다.

지금까지 예를 든 데이터베이스는, 우리 강좌 클래스에 대해 간단하게 예시를 든 것이다. 이렇게 간단한 예도 6개의 릴레이션이 산출 되었는데, 실제 은행 업무와 같이 복잡한 업무에서는, 엄청나게 많은 릴레이션들이 만들어질 것 같다는 생각을 쉽게 상상할 수 있을 것이다.

학생(student)

학번 (sno)	성명 (sname)	학과 (sdept)	전화번호 (stel)
20181234	김철수	컴퓨터	010-4657-7654
20182587	이영자	컴퓨터	010-7654-9874
20183654	고영준	경영	010-8732-0953
20184652	김영옥	전자	010-7623-8753
20185753	유진호	기계	010-5431-0964
20187654	박용철	컴퓨터	010-6548-9872

교수(professor)

교수번호 (pno)	성명 (pname)	학과 (pdept)	전화번호 (ptel)
P200	홍길동	컴퓨터	010-0865-7632
P202	박영순	전자	010-8641-0541
P203	김기준	기계	010-7812-0432
P204	김형일	화학	010-8432-1653
P205	강선화	컴퓨터	010-5846-4765
P206	정인수	전자	010-8536-4587

과목(course)

과목코드 (code)	과목명 (cname)	학점 (credit)	학년 (year)
CO123	데이터베이스	3	3
CO234	네트워크	3	2
CO342	그래픽응용	2	3
CO423	프로그래밍	3	4
EE123	신호처리	3	2
ME102	열역학	3	3

강의(lecture)

교수번호 (pno)	과목코드 (code)	시간 (hour)	강의실 (room)
P200	CO123	3	E453
P200	CO423	3	E265
P202	CO234	3	K458
P202	CO342	4	E234
P202	EE123	4	K124
P203	ME102	3	E324

지도(teach)

교수번호 (pno)	학번 (sno)
P200	20181234
P200	20182587
P200	20185753
P202	20183654
P202	20184652
P203	20187654

수강(enroll)

학번 (sno)	과목코드 (code)	점수 (score)	성적 (grade)
20181234	CO123	94	A0
20181234	CO423	87	B+
20182587	CO123	91	A-
20182587	CO423	86	B+
20182587	EE123	74	C0
20183654	CO234	97	A+
20184652	CO123	83	B0
20184652	CO234	81	B-
20184652	CO423	64	D0
20184652	EE123	89	B+
20185753	CO423	85	B0

[그림 7-6] 학사 관계형 데이터베이스

5. 데이터베이스의 키

릴레이션의 특성 중 투플의 유일성으로 인해 한 릴레이션에 포함된 투플들은 모두 상이하다. 따라서 그 릴레이션을 구성하는 모든 애트리뷰트를 사용하면 각 투플을 고유하게 식별할 수 있다. 그러나 실제 응용에서는 하나 또는 (소수의) 몇 개 애트리뷰트만 사용하여 투플들을 유일하게 식별하는 경우가 더 현실적이다. 이렇게 투플들을 유일하게 식별할 수 있는 애트리뷰트 집합을 키(key)라고 한다. 데이터베이스 시스템에서 키는 기본키, 후보키, 대체키, 수퍼키, 외래키 등 여러 가지 종류로 구분될 수 있는데 이들에 대한 특성은 기본적으로 알고 있어야 할 주요한 개념들이다. 본 절을 통해 이에 대한 정확한 개념을 익히기를 바란다.

■ 후보키와 기본키

릴레이션에서 각 투플을 유일하게 식별해주는 몇 개의 애트리뷰트들의 조합을 **후보키(candidate key)**라고 한다. 릴레이션에 속하는 모든 투플들은 중복된 값을 가질 수가 없으므로 하나 이상의 후보키를 가질 수 있다. 특히, 이러한 후보키는 다음과 같은 2가지 성질을 모두 만족해야 한다.

① **유일성(uniqueness)**: 후보키는 릴레이션에 포함된 모든 투플들을 서로 구별할 수 있어야 한다. 즉, 몇 개의 애트리뷰트 조합으로 이루어진 후보키만 비교하더라도 그 투플을 유일하게 표현할 수 있어야 한다.

② **최소성(minimality)**: 후보키는 투플들을 유일하게 식별하는데 꼭 필요한 애트리뷰트들로만 구성되어 있어야 한다. 즉, 후보키를 구성하는 애트리뷰트들 중에서 어느 하나라도 빼면 유일하게 식별하는 능력을 상실하는 성질이다.

예를 들면, [그림 7-6]의 학생 데이블에서 "학번"과 "성명+학과"는 후보키가 될 수 있다. 그러나 만일 "성명"만으로 학생 투플을 유일하게 식별할 수 있다면 "성명+학과"는 후보키가 될 수 없다. 왜냐하면 이 경우에는 유일성만 있고 최소성이 없기 때문이다. 후보키가 둘 이상 되는 경우에 그 중에서 어느 하나를 선정하여 **기본키(primary key)**라 지정하면 나머지 후보키들은 **대체키(alternate key)**가 된다. 예를 들어 후보키 중에서 "학번"을 기본키로 지정한다면 "성명+학과"는 자연히 대체키가 된다.

기본키는 그 키값을 가진 투플을 바로 지정할 수 있다. 예를 들어, 학생 릴레이션에서 키값 "20181234"는 투플 "20181234, 김철수, 컴퓨터, 010-4657-7654"를 대표하여 지정할 수 있다. 한편, 유일성은 만족하지만 최소성은 만족하지 않는 애트리뷰트의 집합은 **슈퍼키(super key)**라고 한다.

■ 외래키

외래키(foreign key)는 관계 릴레이션에서 개체들 간의 관계를 표현하는데 중요한 역할을 수행한다. 일반적으로 두 릴레이션으로부터 의미 있는 정보를 검색하기 위해서 한 릴레이션의 기본키와 다른 릴레이션의 외래키를 비교한다. 예를 들면, [그림 7-6]의 학사 관계형 데이터베이스에서 강의 릴레이션의 교수번호 애트리뷰트는 교수 릴레이션의 기본키인 교수번호를 참조하는 외래키이다. 그렇기 때문에 강의 릴레이션의 교수번호 값은 반드시 교수 릴레이션의 어떤 투플을 나타내는 교수번호의 값으로 존재해 있이야만 한다. 또한, 강이 릴레이션의 과목코드 애트리뷰트는 과목 릴레이션의 기본키인 과목코드를 참조하는 외래키이다. 따라서 강의 릴레이션의 과목코드 값도 반드시 과목 릴레이션의 과목코드의 값으로 존재해 있어야만 한다. 즉, 강의 릴레이션의 교수번호 "P200"은 교수 릴레이션의 기본키인 교수번호 값으로 반드시 나타나 있어야 한다. 이와 마찬가지로 강의 릴레이션의 과목코드 "CO123"도 과목 릴레이션의 기본키인 과목코드의 값으로 반드시 나타나 있어야만 한다. 외래키의 예를 2가지 경우로 좀 더 자세히 살펴보도록 하자.

1) 다른 릴레이션의 기본키를 참조하는 외래키

다음과 같은 교수와 학생 릴레이션이 있다고 가정하자. 여기서 기본키는 밑줄을 그어 표시하였다.

교수 (<u>교수번호</u>, 성명, 학과, 전화번호)
학생 (<u>학생번호</u>, 성명, 학과, 학년, 전화번호, **지도교수**)

이 경우 학생 릴레이션의 지도교수는 교수 릴레이션에 대한 외래키가 된다. 이때 지도교수 애트리뷰트 값은 반드시 교수 릴레이션의 교수번호 애트리뷰트에 존재하는 값들 중 어느 하나를 가져야 한다. 그러나 이와 같이 외래키가 속한 릴레이션과 기본키가 속한 릴레이션이 반드시 달라야 할 필요는 없다. 다음은 기본키와 외래키가 한 릴레이션에 존재하는 경우를 설명하고 있다.

2) 자체 릴레이션의 기본키를 참조하는 외래키

다음과 같이 교수 한 개의 릴레이션만 고려해 보자.

교수 (<u>교수번호</u>, 성명, 학과, 전화번호, **학과장**)

이 경우 외래키는 학과장이 된다. 학과장도 교수이기 때문에 당연히 교수번호를 가지고 있다. 따라서 학과장은 교수 릴레이션의 교수번호 값과 일치하게 된다.

6. 무결성 제약조건

데이터베이스에서 무결성이란 정확성이라고 하였다. 이러한 무결성에는 세부적으로 개체 무결성 제약조건과 참조 무결성 제약조건이 있다.

■ 개체 무결성 제약조건(entity integrity constraints)

기본키에 속해 있는 애트리뷰트는 널(null) 값이나 중복 값을 가질 수 없다는 것을 말한다. 만일 DBMS에서 어떤 애트리뷰트를 기본키로 설정해 놓으면 이 애트리뷰트에는 반드시 키값이 되는 유일한 값이 입력되어 있어야 한다. 간혹 DBMS에 데이터를 로드할 때 몇 개의 기본키 값들이 널 값으로 되어 있어 개체 무결성 제약조건에 위배 된다는 에러 메시지를 볼 수 있다.

■ 참조 무결성 제약조건(referential integrity constraints)

릴레이션은 참조할 수 없는 외래키 값을 가질 수 없다는 것을 말한다. 참조 무결성 제약은 DBMS 작업 중 종종 볼 수 있는 에러 메시지인데, 예를 들어, 수강 릴레이션에 학번이 "20207779"인 투플이 있다면 이는 학생 릴레이션에는 없으므로 외래키가 될 수 없다. 따라서 이 경우 DBMS에서는 참조 무결성이 위배 되었다는 에러 메시지를 보내게 된다. 따라서 데이터베이스가 삽입, 삭제, 변경 등의 연산을 통해 데이터가 변경될 때 **참조 무결성 제약조건**이 항상 유지되도록 신경을 써야 한다. 예를 들어, 과목 릴레이션에서 과목번호 "CO123"을 제거할 때 무결성이 위배 되지 않도록 강의 릴레이션과 수강 릴레이션에 있는 과목번호 "CO123"도 함께 삭제하여야만 한다.

연습문제

1. 다음은 릴레이션의 특성에 대한 설명이다. 틀린 것은?
   ① 애트리뷰트의 원자성　　② 애트리뷰트의 정규화
   ③ 튜플의 무순서　　④ 튜플의 유일성

2. 외래키(FK: Foreign Key)에 대한 설명으로 옳은 것은?
   ① 릴레이션 R1에 정의된 기본키를 참조하는 릴레이션 R2의 외래키는 도메인이 다를 수도 있다.
   ② 릴레이션 R2에 속한 애트리뷰터 집합 FK가 다른 릴레이션 R1의 기본키일 때 FK는 외래키이다.
   ③ 애트리뷰트 집합 FK는 릴레이션 전체 집합의 부분 집합인 것을 말한다.
   ④ 둘 이상의 후보키 중에서 선정된 키이다.

3. 다음은 학생 릴레이션을 나타내고 있다. 다음의 질문에 답하시오.

학번	이름	학년	학과
100	김민수	4	컴퓨터
200	이영자	3	전기
300	최영희	1	컴퓨터
400	김영옥	4	컴퓨터
500	박용철	2	산공

   ① 릴레이션 학생의 차수(degree)는?
   ② 릴레이션 학생의 카디널리티(cardinality)는?

4. 위의 학생 릴레이션을 참고하여 다음 빈 칸에 적당한 내용을 적으시오.
   학생 릴레이션에서 후보키는 <학번>과 <이름, 학과>라고 하자. 이 중에서 학번을 기본키라고 하면 <이름, 학과>는 (　　　　　　　　　)가 된다.

5. 다음 중 도메인(domain)에 대한 설명이 아닌 것은?
   ① 한 애트리뷰트의 값이 될 수 있는 모든 값들의 집합이다.
   ② 애트리뷰트 값의 합법성을 검사할 수 있게 만든다.
   ③ 프로그래밍 언어의 변수와 유사한 개념이다.
   ④ 도메인에는 단순 도메인과 복합 도메인이 있다.

6. 릴레이션에 있는 모든 튜플에 대해 유일성과 최소성을 만족시키는 키를 무엇이라고 하는가?
   ① 유일키 ② 슈퍼키 ③ 후보키 ④ 외래키

7. 다음 두 릴레이션의 관계에서 외래키는?

교수(<u>교수번호</u>, 교수이름, 학과번호, 직급) 학과(<u>학과번호</u>, 학과이름, 학과장교수번호, 학생수)

   ① 교수이름 ② 학과번호 ③ 직급 ④ 학과이름

8. 기본키에 속해 있는 애트리뷰트는 언제 어느 때나 널 값을 가질 수 없다는 제약조건을 무엇이라고 하는가?
   ① 개체 무결성 ② 참조 무결성 ③ 키 무결성 ④ 널 무결성

9. ( ) 안에 적당한 단어를 쓰시오.
   비정규 릴레이션을 정규 릴레이션으로 변환하는 과정을 ( ) 라고 한다. 릴레이션에서 애트리뷰트 값이 없는 경우 사용하는 특별한 값을 ( )이라고 한다.

10. 다음 괄호 안에 적합한 Key 이름을 넣으시오.
    The ( ) is a unique identifier for the table, that is, a column with the property that no two rows of the table contain the same value in that column.

11. What is the degree of a relation?
    ① the number of occurrences *n* of its relation schema
    ② the number of tables *n* of its relation schema
    ③ the number of attributes *n* of its relation schema
    ④ the number of keys *n* of its relation schema

12. 다음 3개의 릴레이션에서 학생과 과목 릴레이션은 객체 릴레이션이고 수강은 관계 릴레이션이다(밑줄은 기본키임). 여기서 과목 릴레이션의 과목코드 행 하나를 제거할 때 수강 릴레이션에 있는 관련 과목코드 행들도 함께 삭제하여야만 한다는 조건으로 가장 적절한 것은?

    학생(<u>학번</u>, 이름, 학과)
    과목(<u>과목코드</u>, 과목명, 학점, 학년)
    수강(<u>학번</u>, <u>과목코드</u>, 점수, 성적)

    ① 참조 무결성 제약 조건
    ② 도메인 무결성 제약 조건
    ③ 체크 무결성 제약 조건
    ④ 객체 무결성 제약 조건

실습문제

실습 1: 다음은 워드나 엑셀로 작성된 정규화 되어 있지 않은 고객방문기록이다. 이를 정규화하고 테이블이 분리되어 다수의 테이블로 구성되는 실습을 해 보자.

고객번호	고객이름	주소	연락처	구매물건	단가	수량
C100	이만수	서울	010-1111-1111			
C200	김일범	경남	010-2222-2222	운동화	30	2
C200	김일범	경남	010-2222-2222	노트북	1000	1
C300	김경자	전남	010-3333-3333			
C400	조영희	경기	010-4444-4444	전화기	200	1
C500	박태영	서울	010-5555-5555	가방	300	2
C600	윤종찬	전남	null			

고객방문기록 테이블

릴레이션 정규화 및 키 선정 과정은 다음과 같다.

Step 1. 정규 릴레이션으로 변환

1. 구매한 물건이 없는 고객을 위쪽으로 이동
2. 빈칸을 중심으로 고객 테이블과 구매 테이블로 분리
3. 문제점 발견: 고객 테이블(튜플 유일성 위배)
   구매 테이블(누가 구매한 것인지 알 수 없음)

Step 2. 기본키 및 외래키 선정

1. 고객 테이블 완성(기본키에 밑줄 침)
2. 구매 테이블 완성(외래키 삽입함)

Step 1과 Step 2 과정을 거쳐 정규화된 테이블을 다시 작성한다. 결과는 2개의 테이블(즉, 고객 테이블과 구매 테이블)이 된다.

실습 2: [그림 7-6]의 학사 관계형 데이터베이스에 대한 테이블을 정의하라. 여기서 학생 테이블의 학번(sno), 교수 테이블의 교수번호(pno), 그리고 과목 테이블의 과목코드(code)는 기본키로 선언되고, 강의 테이블의 교수번호와 과목코드, 지도 테이블의 교수번호와 학번, 그리고 수강 테이블의 학번과 과목코드는 각각 학생, 교수, 과목 테이블의 외래키로 선언된다. 다음은 참고로 학생, 과목, 수강 테이블에 대한 DDL 예이다.

```
create database academicDB;
use academicDB;
create table student (
        sno int,
        sname char(5),
        sdept char(20),
        stel char(20),
        primary key(sno)
        );

create table course (
        code char(5),
        cname char(20),
        credit smallint,
        year smallint,
        primary key(code)
        );

create table enroll (
        sno int,
        code char(5),
        score smaillint,
        grade char(2),
        foreign key(sno) references student(sno),
        foreign key(code) references course(code)
        );
```

실습 3: 학생, 교수, 과목, 강의, 지도, 그리고 수강 테이블에 대해 [그림 7-6]에 나와 있는 인스턴스 값들을 MySQL DBMS에 입력하라. 입력 후 select 문을 사용하여 그 결과를 확인한다. 참고로 다음은 학생, 과목, 수강 테이블에 대한 인스턴스 값 입력 예이다.

```
insert into student values (20181234, '김철수', '컴퓨터', '010-4657-7654');

-- 끝까지 입력 반복

select * from student;

insert into course values ('C0123', '데이터베이스', 3, 3);

-- 끝까지 입력 반복

select * from course;

insert into enroll values (20181234, 'C0123', 94, 'A0');

-- 끝까지 입력 반복

select * from enroll;
```

실습 4: [실습 1]에서 생성된 고객 테이블과 구매 테이블에 대해 제약조건 추가 옵션을 줘서 MySQL DBMS에 입력해 보자.

- NULL은 빈 값을 허용한다는 의미이고 **NOT NULL**은 반드시 값을 넣어야 한다는 의미이다. 아무것도 지정하지 않으면 **NULL** 허용이 디폴트로 설정된다.
- 기본키로 설정하기 위해서는 '**PRIMARY KEY**'문을 붙여주면 된다.

```
use test;
drop table if exists customer; -- customer TABLE이 존재하면 삭제한다.
CREATE TABLE customer
( customerID    CHAR(4)         NOT NULL PRIMARY KEY,
  name          VARCHAR(10)     NOT NULL,
  addr          CHAR(2)         NOT NULL,
  mobile        CHAR(13)        NULL
);
INSERT INTO customer VALUES('C100', '이만수', '서울', '011-1111-111');
INSERT INTO customer VALUES('C200', '김일범', '경남', '011-2222-2222');
INSERT INTO customer VALUES('C300', '김경자', '전남', '019-3333-3333');
INSERT INTO customer VALUES('C400', '조영희', '경기', '011-4444-4444');
INSERT INTO customer VALUES('C500', '백태영', '서울', '011-5555-5555');
INSERT INTO customer VALUES('C600', '윤종찬', '전남', NULL);
select * from customer;
```

- 구매(buy) 테이블에서 일련번호를 자동으로 저장해주는 num 열을 만들었다고 가정하자. 이 num 열은 **AUTO_INCREMENT**를 설정한다. 주의할 점은 AUTO_INCREMENT를 지정한 열은 반드시 PRIMARY나 UNIQUE로 지정해 줘야 한다.
- 구매 테이블의 customerID를 고객 테이블의 customerID의 외래키로 설정한다. **FOREIGN KEY(customerID) REFERENCES customer(customerID)** 문의 의미는 customer 테이블의 customerID 열과 외래키 관계를 맺어라' 정도로 이해하면 된다.

MySQL은 다음의 5가지의 제약조건을 제공한다: PRIMARY KEY 제약조건, FOREIGN KEY 제약조건, UNIQUE 제약조건, CHECK 제약조건, DEFAULT 정의, NULL 값을 제공한다.

- 기본키(PRIMARY KEY)에 입력되는 값은 중복될 수 없으며 NULL 값이 입력될 수 없다. 기본키로 생성한 것은 자동으로 클러스터링 인덱스가 생성된다.
- 외래키 제약조건은 **SHOW INDEX FROM buy** 문으로 확인할 수 있다. 외래키 옵션 중에 ON DELETE CASCADE 또는 ON UPDATE CASCADE가 있는데, 이는 기준 테이블의 데이터가 변경되었을 때 외래키 테이블도 자동으로 적용되도록 해 준다.
- **UNIQUE** 제약조건은 중복되지 않는 유일한 값을 입력해야 한다. 이는 PRIMARY KEY와 거의 비슷한데 차이점은 UNIQUE는 NULL을 허용한다는 점이다. 예를 들면, Email 주소에 UNIQUE를 설정한다면, **email CHAR(30) NULL UNIQUE**와 같이 된다. 참고로 UNIQUE는 **대체키(alternate key)**로도 부른다.
- **CHECK** 제약조건은 입력되는 데이터를 점검하는 기능을 한다. 예를 들면, 출생년도(birthYear)가 1900년 이후이고 2020년 이전이어야 한다는 제약조건은 **birthYear INT CHECK (birthYear >= 1900 AND birthYear <= 2020)**과 같이 된다.
- **DEFAULT**는 값을 입력하지 않았을 때 자동으로 입력되는 값을 정의하는 방법이다. 예를 들면, 주소를 입력하지 않았다면 '서울'이 입력되도록 하고 싶다면 **addr CHAR(2) NOT NULL DEFAULT "서울"**과 같이 정의하면 된다.
- NULL 값은 허용하려면 **NULL**을, 허용하지 않으려면 **NOT NULL**을 사용하면 된다.

다음은 customer 테이블에 PRIMARY KEY, UNIQUE, CHECK, DEFAULT, NULL 제약조건을 사용한 SQL 문의 예를 보여주고 있다. 예에서 CHECK 제약조건은 열을 정의한 후에 바로 제약조건 예약어를 지정할 수 있지만, 아래와 같이 열을 모두 정의한 후에 마지막에 추가하는 방식도 가능하다. 이때는 제약조건의 이름(CK_addr)을 직접 지정할 수 있다.

```
use test;
drop table if exists customer;
CREATE TABLE customer
( customerID    CHAR(4)              NOT NULL PRIMARY KEY,
  name          VARCHAR(10)          NOT NULL UNIQUE,
  addr          CHAR(2)              DEFAULT "서울",
  mobile        CHAR(13)             NULL,
  CONSTRAINT    CK_addr              CHECK (addr IS NOT NULL)
);
```

위에 정의된 SQL 문을 실행한 후 고객 테이블을 새로 입력하라. 이때 이만수와 박태영 주소는 '서울'을 지우고 default로 입력해 본다. 또한, 구매 테이블에서는 customerID를 customer 테이블의 customerID 외래키로 설정하고, '수량은 0보다 크다'라는 CHECK 제약조건을 설정한 후 구매 테이블 내용을 새로 모두 입력해 본다.

8장
관계형 대수

1. 집합 연산자
2. 순수 관계형 연산자
3. 추가된 관계형 대수 연산자
4. 관계형 대수의 작성 연습

관계형 데이터 모델에서는 릴레이션을 처리하기 위한 관계형 데이터 언어가 필요한데 그 관계형 데이터 언어는 본 장에서 설명하는 관계형 대수를 기초로 만들어진다. 먼저 관계형 대수에 대해 살펴보면, **관계형 대수(relational algebra)**는 릴레이션을 처리하기 위한 기본적인 연산자들의 집합으로 이루어진다. 하지만 관계형 대수에서의 연산은 일반 수학에서의 연산과는 달리 연산의 피연산자(operand)가 모두 릴레이션이고 연산 결과도 또한 릴레이션이다.

예를 들면, 수학에서 "3 + 5 = 8"은 피연산자가 3과 5이고 연산자는 "+"이지만, 관계형 대수에서는 "[학생 테이블] + [과목 테이블] = [결과 테이블]"과 같이 연산의 피연산자가 릴레이션이고 연산 결과도 릴레이션이다. 관계형 대수 연산자에는 다음 표와 같이 집합 연산자와 순수 관계형 연산자 두 그룹이 있다.

집합 연산자	순수 관계형 연산자
- 합집합(UNION, ∪) - 교집합(INTERSECT, ∩) - 차집합(DIFFERENCE, -) - 곱집합(CARTESIAN PRODUCT, ×)	- 실렉트(SELECT, σ) - 프로젝트(PROJECT, Π) - 조인(JOIN, ⋈) - 디비전(DIVISION, ÷)

1. 집합 연산자

순수 관계형 연산자는 다음 절에서 자세히 설명하기로 하고, 본 절에서는 집합 연산자에 대해 설명한다. 위에 열거한 집합 연산자(즉, 합집합, 교집합, 차집합, 곱집합) 중에서 곱집합을 제외하고는 피연산자인 두 릴레이션은 서로 합병 가능해야 한다. 여기서 합병 가능이란 용어에 주의할 필요가 있는데, **합병 가능(union-compatible)**이란 두 릴레이션 R과 S가 있을 때, 두 릴레이션의 차수가 같고 대응되는 애트리뷰트의 도메인이 같다는 것을 의미한다. 다음부터 연산자들을 하나씩 자세히 설명해 보기로 하자.

■ 합집합 (Union, ∪)

합병 가능한 두 릴레이션 R과 S의 **합집합(즉, R∪S)**은 릴레이션 R 또는 릴레이션 S에 속하는 투플 t로 구성되는 릴레이션이다. 수학적으로 정의하면,

$$R \cup S = \{ t \mid t \in R \lor t \in S \}$$

로 표현되고, 수학적인 정의를 다이어그램으로 그리면 다음과 같은 모양이 된다.

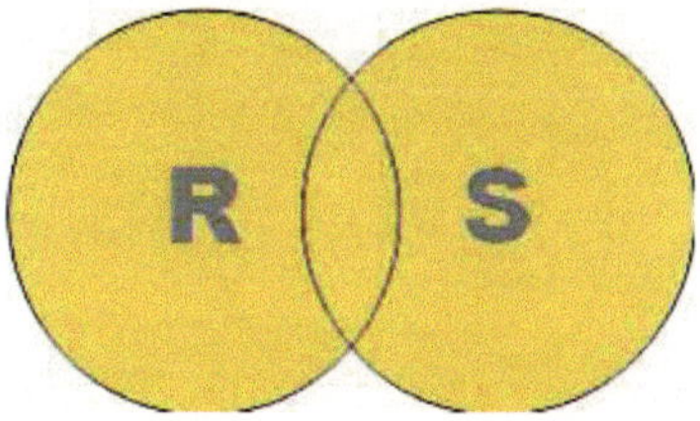

결과 릴레이션은 R 또는 S의 차수와 같고, 결과 릴레이션의 카디널리티는

$$|R \cup S| \leq |R| + |S|$$

가 된다. 예를 들어, 학생과 학생1의 합집합의 결과는 [그림 8-1]과 같이 된다.

학생

학번	이름	학년
12331	홍길동	3
12332	김철수	3

학생1

학번	이름	학년
12333	김영희	2
12334	나연묵	2

학생∪학생1

학번	이름	학년
12331	홍길동	3
12332	김철수	3
12333	김영희	2
12334	나연묵	2

[그림 8-1] 합집합의 예

■ **교집합 (Intersect, ∩)**

합병 가능한 두 릴레이션 R과 S의 **교집합(즉, R∩S)**은 두 릴레이션 R과 S의 공통된 부분에 속해있는 투플 t로만 구성된 릴레이션이다. 수학적으로 정의하면,

$$R \cap S = \{ t \mid t \in R \land t \in S \}$$

로 표현되고, 수학적인 정의를 다이어그램으로 그리면 다음과 같은 모양이 된다.

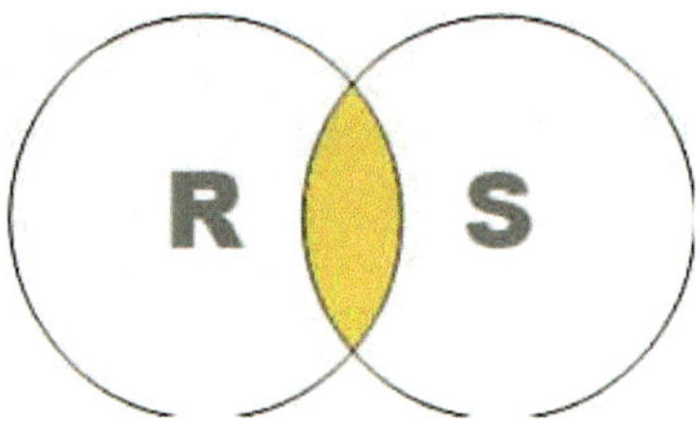

결과 릴레이션은 R 또는 S의 차수와 같고, 결과 릴레이션의 카디널리티는

$$|R \cap S| \leq \min \{ |R|, |S| \}$$

가 된다. 예를 들어, 학생과 학생1의 교집합의 결과는 [그림 8-2]와 같이 된다.

학생

학번	이름	학년
12331	홍길동	3
12332	김철수	3

학생1

학번	이름	학년
12331	홍길동	3
12333	김영희	2

학생∩학생1

학번	이름	학년
12331	홍길동	3

[그림 8-2] 교집합의 예

■ 차집합 (Difference, -)

합병 가능한 두 릴레이션 R과 S의 **차집합(즉, R-S)**은 릴레이션 R에는 있지만 릴레이션 S에는 없는 투플 t로만 구성된 릴레이션이다. 수학적으로 정의하면,

$$R-S = \{ t \mid t \in R \wedge t \notin S \}$$

로 표현되고, 수학적인 정의를 다이어그램으로 그리면 다음과 같은 모양이 된다.

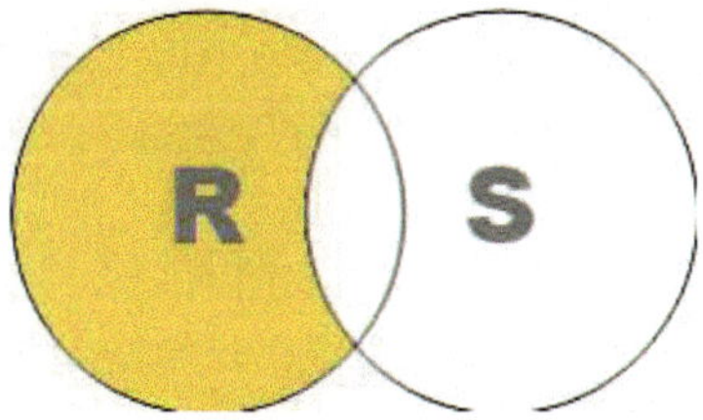

결과 릴레이션은 R 또는 S의 차수와 같고, 결과 릴레이션의 카디널리티는

$$|R-S| \leq |R|$$

가 된다. 차집합을 위한 예는 간단히 유도할 수 있을 것이므로 여기서는 생략한다.

■ 곱집합 (Cartesian Product, ×)

다른 집합 연산자와는 달리 곱집합은 합병 가능할 필요는 없다. 두 릴레이션 R과 S의 **곱집합(즉, 카티션 프로덕트 R×S)**는 R에 속한 각 투플 r과 S에 속한 각 투플 s에 대해 모든 가능한 조합으로 접합(concatenation) 시킨 투플 r•s로 구성된 릴레이션을 말한다. 수학적으로 정의하면,

$$R \times S = \{ r \cdot s \mid r \in R \wedge s \in S \}$$

로 표현되고, 결과 릴레이션은 R 차수와 S 차수의 합과 같고, 결과 릴레이션의 카디널리티는

$$|R \times S| = |R| \times |S|$$

가 된다. 예를 들어, 학생과 과목의 곱집합의 결과는 [그림 8-3]과 같이 된다.

학생

학번	이름	학년
12331	홍길동	3
12332	김철수	3

과목

과목번호	과목이름
A01	데이터베이스
A02	운영체제

학생×과목

학번	학생이름	학년	과목번호	과목이름
12331	홍길동	3	A01	데이터베이스
12331	홍길동	3	A02	운영체제
12332	김철수	2	A01	데이터베이스
12332	김철수	2	A02	운영체제

[그림 8-3] 곱집합의 예

2. 순수 관계형 연산자

순수 관계형 연산자는 관계형 데이터베이스에 적용할 수 있도록 특별히 고안한 연산자들로서 실렉트, 프로젝트, 조인, 그리고 디비전이 있다. 본 절에서는 이들에 대해 하나씩 설명하기로 한다.

■ 실렉트 (SELECT, σ:sigma)

실렉트는 **σ(sigma)**라고 불리고 이는 릴레이션에서 주어진 선택 조건을 만족하는 투플들을 선택하는 연산자로써, 다음 그림과 같이 수평적 부분 집합(horizontal subset)을 찾는다고 볼 수 있다.

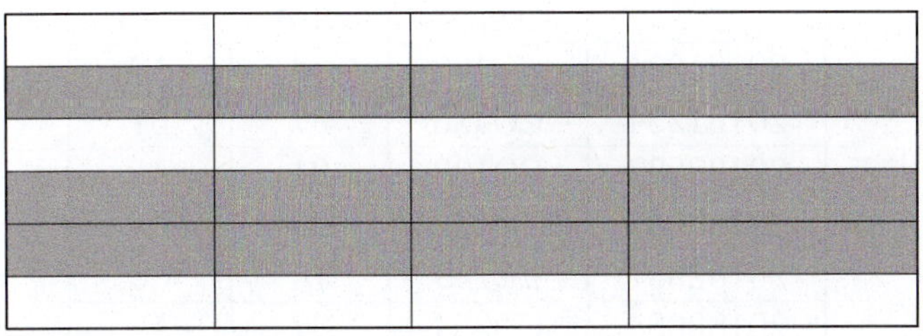

예를 들면, 다음은 학생 릴레이션인데,

학생

학번	성명	학과	전화번호
20181234	김철수	컴퓨터	010-4657-7654
20182587	이영자	컴퓨터	010-7654-9874
20183654	고영준	경영	010-8732-0953
20184652	김영옥	전자	010-7623-8753
20185753	유진호	기계	010-5431-0964
20187654	박용철	컴퓨터	010-6548-9872

"학생 릴레이션에서 학과가 '컴퓨터'인 학생을 찾아라"는 다음과 같이 표현된다.

$$\sigma_{\text{학과 = '컴퓨터'}}(\text{학생})$$

이에 대한 결과는 위 테이블에서 학과가 '컴퓨터'인 "김철수, 이영자, 박용철"만 검색해 온다. 다음 예와 같이 실제로 눈으로 직접 찾아봐라. 실렉트를 이해하는데 도움이 될 것이다.

학번	성명	학과	전화번호
20181234	김철수	컴퓨터	010-4657-7654
20182587	이영자	컴퓨터	010-7654-9874
20187654	박용철	컴퓨터	010-6548-9872

다른 예로, 수강 릴레이션에서 실렉트를 수행해 보자. 다음은 수강 릴레이션이다.

수강

학번	과목코드	점수	성적
20181234	CO123	94	A0
20181234	CO423	87	B+
20182587	CO123	91	A-
20182587	CO423	86	B+
20182587	EE123	74	C0
20183654	CO234	97	A+

"수강 릴레이션에서 학번이 20182587이고 과목코드가 'CO423'인 투플을 찾아라"는 다음과 같이 표현된다.

$$\sigma_{\text{학번}=20182587 \wedge \text{과목코드}=\text{'CO423'}}(\text{수강})$$

이에 대한 결과를 위 테이블에서 학번이 20182587이고 과목번호가 'CO423'인 투플을 직접 한번 찾아봐라. 다음과 같은 결과가 될 것이다.

학번	과목코드	점수	성적
20182587	CO423	86	B+

또 다른 예로써 "수강 릴레이션에서 점수가 90점 미만인 투플을 찾아라"는 다음과 같이 표현되고 그 결과도 실제 수강 릴레이션에서 찾아보면 다음과 같이 나온다.

$$\sigma_{점수 < 90}(수강)$$

학번	과목코드	점수	성적
20181234	CO423	87	B+
20182587	CO423	86	B+
20182587	EE123	74	C0

이제 실렉트의 개념은 어느 정도 이해됐으리라 보고 실렉트를 수식으로 표현해 보자. A와 B를 릴레이션 R의 애트리뷰트라 하고, θ(theta)는 비교 연산자($<$, $>$, $\leq$, $\geq$, $=$, $\neq$), c는 상수, 그리고 r은 릴레이션 R의 튜플이라고 할 때,

$$\sigma_{A\theta c}(R) = \{ r \mid r \in R \wedge r[A] \ \theta \ c \}$$

$$\sigma_{A\theta B}(R) = \{ r \mid r \in R \wedge r[A] \ \theta \ r[B] \}$$

여기서, Aθc, AθB는 비교식, 조건식, 또는 프레디킷(predicate) 이라 하고, 프레디킷은 단순 비교식을 불리언 연산자(즉, AND, OR, NOT)로 결합시켜 복잡하게 만들 수도 있다. 결론적으로 실렉트는 프레디킷을 만족하는 투플들을 선택하는 것으로 정의할 수 있다. 순수 관계형 연산자는 데이터 언어를 구현하기 위한 기반이 될 수 있는데, 실렉트를 데이터 언어 형식으로 표현하면 **"R WHERE 조건식"** 형태가 될 수 있다. 예를 들어 "$\sigma_{학과='컴퓨터'}$(학생)"는 **"학생 WHERE 학과='컴퓨터'"**와 같은 형식으로 변환될 수 있다.

■ 프로젝트(PROJECT, Π:pi)

프로젝트는 Π(pi)라고 불리고 릴레이션에서 주어진 선택 조건을 만족하는 애트리뷰트들을 선택하는데 사용하는 연산자로써, 다음 그림과 같이 수직적 부분 집합(vertical subset)을 찾는다고 볼 수 있다.

예를 들면, "학생 릴레이션에서 성명과 학과 애트리뷰트를 검색하라"는 다음과 같이 표현된다.

$$\Pi_{\text{성명,학과}}(\text{학생})$$

이에 대한 결과를 학생 테이블에서 성명과 학과 애트리뷰트만 눈으로 직접 찾아봐라. 다음과 같은 결과가 될 것이다.

성명	학과
김철수	컴퓨터
이영자	컴퓨터
고영준	경영
김영옥	전자
유진호	기계
박용철	컴퓨터

다른 예로써, 과목 릴레이션에서 프로젝트를 수행해 보자. 다음은 과목 릴레이션이다.

과목

과목코드	과목명	학점	학년
CO123	데이터베이스	3	3
CO234	네트워크	3	2
CO342	그래픽응용	2	3
CO423	프로그래밍	3	4
EE123	신호처리	3	2
ME102	열역학	3	3

"과목 릴레이션에서 과목명과 학점을 검색하라"는 다음과 같이 표현될 것이다.

$$\Pi_{\text{과목명},\text{학점}}(\text{과목})$$

이에 대한 결과를 위 테이블에서 과목명과 학점만 직접 한번 찾아봐라. 다음과 같은 결과가 될 것이다.

과목명	학점
데이터베이스	3
네트워크	3
그래픽응용	2
프로그래밍	3
신호처리	3
열역학	3

프로젝트도 수식으로 한번 표현해 보자. 전체 애트리뷰트 A의 부분 집합 X가 $\{B_1, B_2, \ldots, B_m\}$일 경우(즉, $X=\{B_1, B_2, \ldots, B_m\}$이고, $X \subseteq \{A_1, A_2, \ldots, A_n\}$), 프로젝트는 다음과 같이 표현된다.

$$\Pi_X(R) = \{ (r[B_1], \ldots, r[B_m]) \mid r \in R \}$$

결론적으로 프로젝트 $\Pi_{\text{성명},\text{학과}}(\text{학생})$은 학생(학번, 성명, 학과, 전화번호) 릴레이션에서 성명과 학과 애트리뷰트만 추출해 내기 때문에 릴레이션에 대한 수직적 연산으로 볼 수 있다.

■ 조인 (JOIN, ⋈)

조인은 두 개 이상의 릴레이션을 대상으로 곱집합을 수행하는 연산자로 볼 수 있다. 예를 들어, [그림 7-6]의 "학생과 수강 릴레이션에서 학번이 같은 투플들을 검색하라"는 다음과 같이 표현된다.

$$학생 \bowtie_{학번=학번} 수강$$

이에 대한 결과는 학생과 수강 릴레이션에서 학번이 같은 레코드들에 대해 카티션 프로덕트를 수행하면 다음과 같은 결과가 될 것이다.

학생.학번	성명	학과	전화번호	수강.학번	과목코드	점수	성적
20181234	김철수	컴퓨터	010-4657-7654	20181234	CO123	94	A0
20181234	김철수	컴퓨터	010-4657-7654	20181234	CO423	87	B+
20182587	이영자	컴퓨터	010-7654-9874	20182587	CO123	91	A-
20182587	이영자	컴퓨터	010-7654-9874	20182587	CO423	86	B+
20182587	이영자	컴퓨터	010-7654-9874	20182587	EE123	74	C0
20183654	고영준	경영	010-8732-0954	20183654	CO234	97	A+
20184652	김영옥	전자	010-7623-8754	20184652	CO123	83	B0
20184652	김영옥	전자	010-7623-8754	20184652	CO234	81	B-
20184652	김영옥	전자	010-7623-8754	20184652	CO423	64	D0
20184652	김영옥	전자	010-7623-8754	20184652	EE123	89	B+
20185753	유진호	기계	010-5431-0964	20185753	CO423	85	B0

두 릴레이션 R과 S가 있다고 하자. 조인을 수식으로 표현하면 다음과 같이 표현된다.

$$R \bowtie_{A\theta B} S = \{r \cdot s \mid r \in R \wedge s \in S \wedge (r[A]\ \theta\ s[B])\}$$

조인의 결과는 릴레이션 R의 투플 r과 릴레이션 S의 투플 s에 대해 조인 조건 "r[A] θ s[B]"를 만족하는 모든 r과 s를 접합(concatenation) 함으로써 만들어지는 릴레이션이다. 특히, "학생 $\bowtie_{학번=학번}$ 수강"과 같이 θ가 '='인 조인을 **동일 조인(equijoin)**이라 말하는데 이때의 문제점으로는 위 테이블과 같이 같은 애트리뷰트(즉, 학번)가 결과 릴레이션에 중복되게 나타나게 된다. 이를 해결하기 위해 동일 조인의 결과에서 중복되는 애트리뷰트를 제거한 조인을 **자연 조인(natural join)**이라 하고 연산 기호로 $\bowtie_N$을 사용한다. 즉 다음과 같이 표현되고 자연 조인의 결과 릴레이션도 다음과 같다.

학생 $\bowtie_N$ 수강

학번	성명	학과	전화번호	과목코드	점수	성적
20181234	김철수	컴퓨터	010-4657-7654	CO123	94	A0
20181234	김철수	컴퓨터	010-4657-7654	CO423	87	B+
20182587	이영자	컴퓨터	010-7654-9874	CO123	91	A-
20182587	이영자	컴퓨터	010-7654-9874	CO423	86	B+
20182587	이영자	컴퓨터	010-7654-9874	EE123	74	C0
20183654	고영준	경영	010-8732-0954	CO234	97	A+
20184652	김영옥	전자	010-7623-8754	CO123	83	B0
20184652	김영옥	전자	010-7623-8754	CO234	81	B-
20184652	김영옥	전자	010-7623-8754	CO423	64	D0
20184652	김영옥	전자	010-7623-8754	EE123	89	B+
20185753	유진호	기계	010-5431-0964	CO423	85	B0

■ 디비전 (DIVISION, ÷)

R의 차수가 (m+n)이고 S의 차수가 n이면 **디비전 R÷S** = (m+n)÷n = m의 차수가 된다. 즉, 두 릴레이션의 공통 도메인 속성의 값이 서로 같은 m의 속성 값을 구하는 것이다.

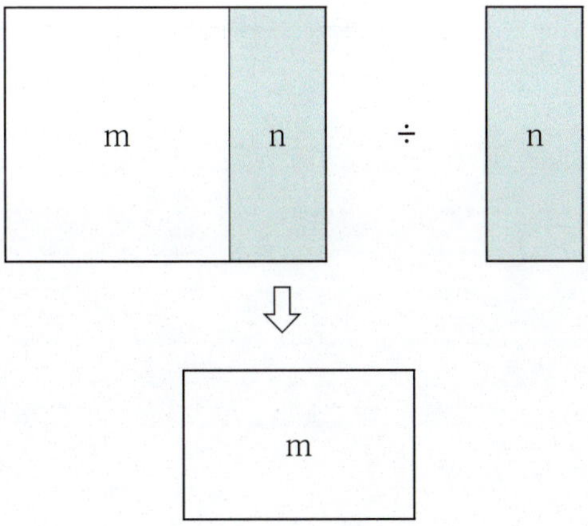

[그림 8-4]는 디비전의 예를 보여주고 있다. "수강(EN) 릴레이션을 코드1(C1)으로 디비전하라"는 EN÷C1으로 표현되고 코드1에 속해 있는 CO123을 수강하고 있는 학생의 학번을 구하는 것으로서 학번 S100, S300, S400이 검색되어 진다. 다른 예를 하나 더 살펴보자. "수강(EN) 릴레이션을 코드3(C3)으로 디비전하라"는 EN÷C3으로 표현되고 코드3으로 나눈 결과는 CO234, CO423, EE123을 모두 수강하고 있는 학생의 학번을 구하는 것으로서 학번 S400뿐이다. 이와 비슷하게 EN÷C2도 아래 그림과 같이 도출될 수 있다.

수강(EN)

학번 (sno)	과목코드 (code)
S100	CO123
S100	CO342
S200	CO342
S300	CO123
S300	CO234
S300	CO423
S400	CO123
S400	CO234
S400	CO423
S400	EE123
S500	ME102

코드1(C1)

과목코드 (code)
CO123

코드2(C2)

과목코드 (code)
CO234
CO423

코드3(C3)

과목코드 (code)
CO234
CO423
EE123

EN ÷ C1

학번 (sno)
S100
S300
S400

EN ÷ C2

학번 (sno)
S300
S400

EN ÷ C3

학번 (sno)
S400

[그림 8-4] 디비전의 예

3. 추가된 관계형 대수 연산자

관계형 대수의 표현력을 높이기 위하여 몇 가지 새로운 연산자들이 추가되었다. 여기서는 외부 합집합, 외부 조인, 그리고 세미 조인에 대해서 설명한다.

■ 외부 합집합(Outer Union, $\cup^{+}$)

외부 합집합은 합병 가능하지 않은(not union-compatible) 두 릴레이션에 대해 모든 애트리뷰트가 포함되도록 확장된 형태의 릴레이션으로 만드는 것이다. 따라서 대응되는 애트리뷰트 값이 없을 때는 널(null) 값으로 채우게 된다. [그림 8-5]는 외부 합집합의 예를 보여주고 있다.

과목1

과목코드	과목명	학점
CO123	데이터베이스	3
CO234	네트워크	3
CO342	그래픽응용	2
CO423	프로그래밍	3

과목2

과목코드	과목명	강의실
CO123	데이터베이스	E453
CO234	네트워크	E256
CO342	그래픽응용	K123
EE123	신호처리	E324

⇩ ⇩

과목1 $\cup^{+}$ 과목2

과목코드	과목명	학점	강의실
CO123	데이터베이스	3	
CO234	네트워크	3	
CO342	그래픽응용	2	
CO423	프로그래밍	3	
CO123	데이터베이스		E453
CO234	네트워크		E256
CO342	그래픽응용		K123
EE123	신호처리		E324

[그림 8-5] 외부 합집합의 예

■ 외부 조인(Outer Join, $\bowtie^{+}$)

앞에서 설명한 조인 연산은 조인 조건을 만족하는 투플들만 골라내어 결합하므로 상대 릴레이션에 대응되는 투플을 갖지 못하는 투플들은 조인 결과에 포함되지 않는다. 그러나 **외부 조인**은 한 릴레이션에 있는 투플이 조인할 상대 릴레이션에 대응되는 투플이 없을 경우, 상대를 널(null) 투플로 만들어 결과 릴레이션에 포함시키는 연산이다. 따라서 외부 조인은 누락 정보를 처리하기 위한 조인의 확장이라 말할 수 있다. 외부 조인에는 **왼쪽 외부 조인(Left Outer Join)**, **오른쪽 외부 조인(Right Outer Join)**, **완전 외부 조인(Full Outer Join)**이 있다. 이 중에서 완전 외부 조인의 결과를 살펴보면, 두 조인 릴레이션의 투플들이 전부 결과 릴레이션에 포함된다. 이에 관한 예는 [그림 8-6]에서 볼 수 있다.

과목1

과목코드	과목명	학점
CO123	데이터베이스	3
CO234	네트워크	3
CO342	그래픽응용	2
CO423	프로그래밍	3

과목2

과목명	학점	강의실
데이터베이스	3	E453
네트워크	3	E256
프로그래밍	3	K123
신호처리	3	E324

⇩ ⇩

과목1 $\bowtie^{+}$ 과목2

과목코드	과목명	학점	강의실
CO123	데이터베이스	3	E453
CO234	네트워크	3	E256
CO423	프로그래밍	3	K123
CO342	그래픽응용	2	
	신호처리	3	E324

[그림 8-6] 완전 외부 조인의 예

■ 세미 조인(Semi Join, ⋉)

두 개의 릴레이션에 R과 S에 대해 **세미 조인**은 R⋉S로 표현되며 S와의 자연 조인에 참여할 수 있는 R의 투플만을 선택하는 것이다. 예를 들어, [그림 8-7]에서 과목1과 과목2의 공통 애트리뷰트는 과목코드와 과목명이다. 먼저 공통 애트리뷰트로 과목2에 대해 프로젝트를 수행한다. 그리고 이 결과 릴레이션을 과목1 릴레이션과 자연 조인을 수행하면 최종 세미 조인 결과를 얻을 수 있다.

과목1

과목코드	과목명	학점
CO123	데이터베이스	3
CO234	네트워크	3
CO342	그래픽응용	2
CO423	프로그래밍	3

과목2

과목코드	과목명	강의실
CO123	데이터베이스	E453
CO234	네트워크	E256
CO342	그래픽응용	K123
EE123	신호처리	E324

⇩

$\Pi_{과목코드,과목명}$(과목2)

과목코드	과목명
CO123	데이터베이스
CO234	네트워크
CO342	그래픽응용
EE123	신호처리

⇩

과목1 $\bowtie_N$ $\Pi_{과목코드,과목명}$(과목2)

과목코드	과목명	학점
CO123	데이터베이스	3
CO234	네트워크	3
CO342	그래픽응용	2

[그림 8-7] 세미 조인의 예(과목1 ⋉ 과목2)

다른 예를 한번 살펴보자. 다음과 같은 R과 S의 두 릴레이션이 있다고 가정한다.

R

A	B	C
a1	b1	c1
a2	b1	c1
a3	b1	c2
a4	b2	c3

S

B	C	D
b1	c1	d1
b1	c1	d2
b2	c3	d3

릴레이션 R(X)와 S(Y)의 공통 애트리뷰트는 B와 C이다. 공통 애트리뷰트(X∩Y)로 S를 프로젝트한 결과는 다음과 같다.

$\Pi_{X \cap Y}(S)$

B	C
b1	c1
b2	c3

릴레이션 R과 이 결과 릴레이션을 자연 조인하면 세미 조인 결과가 된다.

$R \bowtie_N \Pi_{X \cap Y}(S)$

A	B	C
a1	b1	c1
a2	b1	c1
a4	b2	c3

즉, 공통 애트리뷰트로 S를 프로젝트한 결과를 R에 자연 조인시킨 것이다. 이것은 결국 R과 S를 자연 조인한 결과에 R의 애트리뷰트로 프로젝트한 것과 같다. 이를 수식으로 표현해 보자. R(X)과 S(Y)의 공통 애트리뷰트를 Z(=X∩Y)라 하면 다음과 같이 표현될 수 있다.

$$R \ltimes S = R \bowtie_N (\Pi_Z(S)) = \Pi_X(R \bowtie_N S)$$

여기서 한 가지 유의해야 할 특징으로는 R과 S를 세미 조인한 결과와 S와 R을 세미 조인한 결과가 서로 다르다는 것이다. 즉,

$$R \ltimes S \neq S \ltimes R$$

또한, 다음과 같은 관계식도 타당하다.

$$R \bowtie_N S = (R \ltimes S) \bowtie_N S = (S \ltimes R) \bowtie_N R$$

4. 관계형 대수의 작성 연습

관계형 대수에 대한 복습으로써 다음 질문에 대해 관계형 대수를 작성해 보기 바란다. 사용되는 데이터베이스는 [그림 7-6]에 나타나 있는 학사 관계형 데이터베이스이다.

(예1) 학생 테이블에서 모든 학생의 성명과 전화번호를 검색하라.

$$\Pi_{성명,전화번호}(학생)$$

(예2) 프로그래밍 과목의 학점은 얼마인가?

$$\Pi_{학점}(\sigma_{과목명='프로그래밍'}(과목))$$

(예3) 과목코드가 'CO423'인 과목에 수강한 학생의 성명과 성적은 무엇인가?

$$\Pi_{성명,성적}(\sigma_{과목코드='CO423'}(학생 \bowtie_N 수강))$$

(예4) 모든 과목에 수강한 학생의 성명과 전화번호를 검색하라.

$$\Pi_{성명,전화번호}((\Pi_{학번,과목코드}(수강) \div \Pi_{과목코드}(과목)) \bowtie_N 학생)$$

(예5) '김형일' 교수를 교수 테이블로부터 삭제하라.

$$교수 - (\sigma_{성명='김형일'}(교수))$$

(예6) 과목 테이블에 과목코드='CO567', 과목명='컴퓨터구조', 학점=2, 학년=2인 과목을 삽입하라.

$$과목 \cup \{ 'CO567', '컴퓨터구조', 2, 2 \}$$

연습문제

1. 두 릴레이션이 합병 가능하기 위한 조건은?
   ① 차수와 카디널리티 수가 서로 같아야 한다.
   ② 차수와 튜플 수가 서로 같아야 한다.
   ③ 차수와 도메인이 서로 같아야 한다.
   ④ 카디널리티와 도메인이 서로 같아야 한다.

2. 관계형 데이터베이스에 있어서 관계형 대수 연산이 아닌 것은?
   ① 프로젝션(projection) ② 조인(join)
   ③ 디비젼(division) ④ 포크(fork)

3. 릴레이션 R의 차수가 2, 카디널리티가 3이고, 릴레이션 S의 차수가 4, 카디널리티가 5일 때, 두 릴레이션을 카티션 프로덕트한 결과 릴레이션의 차수와 카디널리티는?
   ① 4, 5 ② 6, 8 ③ 6, 15 ④ 8, 15

4. 다음 릴레이션에 대해 아래 관계형 대수 연산의 수행 결과를 답하라.

$\Pi_{코드,\ 비용}\ (\sigma_{가격<=40}(상품)\ )$

상품

코드	비용	가격
p1	24	35
p2	62	74
p3	13	26

①

코드	비용
p2	62

②

코드	비용
p3	13

③

코드	비용
p1	24
p3	13

④

코드	비용	가격
p1	24	35
p2	62	74

5. 다음 디비전(Division) 연산의 수행 결과는?

$$고객 \div \Pi_{코드}(상품)$$

고객

성명	품목
Kim	p1
Lee	p2
Kim	p3
Kim	p2
Lee	p1
Han	p2

상품

코드	비용	가격
p1	24	35
p2	62	74
p3	13	26

① 성명
kim
lee

② 성명
lee

③ 성명
kim

④ 성명
kim
lee
han

6. 두 릴레이션 R과 S가 아래와 같이 주어질 때, 다음 관계 대수 중에서 결과 릴레이션의 카디널리티 (cardinality)가 가장 작은 것은?

R

A	B	C
10	우	C101
20	우	C101
30	수	C103
40	우	C103
30	우	C104

S

C	D
C101	김
C102	이
C103	조
C104	조
C105	박

① $\sigma_{B='우' \wedge C='C101'}(R)$

② $\sigma_{D='김'}(R \bowtie_N S)$

③ $\Pi_{A,C}(R) \div \Pi_C(\sigma_{D='조'}(S))$

④ $\Pi_C(S) - \Pi_{S.C}(R \bowtie_N S)$

7. 두 릴레이션 R과 S에 대한 교집합의 결과 카디널리티로 적합한 것은?

① $|R \cap S| \leq |R| + |S|$

② $|R \cap S| = MAX\{\ |R|, |S|\}$

③ $|R \cap S| \leq MIN\{\ |R|, |S|\}$

④ $|R \cap S| \leq |R|$

8. 학사 데이터베이스가 다음과 같이 학생, 과목, 등록의 세 릴레이션으로 구성되어 있을 때 이 데이터베이스로부터 기말성적이 90점 이상인 학생의 학번과 그 학생이 수강한 과목명을 검색하기 위한 관계형 대수식을 올바르게 표현한 것은?

[학사 DB]

학생(학번, 이름, 학년) **과목(과목번호, 과목명, 교수)** **등록(학번, 과목번호, 중간성적, 기말성적)**

① $\Pi_{학번,과목명}(\sigma_{기말성적 \geq 90}등록)$

② $\Pi_{학번,과목명}(\sigma_{기말성적 \geq 90}(등록 \bowtie_{등록.과목번호=과목.과목번호}과목))$

③ $\Pi_{과목명}(\sigma_{기말성적 \geq 90}(\Pi_{학번}등록))$

④ $\Pi_{학번}((\sigma_{기말성적 \geq 90}등록) \bowtie_{등록.과목번호=과목.과목번호}(\Pi_{학번,과목명}과목))$

9. 다음 질문에 대한 관계형 대수(relational algebra)를 작성하라. 사용되는 데이터베이스는 [그림 7-6]에 나타나 있는 학사 관계형 데이터베이스이다.

- 성적이 'A+'인 학생의 학번과 그 학생이 수강한 과목명은?

- 모든 과목에 수강한 학생의 학번과 학과를 검색하라.

- '컴퓨터' 학과에서 가르치는 과목명은?

- 과목 'C0423'의 성적이 'B+'인 학생의 학번과 전화번호는?

- 학생 '박용철' 투플을 삭제하라.

10. 릴레이션 R의 차수는 2, 카디널리티는 5이고, 릴레이션 S의 차수는 3, 카디널리티는 6이다. 두 릴레이션 R과 S를 R의 기본키 속성 A_1과 S의 외래키 속성 B_1(B_1은 R의 A_1을 참조함)을 이용하여 자연 조인하였을 때 결과 릴레이션의 최대 카디널리티 수는?
   ① 5　　② 6　　③ 11　　④ 30

11. 두 릴레이션 R과 S를 세미 조인($\ltimes$: semi join)한 결과는?

R

A	B	C
a1	b1	c1
a2	b1	c2
a3	b2	c2

S

B	C	D
b1	c1	d1
b1	c1	d2
b2	c3	d3

12. 위의 두 릴레이션 R과 S를 완전 외부 조인($\bowtie^{+}$: full outer join)한 결과는?

13. 두 릴레이션 R과 S의 자연 조인($R \bowtie_N S$) 결과와 다른 결과를 생성하는 것은? (난이도: 중)
   ① $(R \ltimes S) \bowtie_N S$　　② $(S \ltimes R) \bowtie_N R$
   ③ $R \bowtie_N (R \ltimes S)$　　④ $S \bowtie_N (R \ltimes S)$

14. 다음 중 틀린 것은?
   ① $R \bowtie_{A\theta B} S = \sigma_{A\theta B}(R \times S)$
   ② $R \cap S = (R \cup S) - ((R-S) \cap (S-R))$
   ③ $R \cap S = R-(R-S) = S-(S-R)$
   ④ $R(Z,Y) \div S(Y) = \Pi_Z(R) - \Pi_Z((S \times \Pi_Z(R)) - R)$

실습문제

실습 1: 두 릴레이션 R과 S를 자연 조인한 결과는?

R

A	B	C
a1	b1	c1
a2	b1	c2
a3	b2	c3

S

B	C	D
b1	c1	d1
b1	c1	d2
b2	c3	d3

실습 2: 본문 "**4.** 관계형 대수의 작성 연습"에 대한 결과 릴레이션을 작성하라.
(힌트: **(예1)** $\Pi_{성명,전화번호}$(학생)에 대한 결과 릴레이션은 다음과 같다.)

성명	전화번호
김철수	010-4657-7654
이영자	010-7654-9874
고영준	010-8732-0953
김영옥	010-7623-8753
유진호	010-5431-0964
박용철	010-6548-9872

실습 3: 스크립트 실습: 아래와 같이 academicDB.sql 스크립트를 작성하여 C:\DBtest에 저장한다. 그리고 MySQL의 Workbench에서 File>Open SQL Script>를 클릭한 후 이 화일을 연다. 내용을 살펴보고 실행 첫 줄에 drop database, 그리고 primary key, foreign key, not null 제약조건, create index 문 등을 주의 깊게 살펴본다. 이를 실행한 후 결과 테이블을 클릭해 본다. 한편, Workbench에서 실행해 본 것을 명령어 화면에서도 한번 실행해 보자. MySQL 8.0 Command Line Client - Unicode(한글 문제로 Unicode를 실행할 것)를 클릭한 후 실행하면 Mysql>이 보일 것이다. 여기에서 source C:/DBtest/academicDB.sql;를 입력 한 후 엔터를 쳐 본다. 아마 여기서도 Workbench 에서와 똑 같은 결과가 산출되는 것을 볼 수 있을 것이다. 이렇게 스크립트를 만들어 실행하면 DB와 테이블 생성, 그리고 자료 입력을 쉽고 일관되게 수행할 수 있다.

academicDB.sql

```
drop database if exists academicDB;

create database academicDB;
use academicDB;

create table student (
        sno int,
        sname char(5) not null,
        sdept char(20),
        stel char(20),
        primary key(sno)
        );
create table professor (
        pno char(4) not null,
        pname char(5) not null,
        pdept char(20),
        ptel char(20),
        primary key(pno)
        );
create table course (
        code char(5) not null,
        cname char(20) not null,
        credit smallint,
        year smallint,
        primary key(code)
        );
create table lecture (
        pno char(4) not null,
        code char(5) not null,
        hour smallint,
        room char(4),
        foreign key(pno) references professor(pno),
        foreign key(code) references course(code)
        );
create table teach (
        pno char(4) not null,
        sno int not null,
        foreign key(pno) references professor(pno),
        foreign key(sno) references student(sno)
        );
 create table enroll (
        sno  int not null,
        code char(5) not null,
        score smallint,
        grade char(2),
        foreign key(sno) references student(sno),
        foreign key(code) references course(code)
        );
```

```
insert into student values(20181234, '김철수', '컴퓨터', '010-4657-7654');
insert into student values(20182587, '이영자', '컴퓨터', '010-7654-9874');
insert into student values(20183654, '고영준', '경영', '010-8732-0953');
insert into student values(20184652, '김영옥', '전자', '010-7623-8753');
insert into student values(20185753, '유진호', '기계', '010-5431-0964');
insert into student values(20187654, '박용철', '컴퓨터', '010-6548-9872');

insert into professor values('P200', '홍길동', '컴퓨터', '010-0865-7632');
insert into professor values('P202', '박영순', '전자', '010-8641-0541');
insert into professor values('P203', '김기준', '기계', '010-7812-0432');
insert into professor values('P204', '김형일', '화학', '010-8432-1653');
insert into professor values('P205', '강선화', '컴퓨터', '010-5846-4765');
insert into professor values('P206', '정인수', '전자', '010-8536-4587');

insert into course values('CO123', '데이터베이스', 3, 3);
insert into course values('CO234', '네트워크', 3, 2);
insert into course values('CO342', '그래픽응용', 2, 3);
insert into course values('CO423', '프로그래밍', 3, 4);
insert into course values('EE123', '신호처리', 3, 2);
insert into course values('ME102', '열역학', 3, 3);

insert into lecture values('P200', 'CO123', 3, 'E453');
insert into lecture values('P200', 'CO423', 3, 'E265');
insert into lecture values('P202', 'CO234', 3, 'K458');
insert into lecture values('P202', 'CO342', 4, 'E234');
insert into lecture values('P202', 'EE123', 4, 'K124');
insert into lecture values('P203', 'ME102', 3, 'E324');

insert into teach values('P200', 20181234);
insert into teach values('P200', 20182587);
insert into teach values('P200', 20185753);
insert into teach values('P202', 20183654);
insert into teach values('P202', 20184652);
insert into teach values('P203', 20187654);

insert into enroll values(20181234, 'CO123', 94, 'A0');
insert into enroll values(20181234, 'CO423', 87, 'B+');
insert into enroll values(20182587, 'CO123', 91, 'A-');
insert into enroll values(20182587, 'CO423', 86, 'B+');
insert into enroll values(20182587, 'EE123', 74, 'C0');
insert into enroll values(20183654, 'CO234', 97, 'A+');
insert into enroll values(20184652, 'CO123', 83, 'B0');
insert into enroll values(20184652, 'CO234', 81, 'B-');
insert into enroll values(20184652, 'CO423', 64, 'D0');
insert into enroll values(20184652, 'EE123', 89, 'B+');
insert into enroll values(20185753, 'CO423', 85, 'B0');

create index idx_student_sname on student(sname);
create index idx_professor_pname on professor(pname);
create index idx_course_cname on course(cname);
```

```
select * from student;
select * from professor;
select * from course;
select * from lecture;
select * from teach;
select * from enroll;
```

실습 4: SQL SELECT문 실습

SELECT는 데이터베이스의 테이블로부터 원하는 정보를 추출하는 SQL 명령어이다. 본 실습에서는 쉬운 것부터 하나씩 배워가면서 점차 복잡한 명령어를 추가적으로 배우면서 SELECT문을 정복해 보자.

1. SELECT문 기본

SQL은 일반적으로 대소문자를 구분하지 않는다. 여기에서 필자는 간단하게 소문자를 사용한다. academicDB 데이터베이스를 선택(use)한 후 Workbench 쿼리창에서 다음과 같은 간단한 SQL문을 수행하자.

```
use academicDB;
select * from student;
```

일반적으로 *는 '모든 것'을 의미한다. 풀어서 쓰면 'student 테이블에서 모든 열의 내용을 가져와라'는 의미이다. 이번에는 전체 열이 아닌 필요한 열만 가져오자.

```
select sname from student;
```

학생 테이블의 이름만 가져온다. 여러 개의 열을 가져오고 싶으면 다음과 같이 콤마(,)로 구분하면 된다.

```
select sname, sdept from student;
```

MySQL은 -- 이후는 주석으로 처리된다. 주로 설명을 달고 싶을 때 사용한다. 여러 줄 주석은 /*와 ...... */로 묶는다.

Where절은 조회하는 결과에 특정한 조건을 줘서 원하는 데이터만 보고 싶을 때 사용한다.

```
select * from student where sdept = "컴퓨터";
```

학생 테이블에서 학과가 컴퓨터인 학생들만 가져온다.

2. 관계 연산자의 사용

과목 테이블에서 학점이 3학점 이상인 과목을 검색해 보자.

```
select * from course where credit >= 3;
```

이번에는 학년이 2학년이거나 3학년인 과목을 검색해 보자.

```
select * from course where year = 2 or year = 3;
```

학점이 3학점이고 학년이 3학년인 과목을 검색해 보면 다음과 같다.

```
select * from course where credit = 3 and year = 3;
```

3. 조인

지금까지 우리는 하나의 테이블을 다루는 작업을 수행해 왔다. 지금부터는 두 개 이상의 테이블이 서로 연관되어 있는 상태를 고려해 보자.

(1) INNER JOIN

조인 중에서 가장 많이 사용되는 조인이다. 일반적으로 조인이라 하면 inner join을 사용한 것이다. 수강 테이블에서는 학생이 수강한 점수와 성적만 나타난다. 그런데 이들 학생의 이름과 전화번호를 알려면 학생과 수강 테이블을 결합하는 inner join 연산을 사용해야 한다. MySQL에서 inner join을 그냥 join이라고만 써도 inner join으로 인식한다.

```
select * from enroll inner join student on enroll.sno = student.sno;
```

여기서 on 구문에는 "테이블이름.열이름" 형식으로 되어 있다. 이는 두 개의 테이블에 동일한 열 이름이 모두 존재하기 때문이다. 성적이 A0인 학생의 성명과 전화번호를 알려고 한다면 다음과 같이 질의하면 된다.

```
select sname, stel from enroll inner join student
on enroll.sno = student.sno where grade='A0';
```

(2) OUTER JOIN

Outer join은 조인의 조건에 만족되지 않는 행까지도 포함시키는 것이라고 얘기했다. 자주 사용되는 것은 아니지만 가끔 유용하게 사용되는 방식이므로 알아둘 필요가 있다. 좀 복잡하지만 전체 학생의 수강 기록을 한번 보자. 단, 수강 내역이 없는 학생도 출력되어야 한다.

```
select student.sno, sname, code, grade from student
left outer join enroll on enroll.sno = student.sno;
```

Left outer join문의 의미는 "왼쪽 테이블(student)의 것은 모두 출력되어야 한다" 정도로 해석하면 될 것 같다. Left outer join 외에 right outer join과 full outer join이 있다.

(3) CROSS JOIN

한쪽 테이블의 모든 행들과 다른 쪽 테이블의 모든 행을 조인시키는 기능을 한다. 따라서 cross join의 결과 개수는 두 테이블 개수를 곱한 개수가 된다. 이러한 cross join을 '카티션 프로덕트'라고도 부른다. 학생 테이블과 수강 테이블의 cross join 구문은 다음과 같다.

```
select * from student cross join enroll;
```

Cross join에는 on 구문을 사용할 수 없다. cross join을 하기 위해서 from 절에 단지 콤마로 이름들을 나열해도 된다.

```
select * from student, enroll;
```

Cross join의 용도는 테스트를 위해 주로 사용되고, 실 업무에서 사용은 별로 권장하는 바는 아니다. cross join에서 inner join과 같은 결과를 보고 싶으면 다음과 같이 where절을 써야 한다.

```
select * from student, enroll where student.sno = enroll.sno;
```

9장
관계형 해석

1. 투플 관계형 해석
2. 도메인 관계형 해석
3. QBE(Query By Example)

8장에서 설명된 관계형 대수는 원하는 정보를 어떻게(how) 유도하는가를 기술하는 절차적인(procedural) 반면에, 관계형 해석은 원하는 정보가 무엇(what)이라는 것만 선언하는 비절차적인(non-procedural) 특성을 가지고 있다. 그러나 관계형 해석도 관계형 데이터 연산의 또 다른 표현 방법으로써 관계형 해석과 관계형 대수는 관계형 데이터베이스를 처리하는 기능과 능력 면에서 동등하다. 따라서 관계형 대수와 관계형 해석은 서로 변환 가능하다. 관계형 해석에는 다음의 두 가지 표현 방법이 있는데 투플 관계형 해석을 먼저 설명하고 다음 절에서 도메인 관계형 해석을 설명한다.

- 투플 관계형 해석(tuple relational calculus)
- 도메인 관계형 해석(domain relational calculus)

1. 투플 관계형 해석

투플 관계형 해석(tuple relational calculus)을 이해하기 위해서는 먼저 투플 해석식을 구성하기 위한 어떤 요소들이 있는지 살펴볼 필요가 있다.

■ 투플 변수(tuple variable) 또는 범위 변수(range variable): t

투플 변수 선언은 R(t)로 표기되는데, 이렇게 선언된 t는 R의 **투플 변수**가 되고, 취할 수 있는 값의 범위는 릴레이션 R의 투플로 한정된다. 예를 들면, 학생(STUDENT) 릴레이션에서 투플 변수 s는 학생 릴레이션 범위 안에서 취할 수 있는 임의의 투플을 말하고 "학생(s)"와 같이 투플 변수가 선언된다. 이와 비슷하게 과목(COURSE) 릴레이션의 투플 변수 선언은 "과목(c)", 그리고 수강(ENROLL) 릴레이션의 투플 변수 선언은 "수강(e)"로 표기된다.

■ 한정 애트리뷰트(qualified attribute): t.A 또는 t[A]

만일 릴레이션에 애트리뷰트가 A, B, C, ... 등으로 구성되어 있다고 가정할 때, 투플 변수 t가 가리키는 투플의 애트리뷰트 A의 값을 한정하려고 할 때 t.A 또는 t[A]로 표기한다. 예를 들면, "s.학번"은 학생(STUDENT) 릴레이션의 투플 변수 s가 가리키는 투플의 학번을 나타내는 **한정 애트리뷰트**이다. 다른 예로 "c.과목코드"는 과목(COURSE) 릴레이션의 투플 변수 c가 가리키는 투플의 과목코드를 나타내고, "e.성적"은 수강(ENROLL) 릴레이션의 투플 변수 e가 가리키는 투플의 성적을 나타낸다.

■ 원자(atomic)

투플 해석식을 구성하고 있는 원자로는 다음과 같은 형태가 있다.

- R(t) 예를 들면, 학생(s)와 같은 투플 변수
- $t_1.A\ \theta\ t_2.B$ 예를 들면, s.학번 = e.학번과 같은 조건식
- $t.A\ \theta\ c$ 예를 들면, s.학과 = '컴퓨터'와 같은 조건식

여기서, A와 B는 애트리뷰트이고, θ는 비교 연산자(=, ≠, <, ≤, >,≥), 그리고 c는 상수이다.

■ 정형식(WFF: Well Formed Formula)

정형식(WFF)이란 원자, 논리 연산자(∧, ∨, ¬), 그리고 정량자(∀,∃)로 구성된 식으로써, 여기서 투플 변수는 정량자(quantifier)의 사용 여부에 따라 자유 변수와 속박 변수로 나눈다. 즉, **자유 변수(free variable)**란 정량자(∀,∃)로 한정되지 않은 투플 변수를 말하고, **속박 변수(bound variable)**는 정량자로 한정된 투플 변수를 말한다. 여기서 정량자 ∃는 존재 정량자(existential qualifier)라 하고 "there exists"로 읽는다. 정량자 ∀은 전칭 정량자(universal qualifier)라 하며 "for all"로 읽힌다. 예를 들면,

∃e(e.학번=s.학번∧e.과목코드='C0423')

은 정형식(WFF)이라 할 수 있는데, 여기서 e는 속박 변수이고 s는 자유 변수이다.

이제, **투플 해석식(tuple calculus expression)**을 정의해 보자. 투플 해석식의 형식은 $\{t_1.A_1,\ t_2.A_2,\ \dots,\ t_n.A_n \mid F(t_1,\ \dots,\ t_n,\ t_{n+1},\ \dots,\ t_{n+m})\}$으로 정의 되는데, 여기서, t_i는 투플 변수이고 $F(t_1,\ \dots,\ t_n,\ t_{n+1},\ \dots,\ t_{n+m})$는 t_i에 대한 정형식이다. 막대(|) 왼편에 나오는 한정 애트리뷰트들은 목표 리스트(target list)로서 막대(|) 오른편에 기술된 조건을 만족하는 결과로부터 추출 된다. 예를 들면,

- **{s.성명 | 학생(s)}**은 학생 전체 '성명'을 추출한다.
- **{s.성명 | 학생(s)∧s.학과='컴퓨터'}**는 '컴퓨터'과 학생 '성명'을 추출한다.
- **{s.성명, s.학과 | 학생(s)∧(∃e)(수강(e)∧e.학번=s.학번∧e.성적='A+')}**는 성적이 'A+'인 학생의 '성명'과 '학과'를 추출한다.

투플 해석식에서 한 가지 유의할 사항은 목표 리스트에는 항상 자유 변수만 나올 수 있다는 것이다.

■ 질의문에 대한 투플 해석식 작성

지금까지 배운 지식을 바탕으로 다음 질의문에 대한 투플 관계형 해석식을 작성해 보자.

(예1) 과목 'CO123'에서 점수가 90점 이상인 학생의 학번은 무엇인가?

{e.학번 | 수강(e)∧e.과목코드='CO123'∧e.점수≥90}

(예2) 점수가 93점 이상이거나 성적이 'A0' 또는 'A+'인 학생의 학번과 과목코드?

{e.학번, e.과목코드 | 수강(e)∧(e.점수≥93∨e.성적='A0'∨e.성적='A+')}

(예3) 과목 'CO123'을 수강한 학생의 성명과 전화번호는 무엇인가?

{s.성명, s.전화번호 | 학생(s)∧∃e(수강(e)∧s.학번=e.학번∧
e.과목코드='CO123')}

(예4) 과목 'CO423'의 성적이 'B+'인 학생의 학번과 성명은 무엇인가?

{s.학번, s.성명 | 학생(s)∧∃e(수강(e)∧s.학번=e.학번∧e.과목코드='CO423'∧
e.성적='B+')}

(예5) '컴퓨터'과 교수가 아닌 교수의 성명과 학과는?

{p.성명, p.학과 | 교수(p)∧p.학과≠'컴퓨터'}

(예6) 성적이 'A+'가 아닌 학생의 성명은 무엇인가?

{s.성명 | 학생(s)∧(¬∃e)(수강(e)∧s.학번=e.학번∧e.성적='A+')}

(예7) 4학년 과목을 적어도 한 과목 이상 수강한 학생의 성명은 무엇인가?

{s.성명 | 학생(s)∧∃e(수강(e)∧s.학번=e.학번∧∃c(과목(c)∧c.과목코드=e.과목코드∧c.학년=4))}

(예8) 모든 과목에 수강한 학생의 성명과 학과는 무엇인가?

{s.성명, s.학과 | 학생(s)∧(∀c)(∃e)(수강(e)∧s.학번=e.학번∧과목(c)∧e.과목코드=c.과목코드)}

(예9) 학번 20181234인 학생이 수강한 과목에 적어도 한 과목을 같이 수강한 학생의 성명은 무엇인가?

{s.성명 | 학생(s)∧(∃e_2)(∃e_1)(수강(e_1)∧s.학번=e_1.학번∧수강(e_2)∧e_1.과목코드=e_2.과목코드∧e_2.학번=20181234)}

(예10) 관계형 해석을 관계형 대수로 변환하는 예제: (예4) 질의문에 대해 이를 8장에서 배운 관계형 대수로 작성해 봐라.

$\Pi_{\text{학번,성명}}(\sigma_{\text{과목코드='CO423'}\wedge\text{성적='B+'}}(\text{학생} \bowtie_N \text{수강}))$

2. 도메인 관계형 해석

도메인 관계형 해석(domain relational calculus)은 투플 관계형 해석과 표현 방법의 차이는 있지만 표현 능력은 모두 동등하다. 투플 관계형 해석과 기본 골격은 같고 다만 투플 변수 대신 도메인 변수를 사용하는 것이 다르다.

■ **도메인 변수**(domain variable)

릴레이션 학생(학번, 성명, 학과, 전화번호)에 대한 도메인 변수는 **학생(x학번, x성명, x학과, x전화번호)**와 같이 선언된다. 각 도메인 변수들은 전체 투플 값들 대신에 도메인 상에서 정의된다. 예를 들어, 학생 테이블에서 학과가 '컴퓨터'인 학생의 성명을 검색하는 경우 다음과 같이 검색될 수 있다.

학생	x학번	x성명	x학과	x전화번호
		P.	'컴퓨터'	

이를 공식적으로 표현하면, **도메인 해석식(domain calculus expression)**은 다음과 같이 정의된다.

$$\{x_1,\ x_2,\ \ldots,\ x_n \mid F(x_1,\ \ldots,\ x_n,\ x_{n+1},\ \ldots,\ x_{n+m})\}$$

여기서, x_i는 도메인 변수이고 $F(x_1, \ldots, x_n, x_{n+1}, \ldots, x_{n+m})$은 x_i에 대한 정형식이다. 막대(|) 왼편에 나오는 도메인 변수들은 목표 리스트로서 막대(|) 오른편에 기술된 조건을 만족하는 결과로 추출된다. 예를 들면, 위 예제에 대한 도메인 해석식은 다음과 같은 형태가 된다.

{ x성명 | (∃x학과)(학생(x학번, x성명, x학과, x전화번호)∧x학과='컴퓨터')}

■ 질의문에 대한 도메인 해석식 작성

다음 질의문에 대한 도메인 관계형 해석식을 작성해 보자.

(예1) 모든 학생들의 성명은?

{x성명 | 학생(x학번, x성명, x학과, x전화번호)}

(예2) '컴퓨터'과 학생의 학번과 성명을 검색하라.

{x학번, x성명 | (∃x학과)(학생(x학번, x성명, x학과, x전화번호)∧
x학과='컴퓨터')}

(예3) 과목코드 'CO423'의 성적이 'B+'인 학생의 학번은 무엇인가?

{x학번 | (∃x과목코드)(∃x성적)(수강(x학번, x과목코드, x점수, x성적)∧
x과목코드='CO423'∧x성적='B+')}

(예4) 점수가 85점 이상인 학생의 성명을 검색하라.

{x성명 | (∃x학번)(학생(x학번, x성명, x학과, x전화번호)∧(∃x'학번)(∃x점수)
(수강(x'학번, x과목코드, x점수, x성적)∧x학번=x'학번∧x점수≥85)}

(예5) 과목코드 'CO123'에 수강하지 않은 학생의 성명은?

{x성명 | (∃x학번)((학생(x학번, x성명, x학과, x전화번호)∧
(¬∃x'학번)(∃x과목코드)(수강(x'학번, x과목코드, x점수, x성적)∧
x학번=x'학번∧x과목코드='CO123')))

3. QBE(Query By Example)

다음 장에 가장 많이 사용되고 있는 관계형 데이터 언어인 SQL을 설명하기 전에 다른 형식의 하나인 QBE에 대해 먼저 살펴본다. QBE(Query By Example)는 9장 2절에서 설명한 도메인 관계형 해석을 기초로 한 관계형 데이터 언어로서 1970년 초 IBM의 Watson Research Center에서 개발되었다. QBE는 다음과 같은 두 가지 큰 특징을 가지고 있다.

1. 대부분 질의 언어와는 달리 QBE는 2차원 구문(two-dimensional syntax)을 가지고 있다. 1차원 언어로 된 질의(예, SQL)는 한 줄로 작성되지만 2차원 질의 언어는 2차원 골격 테이블(skeleton table)을 사용하여 표현한다.

2. QBE 질의는 “예로서” 표현된다. 요구하는 결과를 얻기 위해 사용자는 요구하는 것에 대한 예를 제공한다. 즉 사용자는 골격 테이블에서 “예제 행”들로 채운다. 예제 행은 상수와 도메인 변수로 구성되는데, 혼돈을 피하기 위해 도메인 변수들은 _x와 같이 “_”가 앞에 나오며 상수들은 한정자 없이 나타난다.

예를 들면, “학생 테이블에서 학과가 ‘컴퓨터’인 학생의 학번을 검색하라”를 QBE로 표현하면 다음과 같이 된다.

학생	학번	성명	학과	전화번호
	P._x		‘컴퓨터’	

여기서, P.은 프린트 명령이고, 질의에 대한 애트리뷰트의 값들은 변수 x에 할당된다. 변수 x의 값은 변수 앞에 나타난 명령문 P. 때문에 결과가 프린트된다. P._x 대신 P.으로도 가능하다. 참고로, 이는 아래의 도메인 관계형 해석식을 수행하는 것과 비슷함을 알 수 있다.

{ x학번 | (∃x학과)(학생(x학번, x성명, x학과, x전화번호)∧x학과=‘컴퓨터’)}

■ 데이터 검색(Print)

다음은 QBE로 데이터 검색을 수행하는 예이다.

검색 예: **'컴퓨터'과 학생의 학번과 성명을 검색하라**는 다음과 같이 표현된다.

학생	학번	성명	학과	전화번호
	P.	P.	'컴퓨터'	

SQL과는 달리 QBE는 중복 데이터를 자동으로 제거한다. 중복 데이터를 그대로 두기 위해서는 명령문 'ALL'을 P. 뒤에 삽입하면 중복을 허용하게 된다.

학생	학번	성명	학과	전화번호
		P.ALL	'컴퓨터'	

전체 검색의 예: **학생 테이블을 전부 검색하라.**

학생	학번	성명	학과	전화번호
	P.	P.	P.	P.

위 검색에 대한 간단한 방법으로써 다음과 같이 테이블 이름 밑에 P.만 명세해도 된다.

학생	학번	성명	학과	전화번호
P.				

QBE는 동등 비교뿐만 아니라 산술 비교(예, >)를 포함하는 질의도 물론 허용한다. 예를 들어, **점수가 90점 이상인 학생들의 학번을 검색하라**는 다음과 같다.

수강	학번	과목코드	점수	성적
	P.		≥90	

QBE에서 복수 조건에 대한 검색은 OR와 AND를 사용하는데, OR 조건은 두 개의 행을 사용하고 AND 조건은 하나의 행만 사용한다.

OR 사용 예: **점수가 90점 이상이거나 과목코드 'CO123'에 수강한 학생의 학번을 검색하라.**

수강	학번	과목코드	점수	성적
	P.		≥90	
	P.	CO123		

AND 사용 예: **과목코드가 'CO123'이고 점수가 90점 이상인 학생의 학번을 검색하라.**

수강	학번	과목코드	점수	성적
	P.	CO123	≥90	

QBE는 여러 릴레이션들을 참조하는 조인 질의를 허용한다. 여러 릴레이션들 사이의 연결은 같은 애트리뷰트 값을 갖도록 하는 변수들을 통해서 얻을 수 있다. 예를 들어, **점수가 90점 이상인 학생의 성명을 검색하라**는 다음과 같이 된다.

수강	학번	과목코드	점수	성적
	_x		≥90	

학생	학번	성명	학과	전화번호
	_x	P.		

점수가 90점 이상이거나 과목코드 'EE123'에 수강한 학생의 성명을 검색하라는 다음과 같이 된다.

수강	학번	과목코드	점수	성적
	_x _x	 EE123	≥90 	

학생	학번	성명	학과	전화번호
	_x _x	P. P.		

조건 상자의 사용 예: 골격 테이블 내에 모든 제약조건들을 표현하기 불편하거나 조건이 복잡해서 한 행으로 표현하기 곤란한 질의에 대해서 QBE는 별도의 조건 상자(condition box) 기능을 제공한다. 예를 들어, **점수가 80점과 100점 사이에 있으나 성적이 'B+'가 아닌 학생의 학번을 찾아라**는 다음과 같이 표현될 수 있다.

수강	학번	과목코드	점수	성적
	P.		_x	_y

CONDITIONS
_x=(≥80 and ≤100) and _y=¬B+

■ 삽입(Insert)

QBE에서 삽입은 질의식에 P. 대신에 I. 연산자를 기입함으로써 이루어진다. 삽입되는 애트리뷰트 값들은 당연히 그 도메인의 한 요소이어야 한다. 가장 간단한 삽입은 하나의 투플을 삽입하는 것이다. 예를 들어, **학번이 20181234이고 과목코드가 'CO123', 점수가 90점인 투플을 삽입하라**는 다음과 같다.

수강	학번	과목코드	점수	성적
I.	20181234	CO123	90	

더욱 일반적으로는 질의의 결과에 기초한 투플들을 삽입하는 경우이다. 예를 들어, **'컴퓨터'과 학생의 학번을 학생 테이블로부터 검색해서 컴퓨터학과 테이블에 삽입하라**는 다음과 같다.

학생	학번	성명	학과	전화번호
	_X		컴퓨터	

컴퓨터학과	학번
I.	_X

위의 삽입 요청을 수행하기 위해서는, 학생 릴레이션으로부터 적합한 정보를 얻어서 그 정보를 이용해 컴퓨터학과 릴레이션에 새로운 투플을 삽입한다.

■ 삭제(Delete)

다음은 QBE에서 삭제 요청에 대한 예이다. 삭제는 D. 연산자를 기입함으로써 이루어진다. **학번이 20181234인 학생을 학생 테이블에서 삭제하라.**

학생	학번	성명	학과	전화번호
D.	20181234			

D. 명령어는 하나의 릴레이션에만 적용됨을 유의하기 바란다. 복수의 릴레이션에서 투플들을 삭제하려면 각 릴레이션마다 하나씩의 D. 연산자를 사용해야 한다. 예를 들어, **점수가 70점 이하인 학생을 수강 테이블과 학생 테이블에서 삭제하라**는 다음과 같다.

수강	학번	과목코드	점수	성적
	_x		≤70	
D.	_x			

학생	학번	성명	학과	전화번호
D.	_x			

■ 갱신(update)

투플 내의 모든 값을 변경하지 않고 투플의 한 가지 값을 변경하고 싶을 때 U. 연산자를 사용한다. 그러나 QBE는 기본키 필드를 변경하는 것은 허용하지 않는다. **학번이 20181234인 학생의 전화번호를 '010-1234-5678'로 변경하라**는 다음과 같다.

학생	학번	성명	학과	전화번호
	20181234			U.010-1234-5678

위의 예를 다음과 같이 표현해도 결과는 동일하다.

학생	학번	성명	학과	전화번호
U.	20181234			010-1234-5678

위의 질의는 이전의 값에 관계없이 전화번호를 '010-1234-5678'로 바꾼다. 그러나 어떤 경우에는 이전 애트리뷰트의 값을 사용하여 값을 갱신할 수도 있다. 이럴 경우에는 두 행을 사용해야 한다. 하나는 갱신되어야 할 이전 투플을 기술하고, 다른 하나는 데이터베이스에 새로이 갱신될 투플을 기술해야 한다. 예를 들어, **과목코드 'CO423'에 수강한 학생의 점수에 2점을 더하라**는 다음과 같이 표현된다.

수강	학번	과목코드	점수	성적
U.			_x+2	
		CO423	_x	

연습문제

1. 관계형 대수와 관계형 해석에 대한 설명 중 부적합한 것은?
   ① 관계형 대수는 원하는 정보를 어떻게 유도하는가를 기술하는 절차적인 특성을 가지고 있다.
   ② 관계형 대수와 관계형 해석은 서로 변환 가능하다.
   ③ 관계형 해석은 원하는 정보가 무엇이라는 것만 정의하는 비절차적인 특성을 가지고 있다.
   ④ 관계형 대수와 관계형 해석은 연산의 표현 능력에 차이가 있다.

2. 다음 중 관계형 해석에 대한 설명이 아닌 것은?
   ① 프레디킷 해석에 기반을 두고 있다.
   ② 정보 추출을 위한 절차적 특성을 가진다.
   ③ 투플 관계형 해석과 도메인 관계형 해석이 있다.
   ④ E. F. Codd가 관계형 모델을 위해 제안하였다.

3. 관계형 해석(relational calculus)에 대한 설명으로 옳지 않은 것은?
   ① 관계형 해석으로 질의어를 표현한다.
   ② 원하는 릴레이션을 정의하는 방법을 제공하며 비절차적인 언어이다.
   ③ 투플 관계형 해석과 도메인 관계형 해석이 있다.
   ④ 릴레이션 조작을 위한 연산의 집합이다.

4. 다음 보기의 관계형 대수식과 동일한 의미를 갖는 투플 관계형 해석식은?

   $$\Pi_{\text{학번}}(\sigma_{\text{기말성적}>90 \wedge \text{과목번호}='C413'}(\text{수강}))$$

   ① (DSNO 학번)(성적 DGRADE)(과목번호 DCNO)
   {DSNO | 수강(DSNO, DCNO, DGRADE)∧DCNO='C413'∧DGRADE}
   ② {e.학번 | 수강(e)∧ ∃e(e.기말성적>90∧e.과목번호='C413')}
   ③ {e.학번 | 수강(e)∧e.과목번호='C413'∧e.기말성적>90}
   ④ {학번 | 수강∧과목번호='C413'∧기말성적>90}

5. 다음 튜플 관계형 해석 표현의 의미는?

{s.이름, s.학과 | 학생(s)∧(s.학과≠'컴퓨터')}

① 컴퓨터학과에서 휴학 중인 학생의 이름, 학과를 검색하라.
② 컴퓨터학과 학생이 아닌 학생의 이름, 학과를 전부 검색하라.
③ 학생 릴레이션에서 컴퓨터학과를 삭제하라.
④ 컴퓨터학과 학생이 아닌 학생의 학번, 이름을 전부 검색하라.

6. 다음의 투플 관계형 해석 표현의 의미는?

{s.이름, s.학과 | 학생(s)∧∃e(등록(e)∧e.학번=s.학번∧e.성적='A')}

① 학생의 이름과 학과를 검색하라.
② 등록한 학생의 이름과 학과를 검색하라.
③ 성적이 'A'인 학생의 이름과 학과를 검색하라.
④ 성적이 'A'인 학생의 이름을 검색하라.

7. 다음 질문에 대한 투플 관계형 해석(relational calculus)을 작성하라. 사용되는 데이터베이스는 [그림 7-6]에 나타나 있는 학사 관계형 데이터베이스이다. (난이도: 중)

- 과목 'CO123'의 성적이 'A0'인 학생의 학번과 성명은?

- 모든 과목에 등록한 학생의 성명은?

- 4학년 과목을 적어도 한 과목 등록한 학생의 성명은?

- 과목 'CO234'의 점수가 90점 이상인 학생의 성명과 학과는?

8. 다음 질문에 대한 관계형 대수와 투플 관계형 해석을 작성하라. 사용되는 데이터베이스는 [그림 7-6]에 나타나 있는 학사 관계형 데이터베이스이다. (난이도: 중)

- 과목코드 'CO423'의 성적이 'B+'인 학생의 학번과 성명은?

실습문제

실습 1: 다음 관계형 대수에 대한 SQL문을 작성하고 이를 MySQL에서 실행하라.

(1) 학생 테이블에서 모든 학생의 성명과 전화번호를 검색하라.

$$\Pi_{성명,전화번호}(학생)$$

```
select sname, stel from student;
```

(2) 프로그래밍 과목의 학점은 얼마인가?

$$\Pi_{학점}(\sigma_{과목명='프로그래밍'}(과목))$$

```
select credit from course where cname="프로그래밍";
```

(3) 과목코드가 'CO423'인 과목에 수강한 학생의 성명과 성적은 무엇인가?

$$\Pi_{성명,성적}(\sigma_{과목코드='CO423'}(학생 \bowtie_N 수강))$$

```
select sname, score from student, enroll
where student.sno=enroll.sno and code="CO423";
```

실습 2: 다음 관계형 해석에 대한 SQL문을 작성하고 이를 MySQL에서 실행하라.

(1) 과목 'CO123'에서 점수가 90이상인 학생의 학번은 무엇인가?

{e.**학번** | **수강**(e)∧e.**과목코드**='CO123'∧e.**점수**≥90}

```
select sno from enroll where code="CO123" and score>=90;
```

(2) 과목 'CO123'을 수강한 학생의 성명과 전화번호는 무엇인가?

{s.**성명**, s.**전화번호** | **학생**(s)∧∃e(**수강**(e)∧s.**학번**=e.**학번**∧
e.**과목코드**='CO123')}

```
select sname, stel from student, enroll
where student.sno=enroll.sno and code="CO123";
```

(3) '컴퓨터'과 교수가 아닌 교수의 성명과 학과?

{p.**성명**, p.**학과** | **교수**(p)∧p.**학과**≠'**컴퓨터**'}

```
select pname, pdept from professor where pdept != "컴퓨터";
```

실습 3: SQL SELECT문 실습

1. 서브 쿼리(Sub Query)

서버 쿼리란 쿼리문 안에 또 쿼리문이 있는 것을 말한다. 예를 들어, “학생 테이블에서 학과가 컴퓨터인 학생들만 검색하라”는 다음과 같은 SQL문을 작성하여 실행하면 된다.

```
use academicdb;
select * from student where sdept = "컴퓨터";
```

그런데 이 “컴퓨터”를 직접 써주는 것이 아니라 서브쿼리를 통해서 사용하려는 것이다.

```
select * from student where sdept =
(select sdept from student where sname = "김철수");
```

후반부의 **(select sdept from student where sname = "김철수")**는 “컴퓨터”를 돌려주므로 결국 위 두 쿼리는 동일한 결과를 내주는 것이다. 그런데, 여기서 하위 쿼리의 값이 둘 이상의 값이 반환될 경우에는 에러가 나타난다. 그래서 필요한 구문이 IN 구문이다. 예를 들어, 과목코드 ‘C0123’을 수강한 학생의 성명을 서버 쿼리를 사용하여 한번 검색해 보자.

```
select sname from student where sno in
(select sno from enroll where code = "C0123");
```

과목코드 ‘C0123’을 수강한 학생의 학번은 3개로써, '='를 사용하면 에러가 되지만 'IN'을 쓰면 정상적으로 결과가 출력된다.

1.2 GROUP BY절

GROUP BY절은 말 그대로 그룹으로 묶어주는 역할을 한다. 과목별 점수의 평균을 구할려면 다음과 같이 하면 된다.

```
select code, avg(score) from enroll group by code;
```

결과를 보면 과목코드와 각 과목별 평균 점수를 보여준다. 여기서 집계 함수 AVG는 GROUP BY절과 함께 쓰이며 데이터를 그룹화해주는 기능을 수행한다. 참고로 GROUP BY절과 함께 자주 사용되는 집계 함수로는 **AVG** 외에 **SUM, COUNT, MIN, MAX** 등이 있다.

그런데 이 중에서 2명 이상 수강한 과목에 대한 점수의 평균을 구하고 싶다면, 위에서 배운 GROUP BY절을 포함하는 "WHERE COUNT(*) >= 2"를 생각할 수 있을 것이다. 그렇지만 WHERE절에 집계 함수가 나타나면 에러가 발생된다. 즉, 집계 함수는 WHERE절에 나타날 수 없다는 얘기다. 이때 사용되는 것이 **HAVING절**이다. HAVING은 WHERE와 비슷한 개념이지만 집계 함수에 대해 조건을 제한하는 것이라 생각하면 된다. HAVING절을 사용하여 다시 작성해 보면 다음과 같다.

```
select code, avg(score) from enroll group by code
having count(*) >= 2;
```

1.3 세 개 테이블의 조인

세 개의 테이블을 조인하기 위한 예를 살펴보자. 예를 들어, "점수가 90점 이상인 학생의 성명과 과목명을 검색하라"인 경우에는 수강, 학생, 그리고 과목 테이블 세 개를 조인해야 한다. 이럴 때 SQL문은 다음과 같이 작성될 수 있다.

```
select sname, cname from student
inner join enroll on student.sno = enroll.sno
inner join course on enroll.code = course.code
where score >= 90;
```

이 쿼리문은 학생 테이블과 수강 테이블의 일대다 관계를 INNER JOIN하고, 또한 수강 테이블과 과목 테이블의 다대일 관계를 INNER JOIN한 후, 이 결과 테이블에서 점수가 90점 이상인 투플들을 검색한다.

10장
SQL
(Structured Query Language)

1. SQL 데이터 정의어
2. SQL 데이터 제어어
3. SQL 뷰(View)
4. 삽입 SQL
5. 동적 SQL

SQL(Structured Query Language)은 1974년에 IBM 연구소에서 System R이라는 관계형 DBMS를 연구할 때 관계형 대수와 관계형 해석을 기반으로 집계 함수와 갱신 연산 등을 추가하여 개발된 데이터 언어이다. 처음에는 SEQUEL (Structured English QUEry Language)이라고 불렀으나 나중에 SQL로 바뀌었다. SQL은 관계형 데이터베이스의 표준 언어로써 상용 DBMS인 IBM의 DB2 뿐만 아니라 MS-SQL/Server, ORACLE, MySQL, PostgreSQL 등과 같은 모든 주요 제품에서 데이터베이스 언어로 채택되어 사용되고 있다.

SQL의 특징으로는 데이터 정의어(DDL), 데이터 조작어(DML), 데이터 제어어(DCL) 등 데이터베이스 언어의 모든 기능을 제공하고 있으며, 터미널을 통한 대화식(interactive) 질의어와 Java, Visual Basic, C, C++, Python 등과 같은 고급 프로그래밍 언어 내에 SQL이 삽입(embedded)된 형태로 사용이 가능하다.

1. SQL 데이터 정의어

사용자는 SQL 데이터 정의어를 사용하여 테이블을 생성하고 제거하거나, 새로운 애트리뷰트를 추가하거나 제거할 수 있다. 또한, 뷰를 생성하고 제거하거나, 인덱스를 생성하고 제거할 수도 있다. 정의어의 한 예로, 관계형 테이블을 생성할 때 SQL의 CREATE TABLE 문으로 만들 수 있는데 수강 테이블을 정의한 SQL 문은 다음과 같다.

```
CREATE TABLE 수강
        ( 학번          INTEGER NOT NULL,
          과목코드      CHAR(5) NOT NULL,
          점수          INTEGER,
          성적          CHAR(2),
          PRIMARY KEY(학번, 과목코드),
          FOREIGN KEY(학번) REFERENCES 학생(학번)
                ON DELETE   CASCADE
                ON UPDATE   CASCADE,
          FOREIGN KEY(과목코드) REFERENCES 과목(과목코드)
                ON DELETE   CASCADE
                ON UPDATE   CASCADE,
          CHECK(점수>=0 AND 점수<=100));
```

이 테이블에는 학번, 과목코드, 점수, 성적 4개의 애트리뷰트가 있으며, 각각의 데이터 타입은 INTEGER, CHAR(5), INTEGER, CHAR(2)이다. SQL 문은 애트리뷰트 값으로 NULL을 허용하기 때문에 기본키와 같이 만일 어떤 애트리뷰트의 값으로 NULL을 허용하지 않으려면 NOT NULL을 명시하여야 한다. PRIMARY KEY는 기본키를 명세하는 것으로서 기본키의 애트리뷰트는 NULL 값을 가질 수 없고 하나의 투플을 유일하게 식별할 수 있도록 중복된 값이 존재할 수 없다. FOREIGN KEY는 외래키로서 참조 무결성을 유지하기 위한 것인데 참조하고 있는 행이 삭제(ON DELETE)되거나 변경(ON UPDATE)될 때 취해야 할 동작을 명시하고 있다. 이 동작에는 CASCADE, SET NULL, SET DEFAULT, NO ACTION의 4가지 옵션을 지정할 수 있다. 여기에서와 같이 외래키를 명시하면서 CASCADE를 나타냈으면, 외래키가 참조하는 기본키에 변경이 일어났을 때 이를 참조하고 있는 테이블의 모든 투플에서도 기본키와 동일한 값으로 연쇄적으로 변경이 전파된다. 한편, CHECK 절에서는 한 애트리뷰트가 가질 수 있는 값들의 범위를 지정한다. 예를 들어, 위의 예와 같이 점수를 표현하면 각 학생이 수강한 과목의 점수가 0에서 100 사이의 값만 가질 수 있게 된다.

2. SQL 데이터 조작어

SQL의 데이터 조작어에는 검색(SELECT), 삽입(INSERT), 삭제(DELETE), 그리고 갱신(UPDATE)이 있다. 이 장에서는 [그림 7-6]의 학사 관계형 데이터베이스를 참조하여 설명한다.

■ 검색(SELECT)

SELECT 문은 관계형 데이터베이스에서 가장 자주 사용되는 질의문으로서 다양한 기능과 옵션을 가지고 있다. SELECT 문의 기본적인 형식은 다음과 같다. 참고로 SQL 문은 대문자와 소문자를 구분하지 않고, 한 줄로 길게 입력하거나 가독력(readability)을 위해 여러 줄에 걸쳐 입력할 수도 있다.

```
SELECT   열_리스트
FROM     테이블_리스트
WHERE    조건;
```

예를 들어, '컴퓨터'과 학생의 학번과 성명을 검색하라는 SELECT 문은 다음과 같이 표현된다.

```
SELECT      학번, 성명
FROM        학생
WHERE       학과 = '컴퓨터';
```

한 가지 유의할 것은 SELECT 문에서 열의 이름이 명확하지 않고 다른 테이블에서 같은 이름이 중복되어 사용되는 경우에 이들이 서로 혼돈되지 않도록 다음과 같이 그 소속 테이블 이름과 열 이름이 구두점(.)으로 연결된 형태를 취하는 것이 원칙이다.

```
SELECT      학생.학번, 학생.성명
FROM        학생
WHERE       학생.학과 = '컴퓨터';
```

여기서 주의할 것은 SQL의 SELECT 문과 이론적인 관계형 데이터 모델과의 차이점이다. SQL의 SELECT 문은 질의 결과에서 똑같은 투플들을 자동적으로 제거하지 않는다. 왜냐 하면 질의 결과에서 중복을 제거하기 위해서는 질의 결과를 먼저 정렬해야 하는데, 정렬 연산은 시간이 오래 걸릴 수 있으므로 DBMS는 한 테이블 내에 똑같은 투플들의 중복을 그냥 허용한다. 그러므로 SELECT 결과 테이블은 이론상의 투플 집합은 아니다. 이론적인 관계형 데이터 모델에서는 투플의 유일성으로 인해 두 개의 똑같은 투플들을 허용하지 않는다. 따라서 DBMS에서는 사용자가 SELECT 문에 DISTINCT를 명시적으로 작성할 때만 투플의 중복을 제거한다. DISTINCT를 명시하지 않는 경우에는 ALL을 작성한 것과 같이 중복된 레코드가 나타나더라도 이를 제거하지 않는다. SELECT 문의 일반적인 형식은 다음과 같다. 여기서 [ ] 안에 있는 내용들은 선택 사항이다.

```
SELECT [ALL | DISTINCT] 열_리스트
FROM   테이블_리스트
[WHERE 조건]
[GROUP BY 열_리스트
[HAVING 조건]]
[ORDER BY 열_리스트 [ASC | DESC]];
```

(예1) 테이블 열 전부 검색

질의: **학생 테이블 전부를 검색하라.**

```
    SELECT        학번, 성명, 학과, 전화번호
    FROM          학생;

또는
    SELECT        *
    FROM          학생;
```

테이블 전체를 검색할 때는 열 이름을 일일이 전부 나열할 필요 없이 "*"로 표현하면 편리하다.

(예2) DISTINCT를 이용한 검색

질의 결과에서 중복된 투플들을 제거하려면 SELECT 문에 DISTINCT 키워드를 사용한다. 만일 중복된 투플들이 제거되지 않도록 하려면 ALL 키워드를 사용하면 되는데, ALL 키워드는 디폴트 값이기 때문에 명시하지 않아도 된다.

질의: **학생 테이블에 어떤 학과들이 있는지 검색하라.**

```
SELECT      DISTINCT  학과
FROM        학생;
```

(예3) 조건 검색(WHERE)

사용자가 테이블의 일부 투플만을 검색하기를 원하는 경우 조건 검색을 수행한다. WHERE 절은 이러한 기능을 수행하기 위해 사용된다.

질의: **과목 테이블에서 학점이 3이고 학년이 4인 과목코드와 과목명을 검색하라.**

```
SELECT      과목코드, 과목명
FROM        과목
WHERE       학점 = 3 AND 학년 = 4;
```

WHERE 절에 나오는 조건식에는 비교연산자 =, !=, <, <=, >, >= 등과 불리언 연산자 AND, OR, NOT을 사용할 수 있다.

(예4) LIKE를 이용하는 검색

LIKE를 사용하여 패턴에 일치하는 데이터를 가져올 수 있다. LIKE에서 사용할 수 있는 와일드 카드 문자에는 '%'와 '_'가 있는데, '%'는 패턴에 일치하는 모든 문자를 의미하며, '_'는 패턴에 일치하는 하나의 문자(character)를 의미한다.

질의: **과목코드가 'CO'로 시작하는 과목의 과목코드와 과목명을 검색하라.**

```
SELECT      과목코드, 과목명
FROM        과목
WHERE       과목코드 LIKE 'CO%';
```

(예5) NULL을 이용한 검색

애트리뷰트 값이 NULL인지 아닌지를 확인한다. NULL 값 검사는 "IS NULL" 또는 "IS NOT NULL"을 통해서 가능하다.

질의: **강의 테이블에서 강의실이 NULL인 교수번호와 과목코드를 검색하라.**

```
SELECT          교수번호, 과목코드
FROM            강의
WHERE           강의실 IS NULL;
```

(예6) 범위 검색(BETWEEN)

특정 데이터 값이 기술된 두 값 사이에 존재하는지를 검사한다.

질의: **수강 테이블에서 점수가 80점부터 90점 사이의 열들을 검색하라.**

```
SELECT          *
FROM            수강
WHERE           점수 BETWEEN 80 AND 90;
```

(예7) ORDER BY를 이용한 정렬 검색

테이블에 저장되어 있는 레코드들은 어떠한 순서도 가지지 않은 상태로 저장된다. 만일 사용자가 정렬된 형태로 결과를 보기 원한다면 ORDER BY 키워드를 이용하여 오름차순(ASC)이나 내림차순(DESC)으로 결과 레코드를 정렬할 수 있다.

질의: **수강 테이블에서 점수가 80점 이상인 학생의 학번과 성적을 검색하되, 학번은 오름차순으로, 같은 학번에 대해서 성적은 내림차순으로 검색하라.**

```
SELECT          학번, 성적
FROM            수강
WHERE           점수 >= 80
ORDER BY        학번 ASC, 성적 DESC;
```

여기서 ORDER BY 절의 첫 번째 속성 학번은 주(1차) 정렬키이고, 두 번째 나오는 성적은 부(2차) 정렬키이다.

(예8) 계산된 열 검색

SELECT 문에서는 간단한 계산식을 이용하여 데이터를 가져올 수 있다. 그런데 가끔 테이블의 열 이름이 우리가 보기에 불편한 이름을 가지고 있거나 이름이 없는 경우가 있을 수 있다. 이런 경우 별칭(alias)을 나타내는 "AS"를 사용하여 원하는 열 이름으로 출력할 수 있다.

질의: **수강 테이블에서 과목코드 'CO123'에 수강한 학생의 학번과 점수에 2점을 더한 값을 검색하되, 학번의 열 이름은 "DB수강학번", 점수의 열 이름은 "수정점수", 그리고 그 사이에 "최종점수 = "라는 텍스트 내용을 "내용"이라는 열 이름으로 디스플레이하라.**

```
SELECT      학번 AS DB수강학번, '최종점수 = ' AS 내용,
            점수+2 AS 수정점수
FROM        수강
WHERE       과목코드 = 'CO123';
```

(예9) 조인 검색

두 개 또는 그 이상의 테이블로부터 데이터를 조인하는 복수 테이블 질의를 이용하여 원하는 결과를 얻을 수 있다. 두 개 이상의 테이블을 조인하기 위해서는 동일한 도메인을 갖는 공통 속성들을 연결하여야 한다.

질의: **과목코드 'CO423'에 수강한 학생의 성명, 학과, 성적을 검색하라.**

```
SELECT      성명, 학과, 성적
FROM        학생, 수강
WHERE       학생.학번 = 수강.학번 AND 과목코드= 'CO423';
```

조인 질의에서 열 이름이 애매하고 모호하게 되면 테이블 이름을 붙인 한정된 열 이름을 써야 한다(예, 학생.학번, 수강.학번). 자연 조인은 FROM 절에 관련 테이블들을 여러 개 명시하면 된다. 이때 WHERE 절에 어떤 조건으로 조인하느냐를 표현하는 "학생.학번 = 수강.학번"을 꼭 작성해야 하는데, 이를 조인 조건 또는 조인 프레디킷(join predicate)이라 한다.

조인 질의에서 한정 열 이름을 단순화하기 위해 FROM 절에 별칭을 사용할 수 있는데, 이는 특히 셀프 조인에서 명확한 열 참조를 가능하게 한다. 위 질의에 대한

별칭의 사용은 다음과 같이 된다.

```
SELECT      성명, 학과, 성적
FROM        학생 S, 수강 E
WHERE       S.학번 = E.학번 AND 과목코드= 'CO423';
```

(예10) 자기 자신의 테이블에 조인하는 검색(셀프 조인)

하나의 테이블을 자신과 연결하여 자신 간에 존재하는 관련성을 분석할 필요가 있다. 예를 들면, 같은 학과 학생들의 성명을 검색하기를 원하는 경우에 셀프 조인이 사용된다.

질의: **같은 학과 학생들의 학번을 쌍으로 검색하라. 단 첫 번째 학번은 오름차순으로 정렬하라.**

```
SELECT      S1.학번, S2.학번
FROM        학생 S1, 학생 S2
WHERE       S1.학과=S2.학과
ORDER BY    S1.학번;
```

(예11) 집계 함수(aggregate function)를 이용한 검색

SQL의 집계 함수에는 COUNT, SUM, AVG, MAX, MIN 등이 있다. 이들은 SELECT 절과 HAVING 절에서만 사용된다.

질의: **학생 테이블에서 학생 수를 구하여라.**

```
SELECT      COUNT(*) AS 학생수
FROM        학생;
```

질의: **과목 'CO123'에 대한 점수의 평균을 구하여라.**

```
SELECT      AVG(점수) AS 평균
FROM        수강
WHERE       과목코드 = 'CO123';
```

(예12) GROUP BY를 이용한 검색

이번에는 같은 값끼리 그룹을 묶어서 데이터를 가져오는 방법을 알아보자. [그림 10-1]은 GROUP BY 절의 사용 예로서, 왼쪽은 order 테이블을 검색한 예이다. 먼저, 같은 productid별로 묶어서 productid와 quantity의 합을 구한 SELECT 문은 다음과 같다.

```
SELECT productid, SUM(quantity) AS Total
FROM order
GROUP BY productid;
```

이 결과에서 productid가 2인 것만 검색하는 SELECT 문은 다음과 같다.

```
SELECT productid, SUM(quantity) AS Total
FROM order
WHERE productid =2
GROUP BY productid;
```

위의 두 SELECT 문의 결과는 오른쪽 그림과 같이 나타난다.

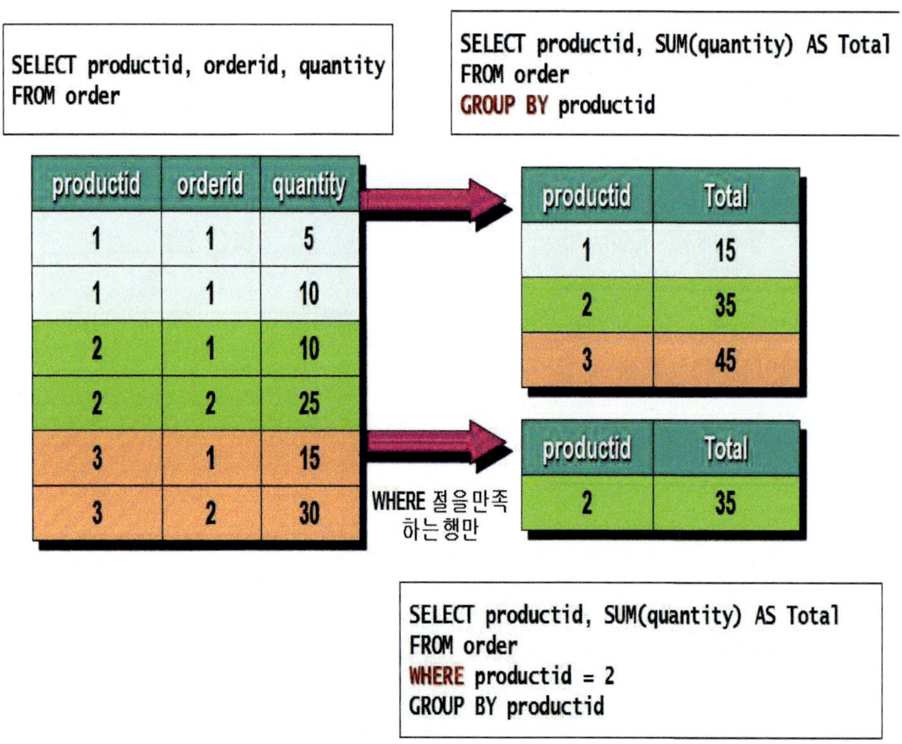

[그림 10-1] GROUP BY 절의 사용 예

질의: **과목별 점수의 평균을 구하라.**

```
SELECT        과목코드, AVG(점수) AS 평균
FROM          수강
GROUP BY      과목코드;
```

(예13) HAVING을 이용한 검색

SELECT 문에서 조건절에 사용되는 키워드로 WHERE가 있다고 배웠다. 그런데 그룹으로 묶여서 계산된 SUM(quantity)와 같은 속성들에 대해 조건을 줄 때는 WHERE 절을 사용할 수가 없고 HAVING 절을 사용해야 한다. 예를 들어, [그림 10-2]에서 표시된 것과 같이 SUM(quantity)가 30 이상인 것만 검색하는 SELECT 문은 다음과 같이 되고 그 결과는 그림의 오른쪽과 같다.

```
SELECT productid, SUM(quantity) AS Total
FROM order
GROUP BY productid
HAVING SUM(quantity) >= 30;
```

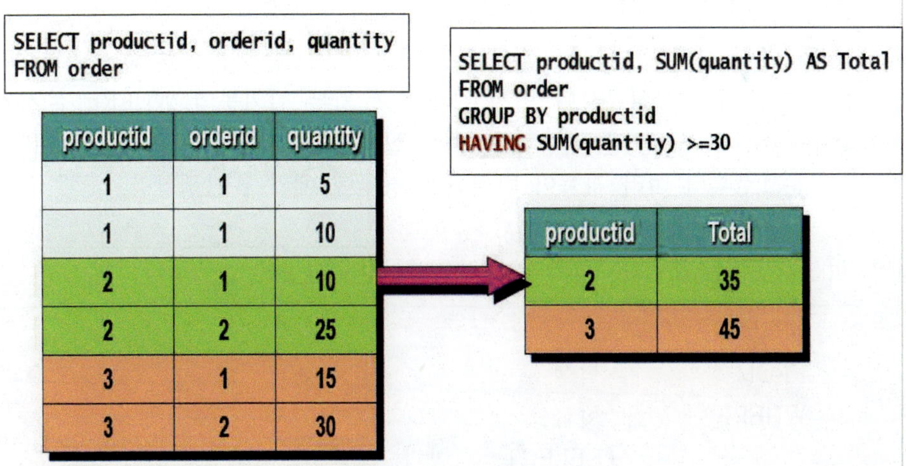

[그림 10-2] HAVING 절을 포함한 GROUP BY 사용 예

질의: **2명 이상 수강한 과목에 대한 점수의 평균을 구하라.**

```
SELECT      과목코드, AVG(점수) AS 평균
FROM        수강
GROUP BY    과목코드
HAVING      COUNT(*) >= 2;
```

(예14) 중첩 질의문(nested query)을 사용한 검색

데이터베이스에서 어떤 값들을 검색한 후에 이를 다시 비교 조건에서 사용하는 질의는 중첩 질의문을 사용하여 편리하게 표현할 수 있다. 중첩 질의문(nested query)은 SELECT 문의 WHERE 절 안에 다시 "SELECT - FROM - WHERE" 형태를 취하고 있는 질의문으로서 이를 부속 질의문(sub-query)이라고도 한다. 중첩 질의문은 소괄호 안에 표기해야 하고 INSERT, DELETE, UPDATE 문에도 사용될 수 있다.

중첩 질의문의 결과로는 ① 한 개의 단일 값이 반환되는 경우, ② 한 개의 애트리뷰트로 이루어진 테이블이 반환되는 경우, 그리고 ③ 여러 애트리뷰트들로 이루어진 테이블이 반환되는 경우로 구분할 수 있다.

● 한 개의 단일 값이 반환되는 경우

중첩 질의문은 외부 질의문보다 먼저 수행되고 외부 질의문의 WHERE 절에서 비교연산자(예, =, <, >, 등)를 사용하여 중첩 질의문의 결과와 비교하는데, 이때에는 중첩 질의문으로부터 여러 값들이 반환되는 경우에 에러가 발생한다.

질의: **학생 '김철수'와 같은 학과에 속하는 학생의 성명을 검색하라.**

```
SELECT      성명
FROM        학생
WHERE       학과  =
           (SELECT    학과
            FROM      학생
            WHERE     성명 = '김철수');
```

위의 예에서 중첩 질의문으로부터 반환되는 결과는 '컴퓨터' 단일 값이다. 이 값과 같은 학과 학생의 성명은 '김철수', '이영자', '박용철'이 최종 검색된다.

● 한 개의 애트리뷰트로 이루어진 테이블이 반환되는 경우

중첩 질의문의 결과로 한 개의 애트리뷰트로 이루어진 다수의 투플들이 반환될 수 있다. 이런 경우 외부 질의문의 WHERE 절에서는 IN, ANY, ALL, EXISTS와 같은 연산자가 사용된다.

질의: **과목코드 'CO123'을 수강한 학생의 성명을 검색하라.**

```
SELECT       성명
FROM         학생
WHERE        학번  IN
            (SELECT  학번
             FROM    수강
             WHERE   과목코드 = 'CO123');
```

위의 예에서 중첩 질의문으로부터 반환되는 결과는 { 20181234, 20182587, 20184652 }이다. 여기서 키워드 IN은 한 애트리뷰트가 중첩 질의문 결과 값들의 집합에 속하는가를 테스트한다. 예를 들어, 학생 테이블의 학번 20181234는 참이고, 20182587도 참이고, 20183654는 거짓이고, ... 와 같이 비교된다.

질의: **과목코드 'CO123'에 수강하지 않은 학생의 성명을 검색하라.**

```
SELECT       성명
FROM         학생
WHERE        학번  NOT  IN
            (SELECT  학번
             FROM    수강
             WHERE   과목코드 = 'CO123');
```

이 부속 질의문은 다음과 같이 ALL, ANY, SOME과 같은 키워드를 WHERE 조건식에 사용될 수 있다.

질의: **수강 테이블에서 학번 20181234의 점수보다 좋은 점수를 받은 학생의 학번과 과목코드를 검색하라.**

```
SELECT      학번, 과목코드
FROM        수강
WHERE       점수 > ALL
           (SELECT  점수
            FROM    수강
            WHERE   학번 = 20181234);
```

여기서는 > 왼쪽에 있는 점수가 오른쪽에 검색된 모든 점수보다 클 때 이 조건식은 참이 된다. ALL은 왼쪽의 애트리뷰트 값이 오른쪽 값을 모두 만족해야 되는 AND의 의미이고, ANY는 하나 이상 만족해도 되는 OR의 의미로 생각할 수 있다. ALL과 ANY는 비교연산자(=, <>, <, <=, >, >=)와 결합하여 사용되는데, = ANY는 IN과 같은 의미이고, <> ALL은 NOT IN과 같은 의미이다.

● 여러 애트리뷰트들로 이루어진 테이블이 반환되는 경우

중첩 질의문의 결과로 여러 애트리뷰트로 이루어진 테이블이 반환되는 경우에는 EXISTS 연산자를 사용하여 중첩 질의문의 결과가 빈 테이블인지를 검사한다. 중첩 질의문의 결과에 적어도 하나의 레코드가 들어 있으면 참이 되고 그렇지 않으면 거짓이 된다.

질의: **과목 'CO123'에 수강한 학생의 성명을 검색하라.**

```
SELECT      성명
FROM        학생
WHERE       EXISTS
           (SELECT  *
            FROM    수강
            WHERE   수강.학번 = 학생.학번 AND
                    과목코드= 'CO123');
```

위의 예는 "학생 테이블에서 성명을 검색하는데, 어떤 학생이냐 하면, 과목 'CO123'을 수강하여 수강 테이블에 그 투플이 존재하는 그런 학생이다"라는 뜻이다.

(예15) UNION을 이용한 검색

UNION 키워드를 적용하려면 두 SELECT 문의 결과 테이블이 합병 가능해야 한다. 또한, UNION은 일반 집합론의 합집합과 같으므로 UNION ALL을 제외하고 모든 결과 테이블에서 중복된 투플들은 자동적으로 삭제된다.

질의: **'컴퓨터'과 학생이거나 'EE123'에 수강한 학생의 학번을 검색하라.**

```
SELECT      학번
FROM        학생
WHERE       학과 = '컴퓨터'
UNION
SELECT      학번
FROM        수강
WHERE       과목코드 = 'EE123';
```

■ 삽입(INSERT)

기존 테이블에 데이터를 추가하는 작업이다. 한 가지 주의할 점은, 참조되는 테이블에 투플이 삽입되는 경우에는 참조 무결성 제약조건에 위배가 되지 않으나, 참조하는 테이블에 투플이 삽입되는 경우에는 참조 무결성에 위배될 수도 있다. INSERT 문은 한 번에 한 투플씩 삽입되는 것과 한 번에 여러 개의 투플이 삽입되는 것으로 구분된다.

(예1) 한 번에 한 투플씩 삽입

질의: **학번:20188991, 성명:'오영주', 학과: '컴퓨터', 전화번호:'010-7651-7640'인 학생을 삽입하라.**

```
INSERT
INTO        학생(학번, 성명, 학과, 전화번호)
VALUES      (20188991, '오영주', '컴퓨터', '010-7651-7640');
```

또는

```
INSERT
INTO        학생
VALUES      (20188991, '오영주', '컴퓨터', '010-7651-7640');
```

위의 INSERT 문에서는 INTO 절에 학생 테이블에 있는 열이 모두 명시되었다. 이 순서가 학생 테이블 정의어에서 정의된 순서와 같은 경우에는 두 번째 INSERT 문처럼 열 이름의 나열을 생략할 수 있다. 열 이름이 생략되면 SQL은 자동적으로 전체 애트리뷰트들 중에서 왼쪽부터 오른쪽으로 순차적으로 삽입된다.

(예2) 한 번에 여러 개의 투플들을 삽입

질의: **학생 테이블에서 '컴퓨터'과 학생의 학번, 성명, 전화번호를 검색하여 컴퓨터 테이블에 삽입하라.**

```
INSERT
INTO        컴퓨터(학번, 성명, 전화번호)
SELECT      학번, 성명, 전화번호
FROM        학생
WHERE       학과 = '컴퓨터';
```

위의 예에서는 학번, 성명, 전화번호 등의 열이 있는 컴퓨터 테이블이 존재하고 있다는 것을 가정한다. 만일 없는 경우에는 컴퓨터 테이블을 먼저 생성해야 한다. 이 INSERT 문은 SELECT 부속 질의문을 먼저 실행하고 그 결과를 컴퓨터 테이블에 삽입한다.

■ 삭제(DELETE)

기존 테이블에 데이터를 삭제하는 작업이다. 삭제 작업에서는 삽입 작업과는 반대로, 참조되는 테이블의 삭제 작업은 참조 무결성 제약조건에 위배 될 수 있으나, 참조하는 테이블에서 투플을 삭제하면 참조 무결성에 위배되지 않는다.

(예1) 단일 레코드 삭제

질의: **학번 20181234인 학생을 삭제하라.**

```
DELETE
FROM        학생
WHERE       학번 = 20181234;
```

(예2) 복수 레코드 삭제

질의: **학생 테이블의 모든 행을 삭제하라.**

```
DELETE
FROM            학생;
```

DELETE 문에서 WHERE 절을 생략하면 해당 테이블에서 모든 투플들이 삭제되어 빈 테이블이 되므로 이는 매우 조심해서 사용해야 한다.

(예3) 중첩 질의문을 이용한 삭제

질의: **과목 'CO123'의 점수가 85점 이상인 '컴퓨터'과 학생을 수강 테이블에서 삭제하라.**

```
DELETE
FROM            수강
WHERE           과목코드 = 'CO123' AND 점수 >= 85 AND
                수강.학번 IN  ( SELECT  학번
                                FROM    학생
                                WHERE   학과='컴퓨터');
```

중첩 질의문의 결과는 { 20181234, 20182587, 20187654 }가 된다. 그래서 수강 테이블에서 학번 20181234인 투플과 학번 20182587인 투플을 삭제하게 된다.

■ 갱신(UPDATE)

기존 테이블의 데이터를 갱신하는 작업이다. 갱신 작업에서는 기본키나 외래키에 속하는 애트리뷰트의 값이 수정되면 참조 무결성 제약조건에 위배 될 수 있다.

(예1) 단일 레코드 변경

질의: **성명이 '유진호'인 학생의 학과를 '컴퓨터'로 변경하라.**

```
UPDATE      학생
SET         학과 = '컴퓨터'
WHERE       성명 = '유진호';
```

(예2) 복수 레코드 변경

질의: **과목 'CO123'의 점수를 2점씩 증가시켜라.**

```
UPDATE      수강
SET         점수 = 점수 + 2
WHERE       과목코드 = 'CO123';
```

(예3) 중첩 질의문을 이용한 변경

질의: **'컴퓨터'과 학생의 점수를 2점씩 증가시켜라.**

```
UPDATE      수강
SET         점수 = 점수 + 2
WHERE       학번 IN
           (SELECT 학번
            FROM   학생
            WHERE  학과= '컴퓨터');
```

3. SQL 뷰(View)

뷰(View)는 하나 또는 둘 이상의 기본 테이블(base table)로부터 유도되어 만들어지는 가상 테이블(virtual table)을 말한다.

■ 뷰 생성

질의: **학생 테이블의 '컴퓨터'과 학생들로 구성된 학생뷰를 생성하라.**

```
CREATE VIEW 학생뷰(학번, 성명, 전화번호)
        AS  SELECT      학번, 성명, 전화번호
            FROM        학생
            WHERE       학과 = '컴퓨터'
            WITH CHECK OPTION;
```

뷰 생성은 "**CREATE VIEW 뷰이름 AS SELECT 문**" 형태로 만들어진다. 위에 기술한 뷰 정의문에서 WITH CHECK OPTION 절은 이 뷰에 대한 갱신이나 삽입 연산 시 뷰 정의 조건인 학과='컴퓨터'를 위반하면 실행이 거절된다는 것을 기술하는 것이다.

[그림 10-4]는 또 다른 뷰의 생성과 사용 예를 보여주고 있다. 기존 title 테이블로부터 다음과 같은 뷰 생성 SQL 문을 사용하여 TitleView를 만들었다.

```
CREATE VIEW TitleView
        AS  SELECT title, author
            FROM   title;
```

이와 같이 뷰를 생성하고 나면 이후부터 사용자는 복잡한 title 테이블과는 상관없이 보기에 간단한 TitleView만 참조하면 된다.

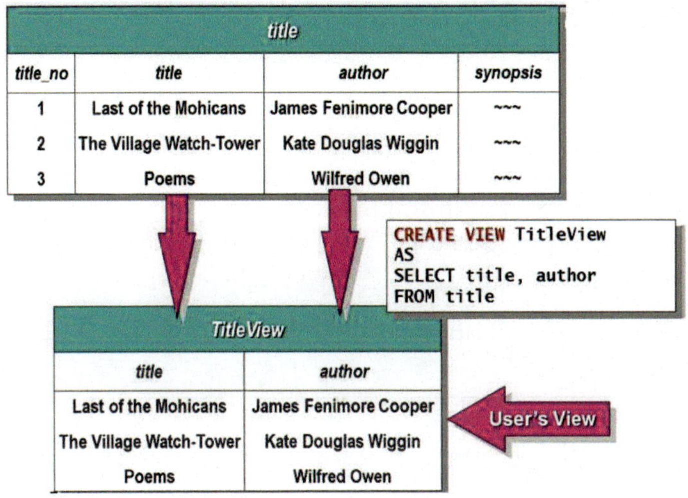

[그림 10-4] VIEW 사용 예

(예1) 집계 함수 사용 예

```
CREATE VIEW 학과별통계(학과, 학생수)
        AS  SELECT      학과, COUNT(*)
            FROM        학생
            GROUP BY    학과;
```

뷰 정의에서 기술되는 SELECT 문에는 GROUP BY 절을 포함할 수 있다. 학과별 통계 뷰는 관련된 행들을 그룹화하여 각 그룹에 대해 그룹 내의 데이터가 요약된 질의 결과를 생성한다. 위의 학과별 통계 뷰 정의문에서 두 번째 열은 집계 함수로부터 유도되기 때문에 열의 이름을 상속받을 수 없어 "학생수"로 명시하였다.

(예2) 두 개 이상의 테이블을 조인해서 뷰 정의

다음 예제는 학생과 수강 테이블을 조인하여 점수가 90점 이상인 결과만 우수학생 뷰로 만들어 주는 예이다.

```
CREATE VIEW 우수학생(성명, 학과, 점수)
        AS      SELECT      학생.성명, 학생.학과, 수강.점수
                FROM        학생, 수강
                WHERE       학생.학번=수강.학번 AND
                            수강.점수 >= 90;
```

조인된 뷰의 다른 사용 예를 살펴보면, [그림 10-5]와 같이 매번 질의 때마다 조인을 할 필요 없이 일단 뷰(여기서는, BirthdayView)로 만들어 두면, 다음 질의문부터는 간단히 BirthdayView만 살펴보면 된다.

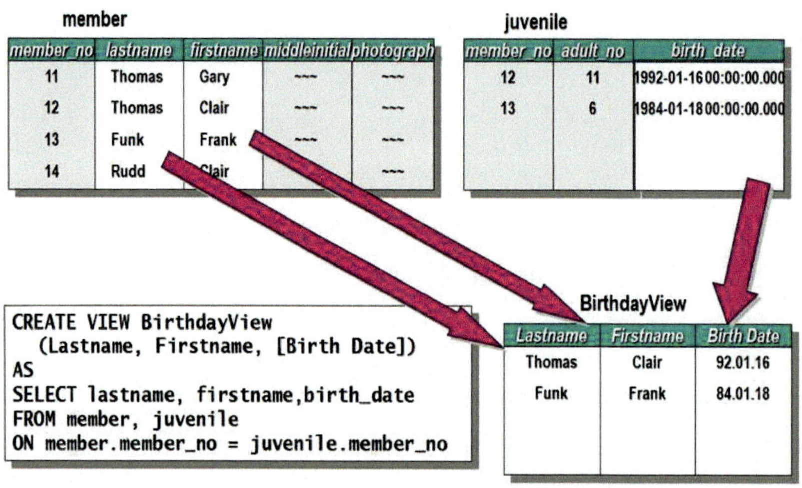

[그림 10-5] 조인된 테이블의 뷰 사용 예

■ 뷰 제거

뷰를 제거할 때는 다음과 같이 DROP 문을 사용한다.

```
DROP VIEW 뷰_이름 { RESTRICT | CASCADE };
```

여기서, RESTRICT는 이 뷰에 종속적인 뷰가 정의되지 않았을 때만 뷰를 삭제하도록 지시하고, CASCADE는 이 뷰뿐만 아니라 이 뷰에 종속적인 다른 모든 뷰나 제약 조건이 함께 제거된다. 예를 들면, "DROP VIEW 학과별통계 CASCADE;"라고 하면 뷰 학과별 통계가 제거될 뿐만 아니라 이 뷰를 기반으로 종속된 다른 뷰들도 자동적으로 제거된다.

■ 뷰의 장단점

이상으로 뷰를 생성하고 사용하는 예를 간단히 살펴보았다. 이러한 뷰를 만드는 장점과 이에 대한 단점을 간단히 요약하면 다음과 같이 정리될 수 있다.

뷰의 장점:

- 관련된 데이터만 이용 가능하다.
- 중요하고 적합한 데이터만으로 구성 가능하다.
- 민감한 데이터에 대한 접근 금지(보안)가 가능하다.
- 데이터베이스의 복잡성을 해소할 수 있다.
- 복잡한 데이터베이스의 구조를 숨길 수 있다.
- 복잡한 질의를 단순화 할 수 있다.
- 권한 부여를 단순화 할 수 있다.

뷰의 단점:

- 정의를 변경할 수 없다.
- 삽입, 삭제, 갱신 연산에 제한이 많다.

4. 삽입 SQL

지금까지는 터미널에서 대화식 질의어로 사용되는 SQL 문들을 살펴보았다. 그러나 실제로는 응용 시스템을 개발할 때 프로그램 속에 SQL이 삽입된 형태로 더 많이 사용된다. 즉, Java, Visual Basic, C, C++, Python 등과 같은 범용 프로그래밍 언어로 된 응용 프로그램 속에 삽입된 형태로 많이 사용된다. 프로그래밍 언어와 SQL 문을 함께 사용하여 응용 프로그램을 개발할 때, 터미널에서 대화식으로 사용 가능한 모든 SQL 문은 응용 프로그램에서도 그대로 사용할 수 있는 **이중 모드 (dual mode)** 특성을 가지고 있으므로 별도로 삽입 SQL 작성법을 배울 필요 없이 쉽게 작성 가능하다.

■ 삽입 SQL을 포함하는 응용 프로그램의 특징

여기서는 삽입 SQL 사용을 위한 특징을 C 프로그램 기준으로 설명하겠다. 하지만 기본적인 원리는 다른 프로그램 언어들과 비슷하다.

- 범용 프로그래밍 언어로 작성 중인 프로그램에 삽입된 SQL 문들은 반드시 문장의 앞부분에 **EXEC SQL**을 붙여 다른 호스트 언어 명령문과 쉽게 구별할 수 있도록 한다.
- SQL 문은 입력값과 데이터 출력을 위해 C 프로그램의 변수들을 포함할 수 있다. 이를 호스트 변수(host variable)라고 부르고, 호스트 변수는 삽입 SQL의 선언부에서 **BEGIN DECLARE SECTION**과 **END DECLARE SECTION** 문을 사용하여 선언된다. 삽입 SQL 문에 이러한 호스트 변수가 사용될 때에는 변수 이름 앞에 콜론(:)을 붙여서 동일한 이름을 가진 애트리뷰트 이름들을 쉽게 구별할 수 있도록 한다. 따라서 호스트 변수와 데이터베이스의 애트리뷰트 이름은 같아도 무방하다.
- 호스트 변수와 이에 대응하는 SQL 열의 데이터 타입은 일치해야 된다. 호스트 언어에서 제공하는 데이터 타입과 DBMS가 제공하는 데이터 타입이 서로 불일치하는 문제를 임피던스 불일치(impedance mismatch)라고 한다.
- SQL 명령문을 수행한 후 상태 정보를 저장하는 호스트 변수 **SQLSTATE**를 포함한다. SQL 문이 실행되면 실행 상태(즉, 성공, 실패, 오류) 표시가 이 SQLSTATE를 통해 프로그램에 전달된다.

■ 응용 프로그램에 SQL 삽입 예

SQL 문들은 문장의 앞부분에 EXEC SQL을 붙이고, 호스트 변수는 사용하기 전에 반드시 SQL 선언부인 BEGIN DECLARE SECTION 속에 선언되어야 한다.

```
EXEC SQL BEGIN DECLARE SECTION;     /*호스트 변수 선언*/
        int     sno;
        char    sname[10];
        char    sdept[20];
        char    SQLSTATE[6];
EXEC SQL END DECLARE SECTION;
sno = 20181234;
EXEC SQL        SELECT 학번, 성명, 학과
                INTO    :sno, :sname, :sdept
                FROM    학생
                WHERE 학번 = :sno;
                                    /*삽입 SQL(호스트 변수 포함)*/
IF(SQLSTATE = '00000')              /* 실행 상태*/
      ............ ;
ELSE ............ ;
```

■ C 프로그램 사용 예(단일 레코드 검색)

```
#include <studio.h>
int main ()
{
  EXEC SQL BEGIN DECLARE SECTION;
        int     sno;
        char    sname[10];
        char    sdept[20];
  EXEC SQL END DECLARE SECTION;
  sno = 20181234;
  EXEC SQL CONNECT TO academicDB USER kim;
  EXEC SQL      SELECT sno, sname, sdept
                INTO    :sno, :sname, :sdept
                FROM    student
                WHERE   sno = :sno;
  printf("Student no: %s, name: %s, dept: %s", sno, sname, sdept);
  return (0);
}
```

위 프로그램은 호스트 변수를 사용한 C 프로그램의 예를 보여준다. SQL 문은 학생 테이블에서 학번이 20181234인 학생의 학번, 성명, 그리고 학과를 검색하는 질의문이다. 여기서 결과는 간단하게 한 레코드만 검색된다. 이와 같이 WHERE절을 만족하는 레코드가 오직 하나만 있을 때를 **단일 레코드 검색(singleton SELECT)**이라 하고, 그 레코드의 학번, 성명, 학과 값이 호스트 변수 sno, sname, sdept에 저장된다.

이와 비슷한 단일 레코드 갱신을 한번 살펴보자. 만일 "학번 20183654 학생이 수강한 학생의 점수를 호스트 변수 x값만큼 증가시켜라"와 같은 SQL 문은 다음과 같이 표현하면 된다.

```
EXEC SQL       UPDATE 수강
               SET      점수 = 점수 + :x
               WHERE  학번 = 20183654;
```

■ 복수 레코드 검색

SQL 검색이 위와 같이 항상 한 개의 레코드만 검색되는 것은 아니다. 여러 개의 레코드가 검색되는 경우가 더 일반적이다. 따라서 이에 대한 처리가 필요하다. SQL 문과 프로그래밍의 가장 큰 차이점은 DBMS에서 SQL은 결과를 한 번에 여러 레코드를 한 집합처럼 처리할 수 있지만, 프로그래밍에서는 한 줄씩 반복해서 루핑을 돌면서 반복 처리되어야 하는 것이다. 이처럼 프로그래밍에서 SQL 결과 집합 레코드를 하나씩 반복 접근하기 위해서 **커서(cursor)**를 사용해야 한다. 커서를 이용한 삽입 SQL 문의 사용은 다음과 같다.

- 커서를 정의하려면 **DECLARE CURSOR** 문을 사용한다. DECLARE CURSOR 문은 뒤에 나오는 SELECT 문을 연결한다. SELECT 문은 입력 매개변수들을 위해서 호스트 변수들을 포함할 수 있다.
- 커서는 투플들의 집합에 속하는 각 투플을 가리키는 포인터로 생각할 수 있다. 커서를 선언한 후 CURSOR가 **OPEN**될 때 SELECT 문이 실행되고, 질의 수행 결과의 첫 번째 투플 이전을 커서가 가리키게 된다. 이것이 커서의 현재 투플이 된다.
- 그 다음에 **FETCH** 문은 커서를 다음 투플로 이동하고, 그 투플의 애트리뷰트 값들을 FETCH 문에 명시된 호스트 변수들에 복사한다.
- DO ... END 문 내에서 루프(loop)를 수행하고, 더 이상 레코드가 없으면 루프

가 종료되며 CLOSE 문에서 커서를 닫는다. 이후부터는 질의 수행 결과를 더 이상 접근할 수 없다.

커서를 이용한 복수 레코드의 검색 예는 다음과 같다.

```
EXEC SQL DECLARE cur CURSOR FOR  /*커서의 정의*/
            SELECT 학번, 성명, 학과
            FROM   학생
            WHERE  학과 = :sdept;
EXEC SQL OPEN cur;               /*SELECT 문 실행*/
DO
    EXEC SQL FETCH cur INTO :sno, :sname, :sdept;
      ..........................  /*다음 레코드 채취*/
      ..........................
END;
EXEC SQL CLOSE cur;              /*커서 종료*/
```

갱신할 투플에 대해 커서를 정의할 때에는 커서 선언부에 **FOR UPDATE [속성명]** 절을 반드시 포함시킨다. 그런 후 UPDATE 구문의 WHERE 절에서 "**CURRENT OF 커서이름**" 형태로 갱신하고자 하는 투플의 위치를 지정해 준다.

- 변경

```
EXEC SQL    UPDATE          학생
            SET             학과 = :sdept
            WHERE CURRENT OF cur;
```

- 삭제

```
EXEC SQL    DELETE
            FROM            학생
            WHERE CURRENT OF cur;
```

5. 동적 SQL

온라인 애플리케이션은 온라인 터미널로 데이터베이스 접근을 지원하는 (실시간) 응용 프로그램을 말한다. 온라인 애플리케이션의 수행 과정은 일반적으로 다음과 같다.

1. 온라인 터미널로부터 명령문을 접수한다.
2. 입력된 명령문을 분석한다.
3. 데이터베이스에 대한 적절한 SQL 문으로 지시한다.
4. 터미널에 메시지나 결과를 반환한다.

이때 입력 명령문은 상황에 따라 다를 수가 있으므로 SQL 문을 미리 만들어 두는 것은 불가능하다. 따라서 SQL 문을 동적으로 작성하여 이를 실시간으로 처리하는 것이 더 바람직하다. 이를 지원하기 위한 기능을 동적 SQL(dynamic SQL)이라 하고 동적 SQL을 위한 가장 중요한 기본적인 명령문은 **PREPARE**와 **EXECUTE**이다.

```
varchar staticSQL[256];
staticSQL = "SELECT * FROM 수강
                       WHERE 과목코드='C0123' AND 점수>=90";
EXEC SQL PREPARE stSQL FROM :staticSQL;
EXEC SQL EXECUTE stSQL;
```

위 예제에서 staticSQL은 변수로써 SELECT 문을 저장한다. 반면에 stSQL은 호스트 변수가 아니라 SQL 변수로써 staticSQL에 저장된 SQL 문의 목적 코드를 저장하는데 사용된다. **PREPARE** 문은 주어진 SQL 문을 예비 컴파일하여 목적 코드를 생성하고 stSQL에 저장시킨다. 다음 **EXECUTE** 문은 저장되어 있는 stSQL의 SQL 목적 코드를 실행한다. 결과적으로 수강 테이블에서 과목코드가 'C0123'이고 점수가 90점 이상인 레코드들이 검색된다.

여기서 과목코드와 점수가 고정되어 있다. 만일 고정된 값이 아닌 동적으로 변경 가능한 과목코드와 점수를 대입하려고 하면 이 부분에 호스트 변수를 넣어야 한다. 그러나 스트링으로 표현되는 staticSQL에는 호스트 변수를 사용하지 못한다. 그렇지만, 호스트 변수 대신에 물음표(?)로 표현되는 매개변수는 사용 가능하다. 즉 다음과 같은 표현은 가능하다.

```
varchar dynamicSQL[256];
dynamicSQL = "SELECT * FROM 수강
                        WHERE 과목코드=? AND 점수>=?";
EXEC SQL PREPARE dySQL FROM :dynamicSQL;
            code = 'CO123';
            score = 90;
EXEC SQL EXECUTE dySQL USING :code, :score;
```

위의 dynamicSQL에는 2개의 물음표 매개변수가 포함되어 있다. 물음표를 포함한 SQL 문을 실행하기 위해서는 **USING** 절을 사용한다. USING 절을 가진 EXECUTE 문에 물음표 인자 값들을 설정한다. 이 예에서는 호스트 변수 :code와 :score의 값이 SELECT 문의 물음표 순서에 대응하게 된다.

지금까지는 C를 기반으로 한 삽입 SQL을 설명하였다. 다음 예는 실 응용에서 가장 많이 사용되는 Java에서의 SQL Programming을 보여주고 있다. 사용되는 DBMS는 본 교재에서 채택하고 있는 MySQL이다. 참고로 [실습 2]에서 실제로 Java SQL Programming을 위한 실습을 수행해 본다.

```
public static void main (String[] args)
{
    Connection conn = null;
    String url = "jdbc:mysql://localhost/academicDB"; //academicDB 사용
    String id = "root";
    String pass = "root";
    Statement stmt = null;
    ResultSet rs = null;
    String query = "select * from student";
      try {
            conn = DriverManager.getConnection(url, id, pass);
            stmt = conn.createStatement();
            rs = stmt.executeQuery(query);
            while(rs.next()) {
                  System.out.println(rs.getInt(1) + ", " + rs.getString(2));
            }
         }
         rs.close();
         stmt.close();
         conn.close();
}
```

연습문제

1. 다음 SQL문이 검색하는 내용은 무엇인가?

```
SELECT     S1.학번, S2.학번
FROM       학생 S1, 학생 S2
WHERE      S1.학과 = S2.학과
```

① 학생들의 이름을 검색하라.
② 학생들의 학과를 검색하라.
③ 같은 학과 학생들의 학번을 쌍으로 검색하라.
④ 학번이 같은 학생들의 학과를 쌍으로 검색하라.

2. SQL에서 명령어 짝의 연결이 부적절한 것은?
① UPDATE .../ SET ...
② INSERT .../ INTO ...
③ DELETE .../ FROM ...
④ SELECT .../ VALUES ...

3. 다음 릴레이션 R에서 필드 D의 값 'y'를 검색하려 한다고 하자. 올바른 질의문이 아닌 것은?

R

A	B	C	D
1	a	1	x
2	b	2	x
3	c	1	y

① SELECT D FROM R WHERE A=3;
② SELECT D FROM R WHERE B='c';
③ SELECT D FROM R WHERE C=1;
④ SELECT D FROM R WHERE NOT D='x';

4. 입교 지원 현황을 조회하고자 할 때 다음 예시된 SQL 구문으로 알 수 없는 것은?

```
SELECT  지원자, 지원학과, 전화번호
FROM  지원자
WHERE  점수>59
ORDER BY  지원학과, 점수 DESC;
```

① 지원자, 지원학과, 전화번호 테이블을 검색한다.
② 점수가 60점 이상인 지원자만을 검색한다.
③ 전체에 대해 점수순(내림차순)으로 정렬된다.
④ 지원학과별 점수 순위를 알 수 있다.

5. 다음 Employee 테이블에서 아래의 SQL문을 실행했을 때 검색 결과 행의 수는?

Employee

No	Dept_Id
100	D1
200	D2
300	D3
400	D1
500	D2

```
SELECT Dept_Id
FROM Employee
GROUP BY Dept_Id
HAVING COUNT(*) >= 2;
```

6. 다음 질의어를 SQL 문장으로 바르게 나타낸 것은?

질의: 100번 직원의 봉급을 50% 인상하라.
(단, 직원 테이블에 직원번호, 봉급의 열이 있다고 가정한다.)

① INSERT 직원(직원번호, 봉급) VALUES (100, 봉급*1.5);
② INSERT 직원(직원번호, 봉급) VALUES (100, 봉급*50);
③ UPDATE 직원 SET 봉급=봉급*1.5 WHERE 직원번호=100;
④ UPDATE 직원 SET 봉급=봉급*50 WHERE 직원번호=100;

7. 뷰(View)의 이점으로 가장 거리가 먼 것은?
① 유도된 관련 데이터만 쉽게 변경할 수 있다.
② 숨겨진 데이터를 위한 자동 보안이 제공된다.
③ 사용자의 데이터 관리를 간단하게 해준다.
④ 권한 부여를 단순하게 해 준다.

8. Which SQL keyword must be used to remove duplicate rows from the result relation?
   ① DELETE　　② DISTINCT
   ③ NOT EXIST　　④ UNIQUE

9. Which of the following describes the dynamic SQL?
   ① It provides commands for defining relational schemes.
   ② It includes a query language based on the relational algebra.
   ③ SQL statements are hard-coded into the application.
   ④ The structure is not determined until run time.

10. 다음 질의문에 대한 SQL 문으로 가장 적절하지 않은 것은?

질의: 과목 A의 점수가 90점 이상인 학생의 학번과 이름은?

학생

학번	이름	학년
11	김철수	2
12	박영희	3
13	이민수	4

등록

학번	과목	점수
11	A	94
11	B	91
13	A	91

① select 학번, 이름 from 학생 where 학번 in (select 학번 from 등록 where 과목='A' and 점수>=90)
② select 학번, 이름 from 학생 where exists (select * from 등록 where 학생.학번=등록.학번 and 과목='A' and 점수>=90)
③ select 학번, 이름 from 학생 where 학번 = (select 학번 from 등록 where 과목='A' and 점수>=90)
④ select 학생.학번, 이름 from 학생, 등록 where 학생.학번=등록.학번 and 과목='A' and 점수>=90

11. 학생과 과목에 대한 다음 두 개의 질의를 수행한 결과의 합은 얼마인가?

질의1: select count(*) from 학생 where 점수 >= any (select avg(점수)
　　from 학생 group by 학과 having avg(점수) > 60);
질의2: select count(*) from 학생 where 점수 > (select max(점수)
　　from 학생 where 학과 in (select 학과 from 과목 where 학년=3));

학생

학번	학과	점수
1234	컴퓨터	60
2587	컴퓨터	50
3654	경영	60
4652	전자	70
5753	기계	55
7654	컴퓨터	40

과목

학과	과목명	학년
컴퓨터	DB	3
경영	MIS	3
기계	ME	4

① 1 ② 2 ③ 3 ④ 4

12. R은 A, B, C 3개의 속성으로 구성된 릴레이션이고, S는 A와 D의 속성으로 구성된 릴레이션이다. 다음 관계형 대수를 SQL 문으로 변경하시오.

$$\Pi_{A,B,C}(\sigma_{R.A=S.A \wedge D=100}(R \times S))$$

13. 다음 질의에 대한 SQL 문장을 작성하라. 사용되는 데이터베이스는 [그림 7-6]에 나타나 있는 학사 관계형 데이터베이스이다.

- 학생 테이블에서 학과가 '컴퓨터'인 학생의 학번과 성명을 검색하라. (단 학번은 내림차순)
- 과목코드 'CO423'에 등록하지 않은 학생의 학번과 성명을 검색하라.
- 학생 테이블에서 학번이 20181234인 학생의 학과를 '경영'으로 수정하라.
- 과목 테이블에서 과목코드 'CO123' 레코드를 삭제하라.
- 과목코드 'CO234'의 성적이 'A+'인 학생의 학번과 성명은?
- 점수 평균이 90점 이상인 학생의 학번과 점수 평균 (속성이름은 '평균'으로)을 Group By를 이용하여 검색하라.

실습문제

실습 1: 다음 질의에 대해 MySQL DBMS에서 SQL 문을 작성하여 수행한 결과를 보여라.

① 학생 테이블 전부를 검색하라.
② 학생 테이블에 어떤 학과들이 있는지 검색하라.
③ 과목 테이블에서 학점이 3이고 학년이 4인 과목코드와 과목명을 검색하라.
④ 과목코드가 'CO'로 시작하는 과목의 과목코드와 과목명을 검색하라.
⑤ 강의 테이블에서 강의실이 NULL인 교수번호와 과목코드를 검색하라.
⑥ 수강 테이블에서 점수가 80점부터 90점 사이의 열들을 검색하라.
⑦ 수강 테이블에서 점수가 80점 이상인 학생의 학번과 성적을 검색하되, 학번은 오름차순으로, 같은 학번에 대해서 성적은 내림차순으로 검색하라.
⑧ 수강 테이블에서 과목코드 'CO123'에 수강한 학생의 학번과 점수에 2점을 더한 값을 검색하되, 학번의 열 이름은 "DB수강학번", 점수의 열 이름은 "수정점수", 그리고 그 사이에 "최종점수 = "라는 텍스트 내용을 "내용"이라는 열 이름으로 디스플레이하라.
⑨ 과목번호 'CO423'에 수강한 학생의 성명, 학과, 성적을 검색하라.
⑩ 같은 학과 학생들의 학번을 쌍으로 검색하라. 단 첫 번째 학번은 오름차순으로 정렬하라.
⑪ 학생 테이블에 학생 수가 얼마인가를 검색하라.
⑫ 과목 'CO123'에 대한 점수의 평균은 얼마인가?
⑬ 과목별 점수의 평균을 검색하라.
⑭ 2명 이상 수강한 과목에 대한 점수의 평균을 검색하라.
⑮ 학생 '김철수'와 같은 학과에 속하는 학생의 성명을 검색하라 (중첩 질의문 사용).
⑯ 과목코드 'CO123'을 수강한 학생의 성명을 검색하라(중첩 질의문 사용).
⑰ 과목코드 'CO123'에 수강하지 않은 학생의 성명을 검색하라(중첩 질의문 사용).
⑱ 과목 'CO123'에 수강한 학생의 성명을 검색하라(exists문 사용).
⑲ '컴퓨터'과 학생이거나 또는 'EE123'에 수강한 학생의 학번을 검색하라(union 키워드 사용).

실습 2: 다음 내용을 참고하여 JAVA SQL Programming을 MySQL을 기반으로 직접 실습해 보자.

(1) 자바와 이클립스 설치

우선 자바 SQL 프로그래밍을 할려면 자바와 데이터베이스가 설치되어 있어야 한다. 데이터베이스는 MySQL이 이미 설치되어 있고 여기서는 자바를 설치하는 방법을 살펴보자. 오라클은 2019년 1월부터 유료화 정책을 시행함에 따라 학습자들은 오라클에서 배포하는 유료 OracleJDK 대신 무료인 Github 등 개방형 JDK를 지원하고 있어 아직까지는 문제가 되지 않고 있다. OpenJDK 설치는 여러 방법이 있을 수 있는데, jdk.java.net, adoptopenjdk.net(2021년 10월부터 adoptium.net으로 변경되었음), github.com 등에 접속하여 다운로드 받을 수 있다. 그렇지만 이클립스를 설치하면 자바 실행 화일이 포함되어 있으므로 자바를 설치할 필요가 없다.

예전에는 소스 코드를 작성해서 실행하는 과정이 매우 복잡했었다. 먼저 소스 코드 작성 후 컴파일해서 기계어로 바꾼다. 그런 뒤 관련 파일끼리 링크를 시키는 빌더 작업을 한 후 실행 명령을 내렸다. 이렇게 번거러운 작업을 **이클립스**를 사용하면 모든 과정을 한 번에 처리할 수 있고 개발할 때 필요한 여러 가지 작업을 편리하게 도와준다. 그래서 IDE(Integrated Development Environment: 통합개발환경)이라 하는데 이클립스는 여러 가지 IDE 가운데 한가지다. 설치하기도 쉽고, 기능도 탁월하며 거기다 무료로 사용할 수 있으므로 개발자들이 많이 사용하고 있다. 이클립스는 2001년부터 개발이 시작된 소프트웨어로 그만큼 버전들도 많지만 2018년 Photon 버전을 마지막으로 '년도-월'을 네이밍으로 사용하고 있다. 그럼 이클립스를 다운로드 받고 설치하는 과정을 살펴보자. 현재 최신 이클립스 배포판은 2023-09로 https://www.eclipse.org/downloads/ 사이트에서 다운로드 받을 수 있다.

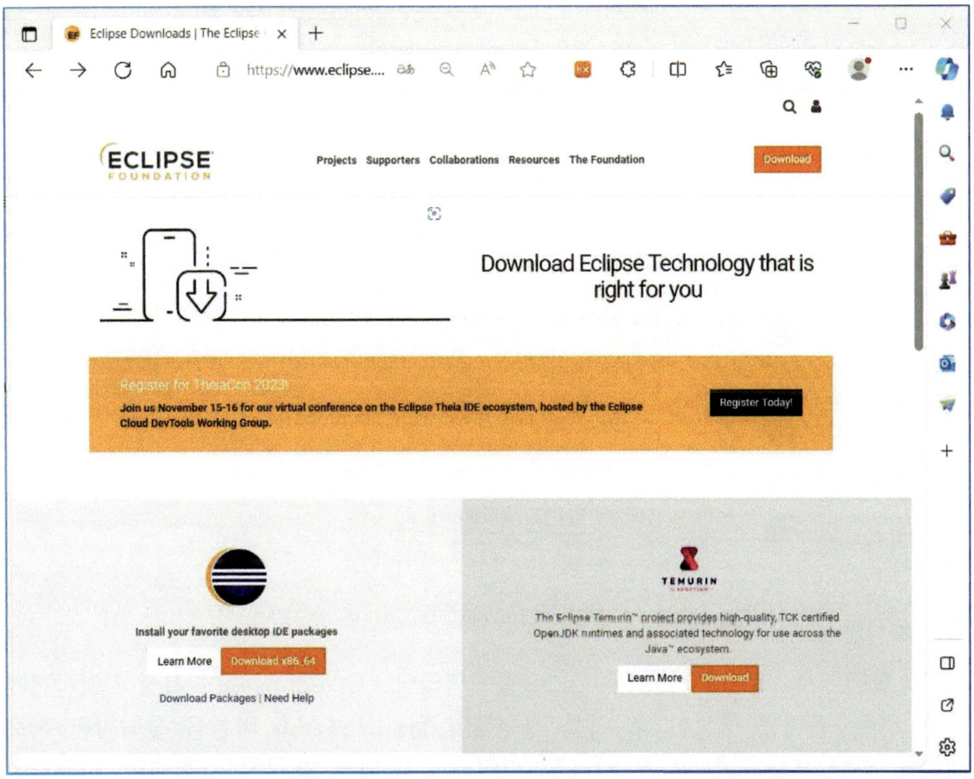

그림에서 하단부에 있는 Download x86_64를 클릭하면 다운로드 Mirror 사이트로 이동한다. 여기서 **Download** 버튼을 클릭하면 다운로드할 수 있다. 2021-09 버전부터 이클립스는 JRE를 포함하고 있으므로 이클립스를 설치하면 굳이 자바를 설치할 필요가 없다. 여기서 다운로드 파일을 클릭하면 자기 컴퓨터로 다운로드 되고 다운로드된 파일을 클릭하여 이클립스 설치를 시작하면 다음과 같은 화면이 나타나는데 **Eclipse IDE for Java Developer**를 선택한다.

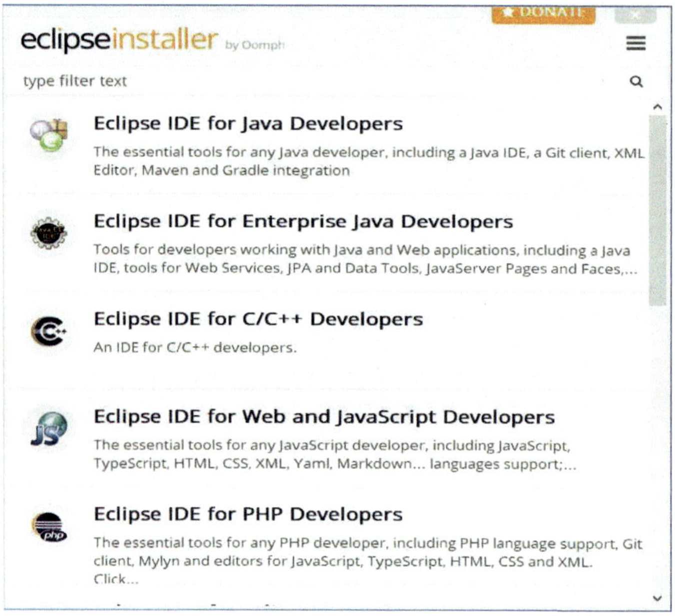

다음 화면에서 Installation Folder를 편의상 C:\eclipse로 지정하고(사전에 C:\eclipse 폴더를 생성한 후 이를 선택해야 됨) INSTALL 버튼을 클릭하면 바로 설치를 진행한다. 설치 중에 사용자 라이센스 동의를 요구하는 화면이 나타나면 Accept를 클릭해야 설치가 계속 진행된다. 설치가 완료되면 LAUNCH를 클릭하여 이클립스를 바로 실행해 볼 수 있다. 이때 Workspace를 지정하는 화면이 나오는데 이것도 편의상 C:\eclipse를 선택하고 Use this as the default를 체크한 후 Launch를 한번 더 클릭한다. Welcome 화면에서 Hide를 클릭하고 시작하면 된다. 바탕화면에 이클립스 바로가기 아이콘이 보일 것이다.

(2) JDBC 개요 및 환경 설치

JDBC는 자바 프로그램과 데이터베이스를 연결하는 프로그래밍 방식을 이야기하는 것이다. 여기서 가장 중요한 것은 자바와 데이터베이스를 연결하는 것과 자바와 데이터베이스 간의 대화를 위한 API 함수이다. 먼저 JDBC에서는 자바 프로그램과 데이터베이스를 연결하기 위한 드라이버를 설치해야 한다. 그러면 지금부터 드라이버를 설치하는 방법을 알아보자.

이전 버전의 경우에는 http://dev.mysql.com/downloads에서 Connect/J를 다운

로드 받아 jar 파일을 jdk가 설치된 ext 폴더에 복사해서 넣으면 되었지만 현재 버전의 경우에는 Classpath만 지정해 주면 된다. Classpath는 자바 가상 기계에서 클래스 파일을 읽어 들일 때 읽어 들일 위치를 지정하는 것이다. 먼저 드라이버를 다운로드 해보자. http://dev.mysql.com/downloads에서 Connect/J를 클릭한다. 현재 버전은 8.2.0이고 아래와 같이 Select Operating System:은 Platform Independent를 선택하고 ZIP 파일을 다운로드 한 후 압축 파일을 적당한 위치에 푼다.

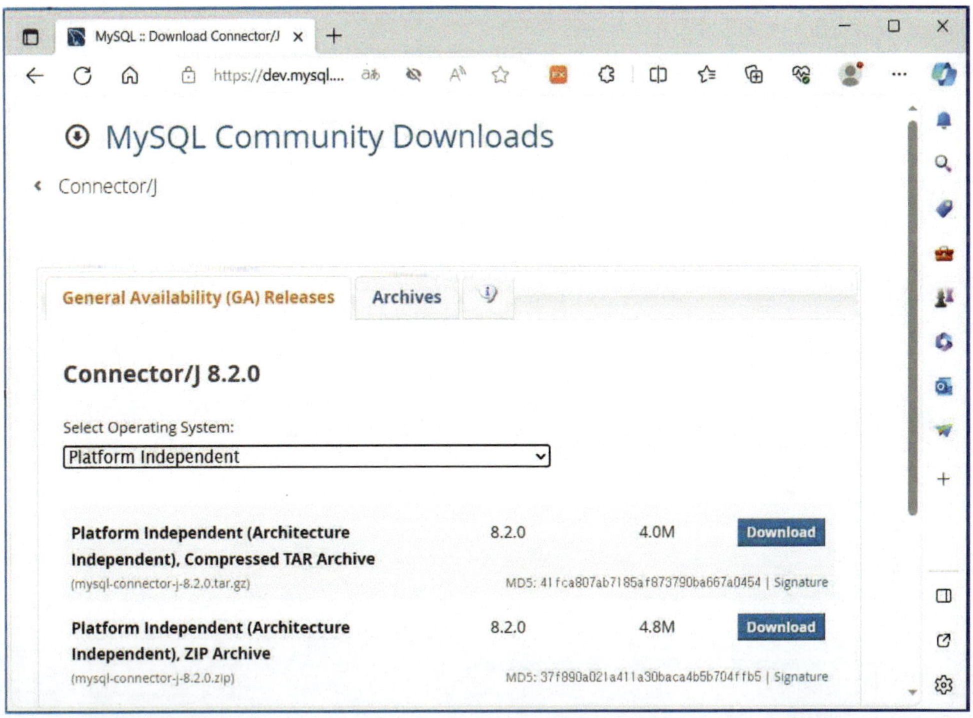

(3) JDBC 프로그래밍

1단계 작업은 DBMS와 연결하여 사용할 드라이버가 있는지 확인하는 단계이다. 여기서 굳이 인스턴스를 발생시키지 않더라도 드라이버 존재 유무만 확인하면 프로그램 실행에는 큰 지장이 없다. 드라이버 클래스를 찾는 방법은 자바의 Class라는 클래스를 이용한다. 당연히 해당 클래스를 찾지 못했을 때 발생하는 예외는 처리해 주어야 한다. 여기서 예외 없이 정상적으로 실행되면(즉, OK!가 나오면) 해당 드라이버 클래스를 찾았다는 이야기이다. 이것을 찾아야 다음 단계로 넘어갈 수 있다. 자바 프로그램은 보통 Eclipse 툴을 사용하여 실행한다. 다음은 JDBC 드라이버 작동 여부를 체크하는 자바 프로그램이다. 이제 이클립스에서 이 프로그램을 직접 실행해 보자.

```
public class JDBCtest {
  public static void main (String[] args)
  {
      try {
          Class.forName("com.mysql.cj.jdbc.Driver");
          System.out.println("OK!");
      } catch(ClassNotFoundException ee) {
          System.err.println("Error!");
      }
    }
}
```

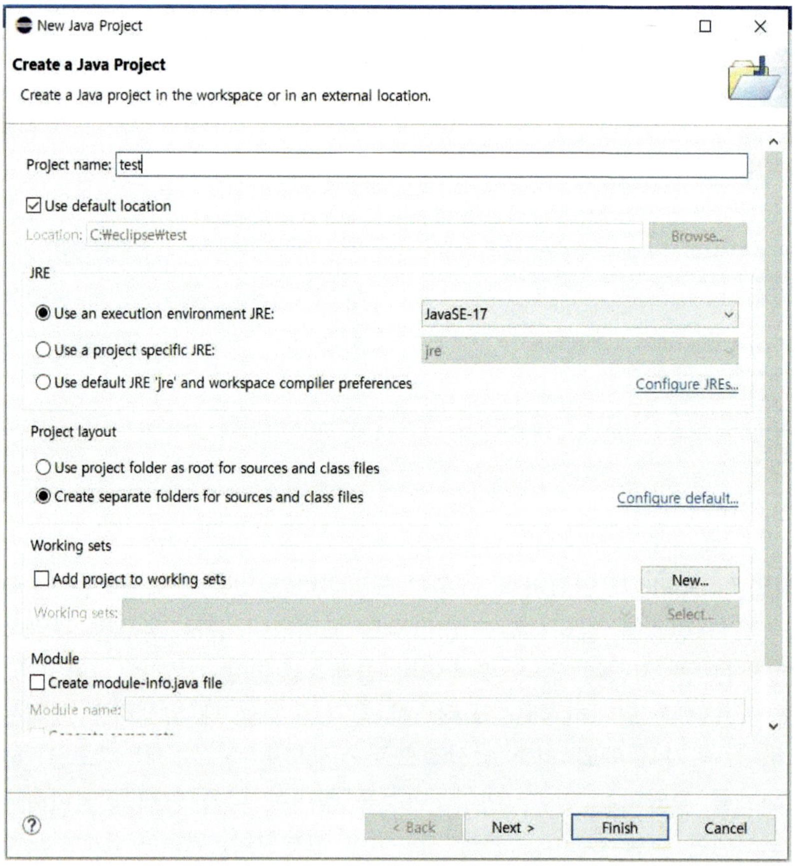

이클립스에서 File > New > Java Project를 클릭한 후 Project name을 test라고 입력하고 Finish 버튼을 클릭한다. 만일 Module가 체크되어 있다면 이를 해제한다. 참고로 이클립스 2022-09 버전 이후부터는 모듈 만들기 체크를 해제하여 프로젝트 만들기를 실행해야만 정상적으로 작동될 수 있다. 다음으로 test 프로젝트 클릭 > 마우스 오른쪽 버튼 클릭 > New > Class를 클릭한 후 Name에 JDBCtest를 입력하고 Finish 버튼을 클릭한다. 편집창에 위 자바 소스를 아래와 같이 입력한다. 여기서 다운로드 받은 mysql-connector-j-8.2.0.jar 화일을 자바 Library에 첨가 시켜야 한다. 즉, test 프로젝트 클릭 > 마우스 오른쪽 버튼 클릭 > Build Path > Configure Build Path...를 클릭한 후 Libraries 탭에서 Modulepath를 클릭하고 Add External JARs..를 클릭한다.

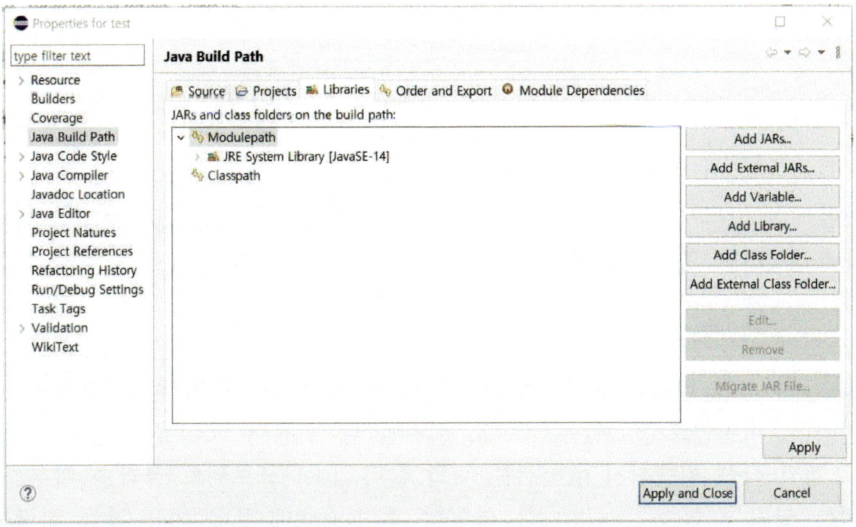

다운로드 받은 mysql-connector-j-8.2.0.jar 화일을 선택하여 열기를 클릭한 후 Apply and Close 버튼을 클릭한다. 그러면 Referenced Libraries 밑에 이 jar 화일이 첨가된다. 이제 이 프로그램을 실행하면 결과창에 OK!가 나타날 것이다.

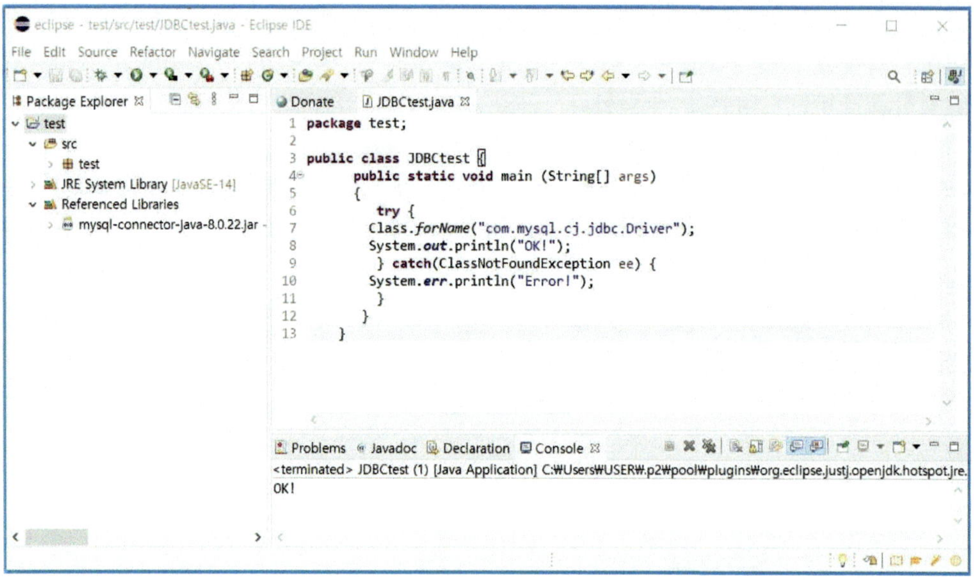

다음은 우리가 이미 생성한 academicDB 안에 있는 student 테이블의 전체 내용을 디스플레이 하는 내용(즉, select * from student)을 테스트 해 보자. 일단 예제를 테스트하려면 몇 개의 데이터를 student 테이블 속에 올바로 입력해 두어야 한다. 이 예제에서 사용한 URL 주소와 비밀번호는 MySQL 설치 시에 설정한 내용과 부합되도록 한 것이다. URL의 ?serverTimezone=UTC 부분은 JDBC 드라이버 5.1 이후 버전부터 타임존을 인식하지 못하는 문제가 발생됨에 따라 이를 추가해 준 부분이다. 비밀번호 pass는 MySQL 설치할 때 사용한 root를 사용하고 있다. 이클립스에서 직접 실행하기 위해서는 위와 같이, test 프로젝트 클릭 > 마우스 오른쪽 버튼 클릭 > New > Class를 클릭한 후 Name에 JDBCtest_01을 입력하고 Finish 버튼을 클릭한다. 그리고 다음과 같은 자바 프로그램 소스를 입력한 후 실행하면 된다. 이클립스 콘솔 화면에 OK!와 SQL 검색 결과가 나오면 성공이다.

```
import java.sql.*;
public class JDBCtest_01 {
public static void main (String[] args)
{
   try {
     Class.forName("com.mysql.cj.jdbc.Driver");
     System.out.println("OK!");
   } catch(ClassNotFoundException ee) {
      System.exit(0);
   }
   Connection conn = null;
   String url = "jdbc:mysql://localhost/academicDB?serverTimezone=UTC";
                                                          //academicDB 사용
   String id = "root";
   String pass = "root";
   Statement stmt = null;
   ResultSet rs = null;
   String query = "select * from student";

   try {
      conn = DriverManager.getConnection(url, id, pass);
      stmt = conn.createStatement();
      rs = stmt.executeQuery(query);
      while(rs.next()) {
         System.out.println(rs.getInt(1)+", "+rs.getString(2)+", “
                                 +rs.getString(3)+", "+rs.getString(4));
       }
       rs.close();
       stmt.close();
       conn.close();
   } catch(SQLException ee) {
     System.err.println("error = " + ee.toString());
   }
}
}
```

다음은 실제 업무에 좀 더 가까운 이름과 주민등록번호 관리 데이터베이스 프로그램을 작성해 보자. 이름과 주민번호를 Eclipse 콘솔을 통해 입력받아 MySQL DBMS로 전송하거나 혹은 현재까지 입력된 데이터를 출력해 볼 용도로 작성된 프로그램이다. 이를 수행하기 위해서는 사전에 다음과 같은 SQL create 문장을 실행하여 academicDB 데이터베이스 안에 test_02 테이블을 만들어 두어야 한다.

```
create table test_02 (
        num int primary key auto_increment,
        name varchar(20) not null,
        jumin varchar(15) not null
);
```

● SQL (insert & select) programming

```
import java.sql.*;
import java.io.*;

public class JDBCtest_02 {
    public static void main(String[] args) throws IOException {
        try {
                Class.forName("com.mysql.cj.jdbc.Driver");
        } catch (ClassNotFoundException ee) {
                System.err.println("error = " + ee.getMessage());
                System.exit(0);
        }
        Connection conn = null;
        String url = "jdbc:mysql://localhost/academicDB?serverTimezone=UTC";
        String id = "root";
        String pass = "root";
        Statement stmt = null;
        PreparedStatement pstmt = null;
        ResultSet rs = null;
        String query = "insert into test_02 values (null, ?, ?)";
        try {
                conn = DriverManager.getConnection(url, id, pass);
                stmt = conn.createStatement();
                pstmt = conn.prepareStatement(query);
        } catch (SQLException ee) {
                System.err.println("error = " + ee.toString());
                System.exit(0);
        }
        // DB 기초작업 끝~!!
        BufferedReader in = new BufferedReader(new
                                InputStreamReader(System.in));
        while (true) {
                System.out.print("1.입력  2.출력  3.종료 = ");
                int x = System.in.read() - 48;
                System.in.read();
                System.in.read();
```

```
				if (x == 1) {
					System.out.print("이 름 : ");
					String name = in.readLine();
					System.out.print("주민번호 : ");
					String jumin = in.readLine();
					try {
							pstmt.setString(1, name);
							pstmt.setString(2, jumin);
							pstmt.executeUpdate();
					} catch (SQLException ee) {
					}
				} else if (x == 2) {
					try {
							rs = stmt.executeQuery("select * from test_02");
							while (rs.next()) {
								System.out.println(rs.getInt("num") + " : "
								+ rs.getString("name") + ", " + rs.getString("jumin"));
							}
							rs.close();
					} catch (SQLException ee) {
					}
				} else if (x == 3)
					break;
				else
					System.err.println("잘못 입력!!");
		}
		// DB 종료!!
		try {
				conn.close();
		} catch (Exception ee) {
		}
	}
}
```

실행을 시켜보면 '1'은 이름과 주민번호를 입력하도록 하고, '2'는 저장된 내용을 select 문을 사용하여 디스플레이한다. '3'을 치면 프로그램이 종료된다. 출력되는 결과 화면은 다음과 같다.

```
Problems  @ Javadoc  Declaration  Console
<terminated> JDBCtest_02 [Java Application] C:\Users\USER
1.입력  2.출력  3.종료 = 1
이 름 : 홍길동
주민번호 : 111111-1234567
1.입력  2.출력  3.종료 = 1
이 름 : 김철수
주민번호 : 222222-3456789
1.입력  2.출력  3.종료 = 2
1 : 홍길동, 111111-1234567
2 : 김철수, 222222-3456789
1.입력  2.출력  3.종료 = 3
```

11장
데이터베이스 정규화

1. 잘못 설계된 데이터베이스
2. 함수 종속성
3. 제1 정규형
4. 제2 정규형
5. 제3 정규형
6. 보이스/코드 정규형
7. 제4 정규형
8. 제5 정규형

1. 잘못 설계된 데이터베이스

본 장에서는 어떻게 좋은 데이터베이스를 설계할 것인가에 대한 이론적인 해결 방안을 알아본다. [그림 11-1]은 잘못 설계된 데이터베이스 예이다. 왜냐하면 같은 학번이 나타날 때마다 학년 애트리뷰트 값도 똑같이 중복적으로 나타나기 때문이다. (참고로, 이 장에서는 편의상 학번을 4자리 숫자로 표현하였다.)

등록

학번	성명	학년	과목코드	성적
1234	김철수	3	CO123	A0
1234	김철수	3	CO423	B+
2587	이영자	3	CO123	A-
2587	이영자	3	CO423	B+
2587	이영자	3	EE123	C0
3654	고영준	4	CO234	A+
4652	김영옥	4	CO123	B0
4652	김영옥	4	CO234	B-
4652	김영옥	4	CO423	D0
4652	김영옥	4	EE123	B+
5753	유진호	2	CO423	B0

[그림 11-1] 잘못 설계된 데이터베이스

위 테이블과 같이 잘못 설계된 데이터베이스에서는 다음과 같은 삭제(deletion), 삽입(insertion), 그리고 갱신(update) 이상이 발생된다. 이러한 **이상(anomaly) 현상**에 대해 예를 들어 살펴보자.

■ 삭제 이상(deletion anomaly)

[그림 11-1]에서 학번 3654 '고영준' 학생이 과목 'CO234'의 등록을 취소할 때는 데이터베이스에서 학번 3654인 투플을 삭제하면 된다. 이때 3654번 학생의 학년이 4라는 정보가 이 투플에만 존재해 있다. 따라서 이 투플을 삭제하게 되면 3654번 학생이 4학년이라는 정보도 함께 삭제되어 이 정보는 더 이상 데이터베이스에서 찾을 수 없게 된다. 이처럼 연쇄 삭제(triggered deletion)에 의해 정보가 영원히 손실되는 현상이 일어나게 된다.

■ 삽입 이상(insertion anomaly)

[그림 11-1] 테이블에 학번이 7654이고 학년이 3인 학생이 복학해서 본인 정보를 입력하려고 할 때 삽입할 수가 없다. 왜냐하면 이 테이블은 학번과 과목코드가 기본키이므로 어떤 과목을 등록하지 않는 한(기본키는 NULL 값을 가질 수 없으므로) 삽입이 불가능하다. 이 학생은 지금 복학해서 아직 과목 신청을 하지 않았기 때문에 과목 정보가 없는데도 불구하고 학생 명부에 입력할 수 없는 이상 현상이 발생된다.

■ 갱신 이상(update anomaly)

학번 4652인 학생의 학년이 잘못 기재되어 4에서 3으로 변경하려고 할 때 학번 4652에 대한 4개의 투플에 대해 모두 변경해야만 데이터베이스가 정확하게 된다. 그런데 만일 하나라도 4 그대로 남아 있으면 데이터 정확성이 무너지게 된다. 즉, 중복 데이터에 대해 일부만 갱신됨으로써 정보의 모순성(inconsistency)이 발생된다.

이러한 이상 현상들이 발생되는 이유는 여러 가지 상이한 정보를 가지고 있는 애트리뷰트들을 무리하게 하나의 릴레이션으로 표현하였기 때문이다. 이러한 문제를 해결하기 위한 방법은 애트리뷰트들 간의 종속성을 분석해서 하나의 릴레이션에는 하나의 종속성만 표현되도록 테이블을 **분해(decomposition)**하는 것이다. 실제로 [그림 11-1]의 등록 릴레이션에서는 학번에 대해서 성명과 학년이 종속 관계를 나타내고, 학번과 과목코드에 대해서 성적이 종속 관계를 나타내고 있다. 종속 관계에 따라 두 개의 릴레이션으로 분해한다면 그 결과는 다음 그림과 같다. 이처럼 하나의 릴레이션을 좀 더 단순하고 바람직한 구조를 갖는 두 개 이상의 릴레이션으로 분해하는 과정을 **정규화(normalization)**라고 한다.

수강생

학번	성명	학년
1234	김철수	3
2587	이영자	3
3654	고영준	4
4652	김영옥	4
5753	유진호	2

성적

학번	과목코드	성적
1234	CO123	A0
1234	CO423	B+
2587	CO123	A-
2587	CO423	B+
2587	EE123	C0
3654	CO234	A+
4652	CO123	B0
4652	CO234	B-
4652	CO423	D0
4652	EE123	B+
5753	CO423	B0

2. 함수 종속성

정규화 과정에서 가장 중요한 작업 중 하나가 함수 종속성을 찾아내는 것이다. 어떤 애트리뷰트 값은 다른 애트리뷰트의 값을 고유하게 결정할 수 있다. 학생(학번, 성명, 학과, 전화번호) 릴레이션에서 학번은 성명을 고유하게 결정한다. 또한, 학번은 학과와 전화번호를 고유하게 결정한다. 즉, 결정자는 주어진 릴레이션에서 다른 애트리뷰트들을 고유하게 결정하는 하나 이상의 애트리뷰트를 의미한다. 예를 들면, 학생 릴레이션에서 학번은 성명, 학과, 전화번호의 결정자이다. 따라서 만일 애트리뷰트 A가 애트리뷰트 B의 결정자이면 B가 A에 **함수 종속(FD: Functional Dependency)**된다고 말할 수 있다. 이러한 함수 종속 관계를 기호로 표시하면, 어떤 릴레이션 R에서 애트리뷰트 A의 값 각각에 대해 항상 애트리뷰트 B의 값이 오직 하나만 연관되어 있다면, B는 A에 함수 종속된다고 하고, A → B로 표기한다. 그러므로 학생 릴레이션에서 함수 종속 관계는 "학번 → (성명, 학과, 전화번호)"와 같이 표현된다.

함수 종속 다이어그램(FD diagram)은 한 릴레이션에서 애트리뷰트들 간의 함수 종속 관계를 쉽게 이해하기 위해 도식으로 표현한 것을 말한다. [그림 11-1]의 등록(학번, 성명, 학년, 과목코드, 성적)을 함수 종속 다이어그램으로 표현하면 [그림 11-2]와 같이 된다. 여기서 기본키는 {학번, 과목코드}이다.

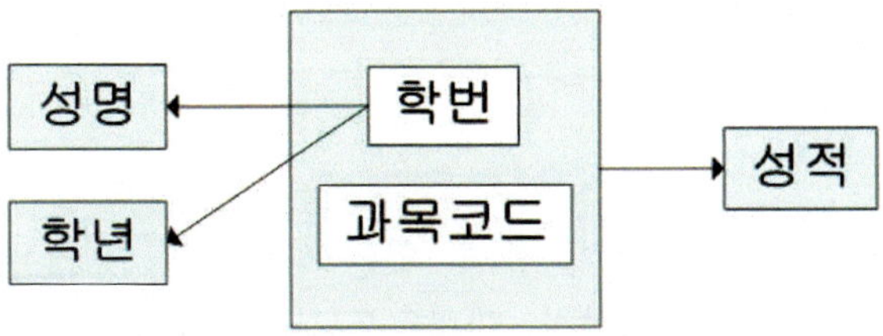

[그림 11-2] 함수 종속 다이어그램(등록 릴레이션)

함수 종속 다이어그램을 그리면 애트리뷰트들 간의 함수 종속 관계를 쉽게 알 수 있다. [그림 11-2]를 살펴보면 함수 종속 관계는 다음과 같이 세 개가 존재하고 있다.

{학번, 과목코드} → 성적
학번 → 성명
학번 → 학년

즉, 다이어그램의 화살표에 의해 성적은 학번, 과목코드에 함수 종속이 되고, 성명과 학년은 학번에 함수 종속이 되는 것을 알 수 있다. 한편, 등록 릴레이션에서 기본키는 학번과 과목코드이므로 기본키를 중심으로 화살표를 살펴보면 성적은 말끔하게 연결되어 있는데 성명과 학년은 사각형에 겹쳐서 표현되고 있다. 이를 기반으로 우리는 성적은 {학번, 과목코드}에 **완전 함수 종속(full functional dependency)** 되었다고 하고, 성명과 학년은 학번에 완전 함수 종속되었다고 할 수 있다. 그러나 성명과 학년은 {학번, 과목코드}에 **부분 함수 종속(partial functional dependency)** 되었다고 한다. 여기서 '완전'은 완벽하게 구성되어 있다고 볼 수 있지만 '부분'은 아직 불완전함을 의미하고 있다.

3. 제1 정규형

[그림 11-3]은 DBMS의 릴레이션이 될 수 없는 정규화 되지 않은 비정규 릴레이션이다. 이 테이블에서 기본키는 {학번, 과목코드}가 될 수 있고, 학번과 과목코드의 조합으로 학생이 등록한 과목의 성적을 식별할 수 있다. 한 학생은 한 사람의 지도교수를 가질 수 있고 한 학과에만 속한다. 그리고 각 지도교수도 한 학과에만 속한다.

등록

<table>
<tr><th>학번</th><th>성명</th><th>학과</th><th>지도교수</th><th>과목코드</th><th>성적</th></tr>
<tr><td rowspan="2">1234</td><td rowspan="2">김철수</td><td rowspan="2">컴퓨터</td><td rowspan="2">이우정</td><td>CO123</td><td>A0</td></tr>
<tr><td>CO423</td><td>B+</td></tr>
<tr><td rowspan="3">2587</td><td rowspan="3">이영자</td><td rowspan="3">컴퓨터</td><td rowspan="3">김용주</td><td>CO123</td><td>A-</td></tr>
<tr><td>CO423</td><td>B+</td></tr>
<tr><td>EE123</td><td>C0</td></tr>
<tr><td>3654</td><td>고영준</td><td>경영</td><td>김재현</td><td>CO234</td><td>A+</td></tr>
<tr><td rowspan="4">4653</td><td rowspan="4">조민수</td><td rowspan="4">컴퓨터</td><td rowspan="4">이우정</td><td>CO123</td><td>B0</td></tr>
<tr><td>CO234</td><td>B-</td></tr>
<tr><td>CO423</td><td>D0</td></tr>
<tr><td>EE123</td><td>B+</td></tr>
<tr><td>5754</td><td>김철호</td><td>컴퓨터</td><td>고현주</td><td>CO423</td><td>B0</td></tr>
</table>

[그림 11-3] 비정규 릴레이션

비정규 릴레이션으로부터 **제1 정규형(1NF: First Noramal Form)**은 쉽게 만들 수 있다. 만일 릴레이션 R에 속한 모든 도메인이 원자 값만으로 되어 있다면 이 릴레이션은 제1 정규형이라 할 수 있다. 따라서 [그림 11-3]의 비정규 릴레이션에서 [그림 11-4]와 같이 학번, 성명, 학과, 그리고 지도교수 애트리뷰트에 보이는 빈칸들을 모두 채운다면 비로써 도메인이 원자 값만으로 구성되었다고 할 수 있고 이 테이블은 제1 정규형에 속한다고 말할 수 있다.

등록

학번	성명	학과	지도교수	과목코드	성적
1234	김철수	컴퓨터	이우정	CO123	A0
1234	김철수	컴퓨터	이우정	CO423	B+
2587	이영자	컴퓨터	김용주	CO123	A-
2587	이영자	컴퓨터	김용주	CO423	B+
2587	이영자	컴퓨터	김용주	EE123	C0
3654	고영준	경영	김재현	CO234	A+
4653	조민수	컴퓨터	이우정	CO123	B0
4653	조민수	컴퓨터	이우정	CO234	B-
4653	조민수	컴퓨터	이우정	CO423	D0
4653	조민수	컴퓨터	이우정	EE123	B+
5754	김철호	컴퓨터	고현주	CO423	B0

[그림 11-4] 제1 정규형

[그림 11-4]와 같은 테이블만 봐서는 릴레이션의 문제점을 발견하기가 쉽지 않다. 그러나 테이블에 대한 함수 종속 다이어그램을 그려보면 우리는 쉽게 문제점을 발견할 수 있다. [그림 11-4]의 제1 정규형에 대한 함수 종속 다이어그램을 그려보면 [그림 11-5]와 같이 된다. 여기서 등록(학번, 성명, 학과, 지도교수, 과목코드, 성적)의 기본키는 {학번, 과목코드}이고, 각 애트리뷰트 간 함수 종속 관계는 다음과 같이 분석된다.

{학번, 과목코드} → 성적
학번 → 성명
학번 → 지도교수
학번 → 학과
지도교수 → 학과

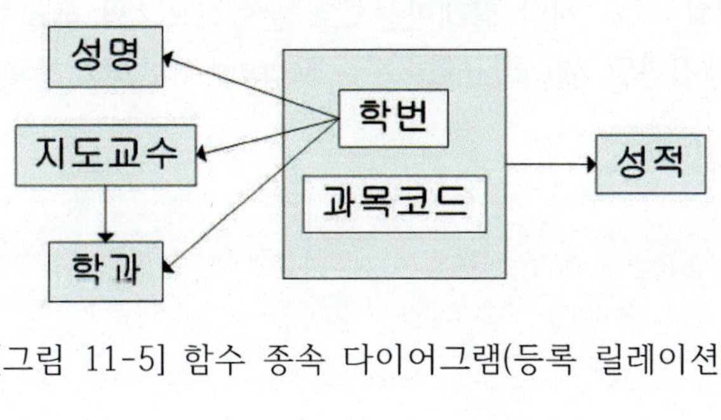

[그림 11-5] 함수 종속 다이어그램(등록 릴레이션)

[그림 11-5]에서 성적은 완전하게 보이지만 성명, 지도교수, 그리고 학과의 화살표는 기본키의 사각형에 겹쳐 있는 것을 볼 수 있다. 즉 아직 불완전하다고 할 수 있다. 등록 릴레이션에서 발생될 수 있는 이상 현상들을 분석하면 다음과 같다.

■ 삽입 이상

학번 7654인 학생이 복학하여 지도교수를 '김용주'로 선정하여 등록 릴레이션에 입력시키려고 한다. 그러나 이 학생은 어떤 과목을 등록하지 않는 한 자신의 투플을 이 테이블에 삽입할 수 없다. 왜냐하면 기본키인 과목코드가 NULL 값으로 되어 있기 때문이다. 이 학생은 복학생으로 아직 과목 신청을 하지 않은 상태로 과목 정보가 당연히 없는데도 불구하고 등록 명부에 입력할 수 없는 이상 현상이 발생된다.

■ 삭제 이상

학번 3654인 학생이 교과목 'CO234'를 등록 취소하고자 할 때, 그 투플을 삭제하면 된다. 그러나 이 투플이 삭제되는 경우 지도교수 '김재현'이 속한 '경영'과 정보까지 삭제되어 더 이상 김재현의 학과 정보는 찾아볼 수 없는 이상 현상이 발생된다.

■ 갱신 이상

만일 학번 4653인 학생이 지도교수를 '이우정'에서 '고현주'로 변경하고자 할 때, 학번이 4653인 4개의 투플 모두에게 변경하지 않고 일부만 변경된다면 데이터 불일치 문제가 발생될 수 있다.

1NF에서의 이상 현상의 원인은 키가 아닌 애트리뷰트들이 기본키에 완전 함수 종속되지 못하고 부분 함수 종속이 되기 때문이다. 따라서 1NF 이상 현상의 해결책은 [그림 11-5]의 다이어그램에서 아직 완전하지 못한 학번, 성명, 학과, 지도교수 부분을 따로 분리하여 두 개의 릴레이션으로 분할함으로써 해결할 수 있다. 즉 부분 함수 종속을 제거하면 **제2 정규형(2NF: Second Normal Form)**이 된다.

4. 제2 정규형

[그림 11-5]에서 부분 함수 종속을 제거한 후 함수 종속 다이어그램을 다시 그리면 [그림 11-6]과 같이 된다.

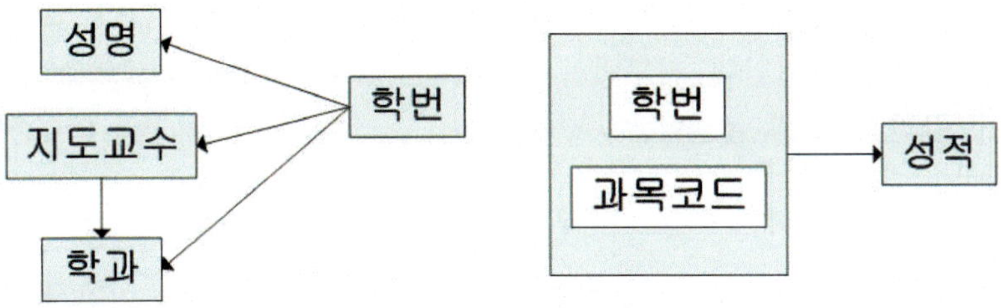

[그림 11-6] 부분 함수 종속을 제거한 다이어그램

[그림 11-6]으로부터 지도(학번, 성명, 학과, 지도교수)와 성적(학번, 과목번호, 성적) 릴레이션을 만들고 테이블 내 나타나는 중복 데이터들을 제거하면 [그림 11-7]과 같은 제2 정규형을 만들 수 있다.

지도

학번	성명	학과	지도교수
1234	김철수	컴퓨터	이우정
2587	이영자	컴퓨터	김용주
3654	고영준	경영	김재현
4653	조민수	컴퓨터	이우정
5754	김철호	컴퓨터	고현주

성적

학번	과목코드	성적
1234	CO123	A0
1234	CO423	B+
2587	CO123	A-
2587	CO423	B+
2587	EE123	C0
3654	CO234	A+
4652	CO123	B0
4652	CO234	B-
4652	CO423	D0
4652	EE123	B+
5753	CO423	B0

[그림 11-7] 제2 정규형

[그림 11-6]의 다이어그램을 살펴보면 성적은 완전하게 보인다. 그러나 학번, 성명, 지도교수, 학과 관계는 학번 → 성명, 학번 → 지도교수 → 학과, 그리고 학번 → 학과와 같이 종속 관계가 한가지로 명확하게 정의되지 못하는 조금 불완전한 관계를 보이고 있다. 이러한 지도 릴레이션에서 나타날 수 있는 이상 현상들을 좀 더 자세히 설명하면 다음과 같다.

■ 삽입 이상

지도교수 '강성화'가 '컴퓨터'과에 속한다는 사실을 삽입할 수 없다. 왜냐하면 이 테이블의 기본키는 학번인데 지도받는 학생이 없으므로 NULL 값으로 된다. 기본키가 NULL 값인 투플은 삽입할 수 없다.

■ 삭제 이상

학번 2587인 학생이 지도교수 '김용주'와 지도교수 관계를 취소하고자 할 때 이 투플을 삭제하면 된다. 그러나 투플을 삭제할 때 지도교수가 속한 학과 정보까지도 삭제되는 이상 현상이 발생된다.

■ 갱신 이상

지도교수 '이우정'의 소속을 '컴퓨터'과에서 '전자'과로 변경하려고 한다면 학번이 1234와 4653인 두 개의 투플을 모두 변경해야만 한다. 만일 그렇지 못하면 데이터 불일치 모순이 발생된다.

실제적으로 위의 예들은 그렇게 빈번하게 발생되지는 않지만 이렇게 2NF 릴레이션에 이상 현상이 발생되는 이유는 두 개의 상이한 정보를 하나의 릴레이션으로 혼합해서 표현하려고 하는 데서 온다. 여기서 학과 애트리뷰트는 사실상 지도교수의 학과를 기술하고 있는 것으로 볼 수 있다.

한 릴레이션의 애트리뷰트 A, B, C가 주어졌을 때, A가 릴레이션의 기본키라면 키의 정의에 따라 A → B와 A → C가 성립한다. 그런데 C가 A 이외에 B에도 함수 종속한다면 C는 A에서 B를 거쳐서 이행적으로도 종속한다. 따라서 애트리뷰트 C는 A에 **이행적 함수 종속(Transitive FD)**이라고 한다.

따라서 2NF 릴레이션의 이상 현상을 해결하기 위해서는 이러한 이행적 함수 종속을 제거하여 두 개의 릴레이션으로 분해하는 것이다.

5. 제3 정규형

[그림 11-6]의 학번, 성명, 학과, 지도교수를 학번, 성명, 지도교수와 지도교수, 학과로 분해한 다이어그램은 [그림 11-8]과 같다.

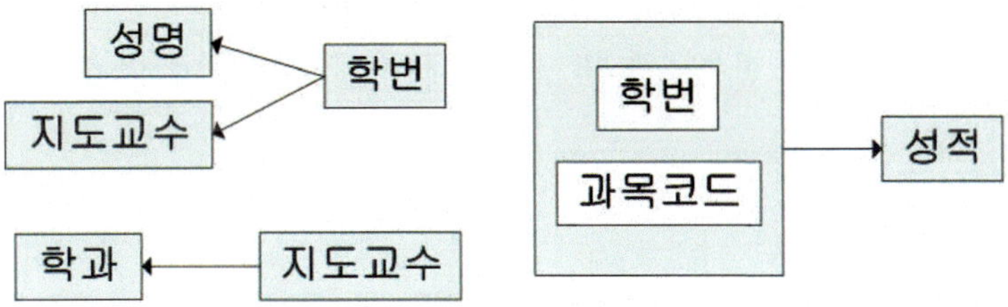

[그림 11-8] 이행적 함수 종속을 제거한 다이어그램

[그림 11-9]와 같이 이행적 함수 종속을 제거한 두 개의 릴레이션과 성적 릴레이션은 이제 비로써 **제3 정규형(3NF: Third Normal Form)**이 되었다고 할 수 있다. 일반적으로 데이터베이스에서 3NF은 거의 완벽한 수준이라고 말할 수 있으며 데이터베이스 설계의 목표가 3NF을 만드는 것이라 할 수 있다. 여기서는 지도 릴레이션을 학생지도와 교수학과 릴레이션으로 분해하였으며, 학생지도(학번, 성명, 지도교수)의 기본키는 {학번}이고 {지도교수}는 외래키로서 교수학과 릴레이션의 지도교수를 참조하고 있다. 그리고 교수학과(지도교수, 학과)의 기본키는 {지도교수}다.

학생지도

학번	성명	지도교수
1234	김철수	이우정
2587	이영자	김용주
3654	고영준	김재현
4653	조민수	이우정
5754	김철호	고현주

교수학과

지도교수	학과
이우정	컴퓨터
김용주	컴퓨터
김재현	경영
고현주	컴퓨터

[그림 11-9] 제3 정규형

6. 보이스/코드 정규형

데이터베이스에서 3NF은 거의 완벽한 설계라고 할 수 있으나 간혹 3NF이지만 아직까지 문제점이 있는 예가 있다. 이러한 예를 보이스(Boyce)와 코드(Codd)가 발견하고 이를 **보이스/코드 정규형(BCNF: Boyce/Codd Normal Form)**이라 명명하였다. 예를 들면, [그림 11-10]과 같은 강의과목(학번, 과목, 교수) 릴레이션에서 현실적으로 약간 무리한 면은 있지만 이에 대한 제약 조건이 다음과 같다고 가정한다.

- 한 학생은 여러 과목을 수강할 수 있다.
- 한 교수는 한 과목만 강의할 수 있다.
- 한 과목은 여러 교수가 강의할 수 있다.

이 테이블에서 기본키는 {학번, 과목}이고 함수 종속 관계는 다음과 같다.

{학번, 과목} → 교수
교수 → 과목

강의과목

학번	과목	교수
1234	데이터베이스	김용주
1234	자료구조	이우정
2587	프로그래밍	박정미
2587	자료구조	고현주
3654	데이터베이스	김용주

[그림 11-10] 강의과목 릴레이션

위의 제약 조건을 바탕으로 강의과목 릴레이션에 대한 함수 종속 다이어그램을 그리면 [그림 11-11]과 같이 된다. 그림에서 {학번, 과목}과 교수 관계는 완전하게 보이나 교수와 과목 간에는 화살표가 사각형에 겹쳐져서 약간 불완전하게 보인다. 따라서 강의과목 릴레이션은 비록 3NF이지만 다음과 같은 문제점이 있다.

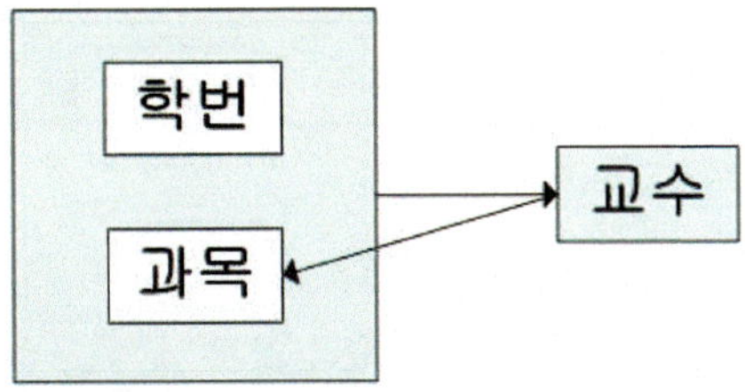

[그림 11-11] 함수 종속 다이어그램(강의과목 릴레이션)

■ 삽입 이상

교수 '김정희'가 '자료구조' 과목을 강의하게 되었을 때 삽입이 불가능하다. 왜냐하면 기본키인 학번이 NULL 값이기 때문이다.

■ 삭제 이상

학번 1234 학생이 '자료구조'를 취소할 때 '이우정'이 '자료구조'를 맡고 있는 정보까지도 삭제된다.

■ 갱신 이상

교수 '김용주'의 강의과목이 '데이터베이스'에서 '웹프로그래밍'으로 변경되었을 때 '김용주'에 대한 모든 투플에 대해 변경되어야만 한다.

이러한 이상 현상이 나타나는 이유는 강의과목 릴레이션에서 키가 아닌 애트리뷰트가 다른 애트리뷰트를 결정하기 때문이다. 즉, 교수 애트리뷰트는 후보키가 아닌데 과목을 결정하는 **결정자(determinant)**다. 따라서 BCNF는 모든 결정자가 후보키가 되도록 분할하는 것이다. [그림 11-11]을 분해할 때는 주의를 기울어야 한다. 먼저 [그림 11-12]와 같이 학번과 교수를 분리시키고, 교수가 키가 되도록 교수와 과목을 분리한다. 여기서 강의교수(학번, 교수)의 기본키는 {학번, 교수}이고 외래키인 {교수}는 교수과목 릴레이션의 교수를 참조한다. 그리고 교수과목(교수, 과목)의 기본키는 {교수}이다.

강의교수

학번	교수
1234	김용주
1234	이우정
2587	박정미
2587	고현주
3654	김용주

교수과목

교수	과목
김용주	데이터베이스
이우정	자료구조
박정미	프로그래밍
고현주	자료구조

[그림 11-12] BCNF 정규형

7. 제4 정규형

[그림 11-13]과 같이 애트리뷰트 과목, 교수, 교재로 구성된 과목리스트 릴레이션이 있다고 가정하자. 이 테이블은 비정규 릴레이션이다. 과목리스트 릴레이션에 대한 제약 조건은, “각 과목은 명시된 교수들 중에서 어떤 교수라도 가르칠 수 있으나, 교재는 기술된 것 전부 사용해야만 한다”라고 제시된다. 이 비정규 과목리스트 릴레이션을 동등한 정규 릴레이션으로 변환시키면 [그림 11-14]와 같은 과목리스트 릴레이션으로 표현될 수 있다.

과목리스트

<table>
<tr><th>과목</th><th>교수</th><th>교재</th></tr>
<tr><td rowspan="2">데이터베이스</td><td>김용주</td><td>DB이론</td></tr>
<tr><td>박정미</td><td>MySQL실습</td></tr>
<tr><td rowspan="3">자료구조</td><td rowspan="3">이우정</td><td>자료구조기초</td></tr>
<tr><td>자료구조실습</td></tr>
<tr><td>그래프원리</td></tr>
</table>

[그림 11-13] 과목리스트 비정규 릴레이션

과목리스트

과목	교수	교재
데이터베이스	김용주	DB이론
데이터베이스	김용주	MySQL실습
데이터베이스	박정미	DB이론
데이터베이스	박정미	MySQL실습
자료구조	이우정	자료구조기초
자료구조	이우정	자료구조실습
자료구조	이우정	그래프원리

[그림 11-14] 과목리스트 릴레이션

위 그림의 과목리스트 릴레이션은 모든 애트리뷰트 집합이 키가 되는 릴레이션이므로 자동적으로 BCNF가 된다. 그러나 이 릴레이션에서 한 과목은 여러 교수가 가르칠 수 있고, 또 여러 개의 교재를 가질 수 있다. 그리고 교수와 교재 사이에는 서로 직접적인 관련이 없다. 과목리스트 릴레이션에서 갱신 이상 현상을 설명해 보자. 교수 '고현주'가 '자료구조'를 강의한다는 정보를 삽입하려면 3개의 자료구조 교재(즉, 자료구조기초, 자료구조실습, 그래프원리)에 대해 각각 투플 하나씩 3개의 투플을 삽입해야 한다. 이는 상당한 데이터 중복이 발생되고, 이런 중복은 당연히 바람직하지 않다. 이러한 BCNF 이상 현상의 이유는 과목은 교수나 교재의 값 하나를 결정하는 것이 아니라 몇 개의 값, 즉 값의 집합(set of values)을 결정하기 때문이다. 이러한 형태의 종속을 **다치 종속(MVD: Multi-valued Dependency)**이라 하고 이를 표현할 때는 연속된 화살표 "↠"로 표기한다. 과목리스트 릴레이션에서는 다음과 같은 두 개의 MVD를 가지고 있다.

과목 ↠ 교수
과목 ↠ 교재

예를 들면, 과목 ↠ 교수에서 '데이터베이스'는 값의 집합 {김용주, 박정미}와 대응하고, 과목 ↠ 교재에서 '데이터베이스'는 값의 집합 {DB이론, MySQL실습}과 대응한다. 위 두 개의 MVD는 다음과 같이 한꺼번에 표현할 수도 있다.

과목 ↠ 교수|교재

다치 종속은 투플의 애트리뷰트가 집합 값을 허용하지 않는 제1 정규형으로 인하여 발생한다. 즉, 동일 릴레이션 스키마에 두 개 이상의 독립적인 다치 애트리뷰트가 존재한다면, 관계 인스턴스들을 일관성 있게 유지하기 위하여 한 애트리뷰트의 값 각각에 대하여 다른 애트리뷰트들의 모든 중복 값을 중복시켜야만 하는 문제 때문에 발생한다. 본 절에서는 이처럼 바람직하지 못한 다치 종속을 갖지 않는 **제 4 정규형(4NF: Fourth Normal Form)** 릴레이션을 정의하고자 한다. 즉, 과목리스트 릴레이션을 [그림 11-15]와 같이 과목교수와 과목교재 릴레이션으로 분해하면 각각은 제4 정규형이 된다. 사실상 [그림 11-15]에는 어떠한 다치 종속도 존재하지 않게 된다.

과목교수

과목	교수
데이터베이스	김용주
데이터베이스	박정미
자료구조	이우정

과목교재

과목	교재
데이터베이스	DB이론
데이터베이스	MySQL실습
자료구조	자료구조기초
자료구조	자료구조실습
자료구조	그래프원리

[그림 11-15] 제4 정규형

정리하면, 다치 종속(MVD: Multi-valued Dependency)이란 릴레이션 R(A, B, C)에서 어떤 {A, C} 값에 대응되는 B 값의 집합이 A 값에만 종속되고 C 값에는 독립적이면, "B는 A에 다치 종속된다"라고 하고, A ↠ B로 표기한다. 이는 "A multi-determines B", "A double arrow B", 또는 "B is multi-dependent on A"라고 읽는다. 또한, A ↠ B이면 A ↠ C도 성립한다. 예를 들어, 과목리스트 릴레이션에서 과목 ↠ 교수가 성립하기 때문에 과목 ↠ 교재가 성립된다. 이렇게 MVD는 항상 쌍으로 존재하므로 A ↠ B|C로도 한꺼번에 표현할 수 있다.

8. 제5 정규형

지금까지 문제가 발생하는 릴레이션은 두 개의 릴레이션으로 분해하였다. 그러나 어떤 릴레이션은 2개가 아니라 3개 또는 그 이상의 릴레이션으로 분해(즉, n-분해 릴레이션)해야 하는 경우가 있을 수 있다. 예를 들어 [그림 11-16]의 납품관리 릴레이션을 살펴보자. 이 테이블에서는 하나의 투플은 어떤 공급자가 어떤 부품을 어떤 작업장에 공급하고 있다는 것을 나타내고 있다. 또한, 이 테이블은 모든 애트리뷰트의 집합이 키가 되고, 의미 있는 다치 종속이 존재하지 않으므로 이미 제4 정규형에 속한다.

납품관리

공급자	부품	작업장
한일	볼트	Job_X
한일	너트	Job_Y
제이티	볼트	Job_Y
한일	볼트	Job_Y

[그림 11-16] 납품관리 릴레이션

[그림 11-17]은 납품관리 릴레이션을 가지고 프로젝션으로 만든 3개의 릴레이션 공급부품, 부품작업, 작업공급을 보여주고 있으며, 또한 공급부품과 부품작업을 자연 조인하고 그 결과를 다시 작업공급과 조인한 결과를 보여주고 있다. 여기서 유의할 것은 첫 번째 조인의 결과는 원래의 납품관리에는 없는 하나의 위조 투플이 추가로 생성되어 있다가 두 번째 조인으로 이 위조 투플이 제거되어 다시 원래의 납품관리 릴레이션으로 복귀된다는 사실이다. 이 같은 사실은 납품관리 릴레이션은 2개의 릴레이션으로 분해해서는 정보 무손실 분해가 되지 않고, 3개의 릴레이션으로 분해해야만 정보 무손실 분해가 될 수 있음을 보여주고 있다. 이런 제약 조건을 **조인 종속(JD: Join Dependency)**이라고 한다.

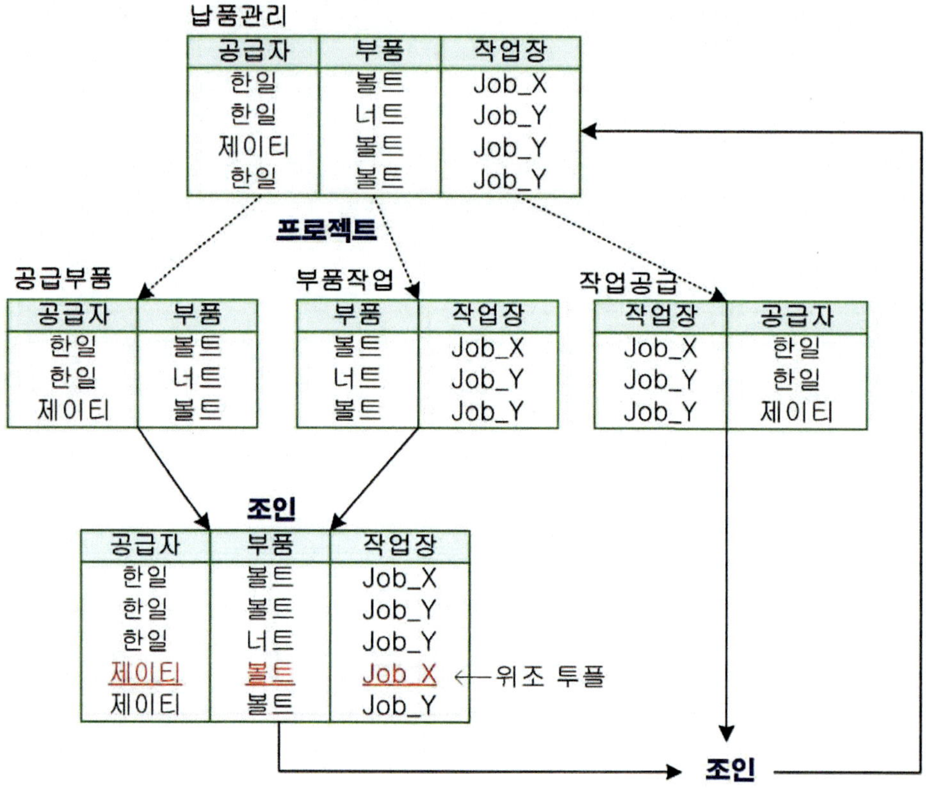

[그림 11-17] 제5 정규형

정리해 보면, 조인 종속(JD: Join Dependency)이란 어떤 릴레이션 R에 대해 프로젝트(Π)한 n개의 부분 집합 (A, B, ... , Z)이 있다고 하자. 이때 만일 이 릴레이션 R이 그의 (A, B, ... , Z)를 모두 조인한 결과와 똑같이 된다면 R은 조인 종속(JD)*(A, B, ..., Z)을 만족시킨다고 한다.

납품관리 릴레이션은 JD*(공급부품, 부품작업, 작업공급)을 만족하고 있으므로 3-분해 릴레이션이다. 즉, JD를 만족하는 3-분해 릴레이션은 3개의 프로젝트로 분해해야 한다. 하지만 조인 종속을 실제로 찾아내는 것은 매우 어려운 독특한 제약조건이고, 어떤 릴레이션이 4NF이지만 5NF(Fifth Normal Form)가 아닌 경우에 이것을 분해해야 하는 것이 정말로 유익한 것인지는 아직 분명하게 밝혀지지 않았다. 따라서 이러한 계속적인 분해로 인한 별다른 이점은 거의 없다고 볼 수 있으므로 5NF는 현실적으로 거의 사용되지 않고 있다.

지금까지 배운 내용을 정리해 보면, 비정규 릴레이션으로부터 모든 도메인이 원자 값이 되도록 수정하여 1NF을 만들고, 부분 함수 종속을 제거하여 2NF, 이행적 함수 종속을 제거하여 3NF, 모든 결정자가 후보키가 되도록 분해하여 BCNF, 다치 종속을 갖지 않은 테이블로 분해하여 4NF, 그리고 조인 종속을 만족하는 n-분해 릴레이션으로 분해하여 5NF을 만들었다. [그림 11-18]에서는 이들 간의 관계를 보여주고 있다.

#	정규형	문제 해결책		결과
1	비정규 릴레이션	모든 도메인이 원자 값이 되도록 수정	⇨	제1정규형
2	제1정규형	부분 함수 종속을 제거	⇨	제2정규형
3	제2정규형	이행적 함수 종속을 제거	⇨	제3정규형
4	제3정규형	모든 결정자가 후보키가 되도록 분해	⇨	BCNF
5	BCNF	다치 종속(MVD)를 갖지 않은 테이블로 분해	⇨	제4정규형
6	제4정규형	조인 종속(JD)을 만족하는 n-분해 릴레이션으로 분해	⇨	제5정규형

[그림 11-18] 5NF까지의 정규형 과정

연습문제

1. 정규화되지 못한 릴레이션의 조작 시 발생하는 이상(anolaly) 현상의 근본적인 원인은?
   ① 하나의 종속성을 하나의 릴레이션으로 표현하도록 분해하기 때문이다.
   ② 먼저 릴레이션을 식별하고 관련된 애트리뷰트들을 수집하기 때문이다.
   ③ 하나의 스키마에서 다른 스키마로 변환할 때 발생하는 정보의 손실 때문이다.
   ④ 여러 가지 종류의 사실들을 하나의 릴레이션으로 표현하려 하기 때문이다.

2. 데이터 중복으로 인해 릴레이션을 조작할 때 곤란한 현상이 발생하는 것을 무엇이라고 하는가?
   ① 이상 현상 ② 연쇄 삭제 ③ 변환 ④ 분해

3. 어떤 릴레이션 R에서 키에 속하지 않는 모든 애트리뷰트가 기본키에 완전 함수 종속이면 어떤 정규형인가?
   ① 제1 정규형 ② 제2 정규형 ③ 제3 정규형 ④ 보이스/코드 정규형

4. 다음과 같이 수강지도 릴레이션과 그 릴레이션에 존재하는 종속성이 주어졌을 때 이 수강지도 릴레이션은 몇 정규형인가?

```
수강지도(학번, 지도교수, 학과, 과목번호, 성적)
        기본키: {학번, 과목번호}
        {학번, 과목번호} -> 성적
        학번 -> 지도교수
        지도교수 -> 학과
```

   ① 제1 정규형 ② 제2 정규형 ③ 제3 정규형 ④ 보이스/코드 정규형

5. 다음과 같이 어떤 릴레이션 R과 그 릴레이션에 존재하는 종속성이 주어졌을 때 R은 몇 정규형인가?

R(A, B, C) 기본키: (A, B), 함수적 종속성: {A, B}→C, C→B

① 제1 정규형 ② 제2 정규형 ③ 제3 정규형 ④ 보이스/코드 정규형

6. 릴레이션의 속성(A, B, C, D, E)를 고려할 때, 함수적 종속성은 A→B, A→D, B→D, C→B, D→E, E→F이다. 다음 중 이행적인 성질이 아닌 것은? (난이도: 중)
① B→E ② C→D ③ B→F ④ A→C

7. 데이터베이스 설계의 과정으로서 정규화에 대한 설명 중 부적합한 것은? (난이도: 중)
① 원래의 1NF 릴레이션에 부분 함수 종속을 제거하기 위해 프로젝션을 한다. 그 결과는 모두 2NF에 속하는 릴레이션이 된다.
② 2NF에 속하는 릴레이션에 이행 함수 종속을 제거하기 위해 프로젝션을 한다. 그 결과는 모두 3NF에 속하는 릴레이션이 된다.
③ A, B, C를 릴레이션 R의 부분 집합이라 할 때, 어떤 {A, C} 값에 대응되는 B 값의 집합이 A 값과 동시에 C 값에도 종속되면 B는 다치 종속(MVD) 된다라고 할 수 있다.
④ 3NF에 속하는 릴레이션에 결정자가 후보키가 아닌 함수 종속을 제거하기 위해 프로젝션을 한다. 그 결과는 모두 BCNF에 속하는 릴레이션이 된다.

8. 제3 정규형에서 보이스/코드 정규형(BCNF)으로 정규화하기 위한 작업은?
① 원자 값이 아닌 도메인을 분해
② 부분 함수 종속 제거
③ 이행 함수 종속 제거
④ 결정자가 후보키가 아닌 함수 종속 제거

9. 다음 중 데이터베이스에서 BCNF의 정의는?
① 릴레이션 R에서 모든 속성이 상호 종속적이면 R은 BCNF이다.
② 릴레이션 R에서 모든 속성이 원자 값이면 R은 BCNF이다.
③ 릴레이션 R에서 모든 속성이 기본키에 완전 함수 종속이면 R은

BCNF이다.

④ 릴레이션 R에서 결정자가 모두 후보키이면 R은 BCNF이다.

10. 릴레이션 수강과목(학번, 과목, 교수)에 대해 다음과 같은 함수 종속이 성립한다. 이 릴레이션을 BCNF로 올바르게 분해한 것은?

> {학번, 과목}→교수
> 교수→과목

① R1(학번, 과목), R2(교수, 과목)　② R1(학번, 교수), R2(교수, 과목)
③ R1(학번, 과목), R2(학번, 교수)　④ R1(학번, 교수), R2(학번, 과목)

11. 릴레이션 R(A, B, C)에서의 다치 종속(multi-valued dependency) A↠B에 관련된 설명 중 가장 부적합한 것은?

① A↠B는 A는 B를 다치 결정한다고 읽는다.
② 릴레이션 R에서 A↠B가 성립하면 항상 A↠C도 동시에 성립된다.
③ (A, C) 값에 대응되는 B 값의 집합이 A 값에만 종속되고 C 값에는 독립적이다.
④ 다치 종속은 함수 종속의 특별한 한 형태라고 할 수 있다.

수강지도 테이블은 다음과 같다.

수강지도

학번	지도교수	학과	과목번호	성적
100	김순길	컴퓨터	C413	A
100	김순길	컴퓨터	E412	A
200	김철수	전자	C123	B
300	황수연	컴퓨터	C312	A
300	황수연	컴퓨터	C324	C
300	황수연	컴퓨터	C413	A
400	김철호	컴퓨터	C312	A
400	김철호	컴퓨터	C324	B
400	김철호	컴퓨터	C413	C

- 기본키는 {학번, 과목번호}이다.
- 학번과 과목번호의 조합으로 학생이 등록한 과목의 성적을 식별할 수 있다.
- 한 학생은 한사람의 지도교수, 한 학과를 가질 수 있고,
  각 지도교수는 한 학과에만 속한다.

12. 수강지도 테이블의 함수 종속 다이어그램을 그리고, 제2 정규형 테이블을 만들어라.

13. 12번의 제2 정규형을 제3 정규형이 되도록 다시 테이블을 수정하라.

실습문제

실습 1: 다음 제약 조건을 참조하여 재고정보 테이블을 3NF으로 작성하라.
- 생산자와 부품코드의 조합으로 수량을 식별할 수 있다.
- 한 생산자는 하나의 주소를 가질 수 있고, 하나의 부품수준을 보유하고 있다.
- 각 주소는 하나의 부품수준을 보유하고 있다.

재고정보

생산자	주소	부품수준	부품코드	수량
S1	대구	20	P1	300
S1	대구	20	P2	200
S1	대구	20	P3	400
S1	대구	20	P4	200
S2	부산	10	P1	300
S2	부산	10	P2	400
S3	부산	10	P2	200
S4	대전	30	P2	200
S4	대전	30	P4	300
S4	대전	30	P5	400

실습 2: 다음 내용을 참고하여 Stored Procedure를 MySQL을 기반으로 직접 실습해 보자.

1. Stored Procedure의 개요

Stored Procedure란 한마디로 쿼리문의 집합으로 어떠한 동작을 일괄 처리하기 위한 용도로 사용된다. 자주 사용되는 일반적인 쿼리를 사용하기 보다는 이것을 모듈화 시켜서 필요할 때마다 호출만하면 훨씬 편리하게 MySQL을 운영할 수 있다. 상세한 내용은 실습을 통해 계속 알아보고 지금은 간단한 Stored Procedure의 생성 예를 보자.

```
use academicDB;
drop procedure IF EXISTS studentProc;
DELIMITER $$
    create procedure studentProc()
    BEGIN
        select * from student;
    END $$
DELIMITER ;
call studentProc();
```

Stored Procedure를 설명해 보면, 2행의 drop procedure는 기존에 만든 적이 있다면 삭제하기 위해서 넣었다. 3행과 7행의 DELIMITER $$ ~ END $$는 Stored Procedure를 묶어주는 부분이다. MySQL의 종료 문자는 세미콜론(;)인데 create procedure 안에서도 세미콜론이 종료 문자이므로 어디까지가 Stored Procedure인지 구별이 어렵다. 그래서 7행의 END $$가 나올 때까지를 Stored Procedure로 인식하게 하는 것이다. 그리고 다시 8행에서 DELIMITER ;로 종료 문자를 세미콜론으로 변경해 놓아야 한다. 10행에서는 생성한 Stored Procedure를 호출한다. 기존에는 select * from student;를 매번 사용해 왔으나 이제부터는 call studentProc();라고 호출만 하면 된다. 지금의 예에서는 간단히 한 줄짜리 쿼리만 Stored Procedure에 포함되었지만 실무에서는 이 한 줄이 여러 줄이 될 수 있다. 이렇게 아주 긴 프로시저도 마찬가지로 **call 프로시저_이름()**으로 하면 된다.

Stored Procedure를 요약하면 다음과 같이 정리될 수 있다.
- SQL 문의 집합(이름이 있음)
- 반복되는 작업을 효과적으로 실행
- 2가지 형태: 시스템과 사용자 정의 프로시저가 있음
- 입력 매개변수를 받고, 결과 값을 리턴(return)할 수 있음
- 성공 및 실패를 나타내는 상태 값을 리턴함

Stored Procedure의 개념을 그림으로 표현하면 다음과 같다.

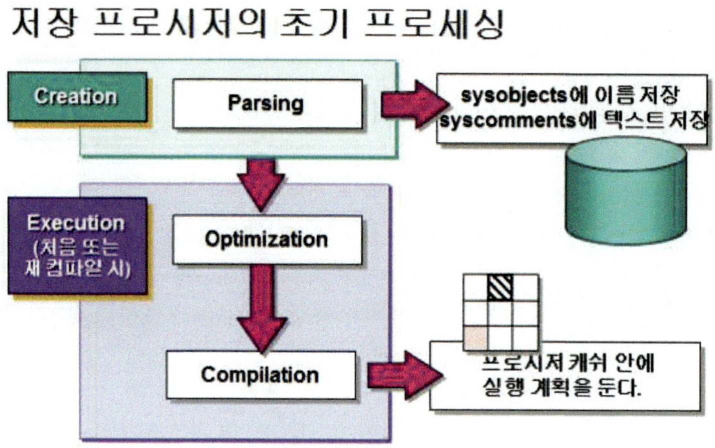

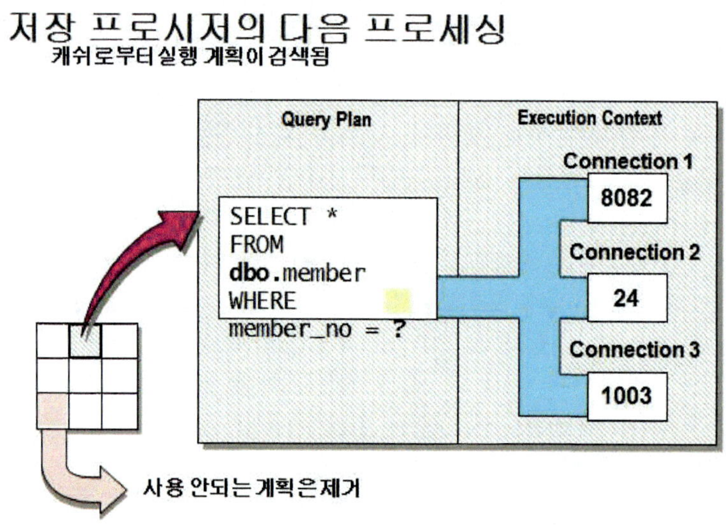

Stored Procedure의 장점은 다음과 같다.

- 애플리케이션 로직 공유(일관성 보장)
- 데이터베이스 스키마의 자세한 사항이 노출되지 않도록 보호(직접 테이블이 접근할 필요 없음)
- 보안 메커니즘 제공(프로시저:허용, 테이블:불허)
- 성능 향상
- 네트웍 트래픽 감소(다수의 SQL 문장 vs. 단일 프로시저)

Stored Procedure 생성 시 지침은 다음과 같다.

- 만들 때 가능한 dbo를 명시할 것(소유자에 대한 혼란 방지)
- 한 작업에 대한 하나의 저장 프로시저 설계
- 서버에서 생성, 테스트, 그리고 디버그하고, 클라이언트에서는 사용
- 이름에 sp_ 접두사는 피함
- 임시 저장 프로시저 사용을 최소화함

2. MySQL 실습

Stored Procedure는 실행 시에 입력 매개변수를 지정할 수 있다. 입력된 매개변수는 Stored Procedure의 내부에서 다용한 용도로 사용될 수 있다. 또한, Stored Procedure에서 처리된 결과를 출력 매개변수를 통해서 얻을 수 있다.

먼저 입력 매개변수가 있는 Stored Procedure를 생성하고 실행해 보자. MySQL Workbench를 실행하자. 시작>모든 프로그램>MySQL>MySQL Workbench 8.0 CE를 클릭해서 Workbench를 실행한다. MySQL Connection 창이 나온다. 'Local instance MySQL80' 아래를 보면 사용자는 root로 되어 있고 컴퓨터의 localhost 포트는 3306으로 되어 있는 것을 확인할 수 있다. 클릭해서 MySQL에 연결한다. root의 비밀번호를 입력하는 창이 나오면 비밀번호를 입력하고 OK를 클릭하면 Workbench 초기 창이 나타날 것이다. Workbench 상단 제일 왼쪽의 'Create a new SQL tab for executing queries' 아이콘을 클릭하거나 메뉴의 File>New Query Tab을 클릭한다.

```
use academicDB;
drop procedure IF EXISTS studentProc1;
DELIMITER $$
   create procedure studentProc1(IN userName varchar(10) )
   BEGIN
        select * from student where sname = userName;
   END $$
DELIMITER ;

call studentProc1('김철수');
```

위 문장을 쿼리 창에 입력한 후 실행하면 다음과 같은 결과가 나온다. SQL의 실행 방법은 툴바의 'Execute the selected portion~~' 아이콘을 클릭하거나 Ctrl+Shift+Enter를 누르면 된다. 또는 Query>Execute(All of Selection)를 선택해도 된다.

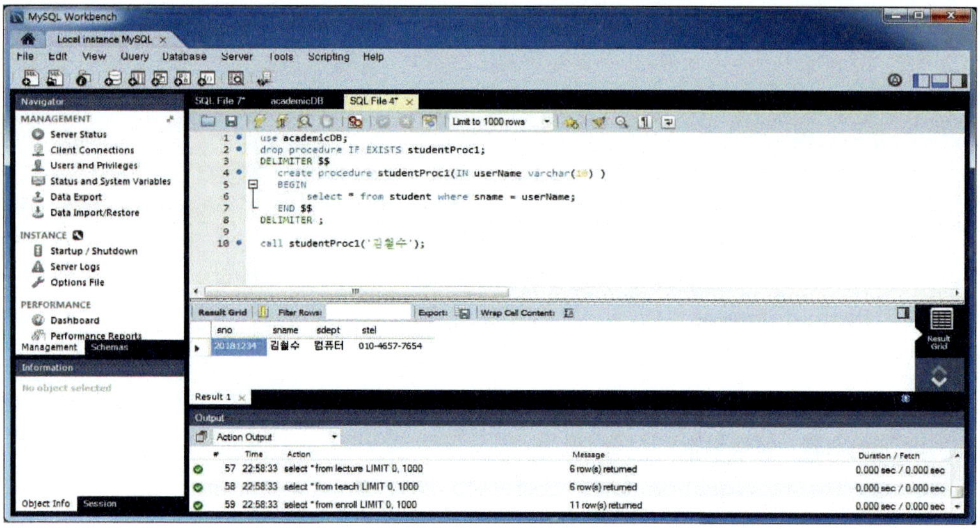

10행에서 '김철수'를 입력 매개변수로 넘기면 4행에서 userName 매개변수에 대입되고 6행에서 '김철수'에 대한 조회가 수행된다. 비슷한 방식으로 두 개의 입력 매개변수가 있는 Stored Procedure를 만들어 실행해 보자.

```
drop procedure IF EXISTS studentProc2;
DELIMITER $$
   create procedure studentProc2
           (IN userName varchar(10), IN deptName varchar(20) )
   BEGIN
         select * from student where
                    sname = userName and sdept = deptName;
   END $$
DELIMITER ;

call studentProc2('김철수', '컴퓨터');
```

다음은 출력 매개변수를 설정해서 사용해 보자. 먼저 Stored Procedure를 생성하고 테스트로 사용할 테이블을 생성하자.

```
drop procedure IF EXISTS testProc;
DELIMITER $$
   create procedure testProc(IN txtValue varchar(10), OUT outValue int )
   BEGIN
        insert into testTBL values(null, txtValue);
        select max(id) into outValue from testTBL;
   END $$
DELIMITER ;

create table IF NOT EXISTS testTBL (
   id int auto_increment primary key,
   txt char(10)
);
```

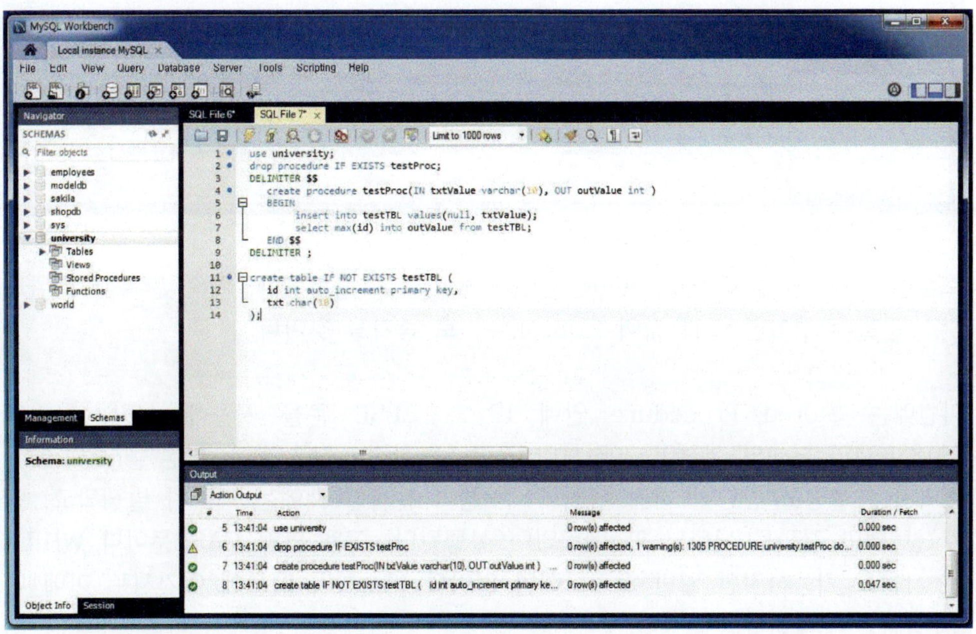

testProc 프로시저 생성 시에 6행과 7행에서 사용한 testTBL이라는 테이블은 존재하지 않았다. 그런데도 Stored Procedure가 오류 없이 생성되었다. 즉, 실제 테이블이 없어도 Stored Procedure는 만들어진다. 단 Stored Procedure를 호출하는 시점에는 testTBL이 존재해야 오류가 발생하지 않는다. 다음의 Stored Procedure를 사용해 보자.

```
call testProc('테스트값', @myValue);
select concat('현재 입력된 ID 값 ==>', @myValue);
```

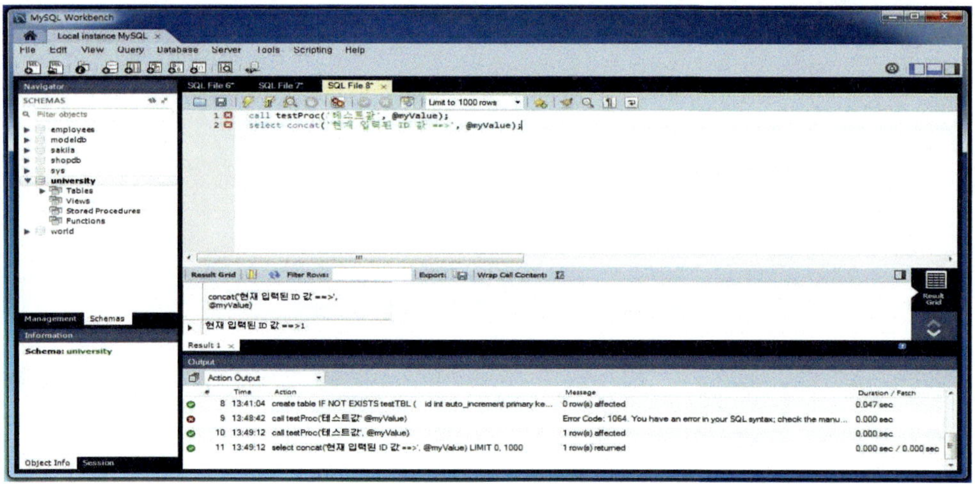

호출할 때 결과 값을 @myValue 변수에 돌려받고 출력했다. 계속 반복해서 위의 SQL 문을 수행하면 결과 값이 2, 3, 4, ... 로 증가될 것이다.

이번에는 Stored Procedure 안에 IF ... ELSE 문을 사용해 보자. 학번이 20183654인 학생의 성적이 90점보다 크면 'A 학점', 작으면 'B 학점'을 보여준다. 여기서는 설명을 간단히 하기 위해 다수 행이 산출될 때에는 에러가 발생되고, 단지 한 행만 결과로 나타날 때 에러없이 실행된다. IF문 외에 CASE문이나 WHILE 문 사용도 가능하지만 일반 프로그래밍 언어와 비슷하기 때문에 여기서는 이에 대한 설명은 생략한다.

```
drop procedure IF EXISTS ifelseProc;
DELIMITER $$
    create procedure ifelseProc(IN number int )
    BEGIN
        DECLARE eScore int;
        select score into eScore from enroll where sno = number;
        IF (eScore >= 90) THEN select 'A 학점';
        ELSE select 'B 학점';
        END IF;
    END $$
DELIMITER ;

call ifelseProc (20183654);
```

다수 행이 산출될 때는 Stored Procedure 내부에 **커서(cursor)**를 사용해야 한다. 커서는 여러 개의 행을 질의한 후에, 질의 결과인 행 집합을 한 행씩 처리하기 위한 방식이다. 잘 이해가 안되면 10장 SQL의 '4. 삽입 SQL'에서 복수 레코드 검색 부분을 참조하면 많은 도움이 될 수 있을 것이다. Stored Procedure에서 커서를 이해하기 위해 우선 간단한 예제를 만들어 보자. 커서의 세부 문법을 외우기보다는 전반적인 흐름에 초점을 맞춰서 커서의 사용법을 실습을 통해 익히도록 하자.

다음 예는 커서를 연습하기 위해 내장 함수인 AVG()와 동일한 기능을 구현한 것이다. 커서를 활용해서 **수강생 평균 점수**를 구하는 Stored Procedure를 작성한다. 이런 간단한 예는 실제로 Stored Procedure를 사용하기보다는 AVG() 함수 사용이 훨씬 더 편리하겠지만 복잡하고 특이한 평균 계산은 AVG()에서는 사용할 수 없으므로 커서를 활용해야 한다.

5~7행은 수강생 점수 평균을 구하기 위한 변수들을 선언한다. 8행, 11행, 12행은 Loop 부분을 종료하기 위한 조건을 지정한다. 만약 행의 끝이라면 17~18행이 실행되어 Loop가 종료된다. 13행은 커서 열기를 수행하였고, 15~22행은 반복 수행되면서 점수를 하나씩 total 변수에 누적시킨다. 그리고 24행에서 수강생 평균 점수를 출력한다. 25행에서 커서를 닫고, 28행에서 Stored Procedure를 호출하면 결과 값으로 "**수강생 평균 점수 ==> 84.6364**"가 출력된다.

```
drop procedure IF EXISTS cursorProc;
DELIMITER $$
   create procedure cursorProc()
   BEGIN
        DECLARE eScore int; -- score 변수
        DECLARE count int DEFAULT 0; -- 읽은 행 수
        DECLARE total int DEFAULT 0; -- 합계
        DECLARE endOfRow boolean default FALSE; -- 행의 끝?

        DECLARE cur CURSOR FOR select score from enroll; -- 커서 선언
        DECLARE CONTINUE HANDLER FOR NOT FOUND SET
            endOfRow = TRUE; -- 행의 끝이면 endOfRow 변수에 TRUE를 대입
        OPEN cur; -- 커서 열기

        cursor_loop: LOOP
            FETCH cur INTO eScore;
            IF endOfRow THEN
               LEAVE cursor_loop; -- 행의 끝이면 loop 종료
            END IF;
            SET count = count + 1;
            SET total = total + eScore;
        END LOOP cursor_loop;

        select concat('수강생 평균 점수 ==> ', (total/count));
        CLOSE cur; -- 커서 닫기
   END $$
DELIMITER ;

CALL cursorProc();
```

실습 3: 10장 [실습 2] JDBCtest_01.java 프로그램에서 사용한 **query = "select * from student"** SQL 문장 대신 11장 [실습 2]에서 생성한 **studentProc()** 저장 프로시저를 사용한 자바 프로그램을 재작성하고 이를 실행해 본다.

Hint: createStatement(); executeQuery(query); 대신에
prepareCall("call studentProc()“); executeQuery();를 사용한다.

12장
데이터베이스 설계

1. 설계 개요
2. 요구사항 분석
3. 개념적 설계
4. 논리적 설계
5. 물리적 설계
6. 구현

1. 설계 개요

■ 데이터베이스 개발의 생명 주기(life cycle)

데이터베이스 설계란 한 조직체의 운영 및 목표 달성을 위해 데이터베이스를 생성하는 일련의 과정을 말한다. 데이터베이스 설계는 그 자체로 독립적인 분야로 간주될 수 있지만, 일반적으로 정보 시스템을 구축하는 과정 중의 일부이므로 기본적으로 정보 시스템 개발 절차를 따른다. [그림 12-1]은 **데이터베이스 개발의 생명 주기(life cycle)**를 보여주고 있다. 이러한 데이터베이스 개발 과정에는 요구사항 분석(requirements analysis), 설계(design), 구현(implementation), 운영(operation), 그리고 감시 및 개선(monitoring and tuning)으로 나누어 볼 수 있다. 한 가지 유의할 사항은 생명 주기의 어떤 단계에서 일단 문제가 발생하면 그 피드백을 받아 그 앞의 적절한 단계로 되돌아가 그 단계부터 다시 계속된다는 것이다. 이 장에서는 데이터베이스 개발의 생명 주기 중에서도 특히 설계 단계에 중점을 두고 설명할 것이다.

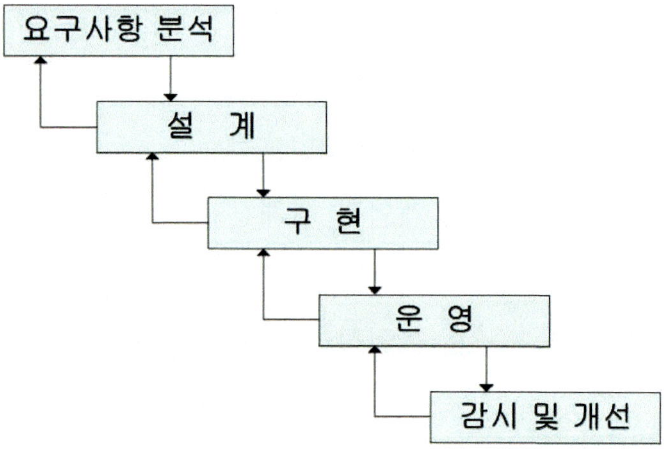

[그림 12-1] 데이터베이스 개발의 생명 주기(waterfall 모델)

■ **데이터베이스 설계 단계**

데이터베이스 설계 단계는 데이터베이스 개발 과정 중에서 요구사항 분석을 기초로 하여 데이터베이스 구조를 작성하는 과정이다. 따라서 사용자들의 요구에 부합할 수 있도록 데이터베이스의 논리적, 물리적 구조를 어떻게 설계하느냐 하는 것이 중요한 내용이 된다. 또한, 일반 사용자뿐만 아니라 특정 사용자의 요구도 만족시켜야 하고, 누구나 자연스럽고 쉽게 이해할 수 있는 정보 구조를 제공하여야 하며, 신속한 응답 시간, 효율적인 처리 시간, 저장 공간 최소화 등과 같은 성능 관련 요소들도 지원하여야 한다. 데이터베이스 설계 단계에는 일반적으로 [그림 12-2]와 같이 **요구사항 분석(requirements analysis)**, **개념적 설계(conceptual design)**, **논리적 설계(logical design)**, **물리적 설계(physical design)**, 그리고 **구현(implementation)**의 5단계로 구분하고 있다. 데이터베이스 설계 단계에서도 데이터베이스 개발의 생명 주기처럼 각 단계에서 문제가 발생되면 피드백을 받아 적절한 단계로 되돌아가 다시 시작하게 된다.

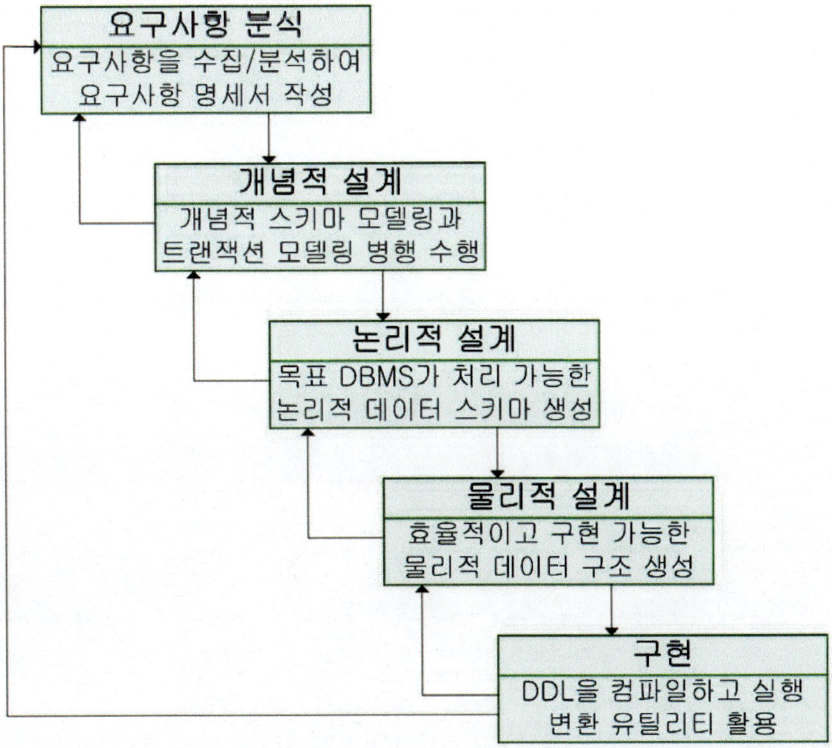

[그림 12-2] 데이터베이스 설계 5단계

■ 데이터베이스 설계 시 고려 사항

데이터베이스 설계 시 고려해야 하는 주요 사항으로는 다음과 같이 무결성, 일관성, 회복, 보안, 효율성, 그리고 확장성 등이 있다.

- **무결성(integrity)**: 데이터베이스에 대한 변경 연산(즉, 갱신, 삽입, 삭제 연산)이 수행된 뒤에도 데이터 값이 만족해야 될 주어진 제약 조건을 항상 만족해야 한다.
- **일관성(consistency)**: 저장된 두 데이터 값 사이나 특정 질의에 대한 응답 간에 모순성 없이 일치해야 하는 특성을 말한다.
- **회복(recovery)**: 시스템에 장애가 발생했을 때 장애 발생 이전의 일관된 상태로 복구할 수 있는 능력을 말한다.
- **보안(security)**: 권한이 없는 사람이 의도적이거나 불법적으로 데이터를 변경, 손실, 노출시키는 것을 방지하는 것을 의미한다.
- **효율성(efficiency)**: 응답 시간 단축, 저장 공간 최적화, 시스템 생산성 향상 등이 포함된다.
- **확장성(extensibility)**: 시스템 운영에 영향을 주지 않으면서 새로운 데이터를 계속적으로 추가시켜 나갈 수 있는 기법을 가지고 있어야 한다.

2. 요구사항 분석

요구사항 분석(requirement analysis) 단계에서는 사용자의 요구사항을 수집하고 분석하여 공식적인 요구사항 명세서(requirement specification)를 생성하는 것이 주요 과제다. 데이터베이스를 설계하기 위해서는 대상이 되는 업무를 잘 알고 있어야 한다. 은행 업무에 대해 전혀 알지 못하는 사람이 은행 전산화 작업을 수행하는 것은 무척 어려운 일이다. 따라서 데이터베이스를 설계하기 위해서는 무엇보다 대상이 되는 업무를 잘 파악하고 사용자의 요구사항을 정확히 도출할 수 있어야 한다. 그러나 이러한 요구사항 분석 과정은 실제로 전체 시스템 개발 과정 중에서 가장 어려운 단계이다. IT 기술자가 본연의 IT 지식뿐만 아니라 대상 업무에 대한 상당한 경험과 노하우를 동시에 갖추기란 상당히 힘든 일이다. 요구사항 분석을 수행한 후 최종 결과물인 요구사항 명세서에서는 다음과 같은 내용들이 포함되어야 한다. 첫째, 개체, 애트리뷰트, 관계성, 제약 조건 등과 같은 정적 정보 구조에 대한 요구사항, 둘째, 트랜잭션 유형, 트랜잭션 실행 빈도와 같은 동적 데이터베이스 처리 요구사항, 셋째, 회사의 경영 목표 및 정책, 그리고 규정과 같은 범 기관적 제약 조건 등이 산출되어야 한다.

■ **요구사항 분석 과정**

데이터베이스 설계 중 시작 단계인 요구사항 분석은 다음과 같은 과정을 거쳐서 이루어진다.

- 먼저 정보 시스템 개발을 의뢰한 회사에 대한 일반 사항들을 분석한다. 회사의 매출 규모, 종업원 수, 각 부서 조직, 생산 제품, 정보 시스템을 개발하게 된 배경, 직장의 문화 등을 조사한다. 이러한 내용들은 데이터베이스 설계에 직접적으로 필요한 내용들은 아니지만 프로젝트 계획을 수립하거나 데이터베이스 설계의 방향을 잡는데 있어서 나침반 역할을 할 수 있다.
- 업무와 관련된 문서들을 수집한다. 업무 매뉴얼, 기록된 장부, 거래 전표, PC에서 관리되는 자료 등을 모으도록 한다. 또한, 설문지나 인터뷰 또는 회의를 통해 관련 정보를 수집한다. 이는 해당 업무를 보다 명확히 이해하고 담당자들의 요구사항을 좀 더 정확하게 파악하기 위함이다.

- 회사의 경영 목표 및 제약 조건 등을 명확히 한다. 회사의 경영 정책, 내/외적 환경, 조직의 관리와 기획에 필요한 정보, 그리고 조직의 현재와 장래 정보 전략 등에 대해서도 조사한다. 이를 위해 필요한 경우 회사 경영자와의 면담도 요구된다.
- 모아진 문서와 인터뷰 자료 등을 분류하고 체계적으로 정리한다. 여러 가지 다이어그램을 가지고 분석한 업무를 표현한다. 이렇게 정리된 자료들은 향후 데이터베이스 설계의 원천이 될 수 있다.
- 최종적으로 공식적인 **요구사항 명세서(requirement specification)**를 작성한다. 공식적인 요구사항 명세서를 작성하는 이유는 빈번한 변경이나 이에 따른 분쟁 등을 방지하여 안정된 개발을 도모하기 위함이다. 이 명세서에는 정적인 정보 구조에 대한 데이터 요소, 트랜잭션 유형 및 실행 빈도와 같은 동적 데이터 처리 특성에 대한 내용이 포함되어야 한다. 또한, 요구사항 명세서에는 작업과 데이터와의 관계, 데이터 요소 사이의 제약 조건, 데이터 함수 종속성에 관한 내용도 포함시켜야 한다.
- 이렇게 작성된 요구사항 명세서는 담당자들과 함께 확인 회의를 갖는다. 회의의 목적은 회사 업무를 올바로 파악했는지를 확인하는 것이다.

– 요구사항 분석 과정의 예를 들면 [그림 12-3]과 같다.

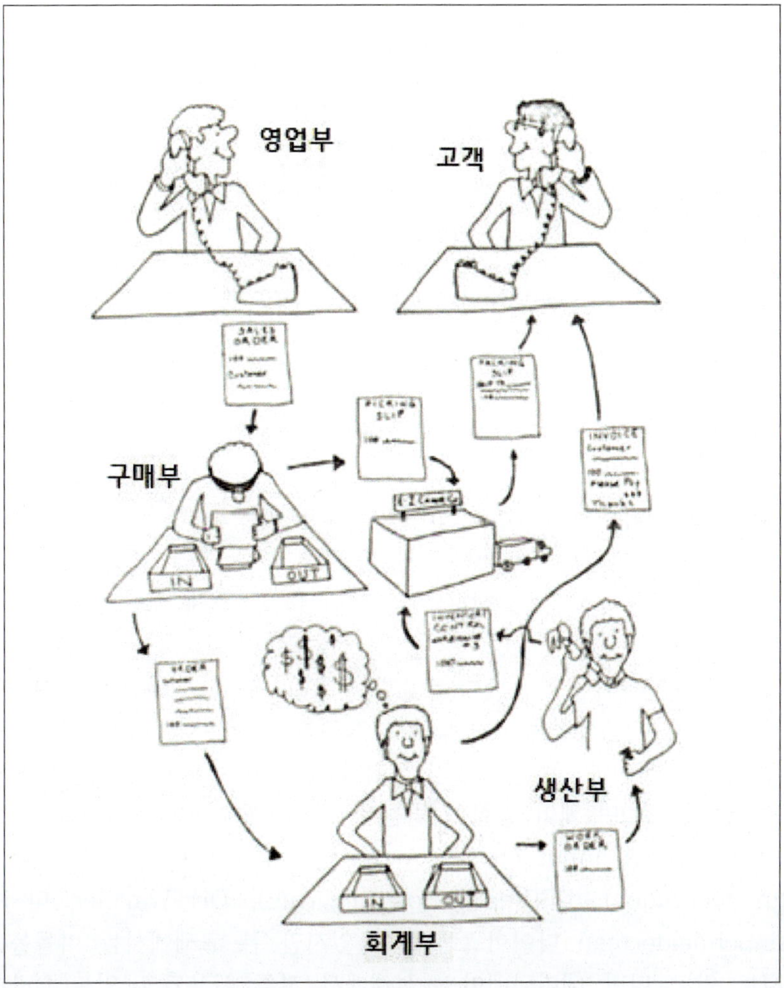

[그림 12-3] 요구사항 분석 과정

– 작업과 데이터와의 관계 예는 [그림 12-4]와 같다.

	CUSTOMER	ORDER	INVOICE	PRODUCT	
CUST#	○	○			
NAME	○				
ADDRESS	○				
ACC_BALANCE	○				
CREDIT	○				
ORDER_DATE		○			
QTY		○	○		
UNIT_PRICE			○		
COST				○	
MANF_TIME				○	
SALES_PERSON		○			
ORDER#		○	○		

[그림 12-4] 작업과 데이터와의 관계

– 자료의 수집과 분석, 그리고 인터뷰를 거치고 나면 많은 분량의 문서들이 쌓이게 된다. 이러한 문서들을 체계적으로 정리하여 데이터베이스 설계에 사용될 수 있도록 준비하여야 한다. 자료의 정리와 분석을 통해서 업무를 개념화, 도식화하는 데에는 소프트웨어 공학 기법들이 사용되기도 한다. 이러한 기법으로는 HIPO(hierarchical input process output), SADT(structured analysis and design technique), DFD(data flow diagram), Orr-Warnier 다이어그램, Nassi-Schneiderman 다이어그램 등이 있지만 본 교재에서는 이들을 자세히 다루지는 않고 다만 데이터베이스 설계에서 자주 사용되고 있는 DFD(데이터 흐름도)에 대해서 좀 더 자세히 설명하기로 한다.
– DFD는 데이터베이스 설계 시에 사용되는 가장 기본적인 도구 중의 하나로서 시스템 내에서 데이터가 어떻게 생성되어 어떤 프로세스를 거쳐 어디로 저장되는지를 가시적으로 보여준다. DFD는 약속된 표기법(notation)에 따라 작성을 하게 되는데 사용하는 요소와 의미는 다음과 같다.

기호	명칭	설명
	데이터 저장소 (data store)	처리되기를 기다리면서 머물고 있는 데이터 저장소
	처리과정 (process)	입력 데이터 흐름을 출력 데이터 흐름으로 변환시키는 단계
→	데이터 흐름 (data flow)	데이터가 이동하는 방향을 나타내는 데 사용

– DFD로 작성된 데이터 흐름도의 한 예로는 [그림 12-5]와 같다.

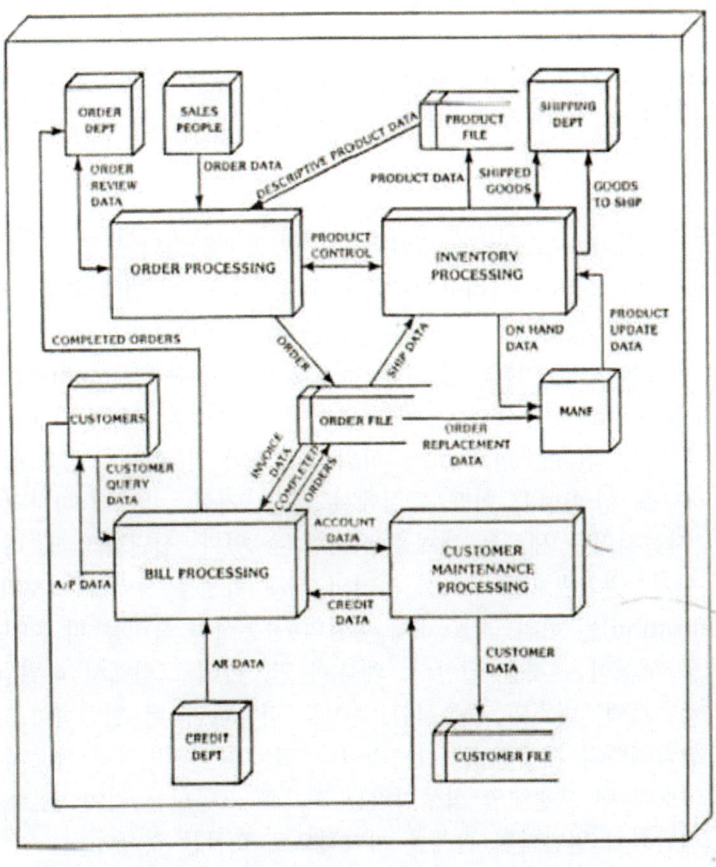

[그림 12-5] DFD(Data Flow Diagram)

3. 개념적 설계

요구사항 분석 단계가 끝나면 **개념적 설계(conceptual design)** 단계가 시작되는데 요구사항 명세서로부터 개념적 데이터 스키마가 만들어진다. 이러한 개념적 데이터 스키마는 다음 단계인 논리적 설계 단계의 입력으로 사용된다. 특히, 개념적 설계 단계에서는 개념적 스키마 모델링과 트랜잭션 모델링 두 가지 활동을 병행적으로 수행하게 된다.

■ 개념적 스키마 모델링(conceptual schema modeling)

개념적 스키마 모델링에서는 DBMS에 독립적인 표현 기법인 E-R 다이어그램을 사용한다. 즉 요구사항 분석 결과로 나온 명세서를 E-R 다이어그램과 같은 개념적 데이터 모델(conceptual data model)로 기술한다. 이러한 과정을 개념적 데이터 모델링(conceptual data modeling)이라 하고, 이렇게 표현된 결과를 개념적 데이터 구조(conceptual data structure) 또는 개념적 데이터 스키마(conceptual data schema)라 한다.

개념적 데이터 스키마를 모델링하기 위해서는 먼저 스키마의 구성 요소가 되는 개체(entity), 속성(attribute), 그리고 관계(relationship)를 식별해서 결정해야 한다. 개념적 데이터 스키마를 유도하는 기본 원리는 **추상화(abstraction)**이다. 추상화는 복잡한 현실 세계를 쉽게 이해하기 위해 현실 세계를 단순화(simplification), 개념화(conceptualization)시켜 표현한 것을 말한다. 이런 추상화 방법에는 집단화와 일반화가 있다. **집단화(aggregation)**는 하위 클래스의 몇 개의 속성을 묶어서 하나의 새로운 개체를 생성한다. 아래 그림에서 엔진, 기어, 바퀴를 하나의 집합으로 구성해 보면 자동차라는 새로운 개체를 정의할 수 있다. 집단화의 또 다른 예로써 학번, 성명, 학과, 전화번호를 묶어서 하나의 개체 학생을 정의하는 것과 같다. **일반화(generalization)**는 하위 레벨 개체 집합의 공통적인 특성을 파악하여 더 상위 레벨의 개체를 생성하는 것을 말한다. 예를 들면, 아래 그림에서 하위 레벨 개체 집합인 승용차, 트럭, 버스의 공통적인 특성을 파악하여 더 일반적이고 포괄적인 자동차라는 상위레벨의 개체를 만드는 것이다. 또 다른 일반화의 예로써 학부생과 대학원생을 이보다 더 포괄적인 학생이라는 개체로 표현하는 것이 될 수 있다. [그림 12-6]은 집단화와 일반화의 관계를 시각적으로 표현한 것이다.

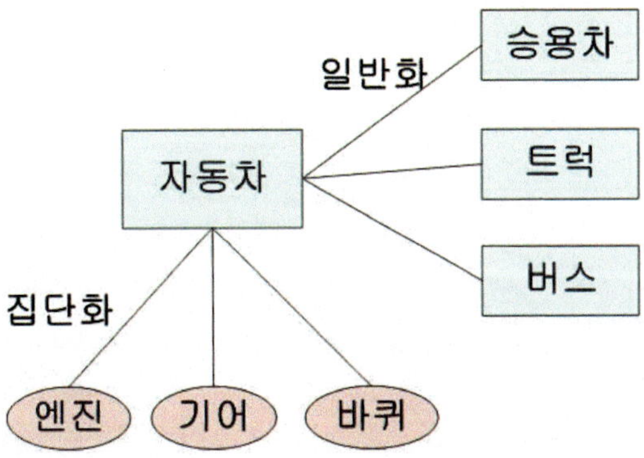

[그림 12-6] 집단화와 일반화

■ **트랜잭션 모델링(transaction modeling)**

트랜잭션 모델링은 요구사항 분석 단계에서 얻어진 결과를 검토해서 이들에 대한 트랜잭션들을 명세서에 기술하는 과정이다. 응용을 위한 데이터 처리에 중점을 두기 때문에 처리 중심 설계라 하며, 주요 트랜잭션들을 식별하고 이들에 대한 기능적 특성을 데이터베이스 설계 초기 단계에 명세해 놓는 것이다. 이렇게 하면 데이터베이스 스키마에 트랜잭션이 필요로 하는 정보가 모두 포함되어 있는지 확인할 수 있다. 또한, 트랜잭션들 사이의 상대적 중요성과 예상 실행 빈도수를 파악해서 물리적 데이터베이스를 설계할 때도 아주 중요한 정보로 사용될 수 있다.

개념적 설계 단계에서 트랜잭션 모델링은 트랜잭션의 입출력(I/O)과 기능적 형태(functional behavior)만 주로 정의한다. 즉, 입력 데이터, 출력 데이터, 그리고 내부적인 제어 흐름을 기술한다. 트랜잭션의 유형으로는 검색(retrieval), 갱신(update), 그리고 검색과 갱신의 혼합(hybrid) 형태가 존재할 수 있다. 트랜잭션 모델링의 한 예로는 [그림 12-7]과 같다.

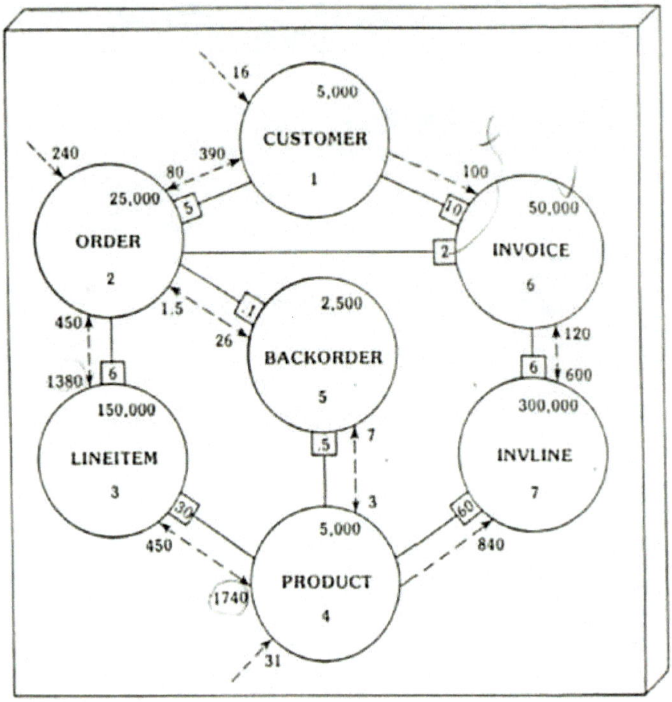

[그림 12-7] 트랜잭션 모델링의 예

4. 논리적 설계

논리적 설계(logical design) 단계는 앞 단계의 개념적 설계에서 생성된 개념적 데이터 스키마로부터 목표 DBMS가 처리할 수 있는 논리적 데이터 스키마를 설계하는 것이다. 이 스키마는 요구사항 명세서를 만족해야 될 뿐만 아니라 무결성, 일관성, 그리고 제약 조건도 만족해야 된다. 현재 가장 널리 이용되고 있는 논리적 데이터 모델은 관계형 데이터 모델이지만, 논리적 설계는 다음과 같이 논리적 데이터 모델로 변환, 트랜잭션 인터페이스 설계, 그리고 스키마의 평가 및 정제 3단계를 거쳐 수행된다.

■ 논리적 데이터 모델로 변환

먼저, 개념적 설계 단계에서 생성된 개념적 데이터 스키마를 목표 DBMS에 맞는 스키마, 즉 논리적 데이터 모델로 변환한다. 이 변환 과정을 논리적 데이터 모델링(logical data modeling)이라 하며, 여기서 사용되는 데이터 모델에는 현재 가장 많이 사용되고 있는 관계형 데이터 모델뿐만 아니라 최근의 객체-지향 데이터 모델과 객체-관계형 데이터 모델들을 모두 포함한다. 이 단계에서 생성된 결과는 목표 DBMS의 데이터 정의어(DDL: Data Definition Language)로 기술된 스키마가 된다. 그러나 이 DDL 명령문에는 물리적 설계 단계에서 결정해야 될 매개변수들이 포함될 수 있으므로 완전한 스키마 정의는 물리적 설계 단계까지 보류하는 것이 일반적이다.

■ 트랜잭션 인터페이스 설계

논리적 설계의 두 번째 단계는 트랜잭션의 인터페이스를 설계한다. 트랜잭션 인터페이스 설계는 완전하고 세부적인 트랜잭션을 설계하는 것이 아니라, 트랜잭션(예, Stored Procedure)의 전체적인 골격(skeleton)을 개발하고 인터페이스(interface)를 정의하는 것이다. 또 각 트랜잭션에 대한 데이터 접근 방법을 기술한다.

■ 스키마 평가 및 정제

논리적 설계의 세 번째 단계는 설계된 스키마를 평가하고 정제하는 것이다. 성능을 평가하기 위해서는 정량적 정보가 성능을 추정하기 위한 근거 자료로 사용된다. 정량적 정보에는 데이터의 크기, 처리 빈도수, 처리 작업량 등을 포함한다. 또한, 평가는 성능 평가 기준에 따라 수행되어야 한다. 성능 평가 기준에는 논리적 레코드의 접근, 데이터 전송량, 데이터베이스의 크기 등이 포함된다. 이런 평가를 거쳐 필요한 경우에 인덱스나 해싱 기법 등을 사용하여 시스템 성능을 개선시킨다.

■ 관계형 데이터 모델로의 설계 사례

[그림 12-8]은 학사 데이터베이스를 위한 E-R 다이어그램이다. 이 그림에는 학생, 교수, 과목의 3개 객체 타입이 있고 이들 사이에는 지도, 강의, 수강의 3개 관계가 정의되어 있다. 이와 같이 개념적 설계 결과로 생성된 E-R 다이어그램으로부터 관계형 데이터 모델로 변환하는 방법은 개략적으로 다음과 같다.

- 사각형으로 표시된 개체 타입은 하나의 릴레이션, 즉, 개체 릴레이션으로 만든다.
- 다이아몬드로 표시된 관계(relationship)는 연관된 개체 타입의 키를 포함하는 관계 릴레이션으로 표현한다.

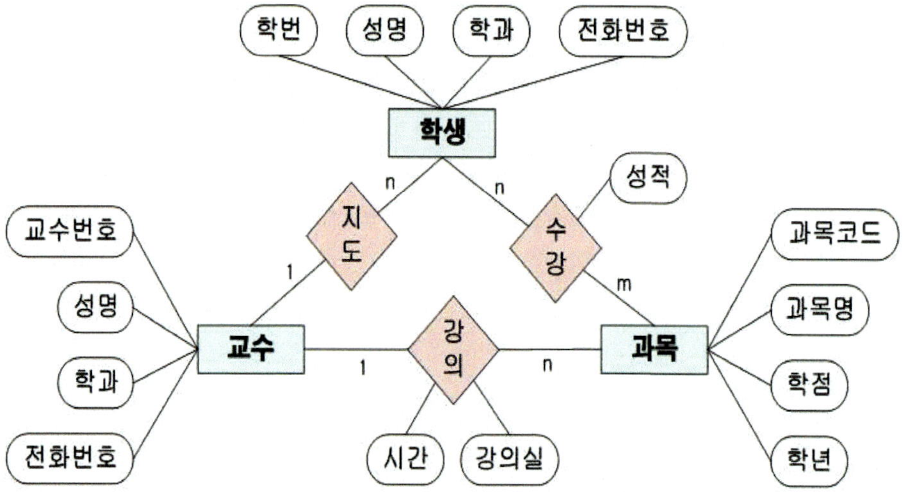

[그림 12-8] 학사 데이터베이스를 위한 E-R 다이어그램

변환된 관계형 데이터 스키마는 [그림 12-9]와 같이 3개의 개체(entiry) 릴레이션(즉, 학생, 교수, 과목 릴레이션)과 3개의 관계(relationship) 릴레이션(즉, 지도, 강의, 수강 릴레이션)으로 구성된다. 특히, 여기서는 관계를 독립된 릴레이션으로 표현하였는데 공통 애트리뷰트로 관계를 표현하는 방법도 있을 수 있다.

학생	학번	성명	학과	전화번호
교수	교수번호	성명	학과	전화번호
과목	과목코드	과목명	학점	학년
지도	교수번호	학번		
강의	교수번호	과목코드	시간	강의실
수강	학번	과목코드	성적	

[그림 12-9] 변환된 관계형 데이터 스키마

■ 공통 애트리뷰트로 관계를 표현한 예

[그림 12-9]는 관계를 독립된 릴레이션으로 표현하였다. 이렇게 설계하면 너무 많은 릴레이션이 만들어지는 경향이 있다. 다른 변환 방법으로 관계를 맺고 있는 두 릴레이션에 공통되는 애트리뷰트(키)를 공통으로 갖게 함으로써 묵시적으로 관계를 나타낼 수도 있다. 이렇게 함으로써 릴레이션의 개수를 줄일 수 있고 더 간편한 조작 방법을 제공할 수 있다. [그림 12-10]에서는 **학생 릴레이션에 "교수번호"를 첨가시키는 (a) 방법**과, **교수 릴레이션에 "학번"을 첨가시키는 (b) 방법**으로 관계를 표현하는 기법을 보여주고 있다.

학생	학번	성명	학과	전화번호	교수번호
교수	교수번호	성명	학과	전화번호	

(a) 학생 릴레이션에 교수번호를 첨가시키는 방법

학생	학번	성명	학과	전화번호	
교수	교수번호	성명	학과	전화번호	학번

(b) 교수 릴레이션에 학번을 첨가시키는 방법

[그림 12-10] 공통 애트리뷰트로 관계를 표현

(a) 방법과 (b) 방법 중 어떤 방법을 선택할 것인가는 설계자의 선택 사항이다. 다만, 여기서 특별히 고려해야 할 사항은 데이터 중복과 데이터 처리의 효율성이다. (a) 방법의 경우에는 데이터의 중복이 크게 생기지 않는다. 그러나 (b) 방법의 경우에는 중복이 크게 생긴다. 이런 점에 비추어 1:n인 경우에는 n쪽의 릴레이션에 공통되는 애트리뷰트(키)를 첨가시키는 것이 더 효율적이다.

5. 물리적 설계

물리적 설계(physical design)는 논리적 설계 단계에서 생성된 논리적 데이터 스키마로부터 효율적인 내부 스키마, 즉 물리적 데이터 구조를 설계하는 것이다. 물리적 데이터 구조는 데이터베이스 시스템의 성능에 중대한 영향을 미치므로 특히 효율성이 강조된다. 또한, 이 단계에서는 트랜잭션의 상세 설계도 병행하여 수행된다.

물리적 데이터 구조의 기본적인 데이터 단위는 저장 레코드(stored record)이다. 따라서 하나의 화일(file)은 한 타입의 저장 레코드들의 집합이 된다. 그러나 물리적 데이터 구조는 여러 가지 타입의 저장 레코드들의 집합이라는 면에서 단순한 화일과는 전혀 다른 개념이다. 물리적 데이터 구조는 여러 타입에 대한 저장 레코드 양식, 순서, 접근 경로, 저장장치 등의 할당을 표현한 것이다. 따라서 물리적 설계 단계에서는 저장 레코드 양식(stored record format), 레코드 집중화(record clustering), 접근 경로(access path), 그리고 저장 공간 할당(storage space allocation) 등에 관한 설계들을 포함한다.

■ 저장 레코드 양식

저장 레코드의 양식(format) 설계 시 고려해야 할 사항으로는 데이터 타입, 데이터 값의 분포, 사용될 응용, 접근 빈도 등이 있다. 여기에는 저장 레코드에 대한 데이터 표현(data representation)과 압축(compression)에 관한 정보도 포함된다. 또한, 레코드에 속한 데이터 아이템들의 접근 빈도수에 따라 그룹을 달리하여 물리적으로 상이하게 저장하는 것도 포함시켜야 한다.

■ 레코드 집중화

레코드 집중화(record clustering)란 논리적으로 관련이 깊은 레코드들을 디스크 내에서 물리적으로 근접하도록 저장함으로써 물리적 순차성을 이용할 수 있게 하는 것을 말한다. 이러한 방법은 연속된 레코드의 검색을 요구할 때 레코드의 빠른 접근이 가능하다. 레코드들을 연속된 저장 공간에 할당할 때 효율적 검색을 위해 블록 크기의 선정이 중요한데, 일반적으로 순차 처리(sequential processing)를 위주로 할 때는 블록의 크기를 크게 하는 것이 유리하고, 임의 접근 처리(random processing)를 위주로 할 때에는 블록의 크기를 작게 하는 것이 유리하다.

■ 접근 경로

접근 경로(access path)는 물리적 저장장치 위에 저장된 데이터의 검색과 저장을 가능하게 하는데, 저장 구조와 탐색 기법이 기본 요소가 된다. 저장 구조는 주로 인덱스를 통한 접근 방법과 데이터 화일을 정의하는 것이고, 탐색 기법은 주어진 응용을 위해 취해야 될 적절한 접근 경로를 정의하는 것이다.

접근 경로 설계는 기본 접근 경로와 보조 접근 경로로 나누어 볼 수 있다. 기본 접근 경로(primary access path)는 기본키를 기본으로 한 기본 인덱스를 이용하는 것이기 때문에 초기 레코드 적재, 레코드의 물리적 위치, 기본키를 통한 검색과 밀접한 관계를 가진다. 그래서 화일들은 무엇보다도 주요 응용들이 이 기본 접근 경로를 이용해서 가장 효율적으로 처리될 수 있도록 설계되어야 한다. 보조 접근 경로(secondary access path)는 보조키에 기반을 둔 보조 인덱스를 통해 저장 레코드를 접근하고 화일 간의 연결을 가능하게 한다. 이 접근 방법은 접근 시간은 줄일 수 있으나 저장 공간을 추가로 사용하여야 하고 인덱스 관리가 복잡해진다.

일반적으로 상용 DBMS는 성능 향상을 위해 여러 가지 tool들을 지원하고 있다. 특히, 데이터베이스 화일에 대한 저장 구조와 접근 경로에 대해 여러 가지 기능을 제공하고 있는데 여기에는 다양한 인덱싱 방법, 레코드 집중화, 해싱 기법 등이 있다. 물리적 데이터 구조를 설계할 때는 일반적으로 다음과 같은 사항을 고려하여야 한다.

- **트랜잭션 응답 시간**: 트랜잭션 실행을 위해 시스템에 요구한 시점부터 결과를 받을 때까지 걸리는 시간
- **저장 공간의 효율화**: 화일이나 접근 경로를 저장하기 위해 필요한 최소한의 저장 공간
- **트랜잭션 처리도(throughput)**: 단위 시간에 DBMS가 처리할 수 있는 평균 트랜잭션 수

이러한 물리적 데이터 구조가 성능 요건을 만족하는지 여부를 평가하는 데는 시뮬레이션이나 프로토타입과 같은 분석적 기법이나 실험적 기법을 많이 사용한다. 또한, DBMS는 성능 평가를 위해 system catalog에 통계 데이터를 저장한다. 즉, 트랜잭션 발생 수, 화일에 대한 입출력 연산, 화일 페이지나 인덱스 레코드 수, 인덱스 사용 빈도에 대한 통계 정보가 저장된다. 이러한 통계 정보는 DBMS 성능 향상을 위해 일부 화일들을 재구성하는데 이용된다.

6. 구현

논리적 설계에 이어 물리적 설계가 끝나면 데이터베이스 구현 단계가 시작된다. 이 단계에서는 목표 DBMS의 DDL로 기술된 명령문이 데이터베이스 스키마와 빈 데이터베이스 화일을 생성하기 위해 컴파일되고 실행된다. 이때 데이터베이스에 데이터를 적재(loading) 시킨다. 만일 기존 데이터 화일로부터 변환시켜야 한다면 변환 유틸리티를 사용한다.

데이터베이스의 트랜잭션은 응용 프로그래머(application programmer)에 의해 구현된다. 일단 트랜잭션이 모두 작성되고 실제 데이터가 데이터베이스에 적재되면 데이터베이스의 설계 및 구현은 끝나게 되고 데이터베이스의 운영 단계로 넘어가게 된다. 지금까지 설명한 데이터베이스 설계 과정을 단계별 입력과 출력을 중심으로 요약하면 [그림 12-11]과 같다.

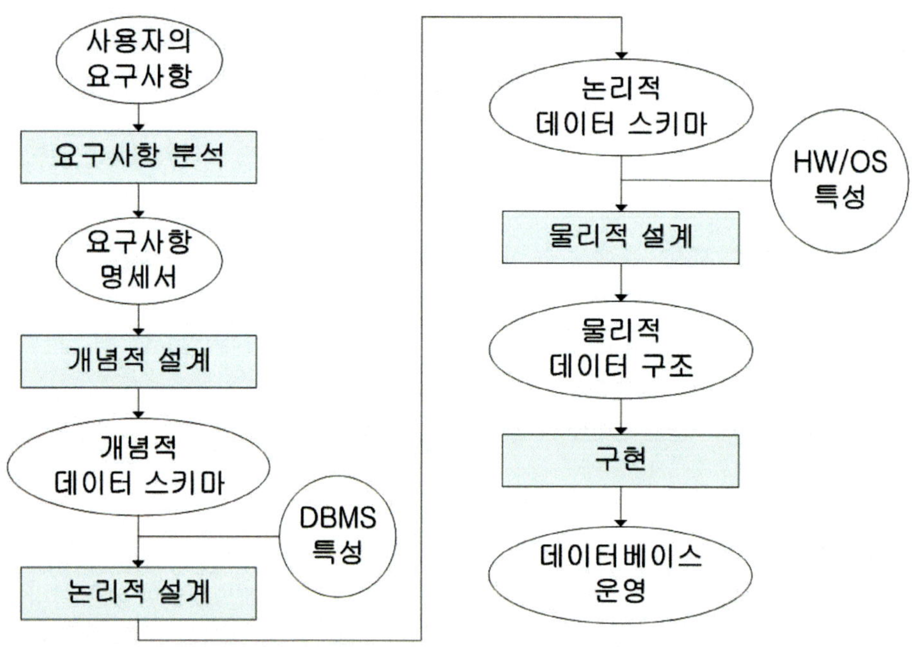

[그림 12-11] 전체적인 데이터베이스 설계 과정

연습문제

1. 데이터베이스 설계 순서로 옳은 것은?

   ① 요구사항분석→개념적설계→논리적설계→물리적설계→구현

   ② 요구사항분석→논리적설계→개념적설계→물리적설계→구현

   ③ 요구사항분석→논리적설계→물리적설계→개념적설계→구현

   ④ 요구사항분석→개념적설계→물리적설계→논리적설계→구현

2. 데이터베이스의 생성 주기(Life Cycle)에서 응용 소프트웨어의 구현, 데이터 적재, 기존 데이터 파일 및 응용 소프트웨어의 변환 등의 작업을 수행하는 단계는 다음 중 어느 것인가?

   ① 요구사항분석 ②설계 ③구현 ④ 감시 및 개선

3. 다음 중 데이터베이스 설계의 목표로 부적합한 것은?

   ① 특정 사용자와 응용의 정보 내용 요구의 만족

   ② 자연스럽고 쉽게 이해할 수 있는 정보 구조를 제공

   ③ 처리의 요구 사항과 응답 시간, 저장 공간 등과 같은 성능 목적 지원

   ④ 데이터베이스를 저장할 효율적인 하드웨어 구성 및 접근 경로 제공

4. 다음 중 데이터베이스 설계의 요구사항분석 단계에서 수행하는 작업이 아닌 것은?

   ① 데이터베이스 응용에 필요한 트랜잭션을 고차원으로 명세

   ② 데이터베이스를 사용할 주요 응용 분야와 사용자 그룹 식별

   ③ 범 기관적 경영 목표와 제약 조건을 식별

   ④ 공식적인 요구사항 명세서의 작성 및 검토

5. DBMS에 독립적인 데이터 구조를 설계하고 트랜잭션을 모델링하는 것은 데이터베이스 설계 단계 중 어디에 해당하는가?
   ① 요구사항분석 ② 개념적설계 ③ 논리적설계 ④ 물리적설계

6. 목표 DBMS에 맞는 스키마를 설계하고 트랜잭션의 인터페이스를 설계하는 것은 데이터베이스 설계 단계 중 어디에 해당하는가?
   ① 요구사항분석 ② 개념적설계 ③ 논리적설계 ④ 물리적설계

7. 다음 중 데이터베이스 설계의 물리적 설계 단계에서 수행하는 작업이 아닌 것은?
   ① 저장 레코드 양식의 설계 ② 스키마의 평가 및 정제
   ③ 레코드 집중화 설계 ④ 화일의 저장 구조 및 탐색 기법

실습문제

실습 1: 실제 데이터베이스를 구축해 보고 SQL 검색, Stored Procedure, View, Index, JDBC 프로그램을 작성해 본다. 제품(자동차) 판매 자동화를 위한 요구사항 분석단계에서 [그림 12-3]과 같은 분석도를 도출하였다고 가정하자. 개념적 설계와 논리적 설계 과정을 거쳐 다음과 같은 8개의 테이블을 설계하였다.

- **customers** 테이블: 고객의 기본 정보(고객 회사, 담당자, 연락처, 등), 신용 등급, 접촉 영업사원 등에 관한 속성 정보를 포함
- **employees** 테이블: 영업사원 이름, 연락처, 직책 등에 관한 속성 정보를 포함
- **offices** 테이블: 영업점 위치, 판매 영역 등에 관한 속성 정보를 포함
- **orders** 테이블: 주문 내용(주문 날짜, 처리 상태, 요청 고객 등)에 대한 속성 정보를 포함
- **payments** 테이블: 금액 지불(지불 날짜, 지불액 등)에 관한 속성 정보를 포함
- **orderdetails** 테이블: 주문 세부 사항(주문번호, 생산코드, 주문량, 단가 등)에 대한 속성 정보를 포함
- **products** 테이블: 제품 정보(제품명, 제품 설명, 재고량, 구매 가격, 권장 가격(MSRP) 등)에 대한 속성 정보를 포함
- **productlines** 테이블: 승용차, 트럭 등 차 종류에 관한 설명 등에 관한 속성 정보를 포함

이에 대한 DDL 스크립트(DB명: ClassicModels)를 작성하였고, **모델 다이어그램(diagram)**을 그려보면 다음과 같다. 참고로, MySQL에서 E-R 다이어그램은 Crow Foot 표기법을 사용한다. Crow Foot 표기법을 간단히 설명하면 다음과 같다.

- Primary Key는 속성 이름 앞에 *를 붙인다.
- 관계는 E-R 다이어그램과 마찬가지로 선을 이용해 연결하는 방식이지만 선에 다음과 같은 약간의 기호를 포함해 사상 원소 수(1:1, 1:N, N:M)를 표시한다.

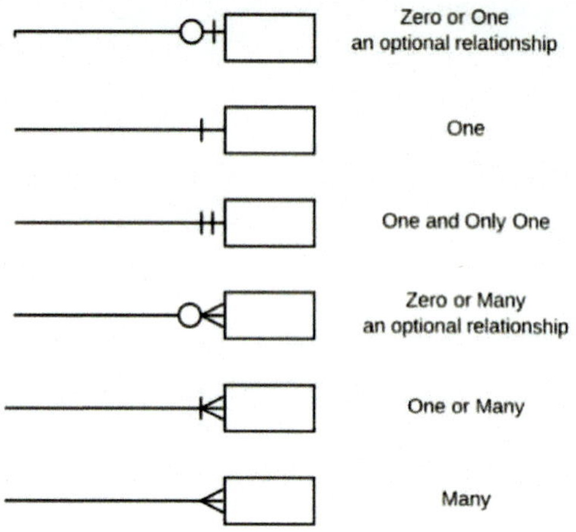

– ClassicModels DB의 모델 다이어그램은 다음과 같다.

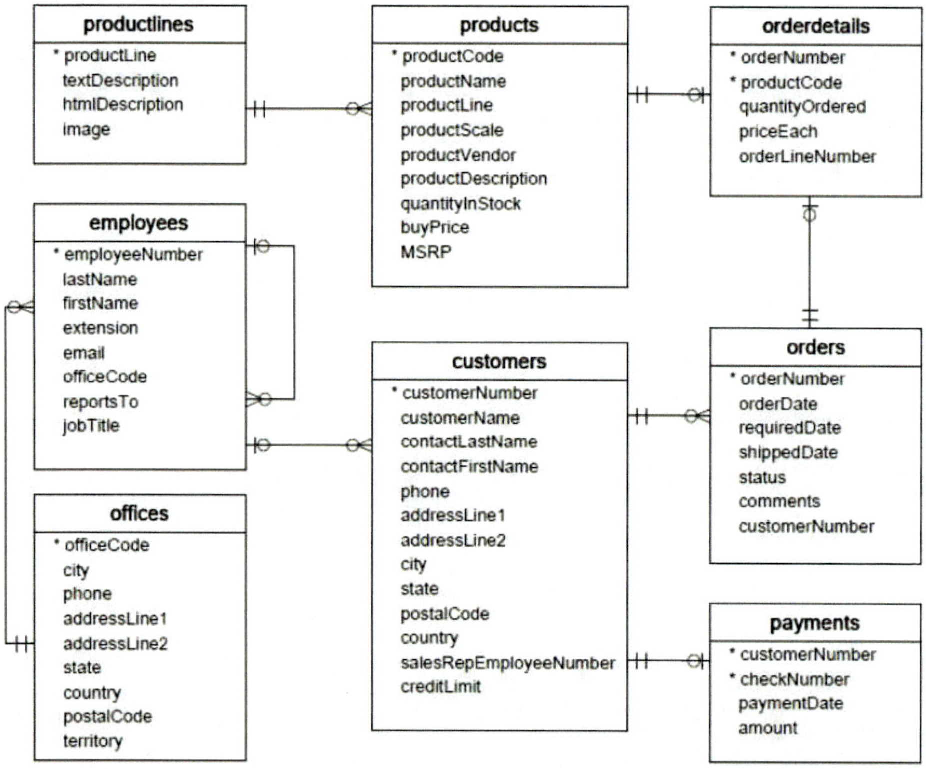

작성된 스크립트를 이용하기 위해서는 다음과 같은 과정을 수행하면 된다.

- www.mysqltutorial.org/mysql-sample-database.aspx로부터 mysqlsampledatabase.zip 파일을 다운로드 한다.
- mysqlsampledatabase.zip 파일 압축을 푼다.
- MySQL DBMS를 실행한다.
- File>Open SQL Script>에서 이 파일을 열거나 source 명령어를 사용하여 스크립트를 실행한다(예, source mysqlsampledatabase.sql)
- show databases; (classicmodels DB가 보임)

올바르게 작동되는지 테스트하기 위해 다음과 같은 명령어를 수행해 본다.

- use classicmodels;
- select * from customers;
- employees 테이블로부터 lastname, firstname, jobtitle을 검색하라!
  select lastname, firstname, jobtitle from employees;

기존에 존재하는 데이터베이스를 이용하여 MySQL에서 다이어그램을 작성하는 방법은 다음과 같다.

- Workbench 메뉴의 Database>Reverse Engineer를 선택한다.
- 초기 화면인 Set Parameters for Connecting to a DBMS에서 기본값을 그대로 두고 Next를 클릭한다. root 비밀번호를 물어보면 'root'를 입력하고 OK를 클릭한다.
- Connect to DBMS and Fetch Information에서 모두 성공적으로 체크되었으면 Next를 클릭한다.
- Select Schema to Reverse Engineer 아래에 있는 Select the schemas you want to include:에서 classicmodels를 선택하고 Next를 클릭한다.
- Retrieve and Reverse Engineer Schema Objects에서 모두 성공적으로 체크되었으면 Next를 클릭한다.
- Select Objects to Reverse Engineer에서 기본으로 선택된 상태를 그대로 두고 Execute를 클릭한다.
- Reverse Engineering Process에서 성공적으로 체크된 것을 확인하고 Next를 클릭한다.
- Reverse Engineering Results에서 테이블 8개와 인덱스들이 변환된 것을 확

인할 수 있다. Finish를 클릭한다.

- 변환된 개체들의 위치가 이곳 저곳에 흩어져 있을 수 있다. 마우스로 드래그해서 아래 그림과 같이 보기 좋게 만들어 보자. 이전 페이지 그림과는 조금 다를 수 있지만 거의 비슷하게 그려지는 것을 확인할 수 있다.
- File>Save Model을 클릭해서 ClassicModels.mwb 이름으로 저장한다.
- MySQL Workbench에 포함된 모델링 기능은 고가의 DB 모델링 툴보다는 기능이 좀 부족할 수도 있겠지만 나름대로 사용할 만한 좋은 기능들이 많이 있으므로 자주 활용하기 바란다.

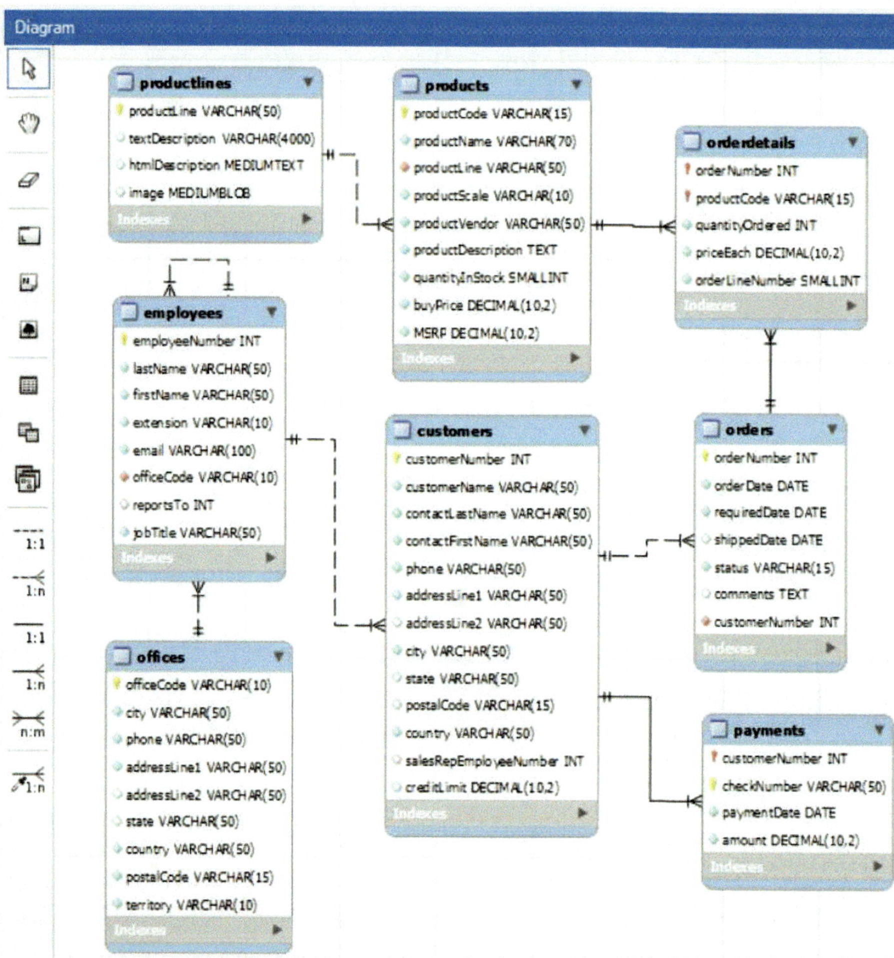

다음 질문에 대한 적합한 답을 작성하고 SQL문은 MySQL에서 실행하라.

(1) 각 테이블(8개)에 대해 릴레이션 스키마, Primary Key, Secondary Key, Foreign Key, 그리고 사상 원소 수를 작성하라. 예를 들어, orders 테이블에 대해서 작성해 보면 다음과 같다.

orders(orderNumber, orderDate, requiredDate, shippedDate, status, comments, customerNumber)

> PRIMARY KEY : orderNumber
> SECONDARY KEY : customerNumber
> FOREIGN KEY : customerNumber REFERENCES customers(customerNumber)
> (N : 1) -> orders : customers
> (1 : N) -> orders : orderdetails

(2) orderdetails 테이블로 부터 **주문량**이 60000 이상인 주문들을 검색하라. Group By와 Having 절을 사용하고 결과는 다음과 같다.
(Hint: **주문량** = priceEach * quantityOrdered)

	orderNumber	주문량 합계
▶	10165	67392.85
	10287	61402.00
	10310	61234.67

(3) customers와 orders는 customerNumber로 연결되어 있다. 두 테이블을 조인하여 customerName별 **주문 수**(즉, **COUNT(orderNumber)**)를 계산하고 주문 수별로 descending 정렬하라.

	customerName	주문 수
▶	Euro+ Shopping Channel	26
	Mini Gifts Distributors Ltd.	17
	Australian Collectors, Co.	5
	Reims Collectables	5
	Danish Wholesale Imports	5
	Dragon Souveniers, Ltd.	5
	Down Under Souveniers, Inc	5
	Royale Belge	4
	Anna's Decorations, Ltd	4
	La Rochelle Gifts	4
	Baane Mini Imports	4

(4) 중첩 질의문 작성 연습: "USA"에 근무하는 직원의 lastName과 firstName을 검색하라(중첩 질의문으로 작성할 것).

lastname	firstname
Murphy	Diane
Patterson	Mary
Firrelli	Jeff
Bow	Anthony
Jennings	Leslie
Thompson	Leslie
Firrelli	Julie
Patterson	Steve
Tseng	Foon Yue
Vanauf	George

(5) Index 만들기:

```
SELECT employeeNumber, lastName, firstName
FROM    employees WHERE jobTitle = "Sales Rep";
```

위 SQL문을 실행한 후 jobTitle에 대해 index를 생성한 후 다시 실행한다. 사용한 index 문을 작성하고 그 결과에 대한 Execution Plan을 캡쳐하라.

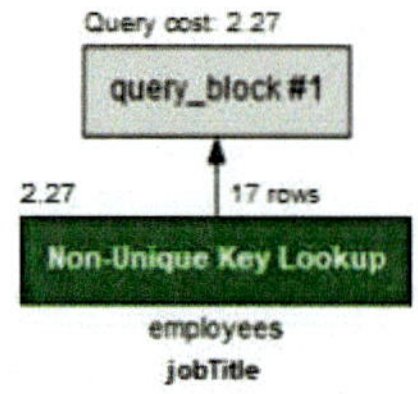

(6) View 만들기:

```
SELECT customerName, checkNumber, paymentDate, amount
FROM customers INNER JOIN payments USING (customerNumber);
```

위 SQL문을 customerPayments 라는 View를 만들어 customerPayments View를 살펴보고, 기존의 payments 테이블과의 차이점을 설명하라.

(7) Stored Procedure 실습:

```
SELECT customerName, city, state, postalCode, country
FROM    customers    ORDER BY customerName;
```

위 SQL문을 GetCustomers()라는 이름의 Stored Procedure문으로 작성하고 이를 실행하라.

(8) 고객 테이블(customers)에 고객 등급(grade) 열을 하나 추가한 후에, 고객이 지불한 총액(**sum(amount)**)에 따라서 ① 고객 등급 열에 총액이 300,000보다 큰 경우 "best customer", ② 총액이 100,000보다 큰 경우 "good customer", ③ 총액이 5,000보다 큰 경우 "average customer" 등의 값을 입력하는 **Stored Procedure**를 작성하라. 이를 위해 커서를 활용해서 작성한다. 최종 결과 값은 다음과 같이 보여진다.

```
SELECT customerNumber, customerName, country, grade FROM customers;
```

customerNumber	customerName	country	grade
103	Atelier graphique	France	average customer
112	Signal Gift Stores	USA	average customer
114	Australian Collectors, Co.	Australia	good customer
119	La Rochelle Gifts	France	good customer
121	Baane Mini Imports	Norway	good customer
124	Mini Gifts Distributors Ltd.	USA	best customer
125	Havel & Zbyszek Co	Poland	NULL
128	Blauer See Auto, Co.	Germany	average customer
129	Mini Wheels Co.	USA	average customer
131	Land of Toys Inc.	USA	good customer
141	Euro+ Shopping Channel	Spain	best customer

(9) JDBC Programming 작성하기:

```
import java.sql.*;

public class DBProject {
    public static void main(String[] args) {

        String sql = "SELECT firstname, lastname, email " +
                     "FROM employees";

        try (Connection conn = DriverManager.getConnection();
             Statement stmt  = conn.createStatement();
             ResultSet rs    = stmt.executeQuery(sql)) {

            // loop through the result set
            while (rs.next()) {
                System.out.println(rs.getString("firstname") + "\t" +
                                   rs.getString("lastname")  + "\t" +
                                   rs.getString("email"));
            }
        } catch (SQLException ex) {
            System.out.println(ex.getMessage());
        }
    }
}
```

위 프로그램을 실행하여 다음과 같은 결과를 도출하라(에러 발생 시 수정 필요).

13장 무결성, 보안, 회복

1. 무결성
2. 보안
3. 회복

1. 무결성

데이터베이스에서 무결성(integrity)이란 데이터의 정확성 또는 유효성을 의미한다. 3장에서 무결성에 대해 이미 전화번호의 예를 들면서 설명한 바 있다. 동적으로 변화하는 데이터베이스 환경 하에서 데이터의 정확성을 항상 유지한다는 것은 상당히 어려운 일이다. 그렇기 때문에 실제로는 어떤 무결성 규칙(integrity rule)을 정해 놓고 이것에 위배되지 않는 한 데이터베이스의 무결성은 유지되는 것으로 간주하고 있다.

■ 무결성 규칙의 종류

무결성 규칙에는 다음과 같이 도메인 무결성 규칙과 릴레이션 무결성 규칙이 있다.

● 도메인 무결성 규칙(domain integrity rules)

도메인 무결성 규칙이란 주어진 애트리뷰트의 값이 그 애트리뷰트가 정의된 도메인에 속한 값이어야 한다는 것을 규정하는 것이다. 예를 들면, 전화번호 애트리뷰트인 경우 일반적으로 "053-1234-5678"과 같은 형태를 가지고 있어야 한다. 도메인 무결성 규칙에 전화번호 애트리뷰트는 숫자와 "-"로만 구성될 수 있다고 규정해 놓으면 "053-1234-QY78"과 같은 형태는 이 무결성 규칙에 위배되어 삽입될 수가 없을 것이다.

● 릴레이션 무결성 규칙(relation integrity rules)

릴레이션 무결성 규칙은 어느 한 투플이 릴레이션에 삽입 가능한가 또는 한 릴레이션과 또 다른 릴레이션 투플들 간의 관계가 적절한가를 규정해 놓은 것이다. 예를 들면, [그림 7-6]의 학사 관계형 데이터베이스에서 수강 릴레이션의 애트리뷰트 학번은 학생 릴레이션의 기본키인 학번을 가리키는 외래키이다. 따라서 수강 릴레이션의 학번은 학생 릴레이션의 학번에 없는 값을 삽입할 수가 없다. 예를 들면, 수강 릴레이션에 학번이 20188894인 투플을 삽입하려고 하면 이는 학생 릴레이션에 없는 학번이므로 릴레이션 무결성 규칙에 위배되어 이 투플을 삽입할 수가 없을 것이다.

■ SQL에서 무결성 규칙을 정의하는 방법

SQL에서는 무결성 규칙을 제약조건으로 정의할 수 있는데 다음과 같이 크게 3가지, 애트리뷰트 제약조건, 기본 테이블 제약조건, 그리고 주장으로 나눌 수 있다.

● 애트리뷰트 제약조건

애트리뷰트 제약조건을 생성하기 위한 SQL 구문은 다음과 같다.

```
[CONSTRAINT constraint] CHECK (cond-exp)
```

여기서 constraint은 제약조건의 이름이며 cond-exp는 제약조건을 표현하는 조건식이다. 예를 들면, 애트리뷰트 봉급은 정수 6000000보다 작아야 한다면 다음과 같이 정의될 수 있다.

```
CREATE TABLE 종업원
        (이름     CHAR(10),
         봉급     INTEGER       CHECK (봉급 < 6000000) );
```

● 기본 테이블 제약조건

기본 테이블을 정의할 때 관련 제약조건은 다음과 같은 SQL 구문으로 명시할 수 있다.

```
CREATE TABLE 수강
        (학번              INTEGER NOT NULL,
         과목코드          CHAR(4) NOT NULL,
         성적              INTEGER NOT NULL,
         PRIMARY KEY (학번, 과목코드),
         FOREIGN KEY (학번) REFERENCES 학생(학번)
                           ON DELETE CASCADE
                           ON UPDATE CASCADE,
         FOREIGN KEY (과목코드) REFERENCES 과목(과목코드)
                           ON DELETE CASCADE
                           ON UPDATE CASCADE,
         CHECK (성적 >= 0 AND 성적 <= 100) );
```

수강 테이블에는 학번과 과목코드로 기본키가 설정되어 있다. 이 기본키에는 NULL 값을 가질 수 없다. 또한, 학번과 과목코드는 각각 학생과 과목 테이블의 외래키로 이들 키는 참조 무결성 제약조건이 적용된다. 성적은 CHECK로 제약조건이 규정되어 있으므로 이 값이 취할 수 있는 범위는 0부터 100까지이다.

● 주장(assertion)

주장(assertion)은 SQL3에 포함되어 있으나 대부분의 상용 RDBMS들이 아직 지원하고 있지 않다. 주장은 제약조건을 위반하는 연산이 수행되지 않도록 하는 것이다. 주장을 정의하는 구문은 다음과 같다. 불필요한 주장은 DROP문을 사용하여 삭제할 수 있다.

```
CREATE ASSERTION 이름 CHECK (조건식);
DROP ASSERTION 이름;
```

예를 들면, "모든 과목의 학점은 최소 1학점 이상이어야 한다"라는 주장은 다음과 같이 표현된다.

```
CREATE ASSERTION MIN_CREDIT
        CHECK       ( ( SELECT MIN(과목.학점)
                        FROM 과목 ) > 0 );
```

"모든 과목의 학점은 4 이하여야 한다"라는 주장은 다음과 같이 표현된다.

```
CREATE ASSERTION MAX_CREDIT
        CHECK        ( NOT EXISTS (SELECT * FROM 과목
                       WHERE NOT (과목.학점 < 5) )  );
```

주장은 데이터베이스가 항상 만족하기를 바라는 조건을 직접적으로 표현하는 프레디킷이다. DBMS는 주장의 프레디킷을 검사하여 만일 참이면 주장을 위배하지 않는 경우이므로 데이터베이스의 수정을 허용한다.

■ 트리거(Trigger)

지금까지 설명한 선언적 형태의 무결성 규칙을 위반할 때는 기본적으로 그 트랜잭션을 취소시키면 된다. 그러나 이런 취소 이외의 또 다른 별다른 조치도 취할 필요가 있다. 예를 들면, 메시지를 보낸다든지 어떤 값이 갱신하게 되면 다른 값을 자동적으로 갱신하게끔 어떤 프로시저를 기동시키는 것과 같은 것이다. 이러한 경우에 데이터베이스에서는 트리거 기법을 적용할 수 있다.

트리거(Trigger)는 사전적 의미로 방아쇠를 뜻한다. 방아쇠를 당기면 자동으로 총알이 나가듯이 트리거는 테이블에 무슨 일이 일어나면 자동으로 실행된다. 즉 트리거란 테이블에 삽입, 수정, 삭제 등의 작업이 발생할 때에 자동으로 작동되는 개체로 저번 장에서 배웠던 Stored Procedure와 비슷한 모양을 갖는다. 트리거에 많이 활용되는 사례 중 하나를 생각해 보자. 만일 누군가 A라는 테이블에 행을 고의 또는 실수로 삭제한다면, 삭제된 행의 내용을 복구하는 것도 어렵고 누가 지웠는지 추적하는 것도 쉬운 일이 아니다. 이러한 경우에 A 테이블에서 행이 삭제되는 순간에 삭제된 내용, 시간, 사람 등을 기록해 놓는다면 이러한 문제점을 해결할 수 있을 것이다.

트리거는 테이블에 이벤트(즉, 입력, 수정, 삭제)가 발생하면 자동으로 부착된 트리거가 실행된다. 트리거의 작동은 Stored Procedure와 비슷하지만 직접 실행시킬 수는 없고 오직 해당 테이블에 이벤트가 발생할 경우에만 실행된다. 그리고 트리거는 Stored Procedure와는 달리 IN, OUT 매개변수를 사용할 수 없다.

트리거를 요약하여 정리하면 다음과 같다.

- 데이터를 변경할 때마다 실행되는 특별한 저장 프로시저이다.
- 한 테이블과 연관된다.
- 삽입, 삭제, 수정 시 자동적으로 실행된다.
- 저장 프로시저와는 달리 직접 호출될 수 없다.
- 하나의 트랜잭션(Transaction)이다.

트리거 사용의 이점은 다음과 같다.
- 데이터베이스 내 관련 테이블들 간의 캐스캐이드(순차적) 변경이 가능하다.
- CHECK보다 더 복잡한 데이터 무결성을 강화할 수 있다.
- 사용자 정의 에러 메시지를 정의할 수 있다.
- 비 정규화된 데이터베이스 환경에서도 사용될 수 있다.
- 변경 시 데이터의 전후 상태가 비교 가능하다.

트리거 사용 시 고려하여야 할 사항은 다음과 같다.
- 트리거는 실행 후에 작동되고, 제약조건은 실행 전에 수행되는 것을 주의해야 한다.
- 테이블은 어떤 동작에 대해 여러 개의 트리거를 가질 수 있다.
- 테이블 소유자만이 트리거를 생성, 제거할 수 있다.
- 트리거는 결과 세트를 리턴할 수 없다.
- 트리거는 다중 행 동작을 처리할 수 있다(여러 행에 영향을 미친다).

트리거의 명세 방법은 표준 SQL에는 정의되어 있지 않으나 대부분의 DBMS들은 다음과 같이 SQL을 확장하여 트리거 정의 구문을 제공하고 있다. 다음은 트리거의 한 예로써 조건이 만족되면 UPDATE 명령문이 자동으로 실행된다.

```
CREATE TRIGGER STUDENT_INS
        AFTER INSERT ON 학생
BEGIN   UPDATE 학과테이블
        SET 학생수 = 학생수 + 1
        WHERE 학과코드 = NEW_STUDENT.학과코드;
END;

CREATE TRIGGER STUDENT_DEL
        AFTER DELETE ON 학생
BEGIN   UPDATE 학과테이블
        SET 학생수 = 학생수 - 1
        WHERE 학과코드 = OLD_STUDENT.학과코드;
END;
```

2. 보안

데이터베이스는 한 조직체에서 사용자들이 공유해서 사용하는 귀중한 자산이다. 만약 데이터베이스가 외부의 침입을 받거나 보안 관리가 미흡하여 외부로 유출된다면 막대한 손실을 가져오게 된다. 예를 들면, 은행에서 관리되는 고객 데이터베이스에서 잔고가 손실된다면 그 부작용은 엄청날 것이다. 따라서 권한이 없는 사용자로부터 데이터베이스를 보호하는 것은 매우 중요한 일이다.

데이터베이스 보안(database security)이란 권한이 없는 데이터 액세스, 악의적인 데이터 파괴 및 유출로부터 데이터베이스를 보호하는 것을 말한다. 권한을 가진 사용자만이 적절한 접근 모드로 데이터베이스에 접근할 수 있어야 한다. 예를 들면, 어떤 사용자는 릴레이션을 읽기만 할 수 있지만 어떤 사용자는 릴레이션을 갱신할 수 있는 것처럼 데이터베이스의 접근 제어는 DBMS 내에서 여러 수준으로 적용된다. 데이터를 사용할 수 있는 사용자마다 계정과 비밀번호를 부여하고 데이터베이스의 특정 부분에 특정 작업만을 허용할 수 있도록 관리되도록 한다.

데이터베이스 보안과 관련하여 DBMS는 다음과 같은 두 가지 기능을 제공하고 있다.

- DBMS는 데이터베이스에 대한 접근을 통제할 수 있는 기능을 제공하고 있다. 이를 접근 제어(access control)라 하며, DBMS는 접근 과정을 통제하기 위해 사용자 **계정**과 **암호**를 관리한다.
- DBMS는 특정 사용자에게 지정된 데이터베이스 영역만 접근할 수 있고 그 외에는 접근할 수 없도록 통제하는 기능을 제공해야 한다. DBMS는 이런 목적을 위해 **권한 관리** 모듈을 가지고 있다.

데이터베이스 관리자(DBA)는 데이터베이스 시스템 전체에 대한 보안을 관리하며 이를 위한 모든 권한을 가지고 있다. 데이터베이스 보안을 위해 DBA가 수행하여야 할 작업에는 사용자들에 대한 새로운 계정과 암호를 만들어 주거나, 어떤 사용자에게 권한을 부여하거나 회수하는 일들이 있을 수 있다. 또한 권한이 없는 사용자가 데이터베이스에 접근했다는 의심이 들면 데이터베이스에 대한 감사를 실시할 수 있다.

DBMS에서 사용되는 일반적인 데이터베이스 보안 기법으로는 다음과 같이 권한 부여 테이블 사용, 뷰 기법, GRANT 기법, 그리고 데이터 암호화 기법 등이 있을 수 있다.

■ 권한 부여 테이블 사용

데이터베이스 보안의 목적은 합리적인 사용자만이 허가 받은 데이터 객체에 허가 받은 연산을 안전하게 실행할 수 있도록 보장해 주는 것이다. 그러기 위해서는 보안 규칙(security rule)을 정의하고 이것을 시행할 수 있는 보안 집행 방안이 필요하다.

데이터베이스를 접근하는 각 사용자에 대해서는 그 사용자가 접근할 수 있도록 권한이 부여된 데이터 객체와 이 데이터 객체에 대해 수행시킬 수 있는 연산에 관한 정보를 가진 테이블이 있어야 하는데 이것을 **사용자 프로파일(user profile)**이라 한다. DBMS에서는 모든 사용자에 대한 프로파일을 하나의 테이블로 종합 관리해서 보관하고 있는데 이것을 **권한 부여 테이블(authorization table)**이라 한다. 이 테이블의 엔트리 T[i, j]는 데이터 객체 j에 대해 사용자 i가 수행할 수 있는 연산 권한을 표현하고 있다. [그림 13-1]은 간단한 권한 부여 테이블의 한 예를 보여주고 있다. 이 테이블에서 각 행은 사용자 프로파일 역할을 하고 각 열은 데이터 객체 프로파일 역할을 한다.

객체 / 사용자	데이터 1	데이터 2	데이터 3
사용자 A	SELECT		SELECT, UPDATE
사용자 B		SELECT	UPDATE
사용자 C	SELECT	SELECT, INSERT	
사용자 D	UPDATE		

[그림 13-1] 권한 부여 테이블

■ 뷰 기법

뷰(View)의 정의 그 자체가 권한 부여 기법이 될 수 있다. 예를 들면, 릴레이션 학생의 생성자 A가 다른 사용자 B에게 학생 릴레이션의 일부 투플이나 속성에 대해서만 접근할 수 있게 하려 한다면 다음과 같은 뷰 '학생_뷰'를 정의하여 사용자 B에게 권한을 부여하면 된다.

```
CREATE VIEW  학생_뷰
        AS   SELECT 학번, 성명, 학과
             FROM   학생
             WHERE  학과 = '컴퓨터';
```

뷰 기법은 보안 기법 중에서 가장 간단하고 쉽게 적용할 수 있는 방법이지만, 보안에 민감한 데이터를 권한이 없는 사용자로부터 은닉시킬 수 있기 때문에 결과적으로 위법적인 접근을 예방할 수 있다. 그러나 뷰 기법에서는 SELECT 권한을 가진 사용자는 갱신 연산(INSERT, DELETE, UPDATE)을 수행할 수 없고, 또 갱신할 수 있는 권한이 있더라도 항상 갱신하지 못하는 제약이 있을 수 있다.

■ **GRANT/REVOKE 기법**

앞에서 설명한 뷰 기법은 보안상 중요한 데이터를 잠정적인 위협으로부터 은닉시킬 수는 있으나 허용된 데이터에 대해 연산을 제한할 수 있는 방법은 아니다. SQL에서는 특정 데이터와 연산을 특정 사용자만이 수행할 수 있게 권한 부여를 명세할 수 있는 **GRANT/REVOKE 명령어**를 제공하고 있다.

데이터베이스 시스템에서 릴레이션 생성자는 그 테이블에 대한 모든 권한을 갖는다. 예를 들면, 생성자는 릴레이션에 대한 데이터를 보거나, 추가하거나, 삭제할 수 있으며, 릴레이션 정의를 변경할 수 있다. 또한 DBA는 DBMS에 있는 모든 자원에 대해 접근할 수 있는 권한을 가지고 있다. 따라서 릴레이션 생성자나 DBA는 자신의 권한을 GRANT문을 사용하여 그 권한 일부를 다른 사용자에게 다시 부여해 줄 수 있다. 이러한 GRANT SQL 명령문의 구문은 다음과 같다.

```
GRANT 권한_리스트 ON 객체 TO 사용자 [WITH GRANT OPTION];
```

사용자는 GRANT절에 SELECT, INSERT, DELETE, UPDATE들 중 한 개 이상의 권한을 포함할 수 있다. 여기서 릴레이션 생성자 A가 다른 사용자 B에게 권한을 부여할 때 "WITH GRANT OPTION"을 같이 쓰게 되면 B도 다른 사용자에게 자기가 부여받은 권한을 또 다시 부여할 수 있다. 주의할 점은 만일 A가 B에게 GRANT OPTION을 주고 B가 다시 C에게 GRANT OPTION을 부여했다고 하자. 이렇게 되면 릴레이션에 대한 권한은 주인도 모르게 파급되어 나가게 된다.

제 3자에게 부여한 권한을 회수할 때는 다음과 같은 REVOKE 명령문을 사용한다.

```
REVOKE [GRANT OPTION FOR] 권한_리스트 ON 객체
        FROM 사용자 {CASCADE, RESTRICT};
```

여기서 만일 GRANT OPTION FOR가 사용되면 접근 권한을 취소하는 것이 아니라 다른 사용자에게 권한을 부여할 수 있게 한 권한 자체를 취소하려는 것이다.

GRANT/REVOKE 기법의 명령문들에 대해 예를 들어서 설명하면 다음과 같다.

```
생성자 :     GRANT SELECT, INSERT ON 학생 TO A;
생성자 :     GRANT SELECT ON 학생 TO B WITH GRANT OPTION;
사용자 B :   GRANT SELECT ON 학생 TO C;
생성자 :     REVOKE SELECT ON 학생 FROM B CASCADE;
```

먼저 생성자가 릴레이션 학생을 생성한 뒤에 사용자 A에게 학생 릴레이션에 대한 검색과 삽입 권한을 부여한다. 여기서 GRANT OPTION이 없기 때문에 A은 다른 사용자에게 권한을 부여할 수는 없다. 다시 생성자가 사용자 B에게 학생에 대한 검색 권한을 부여한다. 이때는 GRANT OPTION을 같이 사용했으므로 B는 다른 사용자에게 권한을 부여할 수가 있다. 따라서 B는 C에게 학생 릴레이션에 대한 검색 권한을 부여하였다. 그러나 C는 다른 사용자에게 이 권한을 전파시킬 수는 없다. 왜냐하면 GRANT OPTION이 없기 때문이다. 마지막으로 생성자가 B에게 준 학생 릴레이션의 검색 권한을 회수한다. 이 취소는 CASCADE에 따라 자동적으로 파급되므로 B가 C에게 부여한 권한이 C가 다른 사용자로부터 이 권한을 이중으로 부여받지 않는 한 자동적으로 취소된다. 이 예에서는 결국 생성자가 A에 첫 번째 부여한 검색과 삽입에 대한 권한만 남게 된다.

■ 데이터 암호화 기법

데이터의 중요한 내용에 대해 특별한 보안 조치가 필요한 경우, 데이터를 암호화 형태로 변환하여 저장할 필요가 있다. **데이터 암호화(data encryption)**는 허가 받지 않은 사람들이 내용을 쉽게 이해할 수 없도록 은폐시키기 위해 데이터를 암호로 바꾸는 것이다. 암호 시스템(cipher system)은 암호화 알고리즘(E: encryption algorithm), 암호화 키(K: encryption key), 그리고 해독 알고리즘(D: decryption algorithm)으로 구성된다. 전송이나 저장해야 될 원시 데이터를 평문(P: plaintext)이라 하고 암호화된 결과를 암호문(C: ciphertext)이라 할 때 암호 시스템 구성은 다음과 같다.

$$C = E^k (P)$$
$$P = D^k (C)$$

즉, 평문을 암호화 알고리즘과 암호화 키를 이용하여 변환시킨 결과가 암호문이 되고 다시 암호문을 해독 알고리즘과 암호화 키를 이용하여 변환시키면 평문이 된다. 데이터 암호화 기법은 설계자의 보안 정책에 따라 다양하게 구현될 수 있다.

[1] 전치 암호화 기법

전치 암호화 기법은 암호문을 생성하기 위해 문자들을 일정한 간격으로 나누고, 위치를 변경시키는 것이다.

평문:	ENCRYPTION ALGORITHM
암호문:	NERCPYITNOA#GLROTIMH

위 내용은 데이터를 두 문자씩 나누고, 다시 그 문자를 서로 교환하는 방법이다. 이 기법에서 단어 사이의 공백도 하나의 문자로 취급하므로 여기서는 #으로 표시하였다.

[2] 대체 암호화 기법

대체 암호화(substitution encryption) 기법은 평문의 문자를 다른 문자로 대체함으로써 중요한 데이터의 내용을 은폐시키는 것이다.

평문:	THIS TEXT IS TOP SECRET
암호화 키:	TODAY

- 제1단계: 평문을 암호화 키와 같은 길이의 블록으로 나눈다. 이때 단어 사이의 공백 문자는 #으로 채운다.

  THIS# TEXT# IS#TO P#SEC RET##

- 제2단계: 대체할 문자 코드를 #=00, A=01, B=02, ... , Z=26으로 정하고 각 문자를 해당 정수 코드로 대체한다.

  2008091900 2005242000 0919002015 1600190503 1805200000

- 제3단계: 암호화 키에 대해서도 2단계와 같은 방법으로 변환시킨다.

  암호화 키: 2015040125

- 제4단계: 평문의 각 블록에 대해 암호화 키에 대응 문자의 정수들을 문자별로 합산해서(즉, 블록 코드 + 암호화 키 코드를 계산한 후) MOD 27을 적용한다. MOD에 대한 예를 들면, 40 MOD 27 = 13이 된다.

```
    2008091900  2005242000  0919002015  1600190503  1805200000
+)  2015040125  2015040125  2015040125  2015040125  2015040125
---------------------------------------------------------------
    1323132025  1320012125  0207042113  0915230601  1120240125
```

- 제5단계: 합산 결과를 정수 코드에 해당하는 문자로 바꾸어 암호문을 얻는다.

  암호문: MWMTY MTAUY BGDUM IOWFA KTXAY

이와 같은 암호화 단계를 거쳐 얻어진 것이 암호문인데 이것이 통신선으로 전송되거나 데이터베이스에 저장되는 것이다.

[3] DES 기법

DES(Data Encryption Standard)는 미국 정부가 일반 대중이 사용할 수 있도록 개발한 암호화 기법이다. DES는 미국과 그 외의 국가들에 암호의 표준으로 광범위하게 채택되었으며, 이 암호화 기법에서는 대체 암호화 기법과 순열을 사용한다.

[4] 공개키 암호화 기법

공개키 암호화(Public Key Encryption) 기법은 오직 하나의 키를 사용하는 전통적인 알고리즘과는 대조적으로 두 개의 키를 사용한다. 사용되는 두 개의 키는 암호화 키와 해독 키이다. 암호화 키는 공개해서 누구든지 평문을 암호문으로 만들 수 있지만, 해독 알고리즘과 해독 키는 비밀로 유지된다.

[5] MySQL DBMS의 암호화 기법

MySQL에서 지원되는 암호화 알고리즘은 AES(Advance Encryption Standard) 기법을 사용한다. MySQL에서 테이블 암호화 하는 방법은 일반적인 테이블 구문과 동일하며, 마지막에 ENCRYPTION='Y' 옵션만 추가로 넣으면 된다.

3. 회복

백업(backup)은 현재의 데이터베이스를 다른 매체에 보관하는 작업을 말하며, 회복(recovery)은 데이터베이스에 문제가 발생 시에 다른 매체에 백업된 데이터를 이용해서 원상태로 돌려놓는 작업을 말한다. 단적으로 얘기해서 DBA가 해야 할 가장 중요한 일을 꼭 한 가지만 뽑으라면 이 백업과 회복을 들 수 있겠다. 하드디스크가 깨져서 중요한 데이터를 잃어버린 경험을 해 본 독자라면 백업의 필요성을 느낄 것이다. 하물며 회사의 중요 정보가 보관되어 있는 서버의 디스크가 깨졌을 때 그 내용을 모두 잃어 버린다는 것은 생각만 해도 끔찍하다.

회복과 관련된 데이터 저장장치로 다양한 종류가 존재할 수 있는데, 이들은 고장에 대한 회복력에 따라 휘발성, 비휘발성, 그리고 안정 저장장치로 구분해 볼 수 있다. 휘발성 저장장치(volatile storage)는 메인 메모리와 같이 시스템 고장 시에 저장된 정보가 유실된다. 비휘발성 저장장치(nonvolatile storage)는 디스크나 자기테이프와 같이 시스템 고장 시에도 일반적으로 저장된 정보는 손실되지 않는다. 데이터베이스 시스템에서는 비휘발성 저장장치들 중 디스크가 가장 많이 사용되고, 자기 테이프는 백업용으로 사용된다. 안정 저장장치(stable storage)로는 서로 다른 디스크에 각 블록의 사본을 저장하는 RAID(Redendant Array of Inexpensive Disks) 시스템이 될 수 있다.

■ 데이터베이스 입출력 연산

데이터베이스의 장애와 회복을 이해하기 위해서는 먼저 데이터베이스 연산이 데이터 저장장치와 어떠한 관계를 맺고 있는지 알아야 한다. 데이터베이스는 실제로 비휘발성 저장장치(보통은 디스크)에 영구 저장되기 때문에 트랜잭션은 디스크로부터 메인 메모리로 데이터를 입력시키고 다시 디스크로 정보를 출력한다. 이때 입출력 연산은 블록 단위로 이루어진다. 디스크에 있는 블록을 물리적 블록(physical block)이라 하며, 메인 메모리에 임시 거주하는 블록을 버퍼 블록(buffer block)이라 한다. 디스크와 메인 메모리 사이의 블록 이동은 다음 두 가지 연산에 의해 수행된다. [그림 13-2]는 블록 이동에 관한 내용을 보여주고 있다.

- Input(B_i): 물리적 블록 B_i를 메인 메모리로 전송한다.
- Output(B_j): 버퍼 블록 B_j를 디스크로 전송해 적절한 물리 블록을 대치한다.

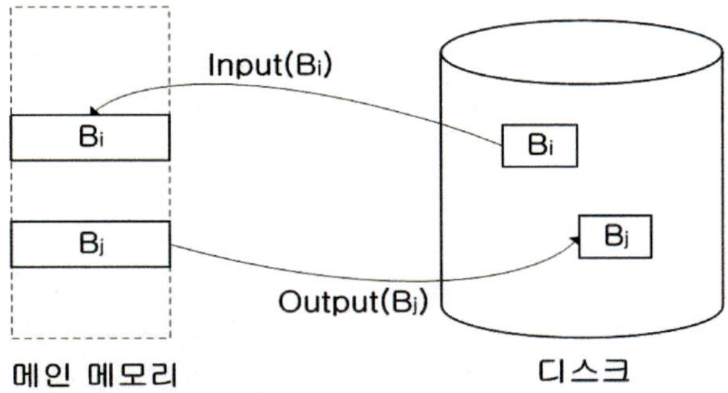

[그림 13-2] 블록 이동

Input(B_i) 연산은 사용자의 요청에 의해(on demand) 수행되지만 Output(B_j)는 버퍼 관리자에 의해(by Buffer Manager) 메모리 공간을 필요로 할 때나 DBMS가 변경된 데이터 항목 값을 디스크에 반영시키기를 요구할 때 디스크로 출력된다.

■ **장애**

회복(recovery)이란 장애가 일어났을 때 데이터베이스를 장애가 발생했던 이전의 상태로 복구시켜서 일관된 상태(consistent state)를 만드는 것을 말한다. 여기서 일관된 상태란 데이터베이스 내에 오류나 모순이 없는 상태를 말한다. **장애(failure)**란 시스템의 내부적 문제(예, 응용 프로그램의 오류, 하드웨어 결함, 소프트웨어의 결함) 또는 외부적 문제(예, 화재, 정전)로 인해 정해진 명세대로 작동하지 않는 상태를 말한다. 이와 같은 문제로 발생되는 장애는 다음과 같이 크게 세 가지 유형으로 구분할 수 있다.

- **트랜잭션 장애**: 트랜잭션 내의 논리적 오류(예, 0으로 어떤 수를 나누는 경우), 입력 데이터의 불량, 데이터를 찾을 수 없는 경우, 가용 자원의 초과 요청 등으로 정상적인 실행이 불가능한 상태
- **시스템 장애**: 교착 상태와 같은 예기치 못한 상황이 발생하여 더 이상 정상적인 작업을 수행할 수 없는 상태나 하드웨어 오동작으로 인해 메인 메모리에 저장된 데이터가 손실되어 더 이상의 실행을 진행할 수 없는 상태
- **미디어 장애**: 디스크의 고장으로 저장장치의 데이터베이스 일부 또는 전부가 손상된 상태

이러한 장애에 대한 회복을 위해 DBMS는 회복 관리자(recovery manager)를 두고 대비하고 있다.

■ 회복의 개념

데이터베이스 회복의 기본 원리는 **데이터의 중복(redundancy) 저장**이다. 즉, 작업 도중 발생하는 정보를 한곳에만 저장하는 것이 아니라 별도로 어디엔가 중복해서 저장해 두었다가 장애가 발생되었을 때 이 정보를 이용하여 다시 복원시키는 것이다. 이러한 중복 저장을 만드는 기법으로 덤프와 로그가 있다. **덤프(dump)**는 가장 기본적인 기법으로 데이터베이스의 모든 내용을 일정한 주기로 다른 저장장치에 복제(archive)하는 것을 말한다. 즉, 하루에 한번 또는 일주일에 한번 등 정해진 주기마다 안전 저장장치로 덤프하는 것을 말한다. **로그(log)**는 데이터베이스가 변경될 때마다 변경되는 데이터 값의 이전 값(old value)과 이후 값(new value)을 별도의 로그 화일에 저장해 두는 것을 말한다. 다른 말로 일지(journal)라고도 한다.

■ 회복 조치의 유형

장애가 발생했을 때 회복을 위해 취할 수 있는 조치는 일반적으로 다음과 같은 두 가지 유형이 있다.

- **REDO(재수행)**: 데이터베이스 내용 자체가 손상된 경우에 사용하며, 복사본과 로그 화일을 이용하여 데이터베이스를 복구하는 것을 말한다. 즉, 가장 최근에 덤프 받은 복사본을 적재시킨 뒤, 이 복사본 이후에 일어난 변경만을 로그를 이용하여 재수행함으로써 최근의 상태로 데이터베이스를 복원하는 것이다. [그림 13-3]은 REDO를 실행하는 방법을 나타내고 있다.

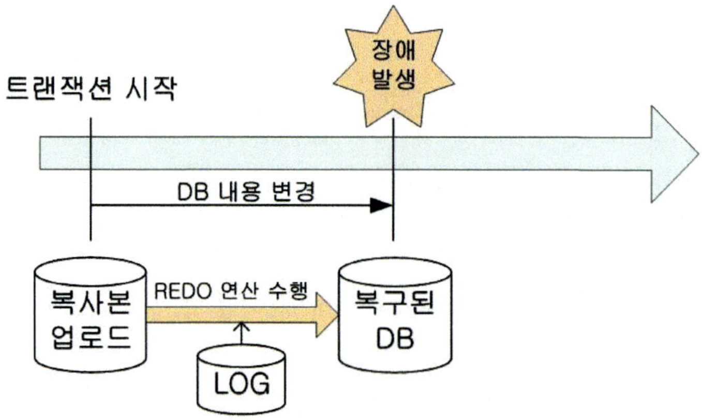

[그림 13-3] REDO 실행 방법

- **UNDO(취소)**: 데이터베이스 내용 자체는 손상되지 않았지만, 변경 중이었거나 변경된 내용에 대한 신뢰성을 잃어버린 경우에 사용한다. 로그 화일을 이용하여 모든 변경된 사항들을 취소시킴으로써 데이터베이스를 원래의 상태로 복원시키는 것이다. [그림 13-4]는 UNDO를 실행하는 방법을 나타내고 있다.

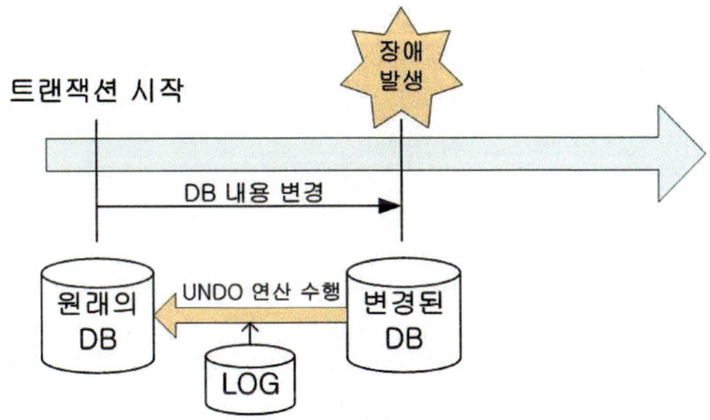

[그림 13-4] UNDO 실행 방법

■ **데이터베이스 로그를 이용한 회복**

데이터베이스 로그를 이용한 회복 기법은 데이터의 변경이 발생할 때마다 생성되는 로그(log) 화일을 이용하는 것이다. 변경한 내용을 언제 반영하느냐에 따라 **즉시 갱신 회복 기법**과 **지연 갱신 회복 기법**으로 분류할 수 있다. 로그를 구성하는 레코드를 살펴보면, 각 로그 레코드를 구별하기 위한 트랜잭션 ID가 포함되고, 트랜잭션 ID가 생성될 때마다 해당 ID에 속하는 이전 값(old value)과 이후 값(new value)에 대한 정보도 존재한다. 이러한 로그 레코드들은 다음과 같은 유형으로 구분할 수 있다.

① <T_i, Start>: 하나의 트랜잭션 T_i가 시작될 때 기록되는 로그 레코드
② <T_i, X, V_1, V_2>: 트랜잭션 T_i의 데이터 항목 X를 이전 값 V_1에서 이후 값 V_2로 변경되었음을 나타내는 로그 레코드
③ <T_i, commit>: 트랜잭션 T_i가 모든 갱신을 성공적으로 완료하였음을 나타내는 로그 레코드
④ <T_i, abort>: 트랜잭션 T_i가 철회되었음을 나타내는 로그 레코드. 해당 트랜잭션의 모든 변경 사항을 취소함

■ 즉시 갱신(immediate update) 회복 기법

로그를 기반으로 한 **즉시 갱신 회복 기법**은 트랜잭션 연산 도중에 데이터 변경 연산이 발생될 때마다 데이터 변경 결과를 즉시 데이터베이스에 반영하는 것을 말한다. 따라서 데이터베이스뿐만 아니라 로그 화일에도 변경 내용을 함께 저장하게 된다. 만약 트랜잭션 수행 도중에 실패 상태가 발생하여 트랜잭션을 철회하게 될 때에는 로그 화일에 저장된 내용을 참조하여 UNDO 연산을 수행한다. 이때에는 트랜잭션이 실행되기 전 상태의 데이터 값으로 복원시켜야 하므로 로그 레코드 값 중에서 이전 값(old value)이 사용된다. 여기서 로그 레코드는 <트랜잭션 ID, 데이터 항목, 이전 값, 이후 값>의 형식을 취한다.

수행 과정은 다음과 같다. 트랜잭션 T_i가 실행을 시작하면 로그에는 **<T_i, Start>** 레코드가 기록된다. 트랜잭션이 Write를 실행할 경우에는 먼저 로그에 적절한 로그 레코드를 기록한 뒤 Output 연산을 실행한다. T_i가 부분 완료되면 로그에 **<T_i, Commit>** 레코드가 기록된다. 로그가 데이터베이스 회복에 사용될 수 있기 위해서 로그 레코드가 기록되기 전에 데이터베이스가 갱신되어서는 안 된다. 따라서 Output(B)를 실행하려면 B에 해당하는 로그 레코드를 먼저 안정 저장장치에 기록하여야 한다.

즉시 갱신 회복 기법을 설명하기 위해 간단한 은행 시스템을 고려해 보자. 트랜잭션 T_1은 A 계좌에서 B 계좌로 50원을 송금하는 트랜잭션이라 하자. 이 트랜잭션은 다음과 같이 정의될 수 있다.

```
T1 :    read(A)
        A = A - 50
        write(A)
        read(B)
        B = B + 50
        write(B)
```

트랜잭션 T_2는 C 계좌로부터 100원을 인출하는 트랜잭션이라고 하면, 이 트랜잭션은 아래와 같이 정의될 수 있다.

```
T2 :    read(C)
        C = C - 100
        write(C)
```

이상의 트랜잭션이 T_1, T_2 순서로 실행이 되고, A, B, C 계좌 각각에는 트랜잭션 실행 이전에 1000원, 2000원, 700원이 예금되어 있다고 가정하자. 이 두 트랜잭션에 대한 로그는 다음과 같이 될 것이다.

<T_1, Start>
<T_1, A, 1000, 950>
<T_1, B, 2000, 2050>
<T_1, Commit>
<T_2, Start>
<T_2, C, 700, 600>
<T_2, Commit>

그러나 실제로 로그와 데이터베이스에 출력되는 순서는 여러 가지가 있을 수 있는데 그 중에 하나가 다음과 같다.

로그	데이터베이스
<T_1, Start>	
<T_1, A, 1000, 950>	
<T_1, B, 2000, 2050>	
	A = 950
	B = 2050
<T_1, Commit>	
<T_2, Start>	
<T_2, C, 700, 600>	
	C = 600
<T_2, Commit>	

만일 장애가 발생하면 회복 기법은 로그를 참조하여 트랜잭션들이 REDO 되어야 하는지 UNDO 되어야 하는지를 결정한다. 이러한 트랜잭션의 구분은 아래와 같이 이루어진다.

① 로그에 **<T_i, Start>** 레코드는 포함하고 있으나 **<T_i, Commit>** 레코드를 포함하지 않을 경우에는 트랜잭션 T_i는 UNDO 되어야 한다.
② 로그에 **<T_i, Start>** 레코드와 **<T_i, Commit>** 레코드 모두 포함할 경우에는 트랜잭션 T_i는 REDO 되어야 한다.

이를 설명하기 위하여 트랜잭션 T_1이 실행된 후 T_2가 실행되는 은행 시스템을 다시 고려해 보자. 트랜잭션 완료 이전에 시스템 고장이 발생하였다고 가정하면, 세 가지 경우를 고려해 볼 수 있다. 첫 번째 경우로서 트랜잭션 T_1이 Commit하기 직전에 시스템 붕괴되었다고 하면 **<T_1, Commit>** 레코드가 로그에 없게 된다. 따라서 UNDO(T_1)을 실행해야 한다. 이 UNDO 연산을 실행한 뒤에 디스크에 있는 A와 B 계좌에는 각각 원래의 1000원과 2000원으로 되돌아가게 된다.

두 번째 경우로서 T_2가 Commit하기 직전에 시스템이 붕괴되었다고 하자. 시스템이 다시 작동이 되면 T_2에 대해서는 UNDO(T_2)를 실행시켜야 될 것이다. 그러나 로그에 **<T_1, Start>** 레코드와 **<T_1, Commit>** 레코드는 모두 존재하므로 REDO(T_1)을 실행시켜야 한다. 다만, 이때 UNDO(T_2)를 먼저 실행한 다음 REDO(T_1)를 실행시켜야 한다. 일반적으로 이 회복 작업의 절차는 먼저 모든 UNDO 연산을 마친 뒤에 REDO 연산을 하여야 한다. 또한 UNDO 연산은 로그에 기록된 순서의 역순으로 수행하고 REDO 연산은 로그에 기록된 순서로 수행하여야 한다. 이 회복 결과로 디스크에 있는 A, B, C 계좌의 값은 각각 950원, 2050원, 700원이 된다. 즉, C 계좌만 변하지 않는다.

마지막 세 번째 경우로서 T_2가 **<T_2, Commit>** 로그 레코드 출력한 직후에 시스템이 붕괴되었다고 하자. 로그에 **<T_1, Start>** 레코드와 **<T_1, Commit>** 레코드는 물론 **<T_2, Start>** 레코드와 **<T_2, Commit>** 레코드가 모두 존재하므로 REDO(T_1)과 REDO(T_2)를 실행시켜야 한다. 그 결과로 A, B, C 계좌의 값은 각각 950원, 2050원, 600원이 된다.

■ 지연 갱신(deferred update) 회복 기법

로그를 기반으로 한 **지연 갱신 회복 기법**은 트랜잭션이 부분 완료될 때까지 모든 변경 내용을 로그 화일에만 저장하고 데이터베이스에 저장하는 것은 지연한다. 부분 완료 상태에 이르면 로그 화일에 저장된 변경 내용을 참조하여 데이터베이스에 변경 내용을 반영한다. 만일 트랜잭션 실행이 완료되기 전에 장애가 발생하면 로그에 있는 정보는 그냥 버리고 무시하면 된다. 즉, 부분 완료 이전까지 데이터베이스는 변경되지 않았으므로 UNDO 연산은 실행할 필요가 없다.

지연 갱신 회복 기법은 REDO 연산에 대비하여 새로 변경된 데이터 값만 있으면 되기 때문에 로그 레코드에는 이전 값 필드가 없어도 된다. 즉 로그 레코드는 <트랜잭션 ID, 데이터 항목, 변경된 값>의 형식을 갖는다. 트랜잭션 T_1이 실행된 후 T_2가 실행되는 은행 시스템을 다시 고려해 보자. 이 두 트랜잭션에 대한 로그는 다음과 같이 될 것이다.

<T_1, Start>
<T_1, A, 950>
<T_1, B, 2050>
<T_1, Commit>
<T_2, Start>
<T_2, C, 600>
<T_2, Commit>

그러나 실제로 지연 갱신 회복 기법에서 로그와 데이터베이스에 출력되는 순서는 다음과 같다. 여기서 A와 B 값은 로그 레코드에 T_1이 기록된 뒤에야 데이터베이스에 출력될 수 있다.

로그	데이터베이스
<T_1, Start>	
<T_1, A, 950>	
<T_1, B, 2050>	
<T_1, Commit>	
	A = 950
	B = 2050
<T_2, Start>	
<T_2, C, 600>	
<T_2, Commit>	
	C = 600

장애 발생 시 회복 방법은 다음과 같다.

① 로그에 **<T_i, Start>** 레코드는 포함하고 있으나 **<T_i, Commit>** 레코드를 포함하지 않을 경우에는 데이터베이스에 저장된 내용이 없기 때문에 로그 레코드를 폐기 또는 무시한다.
② 로그에 **<T_i, Start>** 레코드와 **<T_i, Commit>** 레코드 모두 포함할 경우에는 트랜잭션 T_i는 REDO 연산을 실행하여 로그 값들로 데이터베이스를 갱신한다.

첫 번째 경우로서 트랜잭션 T_1이 Commit하기 직전에 시스템 붕괴되었다고 하면 아무런 조치가 필요없게 된다. 왜냐하면 로그에 **<T_1, Commit>** 레코드가 없기 때문이다. 물론 디스크에 있는 A와 B 계좌의 값은 변하지 않고 1000원과 2000원으로 된다. 두 번째 경우로서 T_2가 Commit하기 직전에 시스템이 붕괴되었다고 하자. 시스템이 다시 작동이 되면 로그에 **<T_1, Start>** 레코드와 **<T_1, Commit>** 레코드는 모두 존재하므로 REDO(T_1)만 실행시켜야 한다. 이 회복 결과로 디스크에 있는 A, B, C 계좌의 값은 각각 950원, 2050원, 700원이 된다. 즉, C 계좌는 변하지 않는다. 마지막 세 번째 경우로서 T_2가 <T_2, Commit> 로그 레코드 출력한 직후에 시스템이 붕괴되었다고 하자. 로그에 <T_1, Start> 레코드와 <T_1, Commit> 레코드는 물론 <T_2, Start> 레코드와 <T_2, Commit> 레코드가 모두 존재하므로 REDO(T_1)과 REDO(T_2)를 실행시켜야 한다. 그 결과로 A, B, C 계좌의 값은 각각 950원, 2050원, 600원이 된다.

■ 검사 시점 회복

시스템 장애가 발생했을 때 로그를 이용하는 기법에서는 REDO와 UNDO 되어야 할 트랜잭션을 결정해야 하는데, 이를 위해서는 원칙적으로 로그 전체를 분석해야 한다. 이것은 시간이 너무 많이 걸리게 될 뿐만 아니라 할 필요가 없는 REDO 연산을 반복적으로 해야 되는 문제가 발생한다. 이러한 문제를 해결하기 위한 방법이 검사 시점(checkpoint) 방법이다. 이 방법은 트랜잭션을 수행하는 동안 일정 간격으로 검사 시점을 만들어 놓는다. 이러한 검사 시점이 설정되면 해당 검사 시점 이전의 트랜잭션에 대해서는 회복 작업이 필요 없게 된다. 즉, 장애가 발생했다가 다시 시스템이 작동되면 회복 관리자는 로그에 있는 가장 최근의 해당 검사 시점을 찾아 그 시점 이후의 로그만을 회복 대상으로 하면 된다.

[그림 13-5]는 검사 시점 회복 방법에서 있을 수 있는 5가지 트랜잭션 유형을 보여주고 있다. 검사 시점 회복 기법 관점에서 보면, T_1은 검사 시점 c 이전에 실행이 완료되어 회복 작업이 필요하지 않을 것이며, T_2, T_3, T_4, T_5는 상태에 따라 서로 다르게 회복 처리 방법이 결정된다. 다음은 [그림 13-5]에서 보이는 5가지 유형의 트랜잭션을 확인하고 검사 시점 기법에서 어떻게 서로 다른 회복 절차를 수행하는지 설명해 놓은 것이다.

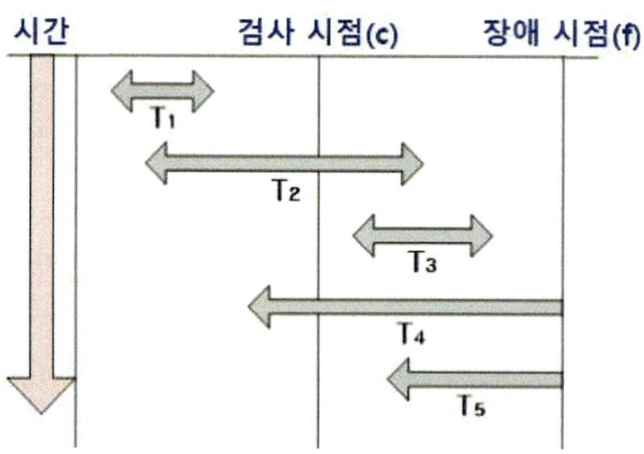

[그림 13-5] 검사 시점 회복 기법에서 트랜잭션 유형

- T_1은 검사 시점 c 이전에 실행을 완료하였으므로 회복 작업을 할 필요가 없다.
- T_2는 검사 시점 c 이전에 시작하여 장애 시점 f 이전에 완료하였으므로 검사 시점 c 이후에 발생한 변경 부분에 대해서만 REDO 연산을 수행해야 된다.
- T_3는 검사 시점 c 이후에 시작하여 장애 시점 f 이전에 완료하였으므로 트랜잭션 전체에 대해 REDO 연산을 수행해야 된다.
- T_4는 검사 시점 c 이전에 시작했으나 장애 시점 f까지 트랜잭션이 미완료 되었으므로 트랜잭션 전체에 대해 UNDO 연산을 수행해야 된다. 특히, T_4는 검사 시점 c 이전에 수행했던 변경 부분도 UNDO에 포함시켜야 된다는 것에 유의해야 된다.
- T_5는 검사 시점 c 이후에 시작하여 장애 시점 f까지 트랜잭션이 미완료 되었으므로 트랜잭션 전체에 대해 UNDO 연산을 수행해야 된다.

■ 미디어 회복 기법

지금까지는 시스템 장애로 인해 휘발성 저장장치의 정보는 손실되지만 비휘발성 저장장치의 내용은 손상되지 않는다는 가정 하에 회복 기법을 설명하였다. 그러나 비휘발성 저장장치의 내용이 손상되는 경우가 드물기는 하지만 이런 유형의 장애에 대해서도 대비해 둘 필요가 있다.

미디어 회복(media recovery)의 기본 개념은 트랜잭션의 실행이 없을 때 데이터베이스의 전체 내용을 안전 저장장치에 주기적으로 덤프(dump) 처리를 실행하는 것이다. 따라서 만일 미디어 장애가 발생 되었을 때 가장 최근의 덤프 정보를 이용하여 장애가 발생되기 이전으로 복구한 후, 이것이 끝나면 로그를 이용하여 가장 최근의 일관된 상태로 데이터베이스를 복원시킨다. 최근엔 디스크를 이중화 또는 삼중화하여 미디어 회복에 대처하고 있는 경향이다.

연습문제

1. 데이터베이스 운영 시 데이터베이스에 손상이 가해져 회복 작업을 해야 하는 경우가 발생할 수 있는데, 이런 경우 데이터베이스에 손상을 줄 가능성이 가장 적은 장애는?
   ① 트랜잭션 장애　② 시스템 장애
   ③ 미디어 장애　④ 네트워크 장애

2. 선언적 형태의 무결성 규칙의 위반 시 취소 이외의 조치를 명세하여 어떤 프로시저를 기동시키기 위한 기법으로 많이 쓰이는 것은?
   ① Trigger　② update
   ③ Rule　④ Commit

3. 하나 이상의 테이블로부터 유도되어진 가상 테이블을 뷰(View)라 한다. SQL 뷰에 대한 설명으로 옳지 않은 것은?
   ① 뷰를 제거하고자 할 때는 DROP 문을 이용한다.
   ② 뷰의 정의를 변경하고자 할 때는 REPLACE 문을 이용한다.
   ③ 뷰를 생성하고자 할 때는 CREATE 문을 이용한다.
   ④ 뷰의 내용을 검색하고자 할 때는 SELECT 문을 이용한다.

4. 다음 SQL 문장이 실행된 후 사용자 U1의 권한이 아닌 것은?

```
GRANT SELECT, INSERT ON STUDENT TO U1 WITH GRANT OPTION;
```

   ① STUDENT 테이블에 대한 검색 연산을 실행할 수 있다.
   ② STUDENT 테이블에 대한 삽입 연산을 실행할 수 있다.
   ③ STUDENT 테이블에 대한 검색과 삽입 연산을 실행할 수 있다.
   ④ STUDENT 테이블에 대한 삽입 연산 권한을 다른 사용자에게는 줄 수 없다.

5. 사용자 U1에게 STUDENT 테이블에 대한 검색 접근 권한이 주어졌을 때 이 권한을 다시 회수하는 명령을 작성하시오.

6. 한 작업의 논리적 단위가 성공적으로 끝났고, 데이터베이스가 다시 일관된 상태에 있으며, 이 트랜잭션이 행한 갱신 연산이 완료된 것을 트랜잭션 관리자에게 알려주는 연산은?
① ROLLBACK 연산 ② LOG 연산
③ COMMIT 연산 ④ BACKUP 연산

7. 트랜잭션 T1은 계좌 A에서 300원을 계좌 B로 이체하고, T2는 계좌 C로부터 500원을 인출한다고 가정할 때, 즉시 갱신 회복 기법을 사용한 로그는 아래와 같다. 그런데 T2가 Commit 하기 직전에 시스템 장애가 발생했다면 회복기법을 가장 적절히 적용한 것은? (난이도: 중)

<T1, Start>
<T1, A, 1000, 700>
<T1, B, 2000, 2300>
<T1, Commit>
<T2, Start>
<T2, C, 3000, 2500>
<T2, Commit>

① REDO(T1) 실행 후 REDO(T2)
② UNDO(T2) 실행 후 UNDO(T1)
③ UNDO(T2) 실행 후 REDO(T1)
④ UNDO(T1) 실행 후 UNDO(T2)

8. 로그를 기반으로 한 지연 갱신 회복 기법을 사용할 때 로그 기록은 다음과 같이 되었다. 트랜잭션 회복 방법으로 가장 적절하지 않은 것은? (난이도: 상)

<T1, Start> <T1, A, 950> <T2, Start> <T1, Commit> <T2, B, 600> <T4, Start> <Checkpoint> <T4, D, 1000> <T3, Start> <T3, C, 600> <T5, Start> <T5, E, 310> <T2, Commit> <T3, Commit> ◉장애발생◉

① T2: REDO ② T3: REDO ③ T4: UNDO ④ T1: 회복 필요 없음

실습문제

실습 1: Trigger 실습

다음 내용을 참고하여 **Trigger**를 MySQL을 기반으로 직접 실습해 보자. 간단한 Trigger를 생성하고 결과를 확인해 보자. academicDB에 간단한 testTBL 테이블을 생성하고, testTBL에 Trigger를 부착하자.

```
use academicDB;
drop table IF EXISTS testTBL;
create table testTBL (id int, txt varchar(20));
insert into testTBL values(1, '이멕스아이디');
insert into testTBL values(2, '애프터스쿨');
insert into testTBL values(3, '에이오에이');

drop trigger IF EXISTS testTrg;
DELIMITER //
create trigger testTrg      -- Trigger 이름
        AFTER DELETE        -- 삭제 후에 작동되도록 지정
        ON testTBL          -- Trigger를 부착할 테이블
        FOR EACH ROW        -- 각 행마다 적용시킴
BEGIN
        set @msg = '가수 그룹이 삭제됨';
                              -- Trigger 실행 시 작동되는 코드들
END //
DELIMITER ;
```

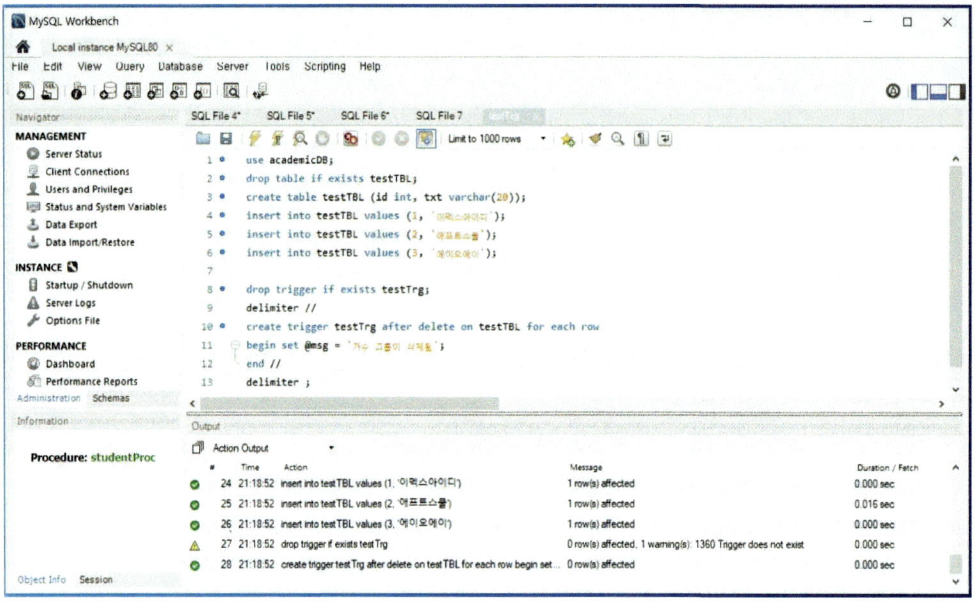

다음으로 데이터를 삽입, 수정, 삭제해 보자.

```
use academicDB;
set @msg = ' ';
insert into testTBL values(4, '나인뮤지스');
select @msg;

update testTBL set txt = '에이핑크' where id=3;
select @msg;

delete from testTBL where id=4;
select @msg;
```

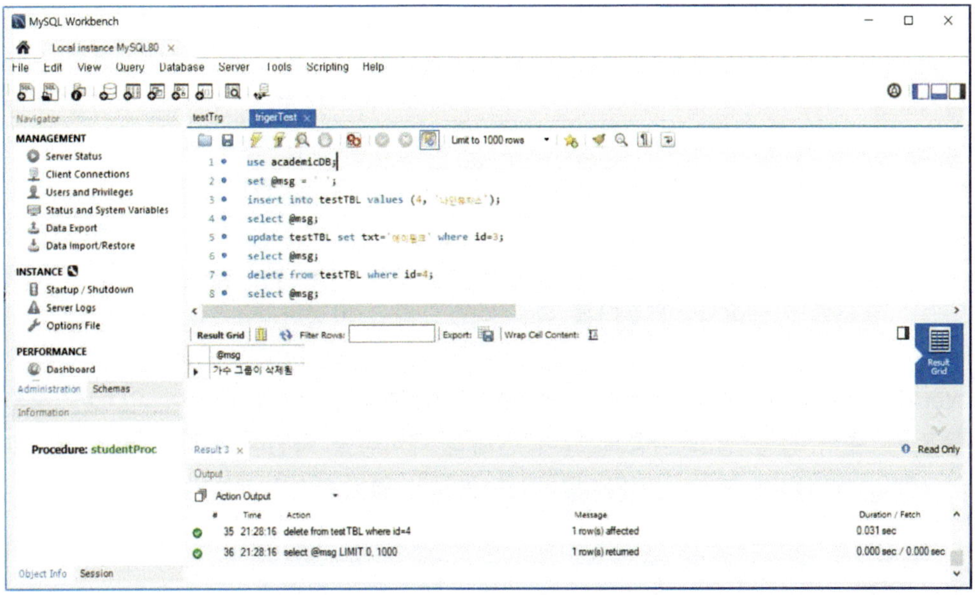

Result 1과 Result 2를 보면 Trigger가 부착된 테이블에 INSERT, UPDATE가 수행되면 @msg 변수에 아무것도 나오지 않는 것을 알 수 있다. 하지만 Result 3을 보면, DELETE가 수행되자 자동으로 Trigger에서 지정한 '가수 그룹이 삭제됨' 문자열이 대입되는 것을 확인할 수 있다. 이렇듯 Trigger는 테이블에 밀착해서 사용할 수 있다. 이 예제에서는 간단히 @msg에 값을 대입하는 내용만 코딩했지만, 그 부분을 실제로 필요로 하는 복잡한 SQL 문들로 대치하면 유용한 Trigger로 작동할 것이다.

실습 2: 회복 실습

[그림 7-6]의 학사 관계형 데이터베이스를 백업 받은 후에, 실수로 데이터를 모두 삭제했을 경우에 원상태로 회복시켜 보는 실습을 수행해 보자. 실제로 백업을 받는다면 현재의 데이터베이스가 저장된 디스크에 백업을 받는다는 것은 별 의미가 없다. 디스크가 깨진다면 어차피 백업을 받은 것까지 다 날아가기 때문이다. 그러므로 백업은 다른 디스크에 백업을 받아야만 의미가 있다. 그러나 독자는 테이프 장치나 별도의 디스크를 준비하기가 어려울 것이므로 그냥 화일 탐색기에서 "C:\DB 백업\" 폴더를 만들어서 이 폴더를 다른 디스크라고 가정하자.

Workbench를 실행해서 localhost에 접속한다. 열려있는 쿼리 창이 있으면 모두 닫고 새 쿼리 창을 열고 다음과 같이 현재의 데이터를 확인해 본다. 확인해 본 결과 6개의 데이터가 보일 것이다. 몇 개든 관계가 없다. 단지 개수만 기억하자.

```
use academicDB;
select * from student;
```

Step 1: 학사 관계형 데이터베이스를 백업하자.

Workbench의 왼쪽 Navigator 창에서 아래 Administration 탭을 클릭한 후, 'Data Export'를 클릭하면 오른쪽에 'Data Export' 창이 열린다.

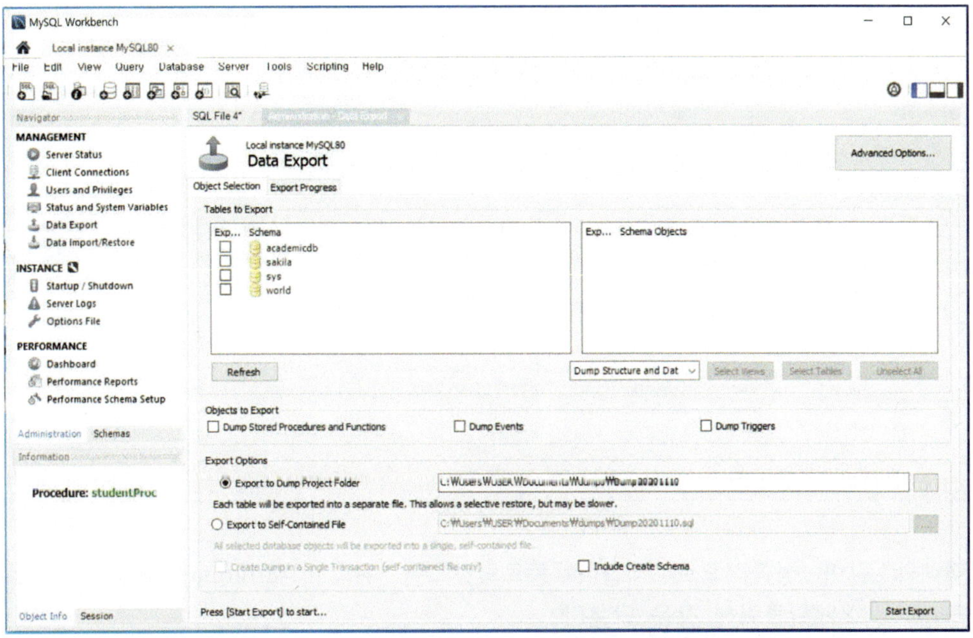

academicDB 데이터베이스를 클릭하면 오른쪽에 테이블, 뷰 등이 보일 것이다. 모두 체크한다. 그리고 바로 아래 'Objects to Export'에 있는 체크박스를 모두 체크하여 Stored Procedure, Trigger 등도 백업을 하도록 한다. 백업될 경로는 그 아래에 있는 'Export to Self-Contained File'을 선택하고 팝업 창에서 화일이 'C:\DB백업\academicDB.sql'이 되도록 수정하자. 그리고 'Create Dump in a Single ....' 및 'Include Create Schema'도 같이 체크한다. 즉, academicDB의 모든 내용을 백업하도록 설정한 것이다. 자! [Start Export]를 클릭한다.

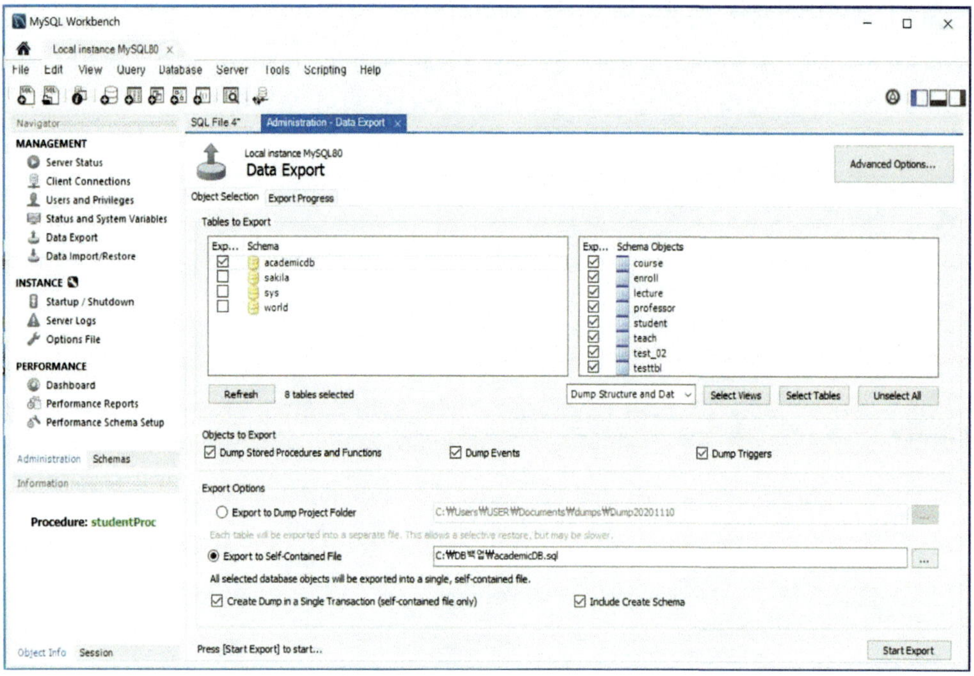

아래와 같이 성공적으로 백업이 종료되었으면 위의 'Administration - Data Export' <X>를 클릭해 창을 닫는다.

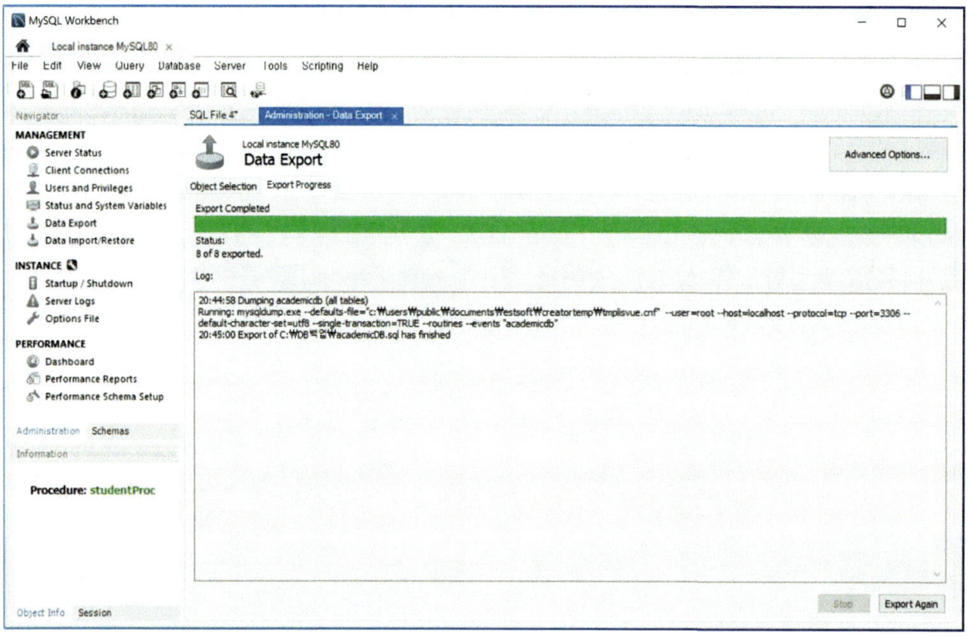

Step 2: 화일 탐색기로 "C:\DB백업\" 폴더를 확인하면 백업된 화일(즉 academicDB.sql)을 확인할 수 있다. 백업한 .sql 화일은 텍스트 화일로 메모장에서 열어볼 수 있다. 이 화일을 열어보면 테이블 생성, 데이터 입력 등 이전에 작업한 내용들이 조금 복잡한 코드로 적혀져 있는 것을 확인할 수 있다.

Step 3: 큰 사고를 발생시키자. student의 모든 데이터를 삭제하자. 여기서 외래키 선언 때문에 enroll과 teach를 먼저 삭제시켜야 student를 삭제시킬 수 있다. 만일 Error Code: 1175가 발생되면, Edit 메뉴 > Preferences > SQL Editor 클릭 > Safe Updates 체크박스를 uncheck하고, Query 메뉴 > Reconnet to Server를 클릭하면 delete SQL 문을 실행할 수 있을 것이다.

```
delete from enroll;
delete from teach;
delete from student;
```

큰 사고다. 삭제가 완료된 후에는 데이터를 살릴 방도가 없다. 당연히 "select * from student;"의 SQL 문은 아무런 데이터를 보여줄 수 없을 것이다.

Step 4: 백업받은 데이터를 복원(Restore)시켜서 실수로 삭제된 student와 enroll, teach를 원상복구 시키자. 사용 중인 데이터베이스를 복원하면 문제가 생길 수도 있으므로 우선 현재 데이터베이스를 academicDB에서 다른 데이터베이스로 변경해야 한다. 일단 sys DB를 선택한다. sys 외에 다른 데이터베이스를 현재 데이터베이스로 해도 관계는 없다.

```
use sys;
```

Navigator 창에서 'Data Import/Restore'를 클릭하면 Data Import 창이 열린다. 'Import from Self-Contained File'을 선택하고 <...>을 클릭해서 'C:\DB백업\academicDB.sql' 화일을 선택한다. 'Default Target Schema'는 'academicDB'를 선택한 후 [Start Import]를 클릭한다.

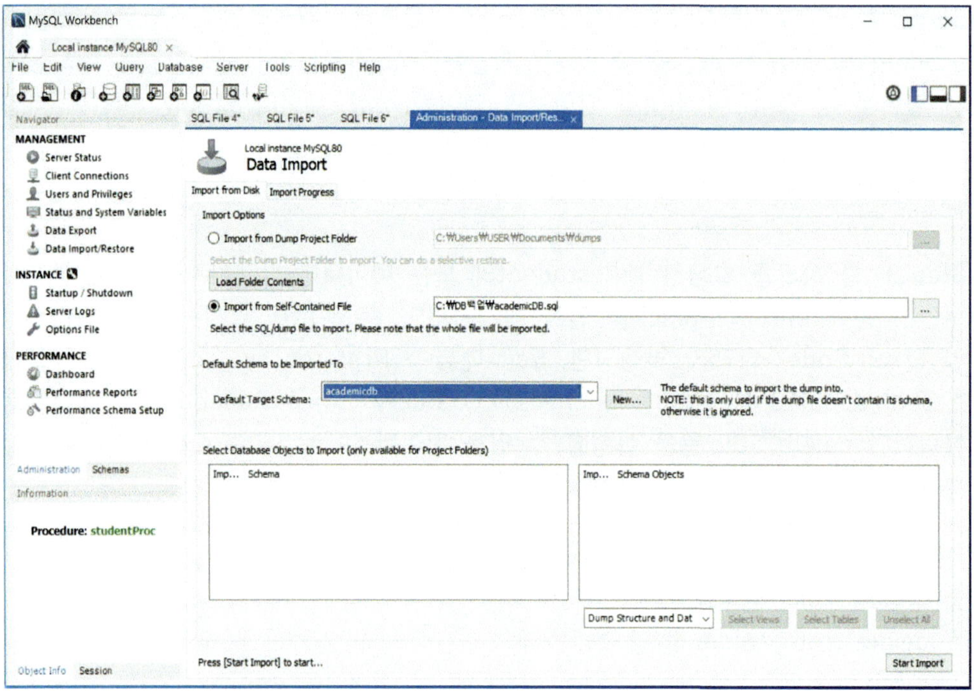

복원이 잘 된 것을 확인하고 'Data Import' 창을 닫는다.

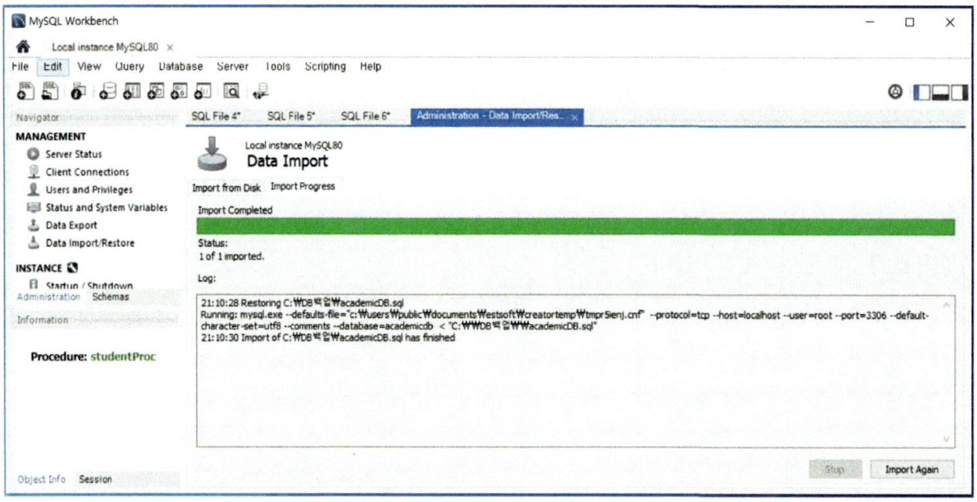

Step 5: 데이터가 잘 회복되었는지 확인한다.

```
use academicDB;
select * from student;
```

원래대로 6개의 데이터가 보일 것이다. 이로써 완전한 데이터의 복구가 성공했다.

14장
병행 제어

1. 트랜잭션
2. 병행 제어

1. 트랜잭션

트랜잭션의 한 예로 은행 시스템을 고려해 보자. A 계좌에서 100원을 B 계좌로 이체하는 트랜잭션 T가 다음과 같이 정의 되었다고 하자. A 계좌의 잔액은 1000원, B 계좌의 잔액은 2000원이라고 가정한다.

```
T :     Read(A)
        A = A - 100
        Write(A)
        Read(B)
        B = B + 100
        Write(B)
```

만일 트랜잭션 T를 실행하는 도중에 장애가 발생하여 A 계좌에서만 100원이 인출되고 B 계좌에서는 100원을 입금시키지 못하였을 경우 디스크의 데이터베이스에 있는 A와 B 계좌는 각각 900원과 2000원이 될 것이다. 이렇게 되면 이 장애의 결과로 100원을 상실하게 되고 트랜잭션 T의 실행 전/후가 달리져 일관성이 없어지게 된다. 이러한 상태를 모순 상태(inconsistent state)라고 하고 데이터베이스에서 이러한 모순 상태는 허용되지 말아야 한다.

위의 두 개의 갱신은 둘 다 완전하게 수행되거나 아니면 하나라도 수행되지 않도록 하나의 단위(즉, 트랜잭션)으로 처리되어야 한다. 하지만 DBMS는 사용자가 입력하는 갱신들 중에서 어떤 것들을 하나의 트랜잭션으로 취급해야 하는지 알 수가 없다. 따라서 두 개 이상의 갱신들을 하나의 트랜잭션으로 취급하려면 사용자가 이를 명시적으로 표시해야 한다. **트랜잭션(transaction)**은 데이터베이스에서 일어나는 일련의 연산들의 집합으로서, 하나의 논리적 기능을 수행하기 위한 작업의 단위라고 할 수 있다. 이는 데이터베이스의 상태를 하나의 일관된 상태에서 다른 일관된 상태로 변환시킨다. 이를 위해 트랜잭션에 포함된 모든 연산은 완전히 처리되거나 아니면 하나도 처리되지 않아야 하는 "All-or-Nothing" 방식으로 처리되어야 한다. 트랜잭션을 표현할 때는 다음과 같이 Begin_Trans와 End_Trans를 하나로 묶은 형태로 표시한다. 따라서 하나의 트랜잭션은 Begin_Trans와 End_Trans 안에서 실행되는 모든 명령문들을 말한다.

```
Begin_Trans
    ..........
    ..........
End_Trans
```

■ **트랜잭션의 특성**

데이터베이스의 회복과 병행 제어는 대부분 트랜잭션을 기반으로 수행된다. 트랜잭션은 다음과 같은 네 가지 특성을 만족해야 한다. 이러한 네 가지 특성을 영어 단어 첫 글자들을 모아서 **트랜잭션의 ACID 성질**이라고도 한다.

- **원자성(Atomicity)**: 트랜잭션은 자신의 연산에 대해 전부 또는 전무(All-or-Nothing) 실행만 있지 부분적으로는 실행되지 않는다. 즉, 한 트랜잭션의 모든 연산이 데이터베이스에 완전히 반영되거나, 그렇지 않으면 전혀 반영되지 않아야 한다.
- **일관성(Consistency)**: 트랜잭션이 실행되고 나면 데이터베이스가 하나의 일관된 상태에서 다른 일관된 상태로 바뀐다. 어떤 트랜잭션이 실행되기 전에 데이터베이스가 일관된 상태를 가졌다면 트랜잭션이 실행된 후에도 데이터베이스는 또 다른 일관된 데이터베이스 상태가 유지되어야 한다. 예를 들면, A 계좌와 B 계좌의 잔액을 합한 결과가 트랜잭션이 끝난 후에도 변하지 않아야 한다.
- **격리성(Isolation)**: 다수의 트랜잭션들이 동시에 실행되고 있는 경우, 실행 중인 트랜잭션이 완전히 완료될 때까지 다른 트랜잭션들이 접근하지 못하도록 막아줘야 한다. 즉, 다수의 트랜잭션들이 동시에 실행되더라도 그 결과는 어떤 순서에 따라 트랜잭션들을 하나씩 차례대로 실행한 결과와 같아야 한다.
- **영속성(Durability)**: 일단 한 트랜잭션이 모든 작업을 성공적으로 실행 완료하여 데이터베이스에 내용을 반영하였다면 그 결과는 영구적이어야 한다. 성공적으로 실행 완료된 결과는 시스템이 고장 난 경우에도 그 실행 결과 값이 손실되어서는 안 된다.

■ 트랜잭션의 연산

트랜잭션의 원자성을 보장하는 연산으로 **Commit(완료)**과 **Rollback(복귀)** 연산이 있다. 트랜잭션이 Commit 연산을 수행하면 그 트랜잭션이 성공적으로 실행되었다는 것을 선언하는 것이다. 따라서 데이터베이스 상태는 일관성 있게 변환된 것이고, 갱신된 데이터 항목들의 값은 데이터베이스에서 영구적으로 보관될 수 있도록 반영하게 된다. 반면에 트랜잭션이 Rollback 연산을 수행한다는 것은 트랜잭션의 실행이 실패했다는 것을 선언한 것으로, 데이터베이스 상태는 모순되게 되어 부정확한 상태가 되었다는 것이다. 따라서 트랜잭션이 수행한 모든 연산을 취소하여 그 결과를 원상 복귀시켜야 된다.

■ 트랜잭션의 상태

트랜잭션이 성공적으로 완료되기 위해서는 시스템의 오류나 장애가 없어야 한다. 그러나 트랜잭션이 항상 성공적으로 완료되는 것은 아니다. 따라서 데이터베이스를 접근하여 갱신 연산을 수행하는 트랜잭션은 [그림 14-1]과 같이 다섯 가지의 상태 중 어느 하나에 속하게 된다.

- 활동(active): 트랜잭션이 실행을 시작하였거나 현재 실행 중인 상태를 의미하며, 다음 상태는 [부분완료]나 [실패]로 전이된다.
- 부분 완료(partially committed): 트랜잭션이 마지막 명령문을 실행시킨 직후의 상태를 의미하며, 다음 상태는 [완료]나 [실패]로 전이된다.
- 실패(failed): 트랜잭션 실행 중에 장애나 오류가 발생하여 정상적인 실행을 더 이상 계속할 수 없는 상태를 말하여, 다음 상태는 [철회]하는 상태로 전이된다.
- 철회(aborted): 트랜잭션이 실행을 실패하여 Rollback 연산을 수행한 상태를 말하며, 이 상태가 되면 시스템은 트랜잭션을 재시작하거나 강제 종료시켜야 한다.
- 완료(committed): 트랜잭션이 실행을 성공적으로 완료하여 commit 연산을 수행한 상태를 의미하며, 이 상태가 되면 변경된 내용이 데이터베이스 내에 안전하게 저장되어 영속성을 보장받게 된다.

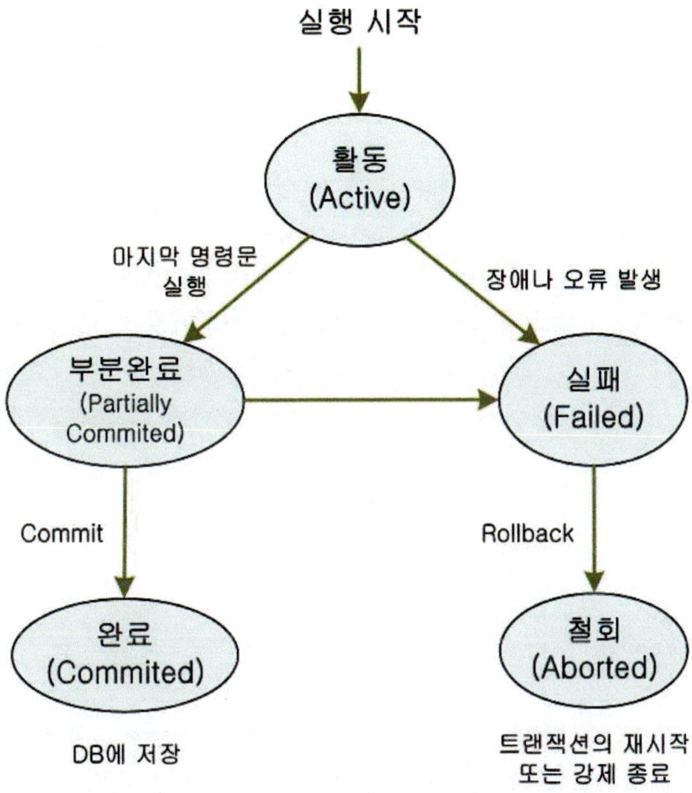

[그림 14-1] 트랜잭션의 상태

2. 병행 제어

DBMS의 장점 중의 하나는 데이터의 공유와 병행 수행을 제어할 수 있다는 것이다. DBMS에서는 단독 사용자를 위한 DBMS와 복수 사용자를 위한 DBMS가 있다. Microsoft의 Access와 같은 단독 사용자 DBMS는 비교적 가격이 저렴하지만, Oracle, SQL-Server, 그리고 DB2와 같은 복수 사용자 DBMS는 일반적으로 고가이다. 이러한 이유는 복수 사용자 DBMS에서는 몇 개의 트랜잭션들을 동시에 수행시켜야 하는 복잡한 **병행 수행(concurrency)**을 지원해야 하기 때문이다. 컴퓨터 시스템 내에서 프로그램 P_1과 P_2가 인터리브(interleaved) 형태로 병행 실행되는 예는 [그림 14-2]와 같다.

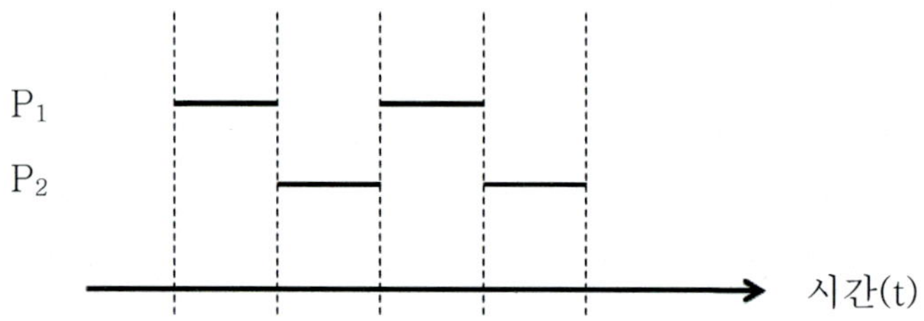

[그림 14-2] 인터리브 형태의 병행 수행 예

여러 개의 트랜잭션들이 실행될 때 병행 수행이 적절히 제어되지 않을 때는 트랜잭션들 간의 간섭으로 예기치 못한 결과가 생성될 수 있다. 이러한 문제점들을 살펴보면, 갱신 분실, 모순성, 그리고 연쇄 복귀 등의 문제가 야기될 수 있다.

■ **갱신 분실(lost update)**

[그림 14-3]에서 트랜잭션 T_1이 레코드 x를 읽고 x의 값을 100만큼 증가시킨 뒤에 트랜잭션 T_2가 다시 레코드 x를 읽고 x의 값에 200을 감소시켰다. 그 뒤에 트랜잭션 T_1은 자신이 변경시킨 x 값을 저장하고 바로 뒤에 트랜잭션 T_2도 변경시킨 x 값을 저장하였다. 그 결과 트랜잭션 T_1의 갱신 연산은 트랜잭션 T_2가 겹쳐 저장하는 바람에 데이터베이스에 실제로 반영되지 못하고 분실되고 말았다. 즉 T_2만 갱신한 결과가 되고 T_1의 갱신 연산은 무효가 되어 버렸다.

T_1	시간	T_2
read(x)		
x = x + 100		
		read(x)
		x = x - 200
write(x)		
		write(x)

[그림 14-3] 갱신 분실의 예

■ **모순성(inconsistency)**

[그림 14-4]에서 트랜잭션 T_1은 레코드 x와 y 값에 100씩 더하는 것이고 트랜잭션 T_2는 x와 y 값에 각각 2배씩 증가시키는 것이다. 여기서 x와 y의 초기 값을 100이라고 가정하자. 그러면 독립된 사용자인 T_1과 T_2는 각자 수행 결과를 x=200과 y=200으로 생각할 것이다. 그런데 실제로는 x에 100을 더한 후 T_2가 이 값을 가로 채 2를 곱한 후 x=400이 되고, y 값은 2를 곱한 후 y=200을 저장하였다. 이때 트랜잭션 T_1은 이 값(y=200)을 읽은 후 100을 더하게 되고 결국 y=300을 저장하게 된다. 이는 결과적으로 연산 결과가 사용자가 원하는 것이 아닐 뿐더러 데이터베이스가 일관성이 없는 모순된 상태로 남게 된다.

T_1	시간	T_2
read(x)		
x = x + 100		
write(x)		
		read(x)
		x = x * 2
		write(x)
		read(y)
		y = y * 2
		write(y)
read(y)		
y = y + 100		
write(y)		

[그림 14-4] 모순성의 예

■ 연쇄 복귀(cascading rollback)

[그림 14-5]에서는 트랜잭션 T_1이 x를 읽고 100을 더한 후 이를 저장하였다. 그 뒤에 바로 트랜잭션 T_2가 갱신된 x 값을 읽고 갱신을 완료하였다. 바로 이때 트랜잭션 T_1이 레코드 y를 읽고 갱신하려다 문제가 발생하여 갱신을 취소하고 원래 상태로 복귀해야 하는 상황이 발생되었다. 이렇게 되면 Rollback 연산이 수행된 T_1이 수행한 결과(x=200)을 읽은 트랜잭션 T_2도 당연히 복귀하여야 하지만 이미 트랜잭션 T_2는 작업을 완료한 상태로 시스템을 떠난 뒤이기 때문에 사실상 복귀하기 어려운 상황이 발생된 것이다.

T_1	시간	T_2
read(x) x = x + 100 write(x)		
		read(x) x = x + 200 write(x)
read(y) Rollback T_1	↓	

[그림 14-5] 연쇄 복귀의 예

■ 트랜잭션 스케줄

트랜잭션 스케줄(transaction schedule)이란 데이터베이스 트랜잭션을 구성하는 연산들의 실행 순서를 의미하는 것이다. 인터리브 형태로 여러 트랜잭션들이 병행 수행되는 환경에서는 트랜잭션에 포함된 각각의 연산들에 대해 실행 순서를 지정해 주는 것이 매우 중요한 일이다. 트랜잭션 T_1과 T_2가 있다고 하자. 만일 인터리빙이 허용되지 않는다면 이 두 트랜잭션을 수행하기 위한 실행 순서는 [그림 14-6]과 같이 두 가지 방법이 있을 수 있다. 왼쪽은 트랜잭션 T_1을 먼저 실행한 다음에 트랜잭션 T_2를 실행한 예이고, 오른쪽은 트랜잭션 T_2를 먼저 실행한 다음에 트랜잭션 T_1을 실행한 예이다. 이와 같이 트랜잭션별로 모두 순차적으로 실행되는 스케줄을 **직렬 스케줄(serial schedule)**이라 한다.

이와 같이 트랜잭션들이 직렬 스케줄로 수행된다면 어떤 경우에라도 데이터베이스에 대한 결과는 항상 정확하다고 할 수 있다. 그러나 인터리빙을 허용하지 않는 직렬 스케줄의 가장 큰 문제점은 값비싼 CPU의 낭비이다.

T_1	시간	T_2	T_1	시간	T_2
read(x)					read(x)
x = x + 100					x = x * 2
write(x)					write(x)
read(y)					read(y)
y = y + 100					y = y * 2
write(y)					write(y)
		read(x)	read(x)		
		x = x * 2	x = x + 100		
		write(x)	write(x)		
		read(y)	read(y)		
		y = y * 2	y = y + 100		
	↓	write(y)	write(y)	↓	

[그림 14-6] 직렬 스케줄의 예

■ 직렬 가능 스케줄(serializable schedule)

비직렬 스케줄(non-serial schedule)은 트랜잭션들이 병행 수행하는 스케줄을 의미하며, 인터리빙 방식으로 처리된다. 비직렬 스케줄은 병행 수행 처리로 CPU 활용도는 높일 수는 있지만, 그 결과 값이 항상 정확성을 만족한다고는 할 수 없다. 하지만 비직렬 스케줄로 실행되지만 정확한 결과를 생성하는 경우가 있다. [그림 14-7]의 경우 트랜잭션 T_1은 x를 읽고 100을 더한 후 x를 저장한다. 다음 트랜잭션 T_2에서 이 저장된 x를 읽고 x 값을 2배 증가시킨다. 그 다음 y 값은 T_1에서 100을 더한 후 T_2에서 이 값을 2배 증가시킨다. 이와 같이 만약 두 개의 트랜잭션이 같은 데이터 항목에 접근하지 않는다면 상호 간섭이 발생되지 않으며 연산의 순서도 중요하지 않다. 따라서 비록 비직렬로 수행되지만 직렬 스케줄로 수행되는 것과 같은 결과를 만드는 것을 **직렬 가능 스케줄(serializable schedule)**이라 한다. 문제는 비직렬 스케줄 중에서 어떤 것이 정확한 결과를 생성하고 어떤 것이 정확하지 못한 결과를 생성하는가를 알아내는 것이 쉬운 일이 아니다. 현실적으로 직렬 가능 스케줄을 검사하는 것은 매우 어려운 일이다.

T_1	시간	T_2
read(x) x = x + 100 write(x)		
		read(x) x = x * 2 write(x)
read(y) y = y + 100 write(y)		
	↓	read(y) y = y * 2 write(y)

[그림 14-7] 직렬 가능 스케줄

■ 병행 제어(concurrency control) 기법

트랜잭션을 실행시킨 뒤에 이 스케줄에 대한 직렬 가능성을 검사한다면 직렬 가능이 안 될 때에는 스케줄의 결과를 취소시켜야만 한다. 이러한 것들이 문제를 복잡하게 만들고 실제 시스템에서 직렬 가능 검사를 불가능하게 만든다. 그래서 대부분의 데이터베이스 시스템에서 취하고 있는 방법은 트랜잭션들을 실행시킨 뒤에 스케줄 자체에 대한 직렬 가능성 검사를 하지 않고도 직렬 가능성이 부장되는 방법을 사용하는 것이다. 이러한 방법들 중에는 로킹과 타임스탬프 방법이 있다. **로킹(locking) 기법**은 여러 트랜잭션들이 동일한 항목에 대해 임의적인 병행 접근을 하지 못하게 하는 것이고, **타임스탬프(time-stamp) 기법**은 타임스탬프 순서에 따라 실행되게 하는 것이다. 여기서 타임스탬프란 우체국에서 순서대로 들어오는 우편물에 대해 도착시간 스탬프를 찍는 것과 같이 시스템이 각 트랜잭션을 실행할 때 부여하는 고유 식별자이다. 타임스탬프 기법은 잘 사용되지 않으므로 본 장에서는 병행 제어를 위해 가장 많이 사용되고 있는 로킹 기법에 대해서만 설명하고자 한다.

2.1 로킹 기법

■ Lock의 개념

로킹(locking) 기법은 병행 수행 시 공유하고자 하는 데이터 항목을 제어하기 위해 두 개의 연산 lock과 unlock을 사용한다. 이 기법에서는 다음과 같은 **로킹 규약(locking protocol)**을 지킨다면 두 개의 트랜잭션이 같은 데이터 항목을 동시에 접근하는 경우는 없음을 보장하는 것이다.

- 트랜잭션 T가 특정 데이터 항목 x에 대해 read(x)나 write(x) 연산을 수행하기 위해서는 먼저 lock(x)를 실행해야 한다.
- 트랜잭션 T가 실행한 lock(x)에 대해 해당 트랜잭션이 모든 실행을 종료하기 전에 unlock(x)를 실행해야 한다.
- 트랜잭션 T는 다른 트랜잭션에 의해 이미 lock이 걸려 있으면 다시 lock(x)를 실행하지 못한다.
- 트랜잭션 T가 데이터 항목 x에 대해 lock을 자신이 걸지 않았다면 unlock(x)를 실행하지 못한다.

그러나 이 로킹 규약은 너무 제한적일 수 있다. 왜냐하면 어느 때고 각 데이터 항목에 대해 기껏해야 하나의 트랜잭션만 lock을 걸 수 있기 때문이다. 만약 트랜잭션이 단지 읽기(read) 목적으로만 특정 데이터 항목에 접근하려 한다면, 여러 트랜잭션들이 동시에 데이터 항목을 병행적으로 접근 수행해도 문제가 없을 것이다. 즉, 데이터 항목 접근이 읽기만을 위한 목적이라면 트랜잭션들에 대해 병행 접근을 허용할 수 있는데, 그렇게 되면 lock 연산은 다음과 같이 공용 로크와 전용 로크로 나눌 수 있다.

① lock-S: 공용 로크(shared-lock)

트랜잭션 T가 데이터 항목 x에 대해 lock-S를 설정할 경우, 트랜잭션 T는 이 항목에 대해 read할 수는 있지만 write할 수는 없다. 이때 이 x에 대해서 다른 트랜잭션은 공용 로크(lock-S)를 동시에 걸 수 있다.

② lock-X: 전용 로크(exclusive-lock)

트랜잭션 T가 데이터 항목 x에 대해 lock-X를 설정하면, 트랜잭션 T는 이 항목에 대해 read와 write 모두 할 수 있다. 이때 다른 트랜잭션은 이 x에 대해 어떤 lock도 걸 수가 없다.

위 두 가지 lock 연산에 대해 **양립성(compatibility)**은 어떻게 되는지 생각해 볼 필요가 있다. [그림 14-8]은 두 가지 lock 연산에 대한 양립성을 보여 주고 있다. 트랜잭션 T_i와 T_j가 데이터 항목 x에 대해 공용 로크(lock-S)와 전용 로크(lock-X)를 요청했다고 할 때 두 트랜잭션이 양립 가능하면 T(허용)이 되고, 양립 불가능하다면 F(대기)가 된다. F는 특정 데이터 항목에 대해 여러 개의 공용 로크가 서로 다른 트랜잭션에 걸려 있는 순간에 전용 로크의 요청이 들어온다면, 현재 걸려 있는 공용 로크들이 모두 해제될 때까지 기다려야만 한다. 이 표에서는 두 트랜잭션이 공용 로크인 경우에만 서로 양립 가능한 것을 알 수 있다.

T_i \ T_j	lock-S	lock-X
lock-S	T(허용)	F(대기)
lock-X	F(대기)	F(대기)

[그림 14-8] Lock의 양립성

하지만 트랜잭션들이 로킹 규약을 따랐다는 것만으로 병행 수행의 직렬 가능성이 보장되는 것은 아니다. [그림 14-9]는 트랜잭션들이 모두 로킹 규약을 따랐음에도 모순성이 발생한 예를 보여주고 있다.

T_1	시간	T_2
lock-X(x) read(x) x = x + 100 write(x) unlock(x)		
		lock-X(x) read(x) x = x * 2 write(x) unlock(x) lock-X(y) read(y) y = y * 2 write(y) unlock(y)
lock-X(y) read(y) y = y + 100 write(y) unlock(y)	↓	

[그림 14-9] 로킹 규약의 모순 예

그림에서 x와 y를 각각 100과 200이라고 하자. $T_1 \rightarrow T_2$ 순서로 실행하는 직렬 스케줄의 결과는 트랜잭션 T_1에서 x에 100을 더하고 y에 100을 더하면 x는 200, y는 300이 되고, T_2에서 x에 2를 곱하고 y에 2를 곱하면 **x=400, y=600**이 된다. $T_2 \rightarrow T_1$ 순서로 실행되는 스케줄의 결과는 T_2에서 x에 2를 곱하고 y에 2를 곱하면 x는 200, y는 400이 되고, T_1에서 x에 100을 더하고 y에 100을 더하면 **x=300, y=500**이 된다. 그러나 [그림 14-9]의 스케줄에 따라 실행하면 T_1에서 x에 100을 더하고 T_2에서 x에 2를 곱하면 x는 400, T_2에서 y에 2를 곱하고 T_1에서 y에 100을 더하면 y는 500, 즉, 그 결과는 **x=400, y=500**과 같이 이상한 결과가 나온다. 다시 말해 직렬 가능성을 보장하지 못한다. 이러한 모순된 결과가 나오는 이유는 트랜잭션 T_1이 데이터 항목 x에 대해 너무 일찍 unlock(x)을 실행시켜, 아직 작업이 끝나기도 전에 트랜잭션 T_2가 일관성이 없는 데이터에 접근하였기 때문이다. 따라서 직렬 가능성을 보장하기 위해서는 트랜잭션이 lock과 unlock 연산을 수행하는 시점에 추가 약속이 필요하다. 이러한 문제점을 해결하기 위해 2단계 로킹 규약을 적용하게 된 것이다.

■ 2단계 로킹 규약

직렬 가능성을 보장할 수 있는 규약으로 가장 널리 알려진 기법이 **2단계 로킹 규약(2PLP: Two Phase Locking Protocol)**이다. 이 규약에서 모든 트랜잭션들은 다음과 같이 2단계로 구분하여 수행할 것을 요구하고 있다.

① **확장 단계(growing phase)**: 트랜잭션이 lock 연산만 수행할 수 있고 unlock 연산은 수행할 수 없는 단계
② **축소 단계(shrinking phase)**: 트랜잭션이 unlock 연산만 수행할 수 있고 lock 연산은 수행할 수 없는 단계

[그림 14-10]은 2PLP를 준수하고 있는 직렬 가능 스케줄의 예를 보여주고 있다. 두 트랜잭션 모두 처음에는 lock을 수행하는 확장 단계로 들어가다가 일단 unlock을 수행하면 그 시점부터 더 이상 새로운 lock 연산을 수행할 수 없고 unlock만 수행 가능하다. 이러한 2PLP의 강력한 이점은 모든 트랜잭션들이 2PLP를 준수한다면 그 스케줄은 직렬 가능하다는 것을 보장 받는다는 것이다. 이것을 정리로 표현하면 다음과 같다.

> 정리: **스케줄 내의 모든 트랜잭션들이 2단계 로킹 규약(2PLP)을 준수한다면 그 스케줄은 직렬 가능하다. 즉 정확한 결과를 생성한다.**

T_1	시간	T_2
lock-X(x) read(x) x = x + 100 write(x) lock-X(y) unlock(x)		
		lock-X(x) read(x) x = x * 2 write(x)
read(y) y = y + 100 write(y) unlock(y)		
	↓	lock-X(y) unlock(x) read(y) y = y * 2 write(y) unlock(y)

[그림 14-10] 2단계 로킹 규약

■ 교착 상태

2단계 로킹 규약은 간결하고 강력한 병행 제어 기법을 제공해 주고 있으나 문제점으로는 **교착 상태(deadlock)**가 발생될 수 있는 가능성을 내포하고 있다는 것이다. 교착 상태란 둘 이상의 트랜잭션이 서로 상대가 가지고 있는 데이터 항목의 로크가 해제 되기만을 기다림으로 인해 트랜잭션의 실행이 중단되고 무한정 기다리는 상태를 말한다. [그림 14-11]에서 트랜잭션 T_1과 T_2는 각각 데이터 항목 x와 y에 대해 lock을 유지하고 있으며, 트랜잭션 T_1은 T_2가 lock하고 있는 y에 대해 unlock 되기를 기다리고 있으며, 트랜잭션 T_2는 T_1이 lock하고 있는 x에 대해 unlock 되기를 기다리고 있는 상태이다. 이와 같이 두 트랜잭션이 아무 일도 하지 못한 채 서로 unlock 되기만을 무한정 기다리는 상태를 교착 상태라 한다. 이러한 교착 상태가 발생하는 원인은 상호 배제(mutual exclusion), 대기(wait for), 비선점(no preemption), 순환 대기(circle wait)의 네 가지 조건이 동시에 성립될 때 발생된다. 즉, 이들 중 한 가지라도 만족하지 않으면 발생하지 않는다.

상호 배제	트랜잭션들이 자원을 배타적으로 점유하여 다른 트랜잭션들이 그 자원을 사용하지 못함
대기	트랜잭션이 어떤 자원을 할당받아 점유하고 있으면서 다른 자원을 요구함
비선점	트랜잭션에 할당된 자원은 사용이 종료될 때까지 강제로 획득할 수 없으며 점유하고 있는 트랜잭션 자신만이 해제 가능
순환 대기	트랜잭션간 자원 요구가 하나의 원형 모양일 때

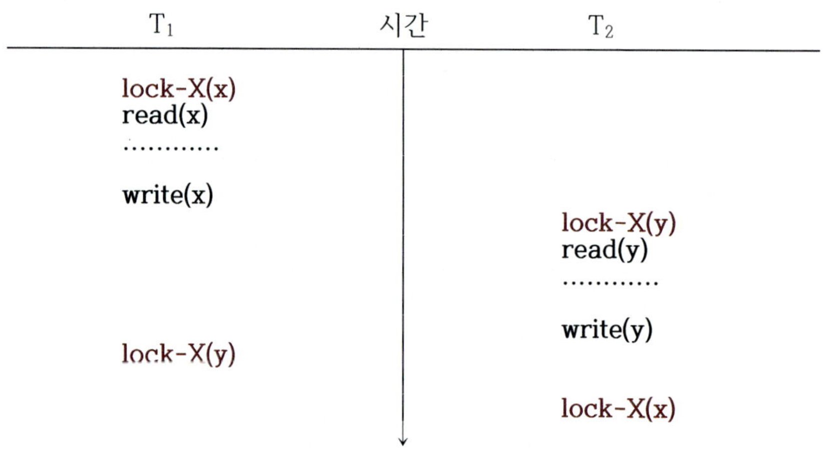

[그림 14-11] 교착 상태의 예

교착 상태의 해결 방법으로는 회피, 예방, 그리고 탐지 방법이 있을 수 있다. **회피(avoidance) 방법**은 자원을 할당할 때마다 deadlock이 일어나지 않도록 실시간 알고리즘을 사용하여 감시하는 방법으로써 현실성은 그다지 없어 보인다. 교착 상태를 회피하기 위한 한 가지 방법으로 각 트랜잭션의 타임스탬프를 이용하는 방법이 있다. 이 타임스탬프는 트랜잭션이 기다려야 할 것인지 복귀(rollback)해야 할 것인지를 결정하는데 사용된다. 이 방법에는 다음과 같은 두 가지 기법이 있다.

① **wait-die 기법**: 트랜잭션 T_i가 이미 트랜잭션 T_j가 lock 한 데이터 항목을 요구할 때 만일 T_i의 타임스탬프가 T_j의 타임스탬프보다 작을 경우(즉, T_i가 고참인 경우) T_i를 기다리게(wait) 한다. 그렇지 않으면(즉, T_i가 신참인 경우) T_i는 포기(die)했다가 나중에 같은 스탬프를 가지고 다시 시작한다. 즉 이 기법은 다른

트랜잭션이 데이터를 점유하고 있을 때 기다리거나(wait) 포기(die)하는 방식이다. 예를 들어 [그림 14-11]인 경우 트랜잭션 T_1은 이미 트랜잭션 T_2가 lock 한 데이터 y를 요구하고 있다. 이때 트랜잭션 T_1의 타임스탬프는 T_2의 타임스탬프보다 작으므로(즉, T_1이 고참이므로) T_1을 기다리게(wait) 한다.

② **wound-wait 기법**: 트랜잭션 T_i가 이미 트랜잭션 T_j가 lock 한 데이터 항목을 요구할 때 만일 T_i의 타임스탬프가 T_j의 타임스탬프보다 작을 경우(즉, T_i가 고참인 경우) T_i는 데이터를 선점(wound)한다. 그렇지 않으면(즉, T_i가 신참인 경우) T_i를 기다리게(wait) 한다. 즉 이 기법은 다른 트랜잭션이 데이터를 점유하고 있을 때 빼앗거나(wound) 기다리는(wait) 방식이다. [그림 14-11]인 경우 고참인 T_1은 데이터를 선점(wound)한다.

예방(prevention) 방법은 트랜잭션을 실행시키기 전에 필요한 lock을 한꺼번에 모두 요청하여 전부 부여받지 못하면 실행시키지 않는 방법이다. 그러나 이 방법은 데이터 요구에 대한 사전 지식을 필요로 하기 때문에 현실성이 없어 보인다. 또한, 데이터 항목이 한꺼번에 lock 되기 때문에 상당한 기간 동안 데이터가 실제로 사용되지 않을 수 있기 때문에 데이터 항목의 활용도가 매우 낮게 된다.

마지막으로 **탐지(detection) 방법**은 lock 상태를 조사하여 일단 교착 상태가 탐지되면 트랜잭션 하나를 취소시켜 다시 스케줄을 실행시키는 것이다. 교착 상태를 탐지하는 간단한 방법은 **대기 그래프(wait for graph)**를 사용하는 것이다. 즉 현재 T_2가 lock 한 데이터 항목 y를 T_1이 lock 하기 위해 기다리고 있으면 방향 간선 $T_1 \rightarrow T_2$로 표현된다. 이런 방식으로 구축된 대기 그래프에 사이클(cycle)이 생기면 교착 상태가 발생했다고 판단한다. 교착 상태가 탐지되면 트랜잭션들 중 하나를 선택하여 실행을 취소시켜 사이클을 제거해야 되는데, 이때 취소시킬 트랜잭션은 작업이 가장 적게 수행된 트랜잭션이 선정되는 것이 효율적이다. 결론적으로 말해, 현재 교착 상태를 완전히 해결하는 방법은 아직 없으며 대부분의 상용 DBMS에서는 임시적으로 탐지 방법을 적용하여 교착 상태를 해결하고 있는 상황이다.

■ 로킹 단위

로킹 단위(locking granularity)란 로킹의 대상이 되는 데이터 객체의 크기를 말하는데 이는 병행 제어의 데이터 단위가 된다. 일반적으로 로킹 단위가 클수록 병행성 수준이 낮아지는 반면에 병행 제어 기법은 간단해진다. 반대로 로킹 단위가 작을수록 병행성 수준은 높아지지만 lock의 수가 많아지게 되어 관리가 복잡해 진다. 극단적으로 로킹 단위가 데이터베이스 전체가 된다면 병행성은 전혀 없게 된다. 따라서 적절한 로킹 단위의 결정은 시스템 성능 향상을 위한 하나의 중요한 요소가 될 수 있다.

지금까지 설명한 로킹 기법에서는 데이터 항목만을 로킹 단위로 고려하였다. 만일 데이터 항목 단위로만 lock를 한다면 모든 항목들에 대해 lock 연산을 실행해야 되기 때문에 많은 로킹 연산이 필요하다. 이러한 비효율성을 해결하기 위해서는 여러 종류(예, 레코드, 화일, 데이터베이스 등)의 로킹 단위를 지원할 수 있는 다중 단위 로킹(multiple granularity locking) 기법이 필요하다.

연습문제

1. 하나의 트랜잭션이 데이터를 액세스 하는 동안 다른 트랜잭션이 그 데이터 항목을 액세스할 수 없도록 하는 방법을 무엇이라고 하는가?
   ① recovery(회복) ② locking(로킹)
   ③ logging(로깅) ④ firewall(방화벽)

2. 트랜잭션에 대한 설명으로 옳지 않은 것은?
   ① 트랜잭션은 작업의 논리적 단위이다.
   ② 하나의 트랜잭션은 commit되거나 rollback 되어야 한다.
   ③ 트랜잭션은 일반적으로 회복의 단위가 된다.
   ④ 구조점(savepoint)은 트랜잭션 당 한번만 지정할 수 있다.

3. 트랜잭션이 수행 중에 다른 트랜잭션 연산에 끼어들 수 없음을 의미하는 트랜잭션의 특성은?
   ① Atomicity ② Consistency
   ③ Isolation ④ Durability

4. 다음 중 병행 수행의 문제점이 아닌 것은?
   ① lost update ② cascading rollback
   ③ serializable schedule ④ inconsistency

5. 로킹(locking) 단위에 대한 설명으로 옳은 것은? (난이도: 중)
   ① 로킹 단위가 크면 병행성 수준이 낮아진다.
   ② 로킹 단위가 크면 병행 제어 개념은 복잡해 진다.
   ③ 로킹 단위가 작으면 로크(lock)의 수가 적어진다.
   ④ 로킹 단위가 크면 로크(lock)의 수가 많아진다.

6. 트랜잭션의 특성 중 아래 내용에 해당되는 것은?

시스템이 가지고 있는 고정요소는 트랜잭션 수행 전과 트랜잭션 수행 완료 후에 같아야 한다는 특성

① Atomicity ② Consistency
③ Isolation ④ Durability

7. 트랜잭션의 병행 제어 목적이 아닌 것은?
① 데이터베이스의 공유 최대화 ② 시스템의 활용도 최대화
③ 데이터베이스의 일관성 최소화 ④ 사용자에 대한 응답 시간 최소화

8. Which of the following describes the growing phase of the two-phase locking protocol? (나이도: 중)
① A transaction may obtain locks but may not release any lock.
② A transaction may release locks but may not obtain any new locks.
③ A transaction may lock and unlock each of the data items.
④ A transaction may lock the item from changing but not from reading by other transactions.

9. 아래 그림에서 트랜잭션 T1은 T2가 lock하고 있는 y에 대해 unlock 되기를 기다리고 있으며, 트랜잭션 T2는 T1이 lock하고 있는 x에 대해 unlock 되기를 기다리고 있는 상태이다(즉, T1이 이미 T2가 lock 한 y를 lock 할려고 함). 이에 대한 해결책으로 가장 적합하지 않은 것은? (난이도: 상)

T1	시간	T2
lock(x) read(x) .... write(x)	↓	
		lock(y) read(y) .... write(y)
lock(y)		
		lock(x)

① 타임스탬프(TS)가 TS(1)<TS(2)와 같으므로 wait-die 기법을 사용하여 T1을 기다리게(wait) 한다.
② 타임스탬프(TS)가 TS(1)<TS(2)와 같으므로 wound-wait 기법을 사용하여 T1은 데이터를 선점(wound)한다.
③ 교착 상태를 탐지하기 위해 시스템의 상태를 검사하는 알고리즘을 사용하여 교착 상태가 일어났는지를 주기적으로 판단한다.
④ 대기 그래프(wait-for graph)를 구축하여 그래프에 사이클이 없으면 교착 상태가 발생하였다고 판단하고 가장 적게 수행된 트랜잭션 하나를 선정하여 취소시킨다.

10. 다음은 로킹 규약을 잘 따랐음에도 불구하고 모순성이 발생될 수 있는 예이다. 이를 2PLP 스케줄로 변환하라. (난이도 중)

T1	시간	T2
lock-X(x)		
read(x)		
x ← x + 100		
write(x)		
unlock(x)		
		lock-X(x)
		read(x)
		x ← x*2
		write(x)
		unlock(x)
lock-X(y)		
read(y)		
y ← y + 100		
write(y)		
unlock(y)		

실습문제

실습 1: 사용자 관리

지금까지 우리는 MySQL 관리자인 root로 접속해서 사용해 왔다. 그러나 실무에서는 MySQL을 혼자 사용하는 것이 아니라 다양한 사용자나 응용 프로그램에 접속해서 사용된다. 다음은 일반적인 회사에서 사용자 및 권한에 대한 상황을 단순히 표현한 예이다.

dba	DB 관리자	root와 동일한 데이터베이스 관리자의 역할을 한다. 즉 모든 작업을 할 수 있다.
user	사용자	특별히 데이터베이스 작업은 하지 않지만 모든 데이터를 읽을 수 있는 권한을 부여한다.
staff	직원	자신의 업무인 classicmodels 데이터베이스의 모든 테이블을 읽기/쓰기 할 수 있고, Stored Procedure를 만들거나 변경할 수 있는 권한을 부여한다. 추가로 업무와 관계없는 academicdb 데이터베이스는 읽기 권한만 부여한다.

Workbench를 실행하고 root로 접속한다. root는 사용자를 생성하는 권한이 있다.

(1) DB 관리자를 생성하고 DBA의 역할을 부여하자.

[Navigator]의 [Administration] 탭을 선택하고 [User and Privileges]를 클릭한다.

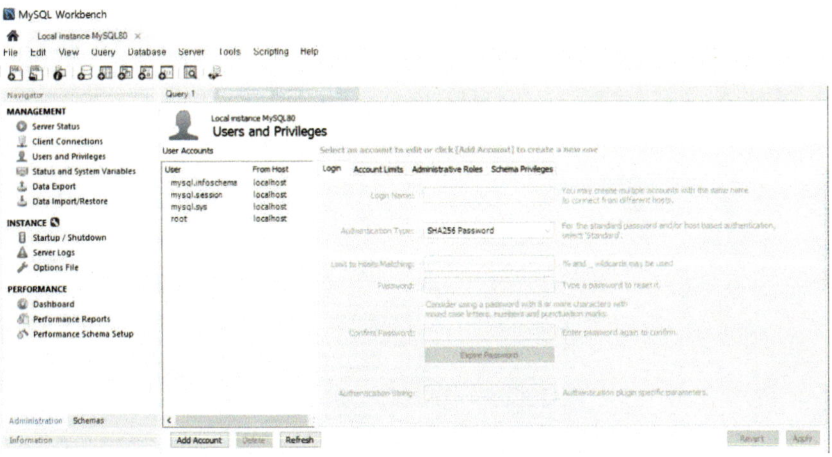

[User and Privileges] 창에서 왼쪽 아래 [Add Account]를 클릭한 후 Login 탭의 Login Name에 'dba'를 입력한다. 비밀번호도 기억하기 쉽게 'dba'로 입력하고 Apply를 클릭하면 dab 사용자가 등록된다. 여기서 Limit to Hosts Matching은 특정한 IP 주소를 지정할 수 있다. 그러면 그 IP 주소 외의 컴퓨터에서는 현재 생성하는 사용자로 접속할 수 없다. 이렇게 함으로써 보안을 강화할 수 있다. 현재 %가 입력된 것은 모든 컴퓨터를 의미하며 어떤 컴퓨터든 dba 사용자는 접속이 가능하다는 의미이다.

Account Limits 탭을 클릭하면 최대 쿼리 수, 최대 업데이트 수, 시간당 최대 접속 수, 실시간 동시 최대 수 등을 설정할 수 있다. 모두 0은 특별한 제한이 없다는 의미다. 여기서는 0 그대로 두기로 한다.

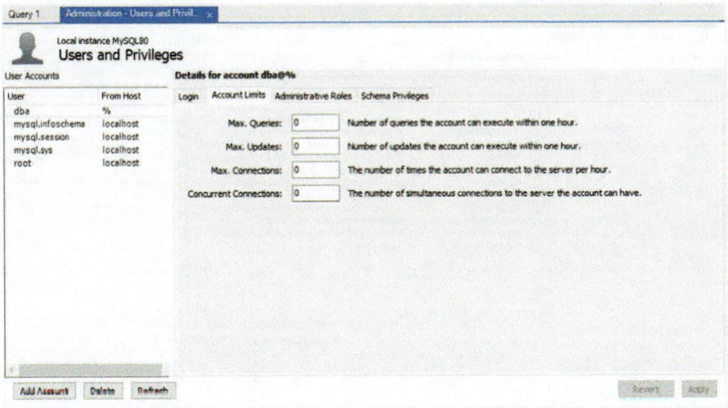

Administrative Roles에서는 데이터베이스 권한을 설정할 수 있다. DBA는 모든 권한이 있으므로 Role의 DBA를 체크하면 나머지는 모두 자동으로 체크될 것이다. 오른쪽 아래 Apply를 클릭해서 설정한 내용을 적용한다.

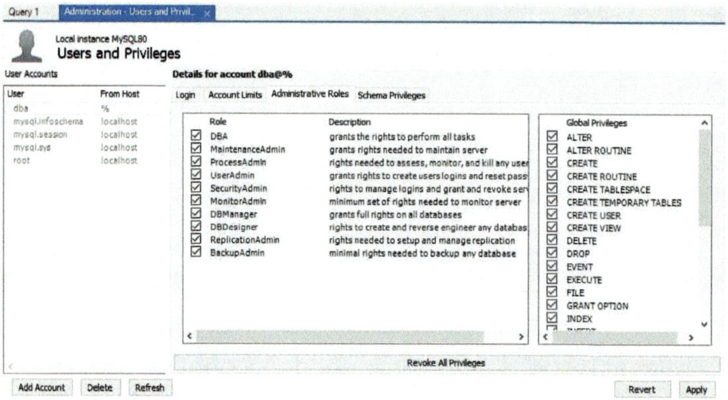

(2) user 사용자를 생성하고 모든 데이터에 읽기 권한을 부여하자.

[User and Privileges] 창에서 왼쪽 아래 [Add Account]를 클릭한 후 Login 탭의 Login Name에 'user'를 입력한다. 비밀번호도 기억하기 쉽게 'user'로 입력하고 Apply를 클릭하면 user 사용자가 등록된다. Administrative Roles 탭을 클릭한다. 오른쪽 Global Privileges에서 SELECT를 체크한다. 그러면 왼쪽 Role 중에서 Custom이 자동으로 체크될 것이다. 오른쪽 아래 Apply를 클릭해서 설정한 내용을 적용한다.

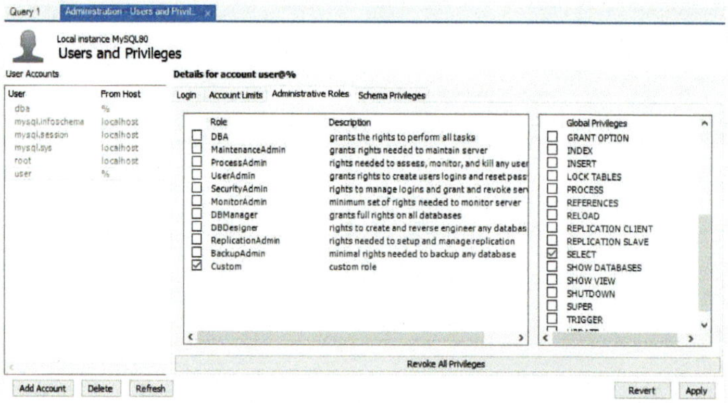

(3) staff 사용자를 생성하고 classicmodels 데이터베이스의 모든 테이블에 대해 읽기/쓰기 권한을 부여하고, Stored Procedure를 만들거나 변경할 수 있는 권한을 부여한다. 추가로 academicdb 데이터베이스는 읽기 권한만 부여하자.

[User and Privileges] 창에서 왼쪽 아래 [Add Account]를 클릭한 후 Login 탭의 Login Name에 'staff'를 입력한다. 비밀번호도 기억하기 쉽게 'staff'로 입력하고 Apply를 클릭하면 staff 사용자가 등록된다. 이번에는 각 데이터베이스 스키마에 대한 권한을 부여해야 하므로 Schema Privileges 탭을 클릭한다. 그리고 바로 아래 오른쪽에 있는 Add Entry를 클릭한다. [New Schema Privilege Definition] 창에서 Selected schema를 선택하고 classicmodels를 선택한 후 OK를 클릭한다.

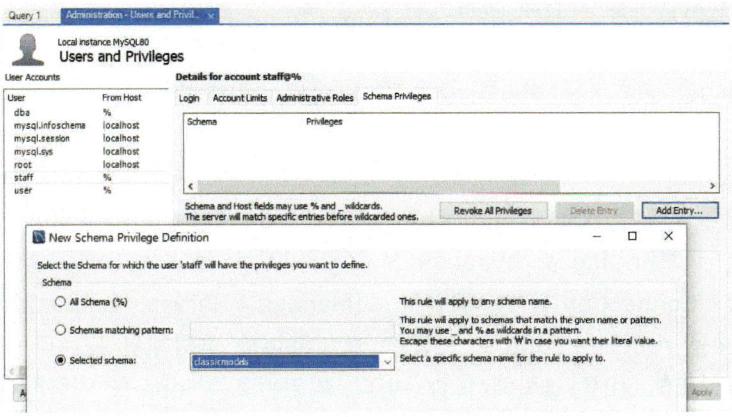

Object Rights에서는 SELECT, INSERT, UPDATE, DELETE를 체크하고, DDL Rights에서는 CREATE ROUTINE과 ALTER ROUTINE을 체크한다. 오른쪽 아래 Apply를 클릭해서 설정한 내용을 적용한다. 체크박스가 들쑥날쑥해 보일 수 있다. Workbench의 미세한 버그로 별 문제가 없으니 그냥 넘어가자.

다시 Add Entry를 클릭한다. [New Schema Privilege Definition] 창에서 Selected schema를 선택하고 이번에는 academicdb를 선택한 후 OK를 클릭한다. 여기서는 Object Rights에 SELECT만 체크하고, 오른쪽 아래 Apply를 클릭해서 설정한 내용을 적용한다.

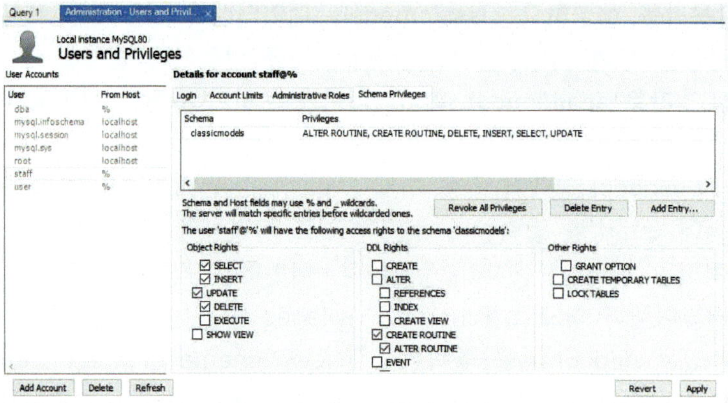

(4) 등록된 사용자를 확인해 보자.

Workbench를 종료하고 dba로 접속해서 DBA 권한이 있는지 다시 Workbench를 실행한다.

새로운 연결을 만들어도 되지만 기존의 [Local instance MySQL80]에서 사용자를 한번 변경해 보자. [Local instance MySQL80]에서 마우스 오른쪽 버튼을 클릭한 후 [Edit Connection]을 선택한다. [Manage Server Connection] 창에서 Username을 root에서 'dba'로 변경한 후 Close를 클릭해서 닫는다. 다시 [Local instance MySQL80]를 클릭해서 접속한다. 비밀번호는 'dba'를 입력한다.

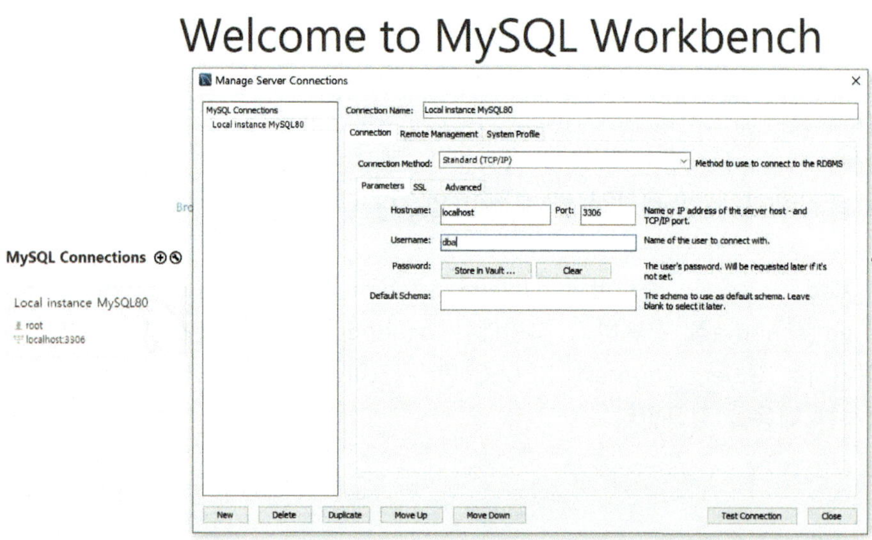

쿼리 창에서 다음과 같이 데이터베이스를 하나 생성하고 이를 삭제해 보자. 잘 실행되면 DBA의 권한이 있는 것으로 보면 된다.

```
CREATE DATABASE sampledb;
DROP DATABASE sampledb;
```

위 File 메뉴에서 Close Connection Tab을 선택해서 접속을 종료한다.

user로 접속해서 전체 데이터베이스에 읽기 권한이 있는지 확인해 보자. [Local instance MySQL80]에서 마우스 오른쪽 버튼을 클릭한 후 [Edit Connection]을 선택한다. [Manage Server Connection] 창에서 Username을 'user'로 변경한 후 Close를 클릭해서 닫는다. 다시 [Local instance MySQL80]를 클릭해서 접속한다. 비밀번호는 'user'를 입력한다. 다음과 같은 읽기가 정상적으로 되는지 확인해 본다.

```
USE classicmodels;
SELECT * FROM customers;
```

다음과 같이 데이터베이스를 만들어 보고 이를 삭제해 보자. 권한이 없으므로 안될 것이다.

```
CREATE DATABASE sampledb;
DROP DATABASE sampledb;
```

File 메뉴에서 Close Connection Tab을 선택해서 접속을 종료한다. staff으로 접속해서 각 데이터베이스에 대한 권한을 확인해 보자. [Local instance MySQL80]에서 마우스 오른쪽 버튼을 클릭한 후 [Edit Connection]을 선택한다. [Manage Server Connection] 창에서 Username을 'staff'으로 변경한 후 Close를 클릭해서 닫는다. 다시 [Local instance MySQL80]를 클릭해서 접속한다. 비밀번호는 'staff'을 입력한다. [Navigator]의 [Schemas] 탭을 보면 데이터베이스가 2개밖에 보이지 않을 것이다. staff에게는 2개의 데이터베이스에만 접근 권한을 줬기 때문이다.

다음 쿼리를 실행해 본다. 잘 수행될 것이다.

```
USE classicmodels;
SELECT * FROM employees;
UPDATE employees SET lastName = 'Test'
        WHERE employeeNumber = 1002;
```

다음과 같이 데이터베이스를 만들어 보고 이를 삭제해 보자. CREATE와 DROP 권한은 주지 않았으므로 실패할 것이다.

```
CREATE DATABASE sampledb;
DROP DATABASE sampledb;
```

academicdb 데이터베이스에서도 SELECT 문은 실행될 것이다. 하지만 다른 수정 SQL문은 수행되지 않을 것이다.

```
USE academicdb;
SELECT * FROM student;
```

File 메뉴에서 Close Connection Tab을 선택해서 접속을 종료한다. [Local instance MySQL80]을 원래대로 root로 변경해 놓고 Workbench를 종료한다.

15장
최신 데이터베이스

1. XML 데이터베이스
2. 데이터웨어하우스와 데이터마이닝
3. 빅데이터
4. 클라우드 컴퓨팅

1. XML 데이터베이스

1.1 XML

인터넷 환경이 발달하고 정보의 양이 늘어남에 따라 단순히 데이터 표현을 위한 HTML만으로는 한계를 느끼게 되었다. 결국 문서의 구조화된 기술 방법이 필요하게 되었고 그에 발맞추어 XML(eXtensible Makeup Language)이 나오게 되었다. 하지만 XML이 처음 선보이는 기술은 아니었다. XML 이전에 SGML이란 기술이 있었지만 복잡해서 잘 사용하지 않았다. 즉, XML은 SGML로부터 복잡성은 버리고 내용과 표현의 분리라는 구조적 문서의 장점을 받아 들였다. 또한, HTML로부터 간결함 및 인터넷 환경에서 범용적으로 사용되는 장점을 받아 들였다. 결국 SGML과 HTML의 장점만을 수용하여 만들어진 마크업 언어가 바로 XML이라 말할 수 있다.

다음은 XML 엘리먼트(element)를 설명하기 위해 XML의 한 예를 보여주고 있다.

```
<letter>
        <to>최홍만</to>
        <from>변은혜</from>
        <header>회상</header>
        <body>1주마다 보내는 편지</body>
</letter>
```

여기서 <과 > 사이에 있는 문자들인 letter, to, from, header, body 등을 XML 태그(tag)라고 하며 <letter>는 시작 태그, </letter>는 종료 태그라고 한다. <to>최홍만</to>을 엘리먼트라고 한다. <letter<from>>과 같이 태그들은 겹쳐질 수 없다. 엘리먼트는 확장할 수 있는데, 위의 XML 문서에서 작성자가 부가적인 정보(즉 날짜)를 더 입력할 수 있다.

속성(attribute)은 XML 엘리먼트의 시작 태그 안에서 정의되고 엘리먼트의 부가적인 정보를 제공하기 위하여 사용된다.

```
<person sex="female">
        <firstName>Anna</firstName>
        <lastName>Smith</lastName>
</person>
<person>
        <sex>female</sex>
        <firstName>Anna</firstName>
        <lastName>Smith</lastName>
</person>
<person sex="female" firstName="Anna" lastName="Smith" />
```

<person> 타입으로 sex 속성을 가지며 이름=값의 짝으로 되어 있으며 속성은 반드시 값을 가져야 한다. 값을 감싸는 “” 또는 ‘’이 반드시 필요하다. 속성의 사용에는 다소 고려해 보아야 할 점이 있는데, 속성은 자식 엘리먼트와 혼동되어 사용되기도 한다. 예제에서 첫 번째는 1개의 속성과 2개의 엘리먼트를 가지고, 둘째는 모두 엘리먼트로 만든 것이고, 그리고 세째는 모두 속성으로 만든 것이다. 예와 같이 속성을 사용하는 것과 자식 엘리먼트를 사용하는 것에는 어떠한 차이가 있을까? 또 언제 속성을 사용하고, 언제 엘리먼트를 사용해야 하는가? 이 선택에 관한 특별한 규칙은 없다. 단지 사용자 경험에 맞추어야 되는 것이다. 하지만 마지막 같이 한다면 의미는 통하고 실제 공간은 줄어들지 몰라도 상대적으로 XML이 가지고 있는 장점을 포기하게 되는 것이다. 그러므로 전문가들은 “대부분의 애플리케이션에서는 사용되지 않지만 특별한 몇 개의 것에서만 사용되는 것들을 속성으로 만들어라”라고 권하고 있다. 또한, 가능하면 쓰지 말라고 하는 이도 있지만 이것은 XML 문서를 만드는 이의 선택일 것이다.

1.2 XML 스키마

XML에서 **스키마(schema)**의 역할은 자바나 C#과 같은 일반 프로그래밍 언어에서 클래스를 정의하는 것과 같다. [그림 15-1]은 C#으로 된 클래스 선언이 스키마와 대응되는 것을 간단히 나타낸 것이다. C#으로 선언된 Car 클래스는 문자열의 productID, modelName을 가지며, 숫자 seat 변수를 가진다. XML 스키마 선언에서도 마찬가지로 문자열의 productID, modelName, 숫자의 seat 변수를 가진다. 즉 사용자가 직접 사용하는 XML 스키마 정의 및 선언은 프로그래밍 언어의 클래스의 선언과 동일하다. 그동안 XML 스키마보다 널리 사용된 DTD는 자신의 언어 문법을 사용하였으나 XML 스키마는 XML을 사용하여 XML 데이터를 정의하기 때문에 DTD와 같이 다른 문법을 새로 배울 필요가 없다는 장점이 있다.

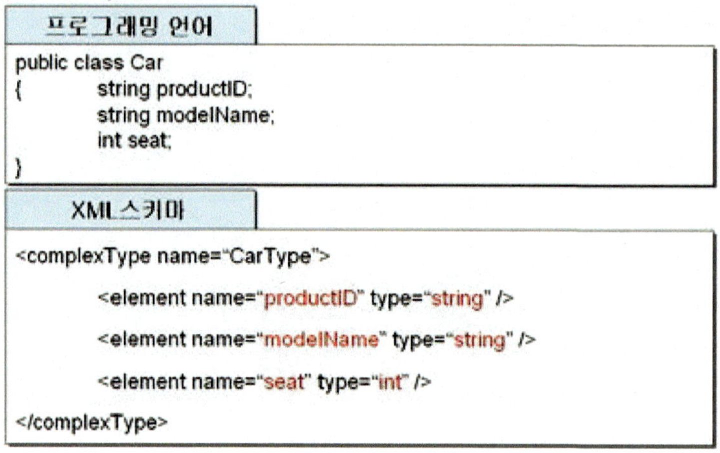

[그림 15-1] 프로그래밍 언어와 XML 스키마 비교

XML 문서에서 XML 스키마가 어떻게 참조되는지 한번 알아보도록 하자. 우선 인스턴스에 대한 용어 이해가 필요한데, 인스턴스 문서란 XML 스키마에 정의된 구조에 따라 작성된 XML 문서를 인스턴스(instance) 문서라고 한다. 이러한 XML 문서를 XML 스키마와 연결시키기 위해서는 이 XML 문서가 XML 스키마의 인스턴스라는 것을 명시해 주어야 한다. 이를 표시하는 방법은 XML 문서의 루터 엘리먼트에 다음과 같이 xsi 어트리뷰트를 이용해서 인스턴스 네임스페이스를 추가해주면 된다. 인스턴스 선언을 위해 사용되는 네임스페이스는 다음과 같으며, 일반적으로 xsi를 접두어로 사용한다. XML 문서에 인스턴스 네임스페이스를 추가하는 이유는, 바로 noNamespaceSchemaLocation이라는 어트리뷰트를 사용하기 위함이다. 바로 이 noNamespaceSchemaLocation 어트리뷰트에 XML 문서의 구조가 정의된 XML 스키마 파일의 경로를 적어주면 된다. XML 스키마 문서는 확장자로 xsd를 사용한다. 위와 같이 작성하면 XML 문서가 bookList.xsd라는 XML 스키마 문서에 정의된 구조에 따라 작성되었다는 것을 의미한다.

```
<bookList xmlns:xsi="http://www.w3.org/2001/XMLSchema-instance"
              xsi:noNamespaceSchemaLocation="bookList.xsd">
              · · ·  중간 생략  · · ·
</bookList>
```

1.3 XML 네임스페이스

이 장에서는 XML 태그에 의미를 부여함으로써 태그의 중복 문제를 해결할 수 있는 네임스페이스에 대해 알아본다. **네임스페이스**를 사용함으로써 엘리먼트를 누가 정의했고 또 그 의미가 무엇인지 알 수 있다. 먼저 네임스페이스를 선언하는 방법에 대해 설명해 보겠다. 네임스페이스를 선언하기 위해서 엘리먼트의 xmlns 애트리뷰트를 사용한다. XML에서는 xmlns라는 애트리뷰트가 정의되어 있으며, 이는 네임스페이스 선언을 위해 예약된 애트리뷰트이다. 네임스페이스의 선언 방법은 다음과 같다.

<태그이름 xmlns:접두어="Namespace URI">

엘리먼트에 xmlns 애트리뷰트를 쓰고 뒤에 ":"과 접두어(Prefix)의 이름을 쓴다. 접두어는 여러 개의 네임스페이스가 선언되어 있는 경우 각각을 구분해 주는 구분자 역할을 한다. xmlns 애트리뷰트는 URI를 값으로 가지며 이는 네임스페이스를 정의한 사람의 URI를 나타낸다. 쉽게 설명하면 태그를 정의한 사람을 지칭하는 의미적인 값이다.

네임스페이스의 사용 예제는 다음과 같다.

```
<bo:book xmlns:bo="http://www.book.com">
        · · ·  내용  · · ·
</bo:book>
```

위의 예제는 접두어가 "bo"이고 네임스페이스의 URI 값이 "http://www.book.com"인 네임스페이스의 선언이다. 네임스페이스에 정의되어 있는 태그라는 것을 표현하기 위해 태그의 이름 앞에 접두어와 ":" 기호를 사용하면 된다. 다음 예와 같이 작성함으로써 해당 태그가 앞서 선언된 네임스페이스 태그라는 것을 표현할 수 있다.

```
<bo:name>XML</bo:name>
<bo:author>Smith</bo:author>
```

<name>과 <author> 엘리먼트는 모두 "http://www.book.com" 네임스페이스에서 정의되었다는 것을 알 수 있다.

네임스페이스의 사용 예는 다음과 같다.

```
<bk:Book xmlns:bk="http://www.book.net"
         xmlns:isbn="http://www.isbn.org">
    <bk:title>Pentium 2.0</bk:title>
    <isbn:number>512 M</isbn:number>
</bk:Book>
```

<Book> 엘리먼트는 두 개의 네임스페이스 선언을 갖는다. 하나는 접두어가 bk이며 네임스페이스의 URI가 http://www.book.net이고, 다른 하나는 접두어가 isbn이며 네임스페이스의 URI가 http://www.isbn.org로 선언되어 있다. bk 접두어를 갖는 <Book>과 <title> 엘리먼트는 http://www.book.net에서 정의된 엘리먼트라는 것을 의미하고, isbn 접두어를 갖는 <number> 엘리먼트는 http://www.isbn.org에 정의된 엘리먼트라는 것을 나타낸다.

1.4 XML 문서와 XML 데이터베이스

앞으로 많은 문서가 XML로 기술될 것이고 이들 문서들을 효율적으로 관리하기 위해서는 **XML 데이터베이스**가 필요하다. 대량의 XML 문서에 대한 효율적인 저장 및 질의 처리를 위하여 많은 연구가 수행되었는데 이들 중 XPath, XQuery, XSLT, 그리고 SQL/XML에 대하여 살펴본다.

(1) XPath

XPath는 URL 경로 표기법을 사용하여 XML 문서의 계층적인 구조를 논리적으로 탐색하는데 위치 경로를 사용하여 노드의 경로를 나타낸다. XPath는 XML 문서를 트리 구조로 보고 이 트리에는 루트(root) 노드가 있는데, 루트 노드로부터 원하는 목표 노드를 탐색할 수 있도록 경로를 표현한 식이라고 할 수 있다. 이 결과는 명세된 조건을 만족하는 모든 원소 노드의 집합이 된다. XPath 식은 크게 절대 경로와 상대 경로로 나뉘는데, 절대 경로는 XML 데이터의 전체 경로를 의미한다. 보통 첫 시작 단계로 “/”로부터 시작하며, 길이가 굉장히 길어질 수 있기 때문에 실제 개발 환경에서 사용하기에 불편할 수 있다. 상대 경로는 요소를 쉽게 가져올 수 있는데, “//”로 시작하게 되고 속성 값을 가지고 특정 요소를 지정한다. XPath에서 속성값을 지정하기 위해서는 “@”기호를 사용한다.

그럼 XPath 이해를 위해 다음과 같은 간단한 XPath 식을 살펴보자.

```
1. /postbox
2. /postbox/letter
3. //person
4. /person/@sex
5. .//
```

첫 번째 식은 postbox 루트 노드와 그의 모든 자식 노드들을 리턴한다. 즉 이것은 모든 태그를 포함하고 있는 XML 문서 전체를 반환하는 것이다. 두 번째 식은 postbox 노드의 자식 노드 letter 노드와 그의 자식 노드들을 리턴한다. 세 번째 식은 "//"가 사용되는데 이것은 위치에 상관없이 person 요소를 모두 선택한다. 네 번째 식은 모든 person 요소의 sex 속성을 선택하고, 마지막 다섯 번째 식은 현행 노드의 하위 노드를 모두 선택한다.

(2) XQuery

XQuery는 최초의 XML 질의 언어인 Quilt에서 유래하였으며 XPath 표현 방식을 포함하고 있다. XQuery는 XML 문서에 대한 복잡한 질의를 수행할 수 있으므로 관계형 데이터베이스관리시스템의 SQL과 같은 역할을 한다. XQuery 질의를 구성하는 기본 단위는 표현식(expression)이며, XQuery 질의 언어가 제공하는 기본 표현식으로는 경로 표현식과 "FOR-LET-WHERE-ORDER BY-RETURN" 절을 의미하는 FLWOR 표현식이 있다. 경로 표현식은 XPath의 경로 표현식을 따르고 있으며, FLWOR 표현식은 XQuery의 핵심 표현식으로 기존 XML 질의어들의 많은 장점을 취할 수 있어 현재 가장 강력한 표준안으로 받아들여지고 있다. 예제 XML 문서로 다음과 같은 "books.xml"을 고려해 보자.

```
<bookstore>
    <book category="cooking">
        <title lang="en">Everydat Italian</title>
        <author>Giada De Laurentiis</author>
        <year>2005</year>
        <price>35.00</price>
    </book>
    <book category="children">
        <title lang="en">Harry Potter</title>
        <author>J. K. Rowling</author>
        <year>2005</year>
        <price>26.99</price>
    </book>
</bookstore>
```

XQuery 질의문의 이해를 돕기 위해 books.xml에 대한 다음과 같은 예문을 살펴보자.

```
FOR         $x IN doc("books.xml")
            /bookstore/book
WHERE       $x/price < 30
ORDER BY    $x/title
RETURN      $x/title
```

XQuery 질의에서 FOR 절에서는 books.xml 문서의 bookstore 엘리먼트의 자식 노드인 book 엘리먼트를 선택하여 변수 $x에 할당한다. WHERE 절에서는 book 엘리먼트 중 price 엘리먼트 값이 30보다 작은 book 엘리먼트만 선택한다. 그리고 ORDER BY 절에서는 정렬 순서를 정의하는데 여기에서는 title 엘리먼트로 정렬한다. 마지막으로 RETURN 절에서는 book 엘리먼트의 하위 엘리먼트인 title 엘리먼트만 결과로 리턴한다. 즉 이러한 XQuery 질의로부터 얻은 결과는 다음과 같이 된다.

```
<title lang="en">Harry Potter</title>
```

(3) XSLT

XML 문서로부터 데이터를 추출하여 다른 유형의 문서로 변환할 수 있는 XSLT(Extensible Stylesheet Language Transformation)의 기능은 사실상 질의어와 같은 기능으로 볼 수 있다. XSLT 변환은 템플릿이라고 하는 일련의 순환 규칙으로 표현된다. 템플릿 룰은 지정한 XPath 형태의 패턴과 일치하는 노드를 어떻게 처리할지를 정의한다. XSLT의 간단한 템플릿은 다음과 같이 match와 select 절로 구성된다.

```
<xsl:template match="/bookstore">
    <root>
        <xsl:apply-templates select="book">
    </root>
</xsl:template>
<xsl:template match="book">
    <author category="{@category}">
        <xsl:value-of select="author">
    </author>
</xsl:template>
```

XSLT의 기능 중에 중요한 하나는 구조적 순환이다. 템플릿이 트리 구조의 한 엘리먼트와 일치될 때 그 원소의 값 하나만 출력하지 않고 나머지 서브 트리에도 반복적으로 적용시킬 수 있다. 이를 위해서는 xsl:apply-templates를 사용한다. 위 예에서 match 절은 노드를 선택하는 XPath 식을 포함하고 있는데, 첫 번째 match 절은 bookstore 루트 엘리먼트를 선택하고 두 번째 match 절은 자식 노드인 book 엘리먼트를 선택한다. 다음 select 절은 book 노드로부터 엘리먼트 author의 값을 출력하는데 이때 category 속성도 포함한다. 위의 질의로부터 얻은 결과는 다음과 같다.

```
<root>
    <author category="cooking">Giada De Laurentiis</author>
    <author category="children">J. K. Rowling</author>
</root>
```

(4) SQL/XML

최근 XML에 대한 요구가 증대되면서 SQL 표준안에 XML을 지원하기 위한 SQL/XML 특징을 포함하고 있다. SQL/XML은 테이블의 내용을 XML 문서로 생성하는 기능과 XML 문서들을 관계형 데이터베이스에 저장하는 기능이 있다. 또한 SQL을 사용해서 저장된 XML 문서들을 질의하는 기능도 있다. XML 문서를 생성하거나 검색하기 위한 대표적인 SQL/XML 함수들을 몇개 살펴보면 다음과 같다.

- **XMLELEMENT()**: 태그 이름과 관계 데이터를 전달받아서 XML 엘리먼트를 생성한다.
- **XMLATTRIBUTES()**: 관계 데이터의 각 칼럼 이름을 애트리뷰트의 이름으로 사용하여 XML 애트리뷰트들을 생성한다. 주로 XMLELEMENT()와 함께 사용된다.
- **XMLROOT()**: XML 인스턴스의 루트 엘리먼트를 생성한다.
- **XMLFOREST()**: 여러 칼럼의 데이터를 전달받아서 XML 엘리먼트들을 생성한다. 이때 명시적으로 태그 이름을 전달 받지 않으면 관계 데이터의 칼럼명이 태그 이름으로 사용된다.
- **XMLCONCAT()**: 관계 데이터 결과에서 한 행의 여러 칼럼에 대한 XML 엘리먼트 리스트를 전달받아서 XML forest를 생성한다.
- **XMLAGG()**: 관계 데이터 결과에서 여러행의 한 칼럼에 대한 XML 엘리먼트 리스트를 전달받아서 XML forest를 생성한다.

위 함수들에 대한 예를 살펴보자. SQL/XML 함수들을 이용하여 관계 투플로부터 XML 값을 생성하기 위해서는 생성하고자 하는 XML 값의 내용과 구조에 따라 SQL/XML 함수들을 SELECT 절에 포함된 SQL 질의를 작성하면 된다.

```
SELECT S.sno, XMLELEMENT(
                Name "student",
                XMLATTRIBUTES(S.sdept AS "dept"),
                S.stel
                ) AS studentInfo
FROM student S;
```

이 질의문으로 생성되는 테이블의 투플은 다음과 같다.

```
        sno                          studentInfo
( 20181234, <student dept="컴퓨터">010-4657-7654</student> )
( 20182587, <student dept="컴퓨터">010-7654-9874</student> )
                              •
                              •
```

2. 데이터웨어하우스와 데이터마이닝

2.1 데이터웨어하우스

일반적으로 기업들은 여러 곳에 분산되어 있는 지점들로부터 많은 양의 데이터를 수집/관리하고 있다. 이런 다양한 소스의 데이터들에 대한 질의를 효율적으로 처리하기 위해 나온 것이 **데이터웨어하우스(data warehouse)** 개념이다. 데이터웨어하우스를 정의한 가장 대표적인 것으로 Inmon과 Hackathorn는 "데이터웨어하우스는 의사 결정 지원을 위하여 주제 지향적(subject oriented)이고, 통합적(integrated)이며, 비소멸성(non-volatile)이면서, 시간에 따라 변하는(time variant) 데이터의 집합이다"라고 정의하였다. 데이터웨어하우스에서 필요로 하는 질의들은 다차원 구조의 복잡한 데이터 분석 작업을 요구한다. 특히 group-by나 average 또는 sum과 같은 집계 함수를 포함하는 응용들을 지원할 수 있어야 하는데, 이런 일체의 작업을 **OLAP(OnLine Analytic Processing)**이라고 한다.

OLAP 작업을 쉽게 이해하기 위해 대형 슈퍼마켓을 예를 들어 보자. 슈퍼마켓에서는 보통 특정 제품(item)이 어떤 지점(branch)에서 특정 기간(time) 얼마만큼 판매(total)되었는지를 분석할 필요가 있다. 사실 이런 데이터는 [그림 15-2]와 같이 다차원 데이터 큐브(cube)로 볼 수 있는데, 여기서 제품은 종류(category)와 가격(price) 데이터를 가지고 있고, 지점은 시(city)와 지역(region) 데이터를 가지고 있으며, 기간 데이터는 일(day)/월(month)/분기(quarter)/년(year) 데이터를 가질 수 있다.

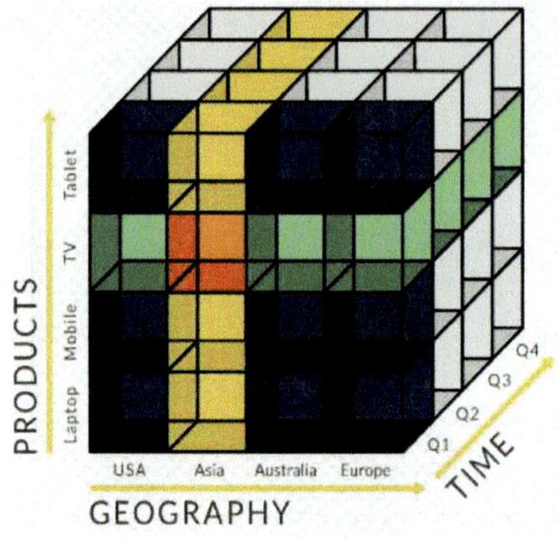

[그림 15-2] 다차원 데이터 큐브

[그림 15-3]은 각 차원에 대한 테이블 내용을 보여주고 있고, [그림 15-4]는 특정 제품이 특정 지점에서 특정 시간 동안 판매된 총액을 나타내고 있는 판매 테이블을 보여주고 있다.

제품(item)

번호 (i-id)	이름 (name)	종류 (category)	가격 (price)
i1	쌀	음식	20000
i2	맥주	주류	3000
i3	종이	사무용	40

지점(branch)

번호 (b-id)	시 (city)	지역 (region)
b1	평택	경기
b2	구미	경북
b3	창원	경남

시간(time)

번호 (t-id)	일 (day)	월 (month)	분기 (quarter)	년 (year)
t1	20	3	1	2023
t2	12	11	2	2022

[그림 15-3] 제품(item), 지점(branch), 시간(time) 차원의 테이블 내용

판매(sale)

i-id	b-id	t-id	판매(total)
i1	b1	t1	200
i1	b2	t1	100
i1	b3	t1	50
i2	b1	t1	30
i2	b2	t1	100
i2	b3	t1	200
i3	b1	t1	150
i3	b2	t1	80
i3	b3	t1	100
i1	b1	t2	50
i1	b2	t2	120
i1	b3	t2	110
i2	b1	t2	80
i2	b2	t2	200
i2	b3	t2	90
i3	b1	t2	40
i3	b2	t2	160
i3	b3	t2	150

[그림 15-4] 판매(sale) 테이블 내용

■ 집계(aggregation) 연산

OLAP 질의문은 보통 집계 연산과 많이 연관되어 있다. 예를 들면, 각 상품(i-id)의 지점(b-id)별 판매 총액(total)을 검색하는 SQL 질의문은 다음과 같이 표현되고, 결과 테이블은 판매 총액을 집계 값으로 채워진 2차원 큐브로 나타난다.

```
SELECT      S.i-id, S.b-id, SUM(S.total)
FROM        sale S
GROUP BY    S.i-id, S.b-id;
```

집계 분석은 간혹 여러 애트리뷰트에 대한 총계를 요구하는데, 작은 단위의 데이터로부터 보다 큰 단위로 옮기는 것을 **롤업(roll-up)**이라 한다. 위의 예에서 일별 집계로부터 월별 집계와 같이 차원 계층을 위로 올라가는 질의를 의미한다. 반대로 큰 단위 데이터를 작은 단위로 옮기는 연산을 **드릴다운(drill-down)**이라 한다. 예를 들면, 연도별 집계에서 월별 집계와 같이 일반적인 것에서부터 상세한 것으로 질의를 하는 것을 의미한다. 하지만 작은 단위 데이터는 큰 단위 데이터로부터 생성될 수 없기 때문에 그들은 원래의 데이터로부터 생성되든지, 보다 더 작은 단위로부터 생성되어야 한다. 한편, OLAP 데이터를 다차원 큐브로 보고 차원들의 일부를 검색하는 것을 **피벗(pivot)**이라 하고, 피벗 연산의 결과를 교차 테이블(cross tabulation)이라 한다. 예를 들면, 다음 질의문은 상품(item)과 시간(time) 차원으로 다차원 큐브를 볼 수 있도록 피벗 연산을 수행한 것이다. 이것은 각 월(month)에 대해 상품(i-id)별 판매 총액(total)을 계산한다.

```
SELECT      S.i-id, T.month, SUM(S.total)
FROM        sale S, time T
WHERE       T.t-id = S.t-id
GROUP BY    T.month, S.i-id;
```

만일 위의 질의문을 실행시킨 다음에 월(month)이 아니라 년(year)에 대해서 다시 다음과 같은 질의문을 요청한다면 시간(time) 차원 계층을 롤업한 것이 된다.

```
SELECT      S.i-id, T.year, SUM(S.total)
FROM        sale S, time T
WHERE       T.t-id = S.t-id
GROUP BY    T.year, S.i-id;
```

슬라이싱(slicing) 연산은 다차원 큐브 데이터에 대해 일부 차원의 애트리뷰트 값을 고정시켜서 슬라이스한 형태의 결과를 만들어 내는 것을 말한다. 그리고 **다이싱(dicing)** 연산은 큐브 데이터에 대해 차원의 값을 어떤 범위(range)로 제한해서 부분 큐브 데이터, 즉 주사위 같은 형태의 결과 큐브를 만들어 내는 것을 말한다.

■ CUBE와 ROLLUP 연산

지금까지 예를 들은 질의문에서 그 결과로 생성된 테이블들은 각 행과 열에 대한 소계나 전체에 대한 총계가 없다. 소계와 총계를 포함한 테이블을 생성하기 위해서는 보통 행과 열에 대한 소계를 계산하는 SQL 문들을 추가로 사용해야 한다. 이처럼 여러개의 질의문들을 모두 독립적으로 하나씩 수행하는 것은 귀찮은 작업이 될 수 있다. 따라서 이런 계산을 효율적으로 수행할 수 있게 CUBE 절이 만들어져 있다. 예를 들면, 다음과 같이 여러 SQL 질의문을 한 문장으로 집계를 계산할 수 있다. 여기서 NULL이라고 표현된 것은 해당 컬럼 애트리뷰트의 모든 값(all)을 의미한다.

```
SELECT      S.i-id, S.b-id, SUM(S.total)
FROM        sale S
GROUP BY    CUBE(S.i-id, S.b-id);
```

I-id	b-id	판매(total)
i1	b1	250
i1	b2	220
i1	b3	160
i2	b1	110
i2	b2	300
i2	b3	290
i3	b1	190
i3	b2	240
i3	b3	250
i1	NULL	630
i2	NULL	700
i3	NULL	680
NULL	b1	550
NULL	b2	760
NULL	b3	700
NULL	NULL	2010

ROLLUP도 CUBE와 비슷한데 다만 차이점은 모든 부분 집합에 대해 집계하는 것이 아니라 오른쪽에서 왼쪽으로 이동하면서 부분 집합을 생성하는 것이다. 즉 이 구문은 먼저 GROUP BY S.i-id, S.b-id를 사용해서 집계 단위가 가장 작은 것을 계산한다. 다음으로 GROUP BY S.i-id를 사용해서 두 번째로 큰 레벨의 집계를 계산하고, 마지막으로 총계를 계산한다. 이 계산 결과는 다음과 같이 위 테이블에서 (NULL, b1 ~ b3) 행이 빠진 형태가 된다.

```
SELECT      S.i-id, S.b-id, SUM(S.total)
FROM        sale S
GROUP BY    ROLLUP(S.i-id, S.b-id);
```

I-id	b-id	판매(total)
i1	b1	250
i1	b2	220
i1	b3	160
i2	b1	110
i2	b2	300
i2	b3	290
i3	b1	190
i3	b2	240
i3	b3	250
i1	NULL	630
i2	NULL	700
i3	NULL	680
NULL	NULL	2010

2.2 데이터마이닝

데이터마이닝(data mining)이란 복잡하고 거대한 대규모 데이터베이스에서 규칙(rule)이나 패턴(pattern)을 발견하는 과정을 의미한다. 2.1절에서 설명한 OLAP은 이미 알려진 내용에 대한 탐색이라고 할 수 있다면 데이터마이닝은 아직 알려지지 않은 내용에 대한 발굴(mining)이라고 할 수 있다. 연관(association)이란 데이터베이스에 있는 어떤 값들 사이에 존재하는 상관관계(correlation)라고 할 수 있는데, 예를 들어, "빵(Bread)을 구매하는 고객은 우유(Milk)도 구매한다"라는 상관관계가 있다고 하자. 이런 상관관계를 **연관 규칙(association rule)**으로 표현하면 다음과 같이 표기될 수 있다.

$$\mathfrak{R}: \text{Bread} \Rightarrow \text{Milk}$$

즉, 연관 규칙 $\mathfrak{R}$은 조건부와 결과부로 구성되며 아이템 X가 일어나면 Y가 일어난다는 의미로 $\Re$: X⇒Y와 같이 표현될 수 있다. 따라서 연관 규칙을 탐사하는 것은 적절한 아이템 X와 Y를 선택하는 문제로 볼 수 있으며 이를 위해 몇 가지 척도를 고려하고 있다. 우선, 아이템 X와 규칙 $\Re$에 대한 **지지도(support)**는,

$$\text{supp}(X) = \frac{\| T(X) \|}{N}$$

$$\text{supp}(\Re) = \text{supp}(X \cup Y) = \frac{\| T(X \cup Y) \|}{N}$$

여기서, N은 트랜잭션의 전체 개수, $\| T(X) \|$ 는 X를 포함하는 트랜잭션의 개수, $\| T(X \cup Y) \|$ 는 X와 Y를 동시에 포함하는 트랜잭션의 개수를 나타낸다.

신뢰도(confidence)는 트랜잭션에 X가 주어졌을 때, Y가 동시에 나타날 확률로 계산되며, 신뢰도가 큰 규칙일수록 그 의미가 크다고 하겠다.

$$\text{conf}(\Re) = \frac{supp(X \cup Y)}{supp(X)} = \frac{\| T(X \cup Y) \|}{\| T(X) \|}$$

여기서 신뢰도가 임계치 δ_c보다 크면(즉, conf($\Re$:X⇒Y) $\geq$ δ_c) 아이템 X와 Y는 밀접하게 연관되었다고 말할 수 있다. 임계치 δ_c 값은 관련성이 많은 아이템들과 관련 없는 아이템들을 잘 분리할 수 있는 최적의 값을 수작업으로 선택한다.

이런 연관 규칙이 어떻게 결정될 수 있는가를 보기 위해 [그림 15-5]와 같은 장바구니 분석 트랜잭션을 고려해 본다. 이 내용을 기반으로 데이터마이닝 시스템은 다음과 같은 두 개의 측정값을 계산할 수 있다.

트랜잭션 식별자(id)	상품(item)
1	Bread, Milk, Apple, Juice
2	Bread, Cheese, Milk, Mongo, Beer
3	Bread, Coffee, Chocolate, Cucumber
4	Beer, Milk, Peanuts

[그림 15-5] 장바구니 분석 내용

지지도는 연관 규칙의 왼쪽 전제 조건과 오른쪽 결론이 모두 참이 되는 백분율을 의미한다. 예를 들어 전체 트랜잭션 중에서 40%만이 빵과 우유를 모두 구매했다면 이 연관 규칙의 지지도는 40%가 된다. [그림 15-5]에서 전체 4개의 트랜잭션 중에

서 빵(Bread)과 우유(Milk)를 모두 구매한 트랜잭션은 2개이기 때문에 이 연관 규칙의 지지도는 50%가 된다. 한편, 신뢰도는 연관 규칙의 왼쪽 전제 조건이 참일 경우 오른쪽 결론이 참이 되는 백분율을 의미한다. 예를 들어 빵을 구매한 트랜잭션의 60%가 우유도 구매했다면 이 규칙의 신뢰도는 60%가 된다. [그림 15-5]에서 빵(Bread)을 구매한 3개의 트랜잭션 중에서 2개의 트랜잭션이 우유(Milk)를 구매했기 때문에 이 연관 규칙의 신뢰도는 66.67%가 된다. 만일 위의 예에서 신뢰도의 계수가 아주 높으면 매출액을 높이기 위하여 두 아이템을 같은 진열대에 진열시키는 것이 판매 촉진을 위해서 바람직할 것으로 예상된다.

3. 빅데이터

최근 SNS(Social Network Service), 모바일, 스마트 센서 등의 발전으로 인해 컴퓨터가 처리해야 할 데이터의 양이 급속히 증가하고 있고, 예전에는 별로 중요하게 생각하지 않고 무심코 버렸던 거대한 양의 데이터로부터 가치 있는 정보를 추출할 수 있는 기술들이 개발됨에 따라 **빅데이터(big data)**의 시대가 출현하게 되었다. 빅데이터란 기존의 데이터베이스관리시스템(DBMS)으로 데이터를 수집, 저장, 관리, 분석할 수 있는 역량을 넘어서는 대량의 정형 또는 비정형 데이터의 집합을 의미하며, 이러한 빅데이터로부터 가치 있는 정보를 추출하고 그 결과를 분석하는 기술을 말한다. 다양한 종류의 대규모 데이터에 대한 생성, 수집, 분석, 표현을 특징으로 하는 빅데이터 기술의 발전은 다변화된 현대 사회를 더욱 정확하게 예측하여 효율적으로 작동케 하며, 개인화된 현대 사회 구성원마다 맞춤형 정보를 제공, 관리, 분석 가능케 하여 과거에는 불가능했던 응용들을 실현시키고 있다.

3.1 빅데이터의 개념

과거 빅데이터의 개념은 단순히 데이터의 양이 많은 것을 의미했다면, 최근의 빅데이터 개념은 데이터 양이 너무 방대하여 기존에 사용하던 방법이나 도구로는 수집, 저장, 검색, 분석, 시각화 등을 하기 어려운 정형 또는 비정형 데이터의 집합을 의미한다. 빅데이터의 정의에 합의된 바는 없지만 맥킨지(McKinsey)와 IDC는 데이터베이스의 규모와 업무수행에 초점을 맞춰 빅데이터를 다음과 같이 정의하였다.

- 맥킨지는 데이터베이스의 규모에 초점을 맞춘 정의를 내렸다. 즉 일반적인 데이터베이스 소프트웨어가 저장, 관리, 분석할 수 있는 범위를 초과하는 규모의 데이터를 말한다.
- IDC는 데이터베이스가 아닌 업무수행에 초점을 맞춘 정의를 내렸다. 즉 다양한 종류의 대규모 데이터로부터 저렴한 비용으로 가치를 추출하고, 데이터의 초고속 수집, 발굴, 분석을 지원하도록 고안된 차세대 기술 및 아키텍처를 말한다.

SNS로 대표되는 소셜 미디어의 성장과 스마트 폰으로 대변되는 모바일 기기의 확산이 결합되어 일상 속에서 다양한 종류의 대규모 데이터가 급속히 생성, 유통, 저장되고 있다. 또한, RFID와 같은 IoT 센서 장비의 이용 확대와 이러한 정보를 수집하는 클라우드 컴퓨팅 기술의 확산은 물류의 이동 및 재고의 변화뿐만 아니라 개별 소비자들의 개인정보나 소비행태와 같은 모든 일상에 대한 디지털 기록을 가능케 하고 있다. 기업들은 이렇게 수집된 데이터를 활용하여 판매의 예측/분석을 위한 다양한 종류의 대규모 데이터 처리 및 분석/활용 기술이 필요하게 되었다. 오늘날 대량의 다양한 데이터 생산 기술의 진보와 이에 필요한 데이터 저장, 관리, 분석 기술의 발전으로 빅데이터가 점차 보편화, 일반화되고 있다.

빅데이터의 특징은 3V로 표현하는 것이 일반적이다. 즉 **데이터양(volume)**, **처리 속도(velocity)**, 그리고 **다양성(variety)**으로 요약된다.

- **데이터양**: 빅데이터는 데이터의 크기가 기존의 데이터베이스에 저장되는 양보다 훨씬 큰 규모인 경우가 많다. 일반적으로 수십 테라 바이트 혹은 수십 페타 바이트 이상 규모의 크기일 때 빅데이터로서 의미를 가질 수 있다.
- **처리 속도**: 대용량의 데이터를 빠르게 처리하고 분석할 수 있는 속성을 말한다. 융복합 환경에서 디지털 데이터는 매우 빠른 속도로 생산되므로 이를 실시간으로 수집, 저장, 분석 처리가 가능한 성능을 의미한다.
- **다양성**: 기존의 전통적인 데이터 분석은 기업 내부에서 발생하는 운영 데이터인 ERP(전사적 자원 관리), SCM(공급망 관리), MES(제조 실행 시스템), CRM(고객 관계 관리) 등의 시스템에 저장되어 있고, 잘 정제되어 있으며, 의미도 명확한 DBMS 기반의 정형 데이터를 통해 이뤄진다. 그러나 빅데이터를 이용한 데이터 분석은 정형 데이터뿐만 아니라 이미지, 오디오, 비디오, 소셜 미디어 데이터, 그리고 웹 로그 등과 같은 비정형 데이터도 포함된다. 즉 빅데이터란 단순히 데이터의 양이 증가하는 것을 넘어서 다양한 형태의 데이터 양이 증가하는 것을 의미한다.

3.2 빅데이터의 핵심 기술

빅데이터의 핵심 기술은 병렬 처리로써 이의 기본 원리는 분할 정복(Divide and Conquer)이다. 즉 데이터를 독립된 형태로 나누고 이를 병렬적으로 처리하는 것을 말한다. 빅데이터 처리란 이렇게 문제를 여러 개의 작은 연산으로 나누고 이를 취합하여 하나의 결과로 만드는 것을 의미하는데, 대용량의 데이터를 처리하는 기술 중 가장 널리 알려진 것은 **아파치 하둡(Apache Hadoop)**과 같은 **맵리듀스(MapReduce)** 분산처리 방식이다.

빅데이터를 분석하는 기술들은 일반적으로 기존 통계학이나 전산학에서 다루어졌던 데이터 마이닝, 기계 학습, 자연 언어 처리, 패턴 인식 등이 이에 해당되고, 특히 최근 소셜 미디어 등 비정형 데이터의 증가로 인해 텍스트 마이닝, 오피니언 마이닝, 소셜 네트워크 분석, 군집 분석 등이 주목을 받고 있다.

- **텍스트 마이닝(text mining)**: 텍스트 마이닝은 비정형/반정형 텍스트 데이터에서 자연 언어 처리 기술에 기반으로 유용한 정보를 추출, 가공하는 것을 목적으로 하는 기술이다.
- **오피니언 마이닝(opinion mining)**: 오피니언 마이닝(평판 분석)은 소셜 미디어 등의 정형/비정형 텍스트의 긍정, 부정, 중립의 선호도를 판별하는 기술이다.
- **소셜 네트워크 분석(social network analysis)**: 소셜 네트워크 분석은 소셜 네트워크의 연결구조 및 연결 강도 등을 바탕으로 사용자의 명성 및 영향력을 측정하는 기술이다.
- **군집 분석(cluster analysis)**: 군집 분석은 비슷한 특성을 가진 개체를 합쳐가면서 최종적으로 유사 특성의 군을 발굴하는 기술이다.

구글은 빅데이터를 효과적으로 처리하기 위한 전략으로 가능한 값싼 컴퓨터 장비를 사용하고 그 성능을 최대한 끌어낼 수 있는 소프트웨어를 개발하는 전략을 선택했다. 이 과정에서 빅데이터 처리 기술인 분산파일 시스템과 맵리듀스 기술이 새로 개발되었다. **구글 분산파일 시스템(GFS: Google File System)**은 여러 대의 컴퓨터를 조합해 대규모 기억장치를 만드는 기술이다. 파일의 내용과 정보가 여러 대의 컴퓨터에 분산 저장되기 때문에 검색 시간도 단축되고 어느 한 곳에 작업량이 집중되지 않는다. **맵리듀스(MapReduce)**는 맵(Map)과 리듀스(Reduce)의 두 과정으로 구성되어 있다. 먼저 맵 단계에서는 대규모 데이터를 여러 대의 컴퓨터에 분산해 병렬적으로 처리해 새로운 데이터(즉, 중간 결과)를 만들어 낸다. 리듀스 단계에서는 이렇게 생성된 중간 결과물을 결합해 최종적으로 원하는 결과를 생산한다.

하둡(Hadoop)은 대표적인 빅데이터 기술로써 데이터 분석 처리를 위한 자바 기반의 오픈소스 프레임워크이다. 이는 여러 대의 컴퓨터로 데이터를 분석하고 저장하는 방식을 사용하여 분석에 필요했던 많은 비용과 시간을 단축시킬 수 있게 되었다. 하둡에서 구글의 분산파일 시스템 기능은 **하둡 분산파일 시스템(HDFS)**이, 구글의 맵리듀스는 **하둡 맵리듀스**가 각각 담당한다.

3.3 NoSQL

NoSQL 데이터베이스는 전통적인 관계형 데이터베이스 보다 덜 제한적이고 일관성 있는 모델을 이용하는 데이터 저장 및 검색 매커니즘이다. NoSQL 데이터베이스는 단순 검색 및 추가 작업을 위한 매우 최적화된 키-값 저장 공간으로, 회전 지연(latency)과 처리율(throughput)과 관련하여 상당한 성능 이익을 내는 것이 목적이다. NoSQL 데이터베이스는 빅데이터 이용에 널리 쓰이며, SQL 계열 쿼리 언어를 사용할 수 있다는 사실을 강조한다는 면에서 "Not only SQL"로 불리기도 한다. NoSQL 데이터베이스에 의해 사용되는 자료 구조(예를 들면, 키-값, 와이드 컬럼, 그래프, 도큐먼트)들은 관계형 데이터베이스에서 기본적으로 사용되는 것들과는 다르며 일부 작업들은 NoSQL에서 속도가 더 빠른 편이다.

4. 클라우드 컴퓨팅

클라우드 컴퓨팅(cloud computing)이란 인터넷 기술을 활용해서 가상화된 IT 자원(예, 하드웨어, 소프트웨어, 네트워크 등)을 서비스로 제공하는 컴퓨팅으로, 사용자는 IT 자원을 필요한 만큼 빌려서 사용하고, 서비스 부하에 따라서 실시간 확장성을 지원받으며, 사용한 만큼 비용을 지불하는 컴퓨팅을 말한다. 간단히 말하면 인터넷에 구름처럼 떠 있는 거대한 컴퓨터 군을 필요에 따라 서비스로 이용할 수 있는 것이 클라우드 컴퓨팅이다. 여기서 주목할 단어는 "**서비스**"라는 개념이다. 기존 서버/스토리지 등의 하드웨어, 오피스, 애플리케이션 등의 소프트웨어를 구매해 소유하는 방식에서 인터넷을 통해 이들을 접속하여 이용하는 서비스 방식으로 바뀐 것이다. 클라우드 컴퓨팅 개념도는 [그림 15-6]과 같으며, 일반적으로 인터넷을 구름으로 표현한다. 이때 구름은 숨겨진 복잡한 인프라 구조를 의미하며, 사용자는 이러한 인프라 구조를 알지 못해도 클라우드 컴퓨팅을 이용할 수 있다.

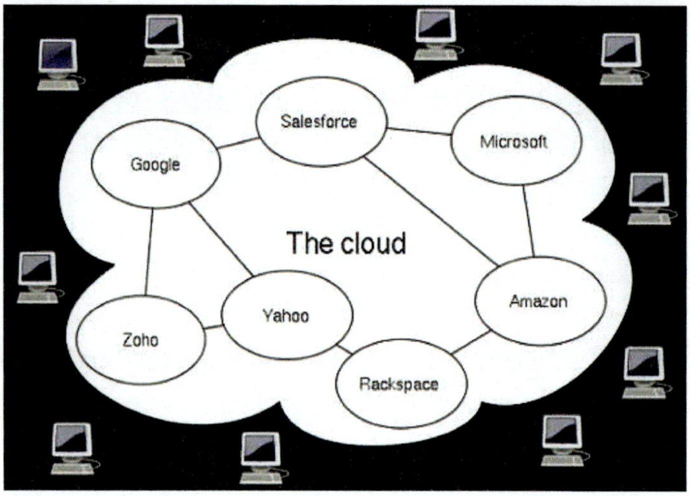

[그림 15-6] 클라우드 컴퓨팅 개념도

기술적인 관점에서 보면, 클라우드 컴퓨팅은 서로 다른 물리적인 위치에 존재하는 컴퓨터 리소스들을 가상화(virtualization) 기술로 통합해 제공하는 기술을 말한다. 즉 개인용 컴퓨터나 기업의 서버에 개별적으로 저장해 두었던 프로그램이나 문서를 인터넷으로 접속할 수 있는 대형 컴퓨터에 저장하고, 개인 PC는 물론이고 모바일 등 다양한 단말기로 필요한 애플리케이션을 구동해 원하는 작업을 수행할 수 있는 사용자 중심의 컴퓨팅 환경이다. 클라우드 서비스는 크게 세 가지 형태로 제공될 수 있는데, 서버나 네트워크와 같은 하드웨어 자원을 지원하는 IaaS(Infrastructure as a Service)와 소프트웨어 개발 환경을 지원하는 PaaS(Platform as a Service), 그리고 애플리케이션을 사용료 지불 방식에 따라 서비스하는 SaaS(Software as a Service)로 구성된다.

3.1 클라우드 컴퓨팅의 사용 방법

클라우드 컴퓨팅은 서비스 사용 방법에 따라 다음 두 가지 형태로 나눌 수 있다.

(1) 프라이빗(private) 클라우드

프라이빗 클라우드는 서비스 사용자가 기업 내부의 비즈니스 시스템을 위해 자체적으로 클라우드 플랫폼을 구축하는 형태이다. 대기업의 경우 아마존이나 구글과 같은 외부의 퍼블릭(public) 클라우드를 이용하는 방안 외에 자사 만의 프라이빗 클라우드를 구축 운용할 수 있다. 이는 사내의 폐쇄된 환경에서 자사의 사원들만 이용하는 프라이빗 클라우드 컴퓨팅에서는 외부에 데이터를 맡김으로써 발생할 수 있는 프라이버시나 보안에 대한 걱정을 해소할 수 있기 때문이다. 사용성이나 성능 제어도 하고 자사의 운용 정책이나 보안 정책을 적용할 수 있으며, 제공자의 독자적인 플랫폼에 고착화될 일도 없다. 일정 규모 이상의 사원을 고용하고 있는 대기업 등에서 사용을 고려할 수 있다.

(2) 데스크탑(desktop) 클라우드

현재 국내기업과 공공기관에서 실제 더 빠르게 확산되고 있는 클라우드 서비스는 **데스크탑 클라우드**이다. 서버상에 가상공간을 구현하는 방식으로 사용자별 독립적인 OS(운영체제)를 가진 가상 데스크탑과 고성능 데이터 저장 공간을 바탕으로 다양한 클라이언트 단말기를 활용해 어디서든 인터넷을 통하여 가상화된 개인 PC 환경으로 접속 가능한 컴퓨팅 환경이다. 이는 부주의로 인해 노출될 수 있는 기업 정보를 원천적으로 개인의 PC에 두지 않고, 중앙 집중 서버에 두어 데이터 위치에 대한 관점을 바꾼 것으로 기업 보안의 새로운 대안으로 주목받고 있다. 보안 이외에도 개인 노트북의 고장, 분실사고, 재난 발생 등에도 단말만 교체하면 공백 없이 업무 환경을 유지할 수 있다는 장점이 있다.

클라우드 컴퓨팅은 많은 기업에서 컴퓨팅 자원을 필요로 할 때 융통성 있게 사용하도록 해준다. 특히 벤처기업이나 중소기업들이 적은 비용으로 고성능의 인프라를 사용할 수 있는 장점이 있다. 그러나 아무리 유용한 클라우드 컴퓨팅이라 하더라도 개인정보 보호, 보안, 클라우드 서비스의 일시적인 중단 등 서비스 신뢰성 문제가 발생될 수 있다는 점도 유의하기 바란다.

3.2 클라우드 컴퓨팅의 문제점

클라우드 컴퓨팅은 아직 초기 단계인 만큼 앞으로 풀어야 할 문제점도 많이 존재한다. 다음은 클라우드 컴퓨팅의 문제점들을 기술한 것이다.

- **보안 문제:** 여러 사용자가 하나의 공급자와 서비스를 이용하다 보면 그들의 데이터에 대한 접근 권한의 철저한 통제가 필수적이다.
- **가용성 문제:** 클라우드 서비스를 사용자들이 장애로 사용할 수 없게 되는 경우에 큰 문제가 될 수 있다. 또한, 사고로 데이터의 손실도 우려된다.
- **데이터 종속성 문제:** 하나의 클라우드 벤더에 데이터를 저장했다가 다른 클라우드로 옮기려고 할 때, 데이터 및 애플리케이션이 호환되지 않는 현상이 발생될

수 있다.

하드웨어, 소프트웨어, 그리고 네트워크 기술로 가상화된 클라우드 컴퓨팅은 인터넷을 기반으로 하는 대규모 웹 사이트의 특성을 가지고 있으며, 사용자의 요구에 따라 다양한 서비스를 제공하게 된다. 그러므로 클라우드 컴퓨팅에서 웹 검색은 정보 관리의 기본적인 수단이 되며 그 중심에는 웹 검색 엔진이 필요하다. 시맨틱 웹(Semantic Web)은 기존의 웹을 확장하여 정보의 의미를 컴퓨터가 이해할 수 있도록 의미적 상호 운영성을 실현함으로써, 정보 의미를 기반으로 한 링크드 데이터(linked data)의 추출 및 검색을 지원하므로 수없이 많은 인터넷 정보에 대해 정확하고 효율적인 정보 취득이 가능하도록 한다. 또한, 최근에는 단말의 한계를 넘어서는 다양한 앱이 등장하면서 모바일과 클라우드 산업의 동반 성장을 견인하는 모바일 클라우드가 부상하고 있다. 모바일 클라우드는 모바일 단말의 하드웨어 및 네트워크의 제약을 극복하기 위해 단말에서 저장할 데이터와 수행해야 할 작업을 클라우드에 넘김으로써 단말의 기능을 무한 확장하여 보다 풍부하고 개인화된 모바일 서비스를 제공해 줄 수 있는 시스템을 말한다. 향후, 클라우드는 모바일 클라우드를 넘어 퍼스널 클라우드, n-Screen 클라우드 등으로 발전할 것이다.

3.3 클라우드 데이터베이스

클라우드 데이터베이스는 클라우드 컴퓨팅 환경에서 데이터를 저장하고 관리하기 위해 사용되는 데이터베이스 시스템이다. 이러한 개념이 출현한 배경에는 몇 가지 주요한 동기가 있는데, 첫째로는 **클라우드 컴퓨팅 사용의 활성화**이다. 클라우드 컴퓨팅은 기존의 온프레미스(on-premise) 컴퓨팅 환경과 비교해 더욱 효율적이고 유연한 방식이기 때문이다. 클라우드 컴퓨팅이 발전함에 따라 기업과 개인은 데이터를 클라우드 환경에 저장하고 처리함으로써 유연성과 확장성을 얻을 수 있게 되었다. 둘째로는 **빅데이터의 부상**이다. 빅데이터는 데이터의 규모와 복잡성이 증가함에 따라 데이터 처리에 대한 요구 사항이 급변하였다. 초대용량의 데이터를 처리하고 다루기 위해서는 기존의 온프레미스 데이터베이스 시스템으로는 한계가 많았다. 클라우드 컴퓨팅의 확장성과 유연성은 이러한 빅데이터를 처리함에 있어서 큰 장점으로 작용한다.

이러한 기술적 배경과 더불어 클라우드 데이터베이스는 앞으로 그 활용도가 점차 커질 것으로 예측된다. 기업은 클라우드 컴퓨팅을 사용함에 따라 데이터 센터를 구축해야 하는 비용을 감소할 수 있으며, 필요한 만큼의 컴퓨팅 리소스를 사용함에 따라 비용을 획기적으로 줄일 수 있다. 또한, 클라우드 데이터베이스는 서비스 제공자에 의해 관리되기 때문에 데이터의 안전성과 보안에 대한 책임도 분산될 수 있다. 클라우드 데이터베이스는 특성과 활용도에 따라 여러 가지 종류가 있을 수 있는데, 이는 다음과 같이 정리될 수 있다.

■ 관계형 데이터베이스 서비스

- AWS RDS, Azure SQL Database, Google Cloud SQL 등이 대표적이다.
- 관계형 데이터베이스관리시스템(RDBMS)을 클라우드에서 사용할 수 있도록 한 서비스이다.
- SQL 기반의 질의문을 사용하여 데이터를 관리하며, 데이터 일관성과 ACID (Atomicity, Consistency, Isolation, Durability) 특성을 보장한다.
- 간편한 관리 및 확장성이 뛰어나며, 자동 백업과 복구를 제공한다.

■ NoSQL 데이터베이스 서비스

- Amazon DynamoDB, Azure Cosmos DB, Google Cloud Firestore 등이 대표적이다.
- 비관계형 데이터베이스로 스키마가 유연하고 확장성이 뛰어나다.
- 다양한 형태의 데이터 모델을 지원하며, 대용량 및 실시간 데이터 처리에 적합하다.
- 분산 아키텍처 기반으로 가용성과 확장성을 뛰어나며, 속도와 성능이 뛰어난 장점이 있다.

■ 데이터웨어하우스 서비스

- Amazon Redshift, Azure Synapse Analytics, Google BigQuery 등이 대표적이다.
- 대규모 데이터 집계와 분석에 특화된 서비스로 대량의 데이터를 신속하게 처리할 수 있다.
- 컬럼 지향 데이터 저장 방식으로 데이터를 압축하여 저장하고, 병렬 처리를 통해 쿼리 성능을 높인다.
- 유연한 확장성과 자동화된 관리 기능을 제공하여 비용 효율적인 데이터 분석을 제공한다.

■ **그래프 데이터베이스, 시계열 데이터베이스, 키-값 데이터베이스 등 특정한 형태의 데이터에 최적화된 데이터베이스 서비스**

- 그래프 데이터베이스인 Neo4j는 복잡한 관계를 다루기 위해 그래프 모델을 사용하고, 시계열 데이터베이스인 InfluxDB는 대량의 시계열 데이터를 처리하고 분석하기 위한 목적으로 사용된다.
- 그 외 각 벤더 마다 다양한 클라우드 데이터베이스 서비스를 제공하고 있으며, 이러한 서비스는 클라우드의 유연성과 확장성을 활용하여 데이터 관리 및 분석 작업을 훨씬 더 경제적으로 수행할 수 있다.

연습문제

1. 다음은 XML 문서와 XML 데이터베이스에 대한 설명이다. 가장 적절하지 않은 것은?
   ① XML 문서를 저장하고 있는 시스템에 사용자가 원하는 XML 데이터 처리를 요청하는 방법으로 고급 XML 질의어가 필요한데, 현재 표준 XML 질의어로 XPath와 XQuery가 제출되어 있다.
   ② SQL/XML은 SQL 테이블의 내용을 XML 문서로 생성하는 기능과 XML 문서들을 관계형 데이터베이스에 저장하는 기능이 있으며, 또한, SQL을 사용해서 저장된 XML 문서들을 질의하는 기능도 있다.
   ③ XML 문서로부터 데이터를 추출하여 다른 유형의 문서로 변환할 수 있는 XSLT의 기능은 사실상 질의어와 같은 기능으로 볼 수 있다.
   ④ XML은 웹에서 사용되는 문서를 기술하기 위한 언어로써 하나의 페이지 안에 내용과 구조, 그리고 표현이 혼합된 비구조적인(unstructured) 문서를 작성하는데 사용된다.

2. XML 데이터베이스에 대한 용어들의 설명으로 가장 적절하지 않은 것은?
   ① SQL/XML은 XML 문서를 생성하거나 검색하기 위한 함수들이 있는데, 대표적으로 XMLELEMENT()와 XMLATTRIBUTES()가 있다.
   ② XML 스키마는 태그의 중복 문제를 해결할 수 있다. 엘리먼트를 누가 정의했고 또 그 의미가 무엇인지 알 수 있다.
   ③ XQuery는 XML 문서에 대해 보다 복잡한 질의를 수행할 수 있는데 일반적인 질의문은 FOR-LET-WHERE-ORDER BY-RETURN 절을 의미하는 FLWOR 구조로 표현된다.
   ④ XPath 식은 트리 구조의 XML 문서로부터 식에서 명세된 패턴을 만족하는 트리 원소 노드들을 검색한다.

3. 데이터웨어하우스에서 필요로 하는 질의들은 다차원 구조의 복잡한 데이터 분석 작업을 요구한다. 특히, OLAP 질의문은 보통 집계 연산과 많이 연관되어 있다. 다음 판매 테이블에 대한 오른쪽 OLAP 질의 결과에 포함되지 않는 것은?

판매

지점	상품	년	금액
대구	라면	2024	100
대구	우유	2024	200
대구	커피	2024	300
부산	라면	2024	50
부산	우유	2024	100
부산	커피	2024	200

질의: **SELECT** 지점, 상품, SUM(금액)
FROM 판매
GROUP BY ROLLUP(지점, 상품);

① (대구, 라면, 100) ② (NULL, 라면, 150)
③ (NULL, NULL, 950) ④ (부산, NULL, 350)

4. 아래 테이블에서 "빵을 구매하는 고객은 우유도 구매한다"라는 상관관계를 찾았다고 하자. 이런 상관관계를 연관규칙(association rule)으로 표현하면 "빵⇒우유"로 기술할 수 있다. 이러한 규칙이 유용한 것인지 평가하는 척도인 지지도(support)와 신뢰도(confidence)가 가장 정확히 작성된 것은?

거래번호	품명
1	빵, 콜라, 커피
2	빵, 우유, 커피
3	콜라, 커피, 우유
4	빵, 우유, 계란
5	콜라, 커피, 계란

① 지지도=20%, 신뢰도=60% ② 지지도=33.4%, 신뢰도=80%
③ 지지도=40%, 신뢰도=66.7% ④ 지지도=13%, 신뢰도=40%

5. 데이터마이닝에서 규칙이 유용한 것인지 평가하는 척도로 지지도와 신뢰도를 많이 사용한다. 다음 장바구니 분석에서 "빵(Bread)을 구입하는 고객은 우유(Milk)도 구입한다"라는 상관관계를 찾았다고 하자. 이런 상관관계를 연관규칙으로 표현하면 "$\Re$: Bread ⇒ Milk"로 기술할 수 있다. 이 예에서 연관 규칙의 신뢰도는 몇 %인가?

식별자(id)	상품(item)
1	Bread, Milk, Apple, Juice
2	Bread, Cheese, Milk, Mongo, Beer
3	Bread, Coffee, Chocolate, Cucumber
4	Beer, Milk, Peanuts

① 30% ② 50% ③ 66.7% ④ 90%

6. 다음은 빅데이터의 핵심 기술에 대한 설명이다. 가장 적절하지 않은 것은?
① Hadoop은 대표적인 빅데이터 기술로써 데이터 분석 처리를 위한 자바 기반 오픈소스 프레임워크이다.
② HDFS(Hadoop Distributed File System)는 Hadoop의 대용량 빅데이터를 분산, 저장하는 구조이다.
③ MapReduce는 Map과 Reduce 두 단계로 구성되어 있으며,
Map 단계에서는 분산 저장한 데이터를 병렬 처리하고,
Reduce 단계에서는 중간 결과물을 결합해 최종 결과를 생성한다.
④ NoSQL 데이터베이스는 온라인 트랜잭션 프로세싱(OLTP) 애플리케이션을 위해 설계되어 온라인 분석 프로세싱(OLAP)에 적합한 기능을 제공한다.

7. 대용량 빅데이터를 저장하고 처리하는 방법에 대한 설명으로 가장 적절하지 않은 것은?
   ① 하둡은 빅데이터를 분산 처리할 수 있는 오픈소스 프레임워크로 자바 기반으로 개발되었다.
   ② 하둡 분산파일 시스템은 비정형/반정형 텍스트 데이터에서 자연 언어 처리 기술에 기반으로 유용한 정보를 추출, 가공하는 기술이다.
   ③ 맵리듀스는 로그 파일 분석 등 다양한 통계처리를 위한 알고리즘 함수로 구성되어 있으며 맵과 리듀스 단계로 구성된다.
   ④ NoSQL 데이터베이스는 단순 검색 및 추가 작업을 위한 매우 최적화된 키-값 저장 공간으로, 회전 지연과 처리율과 관련하여 상당한 성능 이익을 낼 수 있다.

8. 클라우드 데이터베이스는 특성과 활용도에 따라 여러 가지 종류가 있을 수 있는데, 다음 중 이에 대한 설명 중 거리가 가장 먼 것은?
   ① NoSQL 데이터베이스 서비스 ② 관계형 데이터베이스 서비스
   ③ 데스크탑 서비스 ④ 데이터웨어하우스 서비스

9. 분산 데이터베이스 시스템의 목표는 마치 데이터베이스가 분산되어 있지 않은 것과 같이 응용 프로그램을 작성할 수 있어야 한다. 이러한 분산 데이터 독립성을 지원할 수 있는 분산 투명성 기법들 중 가장 적절하지 않은 것은?
   ① 단편화 투명성 ② 통신망 투명성
   ③ 중복 투명성 ④ 위치 투명성

연습문제 정답

1장:

1. ① 2. ③ 3. ④ 4. ③ 5. ④

2장:

1. ④ 2. ② 3. ③ 4. ① 5. 개체타입, 개체 어커런스, 개체 집합

3장:

1. ③ 2. ② 3. ② 4. ⑤ 5. ① 6. ④ 7. ② 8. ①

4장:

1. ④ 2. ④ 3. ② 4. ① 5. DBA

5장:

1. ① 2. ③ 3. ① 4. 관계형, 계층, 네트워크

5. 개념적 데이터 모델링, 물리적 데이터 모델링 6. ④

6장:

1. ③ 2. ④ 3. ④ 4. ④ 5. ③ 6. ④

7장:

1. ② 2. ② 3. (4, 5) 4. 대체키 5. ③ 6. ③ 7. ②

8. ① 9. 정규화, 널값 10. primary key 11. ③ 12. ①

8장:

1. ③ 2. ④ 3. ③ 4. ③ 5. ③ 6. ③ 7. ③ 8. ②

9.
- $\Pi_{\text{학번,과목명}}\ (\sigma_{\text{성적='A+'}}(\text{수강} \bowtie_N \text{과목}))$
- $\Pi_{\text{학번,학과}}\ ((\Pi_{\text{학번,과목번호}}(\text{수강}) \div \Pi_{\text{과목번호}}(\text{과목})) \bowtie_N \text{학생}))$
- $\Pi_{\text{과목명}}(\sigma_{\text{학과='컴퓨터'}}(\text{학생} \bowtie_N \text{과목} \bowtie_N \text{수강}))$ 또는
  $\Pi_{\text{과목명}}(\sigma_{\text{학과='컴퓨터'}}(\text{교수} \bowtie_N \text{강의} \bowtie_N \text{과목}))$
- $\Pi_{\text{학번,전화번호}}(\sigma_{\text{과목코드='CO423'} \wedge \text{성적='B+'}}(\text{학생} \bowtie_N \text{수강}))$
- 학생 $-$ $(\sigma_{\text{성명='박용철'}}(\text{학생}))$

10. ②

11.

A	B	C
a1	b1	c1

12.

A	B	C	D
a1	b1	c1	d1
a1	b1	c1	d2
a2	b1	c2	
a3	b2	c2	
	b2	c3	d3

13. ③ 14. ②

9장:

1. ④ 2. ② 3. ④ 4. ③ 5. ② 6. ③

7.
- {s.학번, s.성명 | 학생(s)∧∃e(수강(e)∧e.학번=s.학번∧e.과목코드='C0123' ∧ e.성적='A0')}
- {s.성명 | 학생(s)∧(∀c)(∃e)(수강(e)∧s.학번=e.학번∧과목(c)∧e.과목코드=c.과목코드)}
- {s.성명 | 학생(s)∧∃e(수강(e)∧s.학번=e.학번∧∃c(과목(c)∧c.과목코드=e.과목코드∧c.학년=4))}
- {s.성명, s.학과 | 학생(s)∧∃e(수강(e)∧e.학번=s.학번∧e.과목코드='C0234' ∧ e.점수>=90)}

8. $\Pi_{학번,성명}$(σ과목코드='C0423'∧성적='B+'(학생 $\bowtie_N$ 수강))
{s.학번, s.성명 | 학생(s)∧∃e(수강(e)∧e.학번=s.학번∧e.과목코드='C0423'∧e.성적='B+')}

10장:

1. ③ 2. ④ 3. ③ 4. ③ 5. 2 6. ③ 7. ① 8. ② 9. ④
10. ③ 11. ② 12.
select R.A, B, C from R, S where R.A = S.A and D = 100; 또는 select R.A, B, C from R inner join S on R.A = S.A where D = 100;

13.

- select 학번, 성명 from 학생 where 학과='컴퓨터' order by 학번 desc;
- select 학번, 성명 from 학생 where 학번 not in
  (select 학번 from 수강 where 과목코드='C0423');
- update 학생 set 학과='경영' where 학번=20181234;
- delete from 과목 where 과목코드='C0123';
- select 학생.학번, 성명 from 학생, 수강
  where 학생.학번=수강.학번 and 과목코드='C0234' and 성적='A+';
  또는
  select 학번, 성명 from 학생 where 학번 in
  (select 학번 from 수강 where 과목코드='C0234' and 성적='A+');
  또는
  select 학번, 성명 from 학생 where exists (select *
  from 수강 where 수강.학번=학생.학번 and 과목코드='C0234' and 성적='A+');
- select 학번, avg(점수) as 평균 from 수강 group by 학번 having avg(점수)
  >= 90;

11장:

1. ④ 2. ① 3. ② 4. ① 5. ③ 6. ④ 7. ③ 8. ④ 9. ④
10. ② 11. ④

12.

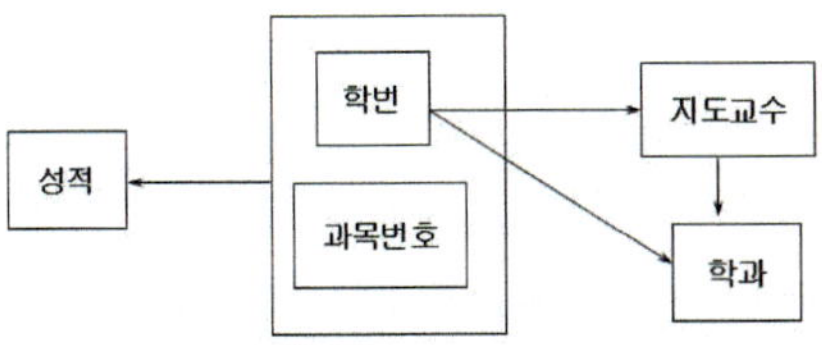

지도

학번	지도교수	학과
100	김순길	컴퓨터
200	김철수	전자
300	황수연	컴퓨터
400	김순길	컴퓨터

수강

학번	과목번호	성적
100	C413	A
100	E412	A
200	C123	B
300	C312	A
300	C324	C
300	C413	A
400	C312	A
400	C324	B
400	C413	C

13.

학생지도

학번	지도교수
100	김순길
200	김철수
300	황수연
400	김순길

지도교수학과

지도교수	학과
김순길	컴퓨터
김철수	전기
황수연	컴퓨터

수강

학번	과목번호	성적
100	C413	A
100	E412	A
200	C123	B
300	C312	A
300	C324	C
300	C413	A
400	C312	A
400	C324	B
400	C413	C

12장:

1. ① 2. ③ 3. ④ 4. ① 5. ② 6. ③ 7. ②

13장:

1. ① 2. ① 3. ② 4. ④

5. REVOKE SELECT ON STUDENT FROM U1; 6. ③ 7. ③ 8. ③

14장:

1. ② 2. ④ 3. ③ 4. ③ 5. ① 6. ② 7. ③ 8. ① 9. ④

10.

T1	시간	T2
lock-X(x)		
read(x)		
x ← x + 100		
write(x)		
lock-X(y)		
unlock(x)		
		lock-X(x)
		read(x)
		x ← x*2
		write(x)
		unlock(x)
read(y)		
y ← y + 100		
write(y)		
unlock(y)		

15장:

1. ④ 2. ② 3. ② 4. ③ 5. ③ 6. ④ 7. ② 8. ③ 9. ②

실습문제 정답

2장:

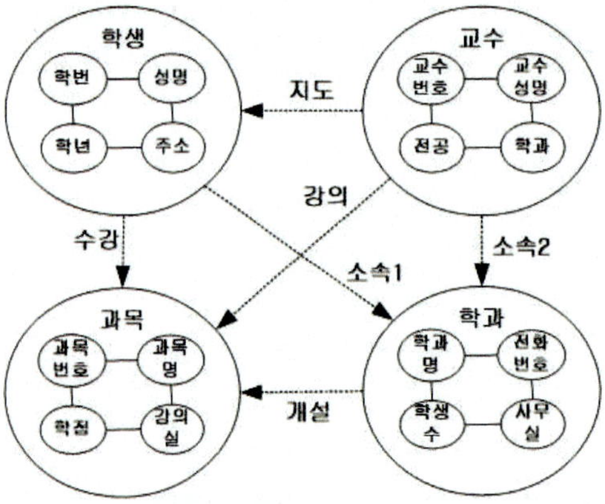

5장:

실습 1:

지도

교수번호(pid)	학번(sno)
200	12331
200	12332
201	12333

수강

학번(sno)	과목코드(code)	성적(grade)
12331	A01	A
12331	A02	B
12332	A02	C

강의

교수번호(pid)	과목코드(code)	시간(hour)	강의실(room)
200	A01	3	E401
200	A02	3	E402
201	A03	3	K234

6장:

실습 1:

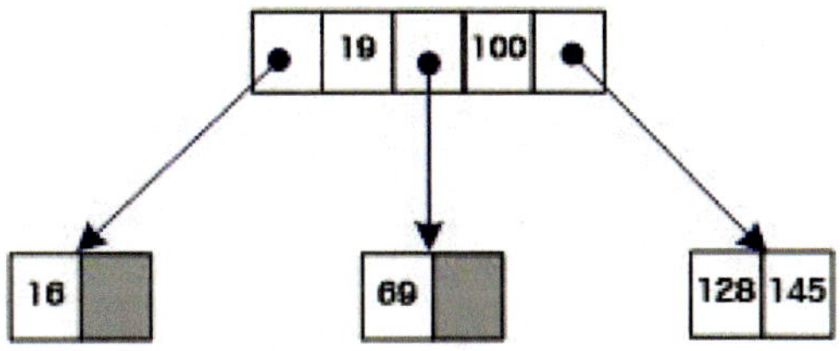

실습 2:

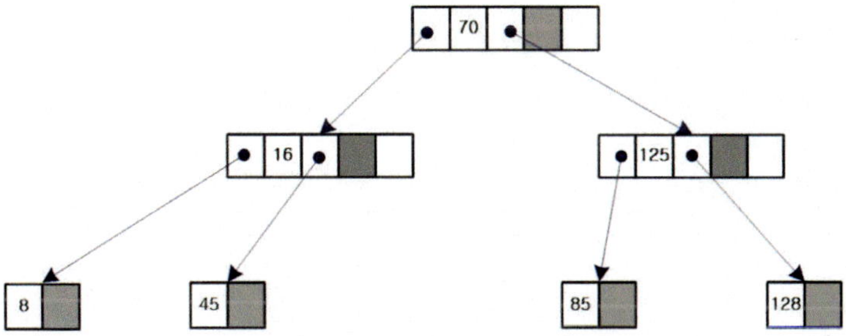

7장:

실습 1:

고객테이블

고객번호	고객이름	주소	연락처
C100	이만수	서울	010-1111-1111
C200	김일범	경남	010-2222-2222
C300	김경자	전남	010-3333-3333
C400	조영희	경기	010-4444-4444
C500	박태영	서울	010-5555-5555
C600	윤종찬	전남	null

구매테이블

고객번호	구매물건	단가	수량
C200	운동화	30	2
C200	노트북	1000	1
C400	진화기	200	1
C500	가방	300	2

실습 2 - 실습 3:

```
drop database if exists academicDB;
create database academicDB;
use academicDB;
create table student (
            sno int,
            sname char(5) not null,
            sdept char(20),
            stel char(20),
            primary key(sno)
            );
create table professor (
            pno char(4) not null,
            pname char(5) not null,
            pdept char(20),
            ptel char(20),
            primary key(pno)
            );
create table course (
            code char(5) not null,
            cname char(20) not null,
            credit smallint,
            year smallint,
            primary key(code)
            );
create table lecture (
            pno char(4) not null,
            code char(5) not null,
            hour smallint,
            room char(4),
            foreign key(pno) references professor(pno),
            foreign key(code) references course(code)
            );
create table teach (
            pno char(4) not null,
            sno int not null,
            foreign key(pno) references professor(pno),
            foreign key(sno) references student(sno)
            );
 create table enroll (
            sno  int not null,
            code char(5) not null,
            score smallint,
```

```
        grade char(2),
        foreign key(sno) references student(sno),
        foreign key(code) references course(code)
    );
insert into student values(20181234, '김철수', '컴퓨터', '010-4657-7654');
insert into student values(20182587, '이영자', '컴퓨터', '010-7654-9874');
insert into student values(20183654, '고영준', '경영', '010-8732-0953');
insert into student values(20184652, '김영옥', '전자', '010-7623-8753');
insert into student values(20185753, '유진호', '기계', '010-5431-0964');
insert into student values(20187654, '박용철', '컴퓨터', '010-6548-9872');
insert into professor values('P200', '홍길동', '컴퓨터', '010-0865-7632');
insert into professor values('P202', '박영순', '전자', '010-8641-0541');
insert into professor values('P203', '김기준', '기계', '010-7812-0432');
insert into professor values('P204', '김형일', '화학', '010-8432-1653');
insert into professor values('P205', '강선화', '컴퓨터', '010-5846-4765');
insert into professor values('P206', '정인수', '전자', '010-8536-4587');
insert into course values('CO123', '데이터베이스', 3, 3);
insert into course values('CO234', '네트워크', 3, 2);
insert into course values('CO342', '그래픽응용', 2, 3);
insert into course values('CO423', '프로그래밍', 3, 4);
insert into course values('EE123', '신호처리', 3, 2);
insert into course values('ME102', '열역학', 3, 3);
insert into lecture values('P200', 'CO123', 3, 'E453');
insert into lecture values('P200', 'CO423', 3, 'E265');
insert into lecture values('P202', 'CO234', 3, 'K458');
insert into lecture values('P202', 'CO342', 4, 'E234');
insert into lecture values('P202', 'EE123', 4, 'K124');
insert into lecture values('P203', 'ME102', 3, 'E324');
insert into teach values('P200', 20181234);
insert into teach values('P200', 20182587);
insert into teach values('P200', 20185753);
insert into teach values('P202', 20183654);
insert into teach values('P202', 20184652);
insert into teach values('P203', 20187654);
insert into enroll values(20181234, 'CO123', 94, 'A0');
insert into enroll values(20181234, 'CO423', 87, 'B+');
insert into enroll values(20182587, 'CO123', 91, 'A-');
insert into enroll values(20182587, 'CO423', 86, 'B+');
insert into enroll values(20182587, 'EE123', 74, 'C0');
insert into enroll values(20183654, 'CO234', 97, 'A+');
insert into enroll values(20184652, 'CO123', 83, 'B0');
insert into enroll values(20184652, 'CO234', 81, 'B-');
insert into enroll values(20184652, 'CO423', 64, 'D0');
```

```
insert into enroll values(20184652, 'EE123', 89, 'B+');
insert into enroll values(20185753, 'CO423', 85, 'B0');
create index idx_student_sname on student(sname);
create index idx_professor_pname on professor(pname);
create index idx_course_cname on course(cname);
select * from student;
select * from professor;
select * from course;
select * from lecture;
select * from teach;
select * from enroll;
```

실습 4:

```
USE test;
DROP TABLE IF EXISTS buy;
CREATE TABLE buy
(  num          INT AUTO_INCREMENT NOT NULL PRIMARY KEY,
   customerID   CHAR(4) NOT NULL ,
   prodName     CHAR(6) NOT NULL,
   price        INT   NOT NULL,
   amount       SMALLINT   NOT NULL,
   FOREIGN KEY(customerID) REFERENCES customer(customerID)
);
INSERT INTO buy VALUES(NULL, 'C200', '운동화', 30, 2);
INSERT INTO buy VALUES(NULL, 'C200', '노트북', 1000, 1);
INSERT INTO buy VALUES(NULL, 'C400', '전화기', 200, 1);
INSERT INTO buy VALUES(NULL, 'C500', '가방', 300, 2);
```

8장:

실습 1:

$R \bowtie_N S$

A	B	C	D
a1	b1	c1	d1
a1	b1	c1	d2
a3	b2	c3	d3

실습 2:

(예2)

학점
3

(예3)

성명	성적
김철수	B+
이영자	B+
김영옥	D0
유진호	B0

(예4)

성명	전화번호

(예5)

교수번호	성명	학과	전화번호
P200	홍길동	컴퓨터	010-0865-7632
P202	박영순	전자	010-8641-0541
P203	김기준	기계	010-7812-0432
P205	강선화	컴퓨터	010-5846-4765
P206	정인수	전자	010-8536-4587

(예6)

과목코드	과목명	학점	학년
C0123	데이터베이스	3	3
C0234	네트워크	3	2
C0342	그래픽응용	2	3
C0423	프로그래밍	3	4
EE123	신호처리	3	2
ME102	열역학	3	3
C0567	컴퓨터구조	2	2

10장:

실습 1:

```
   use academicdb
① select * from student;
② select distinct sdept from student;
③ select code, cname from course where credit=3 and year=4;
④ select code, cname from course where code like 'CO%';
⑤ select pno, code from lecture where room is null;
⑥ select * from enroll where score between 80 and 90;
⑦ select sno, grade from enroll where score >= 80
   order by sno asc, grade desc;
⑧ select sno as DB수강학생, '최종점수 = ' as 내용, score+2 as 수정점수
   from enroll where code ='CO123';
⑨ select sname, sdept, grade from student, enroll
   where student.sno=enroll.sno and code='CO423';
⑩ select s1.sno, s2.sno from student s1, student s2
   where s1.sdept = s2.sdept order by s1.sno;
⑪ select count(*) as 학생수 from student;
⑫ select avg(score) as 평균 from enroll where code='CO123';
⑬ select code, avg(score) as 평균 from enroll group by code;
⑭ select code, avg(score) as 평균 from enroll group by code
   having count(*) >= 2;
⑮ select sname from student where sdept =
   (select sdept from student where sname='김철수');
⑯ select sname from student where sno in
   (select sno from enroll where code='CO123');
⑰ select sname from student where sno not in
   (select sno from enroll where code='CO123');
⑱ select sname from student where exists
   (select * from enroll where enroll.sno=student.sno and code='CO123');
⑲ select sno from student where sdept='컴퓨터'
   union select sno from enroll where code='EE123';
```

11장:

실습 1:

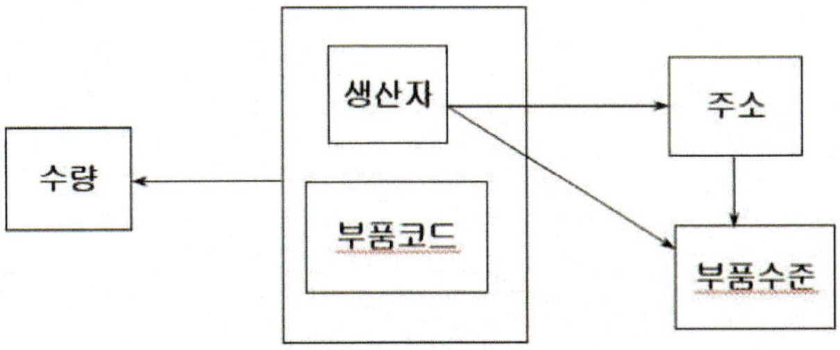

부품수량

생산자	부품코드	수량
S1	P1	300
S1	P2	200
S1	P3	400
S1	P4	200
S2	P1	300
S2	P2	400
S3	P2	200
S4	P2	200
S4	P4	300
S4	P5	400

생산주소

생산자	주소
S1	대구
S2	부산
S3	부산
S4	대전

주소부품

주소	부품수준
대구	20
부산	10
대전	30

실습 3:

```
import java.sql.*;

public class ProcTest {
public static void main (String[] args)
{
   try {
     Class.forName("com.mysql.cj.jdbc.Driver");
     System.out.println("OK!");
   } catch(ClassNotFoundException ee) {
      System.exit(0);
   }
   Connection conn = null;
   String url = "jdbc:mysql://localhost/academicDB?serverTimezone=UTC";
   String id = "root";
   String pass = "root";
   CallableStatement stmt = null;
   ResultSet rs = null;
```

```
        try {
            conn = DriverManager.getConnection(url, id, pass);
            stmt = conn.prepareCall("call studentProc()");
            rs = stmt.executeQuery();
            while(rs.next()) {
              System.out.println(rs.getInt(1)+", "+rs.getString(2)+", "+rs.getString(3)+",
              "+rs.getString(4));
             }
             rs.close();
             stmt.close();
             conn.close();
        } catch(SQLException ee) {
           System.err.println("error = " + ee.toString());
        }
    }
}
```

12장:

실습 1

(1)

customers(<u>customerNumber</u>, customerName, contactLastName, contactFirstName, phone, addressLine1, addressLine2, city, state, postalCode, country, salesRepEmployeeNumber, creditLimit)

Primary Key : customerNumber

Secondary Key : salesRepEmployeeNumber

Foreign Key : salesRepEmployeeNumber REFERENCES employees(employeeNumber)

(N : 1) -> customers : employees

(1 : N) -> customers : orders

(1 : N) -> customers : payments

employees(employeeNumber, lastName, firstName, extension, email, officeCode, reportsTo, jobTitle)

PRIMARY KEY : employeeNumber
Secondary KEY : reportsTo
Secondary KEY : officeCode
FOREIGN KEY : reportsTo REFERENCES employees(employeeNumber)
FOREIGN KEY : officeCode REFERENCES offices(officeCode)
(1 : N) -> employees : customers
(N : 1) -> employees : offices
(1 : N) -> employees : employees

offices(officeCode, city, phone, addressLine1, addressLine2, state, country, postalCode, territory)

PRIMARY KEY : officeCode
(1 : N) -> offices : employees

orders(orderNumber, orderDate, requiredDate, shippedDate, status, comments, customerNumber)

PRIMARY KEY : orderNumber
Secondary KEY : customerNumber
FOREIGN KEY : customerNumber REFERENCES customers(customerNumber)
(N : 1) -> orders : customers
(1 : N) -> orders : orderdetails

payments(customerNumber, checkNumber, paymentDate, amount)

PRIMARY KEY : customerNumber, checkNumber
FOREIGN KEY : customerNumber REFERENCES customers(customerNumber)
(N : 1) -> payments : customers

orderdetails(orderNumber, productCode, quantityOrdered, priceEach, orderLineNumber)

PRIMARY KEY : orderNumber, productCode
Secondary KEY : productCode
FOREIGN KEY : orderNumber REFERENCES orders(orderNumber)
FOREIGN KEY : productCode REFERENCES products(productCode)
(N : 1) -> orderdetails : orders
(N : 1) -> orderdetails : products

products(productCode, productName, productLine, productScale, productVendor, productDescription, quantityInStock, buyPrice, MSRP)

PRIMARY KEY : productCode
Secondary KEY : productLine
FOREIGN KEY : productLine REFERENCES productlines(productLine)
(1 : N) -> products : orderdetails
(N : 1) -> products : productlines

productlines(productLine, textDescription, htmlDescription, image)

PRIMARY KEY : productLine
(1 : N) -> productlines : products

(2)

```
select orderNumber, sum(priceEach * quantityordered) as "주문량 합계"
from orderdetails group by orderNumber having sum(priceEach *
quantityordered) > 60000;
```

(3)

```
SELECT customerName, COUNT(o.orderNumber) as "주문 수" FROM
customers c INNER JOIN orders o ON c.customerNumber =
o.customerNumber GROUP BY customerName ORDER BY
COUNT(o.orderNumber) DESC;
```

(4)

```
select lastname, firstname from employees
where officecode IN (select officeCode from offices where country="USA");
```

(5)

```
CREATE INDEX jobTitle ON employees(jobTitle);
```

(6)

```
CREATE VIEW customerPayments AS
SELECT
    customerName, checkNumber,  paymentDate, amount
    FROM customers  INNER JOIN payments USING (customerNumber);
SELECT * FROM customerPayments;
```

payments 테이블에는 customerName 없이 customerNumber만 있음.
뷰 결과에서는 customer와 조인하여 customerNumber 대신에 customerName을 보여주고 있음.

(7)

```
drop procedure if exists GetCustomers;
DELIMITER $$
CREATE PROCEDURE GetCustomers()
BEGIN
    SELECT customerName, city, state, postalCode, country
    FROM   customers  ORDER BY customerName;
END$$
DELIMITER ;
CALL GetCustomers();
```

(8)

1. 고객 테이블(customers)에 고객 등급(grade) 열을 하나 추가:

```
alter table customers add grade varchar(20);
```

2. Stored Procedure 작성:

```
use classicmodels;
drop procedure IF EXISTS gradeProc;
DELIMITER $$
  create procedure gradeProc()
  BEGIN
      DECLARE number int;
      DECLARE hap float;
      DECLARE customerGrade varchar(20);
      DECLARE endOfRow boolean default FALSE; -- 행의 끝?
```

```
        DECLARE cur CURSOR FOR select C.customerNumber, sum(amount)
from payments P inner join customers C on P.customerNumber =
C.customerNumber group by P.customerNumber;
        DECLARE CONTINUE HANDLER FOR NOT FOUND SET endOfRow=TRUE;
        OPEN cur; -- 커서 열기
         cursor_loop: LOOP
            FETCH cur INTO number, hap;
            IF endOfRow THEN
               LEAVE cursor_loop; -- 행의 끝이면 loop 종료
            END IF;
            CASE
               when (hap >= 300000.0) then set
                  customerGrade = "best customer"; -- "최우수고객";
                when (hap >= 100000.0) then set
                  customerGrade = "good customer"; -- "우수고객";
                when (hap >= 5000.0) then set
                  customerGrade = "average customer"; -- "일반고객";
                else set customerGrade = null;
            END CASE;
            update customers set grade = customerGrade where
                           customerNumber = number;
        END LOOP cursor_loop;
        CLOSE cur; -- 커서 닫기
   END $$
DELIMITER ;
CALL gradeProc();
```

3. 최종값 확인:

select customerNumber, customerName, country, grade from customers;

저자 소개

이용주(Lee, Yongju)

한국과학기술원 컴퓨터공학 박사 학위를 취득하고 현재 경북대학교 IT 대학 컴퓨터학부 교수로 재직 중인 저자는 다수의 데이터베이스 및 인터넷 관련 책들을 출판했으며, 그동안 200편 이상의 데이터베이스 관련 학술 논문들을 게재하였다.

본 책에서는 그동안의 강의와 집필 노하우를 집대성해 데이터베이스의 핵심적인 이론을 심도 있게 다루면서 이들을 직접 DBMS에 실습할 수 있도록 기술함으로써 이론 따로 실습 따로 배운는 것이 아니라 이론과 실습 둘 다 체계적으로 학습할 수 있도록 구성하였다.

본 책은 데이터베이스 전문가가 되기 위해 꼭 배워야 할 전반적인 실무 내용을 알차고 쉽게 전달하고 있으며, 특히 정보처리기사 1급과 기술사 자격증은 물론이고, 국가공무원(군무원) 7급/5급 채용 시험을 대비하기 위한 이론문제와 실무 위주의 다양한 실습문제들을 이 한 권에 다 다루고 있는 것이 주된 특징이라 할 수 있다.